Beratende Hauptversammlungsbeschlüsse –
zugleich eine kritische Betrachtung des § 120 Abs. 4 AktG

Schriftenreihe zum Gesellschafts- und Kapitalmarktrecht

Herausgegeben von Lutz Michalski,
Axel Jäger und Klaus-Rudolf Wagner

Band 37

PETER LANG
Frankfurt am Main · Berlin · Bern · Bruxelles · New York · Oxford · Wien

Andreas Voth

Beratende Hauptversammlungsbeschlüsse – zugleich eine kritische Betrachtung des § 120 Abs. 4 AktG

PETER LANG
Internationaler Verlag der Wissenschaften

Bibliografische Information der Deutschen Nationalbibliothek
Die Deutsche Nationalbibliothek verzeichnet diese Publikation in der Deutschen Nationalbibliografie; detaillierte bibliografische Daten sind im Internet über http://dnb.d-nb.de abrufbar.

Zugl.: Bayreuth, Univ., Diss., 2012

Gedruckt auf alterungsbeständigem, säurefreiem Papier.

D 703
ISSN 1619-117X
ISBN 978-3-631-63838-5

www.peterlang.de

Meiner Familie

Vorwort

Das Leben steckt voller Herausforderungen. Manche begegnen uns ohne unser Zutun, manche schaffen wir uns selbst. So ist diese Arbeit berufsbegleitend nach Abschluss des Zweiten Juristischen Staatsexamens entstanden – eine Herausforderung für die Gestaltung eines ausgeglichenen, doch effizienten Zeitplans. Doch mit jeder erfolgreich absolvierten Herausforderung erweitert sich der Horizont und man sammelt wertvolle Erfahrungen.

Danken möchte ich zum einen Herrn Prof. Dr. Lutz Michalski, bei dem ich diese Dissertation anfertigen durfte und der zugleich das Erstgutachten erstellt hat. In gleicher Weise danke ich auch Herrn Prof. Dr. Karl-Georg Loritz für die Erstellung des Zweitgutachtens.

Besonderer Dank gebührt an dieser Stelle zum anderen Frau Carola Lang für die treue Unterstützung schon während der Studien- und Referendarszeit sowie dafür, dass sie stets daran geglaubt hat, dass ich auch dieses Projekt erfolgreich abschließen werde. Ihr und Frau Annette Barton möchte ich darüber hinaus auch für das Korrekturlesen meiner Arbeit herzlich danken.

Daneben haben auch viele andere zum Erfolg der Arbeit beigetragen – meist indirekt durch liebe, aufmunternde Worte oder Gesten, die in der arbeitsreichen Zeit für etwas Entlastung und neuen Schwung gesorgt haben. Vielen Dank insbesondere an Mirjam, Patrick und Sandra!

Die Arbeit wurde im März 2011 fertiggestellt und berücksichtigt daher den Literaturstand bis zu diesem Zeitpunkt.

Nürnberg, im April 2012

Inhaltsverzeichnis

Literaturverzeichnis

Annuß, Georg/Theusinger, Ingo
Das VorstAG – Praktische Hinweise zum Umgang mit dem neuen Recht, Betriebs-Berater, 2009, S. 2434 – 2442

Bamberger, Heinz Georg/Roth, Herbert
Kommentar zum Bürgerlichen Gesetzbuch, Band 1 §§ 1 – 610, 2. Auflage, 2007

Bauer, Jobst-Hubertus/Arnold, Christian
Festsetzung und Herabsetzung der Vorstandsvergütung nach dem VorstAG, Die Aktiengesellschaft, 2009, S. 717 – 731

Baumbach, Adolf/Hopt, Klaus J.
Handelsgesetzbuch, 34. Auflage, 2010

ders./Hueck, Alfred
Gesetz betreffend die Gesellschaften mit beschränkter Haftung, 19. Auflage, 2010

Baums, Theodor
Zur Offenlegung von Vorstandsvergütungen, Zeitschrift für das gesamte Handelsrecht und Wirtschaftsrecht, 169. Band 2005, S. 299 – 309

Baums, Theodor/Drinhausen, Florian
Weitere Reform des Rechts der Anfechtung von Hauptversammlungsbeschlüssen, Zeitschrift für Wirtschaftsrecht, 2008, S. 145 – 156

Begemann, Arndt/Laue, Bastian
Der neue § 120 Abs. 4 AktG – ein zahnloser Tiger?, Betriebs-Berater, 2009, S. 2442 – 2446

Bosse, Christian
Das Gesetz zur Angemessenheit der Vorstandsvergütung (VorstAG) – Überblick und Handlungsbedarf, Betriebs-Berater, 2009, S. 1650 – 1654

ders.
Handbuch Vorstandsvergütung, Eine Praxishilfe mit Checklisten und Mustern, 2010

Bundesverband der Deutschen Industrie e.V.
Stellungnahme zur öffentlichen Anhörung des Rechtsausschusses des Deutschen Bundestages am 25. Mai 2009

Bürgers, Tobias/Körber, Torsten
Heidelberger Kommentar zum Aktiengesetz, 2008

Claussen, Carsten P.
Abgestufte Überwachungspflicht des Aufsichtsrats?, Die Aktiengesellschaft, 1984, S. 20 – 21.

Dauner-Lieb, Barbara
Aktuelle Vorschläge zur Präsenzsteigerung in der Hauptversammlung, Zeitschrift für Wirtschafts- und Bankrecht, 2007, S. 9 – 16

dies./von Preen, Alexander/Simon, Stefan
Das VorstAG – Ein Schritt auf dem Weg zum Board-System?, Der Betrieb, 2010, S. 377 – 383

Deilmann, Barbara/Otte, Sabine
Auswirkungen des VorstAG auf die Struktur der Vorstandsvergütung, Gesellschafts- und Wirtschaftsrecht, 2009, S. 261

dies./dies.
„Say on Pay" – erste Erfahrungen der Hauptversammlungspraxis, Der Betrieb, 2010, S. 545 – 547

Deutscher Gewerkschaftsbund
Stellungnahme des DGB zum Entwurf eines Gesetzes zur Angemessenheit der Vorstandsvergütung (VorstAG)

Döll, Matthias
Das Votum zum Vergütungssystem nach § 120 Abs. 4 AktG, Zeitschrift für Wirtschafts- und Bankrecht, 2010, S. 103 – 112

Dreier, Horst
Grundgesetz Kommentar, Band I (Präambel, Artikel 1-19), 2. Auflage, 2004

Drinhausen, Florian/Keinath, Astrid
BB-Rechtsprechungs- und Gesetzgebungsreport zum Hauptversammlungsrecht 2009, Betriebs-Berater, 2010, S. 3 – 10

Ebenroth, Carsten Thomas/Boujong, Karlheinz/Joost, Detlev/Strohn, Lutz
Handelsgesetzbuch, Band 1, §§ 1 – 342e, 2. Auflage, 2008

Eberspächer, Friedemann
Nichtigkeit von Hauptversammlungsbeschlüssen nach § 241 Nr. 3 AktG, 2009

Ek, Ralf
Praxisleitfaden für die Hauptversammlung, 2. Auflage, 2010

Emmerich, Volker/Habersack, Mathias
Aktien- und GmbH-Konzernrecht, 6. Auflage, 2010

ders./Sonnenschein, Jürgen/Habersack, Mathias
Konzernrecht, 7. Auflage, 2001

Engert, Andreas
Hedgefonds als aktivistische Aktionäre, Zeitschrift für Wirtschaftsrecht, 2006, S. 2105 – 2113

Erman
Bürgerliches Gesetzbuch, Band I, 11. Auflage, 2004

Feudner, Bernd W.
Regeln für Vorstandsbezüge – Iustitia est constans et perpetua voluntas ius suum cuique tribuendi, Neue Zeitschrift für Gesellschaftsrecht, 2007, S. 779 – 781

Fleischer, Holger
Das Gesetz zur Angemessenheit der Vorstandsvergütung (VorstAG), Neue Zeitschrift für Gesellschaftsrecht, 2009, S. 801 – 806

ders.
Das Vorstandsvergütungs-Offenlegungsgesetz, Der Betrieb, 2005, S. 1611 – 1617

ders.
Konsultative Hauptversammlungsbeschlüsse im Aktienrecht – Rechtsdogmatik, Rechtsvergleichung, Rechtspolitik, Die Aktiengesellschaft, 2010, S. 681 – 692

ders.
Zur Kompetenzverteilung zwischen Verwaltung und Hauptversammlung im englischen und deutschen Aktienrecht, Festschrift für Andreas Heldrich zum 70. Geburtstag, 2005, S. 597 – 613

ders./Bedkowski, Dorothea
„Say on Pay" im deutschen Aktienrecht: Das neue Vergütungsvotum der Hauptversammlung nach § 120 Abs. 4 AktG, Die Aktiengesellschaft, 2009, S. 677 – 686

Flume, Werner
Allgemeiner Teil des Bürgerlichen Rechts, Zweiter Band, Das Rechtsgeschäft, 3. Auflage, 1979

Friauf, Karl Heinrich/Höfling, Wolfram
Berliner Kommentar zum Grundgesetz, Band 1, Art. 1 – 15, 2008

Gesamtverband der Deutschen Versicherungswirtschaft e.V.
Ergänzende Stellungnahme zum Entwurf eines Gesetzes zur Angemessenheit der Vorstandsvergütung (VorstAG)

Geßler, Ernst
Einberufung und ungeschriebene Hauptversammlungszuständigkeiten, Festschrift für Walter Stimpel zum 68. Geburtstag am 29. November 1985, 1985, S. 771 – 789

ders./Hefermehl, Wolfgang/Eckart, Ulrich/Kropff, Bruno
Aktiengesetz, Kommentar, Band II, §§ 76 – 147, 1973/1974

Goette, Wulf
Stellungnahme zum Entwurf eines Gesetzes zur Angemessenheit der Vorstandsvergütung

Götz, Heinrich
Die Sicherung der Rechte der Aktionäre der Konzernobergesellschaft bei Konzernbildung und Konzernleitung, Die Aktiengesellschaft, 1984, S. 85 – 94

Groß, Wolfgang
Informations- und Auskunftsrecht des Aktionärs, Die Aktiengesellschaft, 1997, S. 97 – 107

Großfeld, Bernhard
Internationales Bilanzrecht / Internationale Rechnungslegung, Die Aktiengesellschaft, 1997, S. 433 – 448.

Großkommentar
Aktiengesetz, Fünfter Band, 4. Auflage, 2008

Grobecker, Wolfgang
Beachtenswertes zur Hauptversammlungssaison, Neue Zeitschrift für Gesellschaftsrecht, 2010, S. 165 – 170

Grunewald, Barbara
Gesellschaftsrecht, 7. Auflage, 2008

Hanau, Peter
Der (sehr vorsichtige) Entwurf eines Gesetzes zur Angemessenheit der Vorstandsvergütung, Neue Juristische Wochenschrift, 2009, S. 1652 – 1653

Heermann, Peter W.
Anmerkung zum Urteil des KG vom 30.06.2000, Neue Zeitschrift für Gesellschaftsrecht, 2000, S. 1134

Heidel, Thomas
NomosKommentar, Aktienrecht und Kapitalmarktrecht, 3. Auflage, 2011

Heinsius, Theodor
Organzuständigkeit bei Bildung, Erweiterung und Umorganisation des Konzerns, Zeitschrift für Unternehmens- und Gesellschaftsrecht, 1984, S. 383 – 411

Herdegen, Matthias
Europarecht, 12. Auflage 2010

Hirte, Heribert
Kapitalgesellschaftsrecht, 6. Auflage, 2009

ders.
Stellungnahme zum Fraktionsentwurf eines Gesetzes zur Angemessenheit der Vorstandsvergütung (VorstAG) für den Deutschen Bundestag

Hoffmann, Dietrich
Der Aufsichtsrat, Ein Handbuch für die Praxis, 3. Auflage, 1994

Hoffmann-Becking, Michael
Rechtliche Anmerkungen zur Vorstands- und Aufsichtsratsvergütung, Zeitschrift für das gesamte Handelsrecht und Wirtschaftsrecht, 169. Band 2005, S. 155 – 180

ders.
Vorstandsvergütung nach Mannesmann, Neue Zeitschrift für Gesellschaftsrecht, 2006, S. 127 – 131

ders./Krieger, Gerd
Leitfaden zur Anwendung des Gesetzes zur Angemessenheit der Vorstandsvergütung (VorstAG), Neue Zeitschrift für Gesellschaftsrecht Beilage, 2009, S. 1 – 12

Hohenstatt, Klaus-Stefan
Das Gesetz zur Angemessenheit der Vorstandsvergütung, Zeitschrift für Wirtschaftsrecht, 2009, S. 1349 – 1358

Hölters, Wolfgang
Aktiengesetz, Kommentar, 2011

Hopt, Klaus J.
Europäisches Gesellschaftsrecht und deutsche Unternehmensverfassung – Aktionsplan und Interdependenzen, Zeitschrift für Wirtschaftsrecht, 2005, S. 461 – 474

ders.
Vom Aktien- und Börsenrecht zum Kapitalmarktrecht?, Zeitschrift für das gesamte Handelsrecht und Wirtschaftsrecht, 141. Band 1977, S. 389 – 441

Huber, Herwart
Die "geplant beschlusslose" Hauptversammlung, Zeitschrift für Wirtschaftsrecht, 1995, S. 1740 – 1745

Hübner, Ulrich
Die Ausgliederung von Unternehmensteilen in aktien- und aufsichtsrechtlicher Sicht, Festschrift für Walter Stimpel zum 68. Geburtstag am 29. November 1985, 1985, S. 791 – 809

Hufen, Friedhelm
Staatsrecht II, Grundrechte, 2. Auflage, 2009

Hüffer, Uwe
Aktiengesetz, 9. Auflage, 2010

Jarass, Hans D./Pieroth, Bodo
Grundgesetz für die Bundesrepublik Deutschland, Kommentar, 10. Auflage, 2009

Jauernig, Othmar
Bürgerliches Gesetzbuch, 13. Auflage, 2009

Käpplinger, Markus
Fälle mit Lösungen zum GmbH-, Aktien- und Konzernrecht, 2003

Kempter, Fritz
Anhörung vor dem Rechtsausschuss des Deutschen Bundestages am 25.05.2009 zum Entwurf eines Gesetzes zur Angemessenheit der Vorstandsvergütung (VorstAG)

Kiethe, Kurt
Anfechtbarer Beschluss über die Entlastung des Aufsichtsrats der AG durch unzureichende Berichterstattung, Neue Zeitschrift für Gesellschaftsrecht, 2006, S. 888 – 892

Kölner Kommentar zum Aktiengesetz
Band 1, 5. Lieferung §§ 118 – 147, 1973
Band 2, 4. Lieferung §§ 241 – 290, 1976

Körner, Marita
Die Angemessenheit von Vorstandsbezügen in § 87 AktG, Eine unbeachtete Vorschrift, Neue Juristische Wochenschrift, 2009, S. 2697 – 2702

Kramarsch, Michael H.
Organvergütung, Zeitschrift für das gesamte Handelsrecht und Wirtschaftsrecht, 169. Band 2005, S. 112 – 123

Kübler, Friedrich/Assmann, Heinz-Dieter
Gesellschaftsrecht, Die privatrechtlichen Ordnungsstrukturen und Regelungsprobleme von Verbänden und Unternehmen, 6. Auflage, 2005

Langenbucher, Katja
Aktien- und Kapitalmarktrecht, 2008

Leuering, Dieter/Simon, Stefan
Offene Fragen zur Offenlegung der Vorstandsvergütung, Neue Zeitschrift für Gesellschaftsrecht, 2005, S. 945 – 950

Lingemann, Stefan
Angemessenheit der Vorstandsvergütung – Das VorstAG ist in Kraft, Betriebs-Berater, 2009, S. 1918 – 1924

Litzenberger, Gabriel
Zur Anfechtbarkeit von Entlastungsbeschlüssen, Neue Zeitschrift für Gesellschaftsrecht, 2010, S. 854 – 856

Lücke, Oliver
Die Angemessenheit von Vorstandsbezügen – Der erste unbestimmbare unbestimmte Rechtsbegriff?, Neue Zeitschrift für Gesellschaftsrecht, 2005, S. 692 – 697

Lutter, Marcus
100 Bände BGHZ: Konzernrecht, Zeitschrift für das gesamte Handels- und Wirtschaftsrechte, 151. Band 1987, S. 444 – 461

ders.
Beraterverträge mit Aufsichtsratsmitgliedern in Gesellschaft und Konzern, Festschrift für Harm Peter Westermann zum 70. Geburtstag, 2008, S. 1171 – 1189

ders.
Corporate Governance und ihre aktuellen Probleme, vor allem: Vorstandsvergütung und ihre Schranken, Zeitschrift für Wirtschaftsrecht, 2003, S. 737 – 743

ders.
Der Aktionär in der Marktwirtschaft, 1974

ders.
Die Empfehlungen der Kommission vom 14.12.2004 und vom 15.2.2005 und ihre Umsetzung in Deutschland, Europäische Zeitschrift für Wirtschaftsrecht, 2009, S. 799 – 804

ders.
Organzuständigkeiten im Konzern, Festschrift für Walter Stimpel zum 68. Geburtstag am 29. November 1985, 1985, S. 825 – 854

ders.
Stellungnahme zur Sitzung des Rechtsausschusses des Deutschen Bundestages am 25. Mai 2009

ders./Kremer, Thomas
Die Beratung der Gesellschaft durch Aufsichtsratsmitglieder, Zeitschrift für Unternehmens- und Gesellschaftsrecht, 1992, S. 87 – 108

ders./Krieger, Gerd
Rechte und Pflichten des Aufsichtsrats, 5. Auflage, 2008

Marsch-Barner, Reinhard
Aktuelle Rechtsfragen zur Vergütung von Vorstands- und Aufsichtsratsmitgliedern einer AG, Festschrift für Volker Röhricht zum 65. Geburtstag, 2005, S. 401 – 419

ders./Schäfer, Frank A.
Handbuch börsennotierte AG, Aktien- und Kapitalmarktrecht, 2. Auflage, 2009

Martens, Klaus-Peter
Die Entscheidungsautonomie des Vorstands und die "Basisdemokratie" in der Aktiengesellschaft, Zeitschrift für das gesamte Handels- und Wirtschaftsrecht, 147. Band 1983, S. 377 – 428

ders.
Die Vorstandsvergütung auf dem Prüfstand, Zeitschrift für das gesamte Handels- und Wirtschaftsrecht, 169. Band 2005, S. 124 – 154

Maunz, Theodor/Dürig, Günter
Grundgesetz Kommentar, Band I, Art. 1-5,

Maurer, Hartmut
Allgemeines Verwaltungsrecht, 17. Auflage, 2009

Medicus, Dieter/Petersen, Jens
Bürgerliches Recht, 22. Auflage, 2009

Michalski, Lutz
Kommentar zum Gesetz betreffend die Gesellschaften mit beschränkter Haftung (GmbH-Gesetz), Band II, §§ 35 – 85 GmbHG §§ 1 – 4 EGGmbHG, 2. Auflage, 2010

Mülbert, Peter O.
Aktiengesellschaft, Unternehmensgruppe und Kapitalmarkt, 2. Auflage, 1996

Münchener Handbuch des Gesellschaftsrechts
Band 4, Aktiengesellschaft, 3. Auflage, 2007

Münchener Kommentar zum Aktiengesetz
Band 1, §§ 1 – 75, 3. Auflage, 2008
Band 2, §§ 76 – 117, 3. Auflage, 2008
Band 4, §§ 118 – 147, 2. Auflage, 2004
Band 4, §§ 179 – 277, 3. Auflage, 2011

Münchener Kommentar zum Bürgerlichen Gesetzbuch
Band 1, Allgemeiner Teil, 1. Halbband: §§ 1 – 240, 5. Auflage, 2006
Band 3, Schuldrecht - Besonderer Teil, §§ 433 – 610, 5. Auflage, 2008

Münchener Kommentar zum Handelsgesetzbuch
Band 4, §§ 238 – 342e HGB, 2. Auflage 2008

Münchener Kommentar zur Zivilprozessordnung
Band 1, §§ 1 – 510c, 3. Auflage, 2008

Musielak, Hans-Joachim
Kommentar zur Zivilprozessordnung mit Gerichtsverfassungsgesetz, 6. Auflage, 2008

Nikolay, Judith C.
Die neuen Vorschriften zur Vorstandsvergütung – Detaillierte Regelungen und offene Fragen, Neue Juristische Wochenschrift, 2009, S. 2640 – 2647

Noack, Ulrich
Gesetz zur Angemessenheit der Vorstandsvergütung (VorstAG), Vorstandsvergütung – eine endlose Geschichte, Betriebs-Berater, 2009, M 1

Oppermann, Thomas/Classen, Claus Dieter/Nettesheim, Martin
Europarecht, 4. Auflage, 2009

Overlack, Arndt
Der Einfluß der Gesellschafter auf die Geschäftsführung in der mitbestimmten GmbH, Zeitschrift für das gesamte Handelsrecht und Wirtschaftsrecht, 141. Band 1977, S. 125 – 144

Palandt
Bürgerliches Gesetzbuch, 70. Auflage, 2011

Pieroth, Bodo/Schlink, Bernhard
Grundrechte Staatsrecht II, 26. Auflage, 2010

Raiser, Thomas/Veil, Rüdiger
Recht der Kapitalgesellschaften, 5. Auflage, 2010

Recktenwald, Claus
Von der Offenlegung zur Deckelung der Vorstandsvergütung, Anwaltsblatt 2009, S. 532

Rehbinder, Eckard
Zum konzernrechtlichen Schutz der Aktionäre einer Obergesellschaft, Zeitschrift für Unternehmens- und Gesellschaftsrecht, 1983, S. 92 – 108

Rieckhoff, Helge
Vergütung des Vorstands mit langfristiger Anreizwirkung, Retrospektive vs. prospektive Bestimmung der mehrjährigen Bemessungsgrundlage, Die Aktiengesellschaft, 2010, S. 617 – 622

Rohde, Andreas/Geschwandtner, Marcus
Zur Beschränkbarkeit der Geschäftsführungsbefugnis des Vorstands einer Aktiengesellschaft, Neue Zeitschrift für Gesellschaftsrecht, 2005, S. 996 – 999

Röhricht, Volker
Von Rechtswissenschaft und Rechtsprechung, Zeitschrift für Unternehmens- und Gesellschaftsrecht, 1999, S. 445 – 478

Roth, Günter H.
Die (Ohn-)Macht der Hauptversammlung, Zeitschrift für Wirtschaftsrecht, 2003, S. 369 – 378

ders.
Handels- und Gesellschaftsrecht, 6. Auflage, 2001

Sachs, Michael
Grundgesetz, Kommentar, 5. Auflage, 2009

Säcker, Franz-Jürgen
Probleme beim Widerruf der Bestellung von Organmitgliedern und Ansprüche aus fehlerhaften Anstellungsverträgen, Arbeitsleben und Rechtspflege – Festschrift für Gerhard Müller, 1981

Schmidt, Karsten
Entlastung, Entlastungsrecht und Entlastungsklage des Geschäftsführers einer GmbH – Versuch einer Neuorientierung –, Zeitschrift für Unternehmens- und Gesellschaftsrecht, 1978, S. 425 – 446

ders.
Gesellschaftsrecht, 4. Auflage, 2002

ders./Lutter, Marcus
Aktiengesetz Kommentar, I. Band §§ 1 – 149, 2008
Aktiengesetz Kommentar, II. Band §§ 150 – 410, 2008

Schmidt-Bendun, Rüdiger/Prusko, Wolfram
Say on Pay in den USA – Dodd-Frank Act kodifiziert Votum über Managervergütung und Golden Parachutes, Neue Zeitschrift für Gesellschaftsrecht, 2010, S. 1128 – 1131

Schmidt-Bleibtreu, Bruno/Hofmann, Hans/Hopfauf, Axel
GG Kommentar zum Grundgesetz, 11. Auflage, 2008

Schmolke, Klaus Ulrich
Institutionelle Anlger und Corporate Governance – Traditionelle institutionelle Investoren vs. Hedgefonds, Zeitschrift für Unternehmens- und Gesellschaftsrecht, 2007, S. 701 – 744

Schön, Wolfgang
Der Aktionär im Verfassungsrecht, Festschrift für Peter Ulmer zum 70. Geburtstag am 2. Januar 2003, 2003, S. 1359 – 1392

Schubel, Christian
Verbandssouveränität und Binnenorganisation der Handelsgesellschaften, 2003

Schneider, Uwe H.
Auf dem Weg in den Pensionskassenkorporatismus?, Zehn Thesen zu den Auswirkungen der zunehmenden Beteiligung institutioneller Anleger an den Publikumsaktiengesellschaften, Die Aktiengesellschaft, 1990, S. 317 – 332

Schöppen, Matthias
Vorstandsvergütung – (K)ein Thema für die Hauptversammlung?, Zeitschrift für Wirtschaftsrecht, 2010, S. 903 – 913

Seibert, Ulrich
Das VorstAG – Regelungen zur Angemessenheit der Vorstandsvergütung und zum Aufsichtsrat, Zeitschrift für Wirtschafts- und Bankrecht, 2009, S. 1489 – 1493

Semler, Johannes
Die Überwachungsaufgabe des Aufsichtsrats, 1980

ders.
Einschränkung der Verwaltungsbefugnisse in einer Aktiengesellschaft, Betriebs-Berater 1983, S. 1566 – 1573

ders./Volhard, Rüdiger
Arbeitshandbuch für die Hauptversammlung, 2. Auflage, 2003

Sethe, Rolf
Die aktienrechtliche Zulässigkeit der sogenannten „Teilentlastung", Zeitschrift für Wirtschaftsrecht, 1996, S. 1321 – 1327

Seuffert, Gabriel
Der Schutz des Aktieneigentums nach Art. 14 GG und seine Auswirkungen im Zusammenhang mit dem Ausschluss von Minderheitsaktionären gem. §§ 327a ff. AktG

Soergel, Hs. Th.
Bürgerliches Gesetzbuch mit Einführungsgesetz und Nebengesetzen, Band 1, Allgemeiner Teil 1, §§ 1 – 103, 13. Auflage, 2000

Spindler, Gerald
Das Gesetz über die Offenlegung von Vorstandsvergütungen - VorstOG, Neue Zeitschrift für Gesellschaftsrecht, 2005, S. 698 – 692

ders./Stilz, Eberhard
Kommentar zum Aktiengesetz, Band 1, §§ 1 – 149, 2. Auflage, 2010
Kommentar zum Aktiengesetz, Band 2, §§ 150 – 410, 2. Auflage, 2010

Staake, Marco
Ungeschriebene Hauptversammlungskompetenzen in börsennotierten und nicht börsennotierten Aktiengesellschaften, 2009

Staudinger, J.
Kommentar zum Bürgerlichen Gesetzbuch mit Einführungsgesetz und Nebengesetzen, Eckpfeiler des Zivilrechts, Neubearbeitung, 2011

ders.
Kommentar zum Bürgerlichen Gesetzbuch mit Einführungsgesetz und Nebengesetzen, Einleitung zum BGB; Buch 1 – Allgemeiner Teil, §§ 1 – 14; VerschG, Neubearbeitung, 2004
Kommentar zum Bürgerlichen Gesetzbuch mit Einführungsgesetz und Nebengesetzen, Buch 2 – Recht der Schuldverhältnisse, §§ 397 – 432, Neubearbeitung, 2005
Kommentar zum Bürgerlichen Gesetzbuch mit Einführungsgesetz und Nebengesetzen, Buch 2 – Recht der Schuldverhältnisse, §§ 535 – 562d, Neubearbeitung, 2006
Kommentar zum Bürgerlichen Gesetzbuch mit Einführungsgesetz und Nebengesetzen, Buch 2 – Recht der Schuldverhältnisse, §§ 631 – 651, Neubearbeitung, 2008

Streinz, Rudolf
Europarecht, 8. Auflage, 2008

Stukenberg, Peter
Ungeschriebene „Holzmüller"-Zuständigkeiten der Hauptversammlung im Lichte der „Macrotron"- und „Gelatine"-Entscheidungen des BGH, 2007

Stützle, Rudolf/Walgenbach, Joachim
Leitung der Hauptversammlung und Mitspracherechte der Aktionäre in Fragen der Versammlungsleitung, Zeitschrift für das gesamte Handelsrecht und Wirtschaftsrecht, 155. Band 1991, S. 516 – 544

Thomas, Heinz/Putzo, Hans
Zivilprozessordnung, Kommentar, 30. Auflage, 2009

Thüsing, Gregor
Auf der Suche nach dem iustum pretium der Vorstandstätigkeit, Zeitschrift für Unternehmens- und Gesellschaftsrecht, 2003, S. 457 – 507

ders.
Das Gesetz über die Offenlegung von Vorstandsvergütungen, Zeitschrift für Wirtschaftsrecht, 2005, S. 1389 – 1397

ders.
Das Gesetz zur Angemessenheit der Vorstandsvergütung, Die Aktiengesellschaft, 2009, S. 517 – 529

ders.
Die Angemessenheit von Vorstandsvergütungen – Mögliche Handlungsoptionen zur Sicherstellung, Der Betrieb, 2003, S. 1612 – 1615

ders.
Stellungnahme zum Entwurf eines Gesetzes zur Angemessenheit der Vorstandsvergütung (VorstAG) (BT-Drucks. 16/12278)

Ulmer, Peter/Habersack, Mathias/Winter, Martin
Gesetz betreffend die Gesellschaften mit beschränkter Haftung (GmbHG), Großkommentar, Band II, §§ 29 bis 52, 2006

Ulrici, Bernhard
Geschäftsähnliche Handlungen, Neue Juristische Wochenschrift, 2003, S. 2053 – 2056

van Kann, Jürgen/Keiluweit, Anjela
Das neue Gesetz zur Angemessenheit der Vorstandsvergütung, Wichtige Reform oder viel Lärm um nichts?, Deutsches Steuerrecht, 2009, S. 1587 – 1592

Vetter, Eberhard
Begrenzung der Vorstandsbezüge durch Hauptversammlungsbeschluss?, Zeitschrift für Wirtschaftsrecht, 2009, S. 1307 – 1309

ders.
Der kraftlose Hauptversammlungsbeschluss über das Vorstandsvergütungssystem nach § 120 Abs. 4 AktG, Zeitschrift für Wirtschaftsrecht, 2009, S. 2136 – 2143

von den Steinen, Barnim
Die verweigerte Organentlastung in der Aktiengesellschaft, 2009

von Falkenhausen, Joachim/Kocher, Dirk
Erste Erfahrungen mit dem Vergütungsvotum der Hauptversammlung, Die Aktiengesellschaft, 2010, S. 623 – 629

von Godin, Freiherr/Wilhelmi, Hans
Aktiengesetz vom 6. September 1965, Kommentar, 4. Auflage, 1971

von Mangoldt, Hermann/Klein, Friedrich/Starck, Christian
Kommentar zum Grundgesetz, Band 1: Präambel, Artikel 1 bis 19, 6. Auflage, 2010

von Münch, Ingo/Kunig, Philip
Grundgesetz-Kommentar, Band 1 (Präambel bis Art. 19), 5. Auflage, 2000

von Werder, Axel/Talaulicar, Till
Kodex Report 2009: Die Akzeptanz der Empfehlungen und Anregungen des Deutschen Corporate Governance Kodex, Der Betrieb, 2009, S. 689 – 696

Wagner, Jens
Nachhaltige Unternehmensentwicklung als Ziel der Vorstandsvergütung, Eine Annäherung an den Nachhaltigkeitsbegriff in § 87 Abs. 1 AktG, Die Aktiengesellschaft, 2010, S. 774 – 779

Wagner, Klaus-R.
Kapitalbeteiligung von Mitarbeitern und Führungskräften, 2. Auflage, 2008

Wagner, Maximilian
Ungeschriebene Kompetenzen der Hauptversammlung, Dogmatische Grundlagen und Anwendungsfälle, 2007

Wallenhorst, Marcus
Schranken der Anfechtungsbefugnis von Aktionären, 1996

Werner, Winfried
Zuständigkeitsverlagerungen in der Aktiengesellschaft durch Richterrecht?, Zeitschrift für das gesamte Handels- und Wirtschaftsrecht, 147. Band 1983, S. 429 – 453

Weitemeyer, Birgit
Die Entlastung im Aktienrecht – neueste Entwicklungen in Gesetzgebung und Rechtsprechung, Zeitschrift für Unternehmens- und Gesellschaftsrecht, 2005, S. 280 – 308

Wiedemann, Herbert
Gesellschaftsrecht, Ein Lehrbuch des Unternehmens- und Verbandsrechts, Band I - Grundlagen, 1980

Wilm, Daniel
Beobachtungen der Hauptversammlungssaison 2010, Der Betrieb, 2010, S. 1686 – 1693

Windbichler, Christine
Gesellschaftsrecht, 2009

Zöller, Richard
Zivilprozessordnung, Kommentar, 28. Auflage, 2010

Abkürzungsverzeichnis

a. A.	andere Ansicht
ABl.	Amtsblatt
Abs.	Absatz
a. E.	am Ende
AEUV	Vertrag über die Arbeitsweise der Europäischen Union
a. F.	alte Fassung
AG	Die Aktiengesellschaft
AktG	Aktiengesetz
allg.	allgemein
Alt.	Alternative
Anm.	Anmerkung
AnwBl	Anwaltsblatt
Art.	Artikel
BB	Betriebs-Berater
BDI	Bundesverband der Deutschen Industrie e.V.
BGB	Bürgerliches Gesetzbuch
BGH	Bundesgerichtshof
BGHZ	Entscheidungen des Bundesgerichtshofes in Zivilsachen
BT	Bundestag
BT-Drs.	Bundestags-Drucksache
BVerfG	Bundesverfassungsgericht
BVerfGE	Entscheidungssammlung des Bundesverfassungsgerichts
bzgl.	bezüglich
bzw.	beziehungsweise
DB	Der Betrieb
DGB	Deutscher Gewerkschaftsbund
d. h.	das heißt
DrittelbG	Gesetz über die Drittelbeteiligung der Arbeitnehmer im Aufsichtsrat (Drittelbeteiligungsgesetz)
DStR	Deutsches Steuerrecht
EG	Europäische Gemeinschaft
Einf v	Einführung vor
etc.	et cetera
EU	Europäische Union

EuZW	Europäische Zeitschrift für Wirtschaftsrecht
e.V.	eingetragener Verein
f.	folgende
FAZ	Frankfurter Allgemeine Zeitung
ff.	fortfolgende
Fn	Fußnote
FS	Festschrift
FSB	Finacial Stability Board
GDV	Gesamtverband der Deutschen Versicherungswirtschaft e.V.
GesR	Gesellschaftsrecht
GG	Grundgesetz
ggf.	gegebenenfalls
GmbH	Gesellschaft mit beschränkter Haftung
GmbHG	Gesetz betreffend die Gesellschaften mit beschränkter Haftung
GWR	Gesellschafts- und Wirtschaftsrecht
Hdb.	Handbuch
HGB	Handelsgesetzbuch
h. M.	herrschende Meinung
Hs.	Halbsatz
HV	Hauptversammlung
insb.	insbesondere
InstitutsVergV	Verordnung über die aufsichtsrechtlichen Anforderungen an Vergütungssystem von Instituten (Instituts-Vergütungsverordnung)
i. V. m.	in Verbindung mit
Kap.	Kapitel
KG	Kommanditgesellschaft
KWG	Gesetz über das Kreditwesen (Kreditwesengesetz)
lit.	Buchstabe
MitbestG	Gesetz über die Mitbestimmung der Arbeitnehmer (Mitbestimmungsgesetz)

MontanMitbestG	Gesetz über die Mitbestimmung der Arbeitnehmer in den Aufsichtsräten und Vorständen der Unternehmen des Bergbaus und der Eisen und Stahl erzeugenden Industrie
MontanMitbestG-ErgG	Gesetz zur Ergänzung des Gesetzes über die Mitbestimmung der Arbeitnehmer in den Aufsichtsräten und Vorständen der Unternehmen des Bergbaus und der Eisen und Stahl erzeugenden Industrie
MüKo	Münchener Kommentar
m. w. N.	mit weiteren Nachweisen
NJW	Neue Juristische Wochenschrift
Nr.	Nummer
NZG	Neue Zeitschrift für Gesellschaftsrecht
NZG-Beil.	Beilage zur Neuen Zeitschrift für Gesellschaftsrecht
OHG	offene Handelsgesellschaft
OLG	Oberlandesgericht
RG	Reichsgericht
RGZ	Entscheidungen des Reichsgerichts in Zivilsachen
Rn	Randnummer
s.	section
S.	Seite
SEAG	Gesetz zur Ausführung der Verordnung (EG) Nr. 2157/2001 des Rates vom 8. Oktober 2001 über das Statut der Europäischen Gesellschaft (SE) (SE-Ausführungsgesetz)
sog.	sogenannt
Überbl v	Überblick vor
UmwG	Umwandlungsgesetz
usw.	und so weiter
v.	von
VAG	Gesetz über die Beaufsichtigung der Versicherungsunternehmen (Versicherungsaufsichtsgesetz)
Var.	Variante
VereinsG	Gesetz zur Regelung des öffentlichen Vereinsrechts

VersVergV	Verordnung über die aufsichtsrechtlichen Anforderungen an Vergütungssysteme im Versicherungsbereich (Versicherungs-Vergütungsverordnung)
vgl.	vergleiche
VorstAG	Gesetz zur Angemessenheit der Vorstandsvergütung
VorstOG	Gesetz zur Offenlegung der Vorstandsvergütung
WM	Zeitschrift für Wirtschafts- und Bankrecht
WpHG	Gesetz über den Wertpapierhandel
z. B.	zum Beispiel
ZGR	Zeitschrift für Unternehmens- und Gesellschaftsrecht
ZHR	Zeitschrift für das gesamte Handels- und Wirtschaftsrecht
ZIP	Zeitschrift für Wirtschaftsrecht

§ 1 Einleitung

A. Ausgangspunkt

Das deutsche Gesellschaftsrecht zeichnet sich durch weitgehend festgelegte Strukturen aus. Als Teil der zivilrechtlichen Ordnung partizipiert es nur in begrenztem Umfang an der allgemein vorzufindenden Gestaltungsfreiheit, die sich aus der grundrechtlich garantierten Privatautonomie gemäß Art. 2 GG ergibt. Dies wirkt sich zwar nicht in jedem Bereich des Gesellschaftsrechts in gleichem Umfange aus, doch sind die zu beachtenden Grenzen, abhängig von der gewählten Gesellschaftsform, in der Handhabung der gesellschaftsrechtlichen Praxis von besonderer Bedeutung.

Allein der Gesichtspunkt der Wahl der Gesellschaftsform lässt bereits zutage treten, worin ein wesentliches Element des deutschen Gesellschaftsrechts liegt, nämlich der numerus clausus der Gesellschaftsformen. Von der Rechtsordnung wird vorgegeben, was als Rechtssubjekt – als Gesellschaft – anerkannt wird. Der freien Gestaltung wird folglich entgegengetreten, wenngleich die unterschiedlichen Gesellschaftsformen ihrerseits Ausdruck der verfassungsrechtlich garantierten Vereinigungsfreiheit nach Art. 9 Abs. 1 GG sind. Größere Freiheiten werden dem Einzelnen noch belassen, soweit er sich für eine Personengesellschaft entscheidet. Greift man sich beispielsweise die BGB-Gesellschaft als Prototyp der Personengesellschaften heraus, zeigt sich, welch weiten Gestaltungsspielraum die Gesellschafter haben. Die gesetzlichen Regelungen sind nur in sehr begrenztem Umfang zwingenden Charakters, sodass vieles nach den individuellen Überlegungen und den Ausrichtungen der Gesellschaft im Einzelfall ausgestaltet werden kann. Die Gesellschafter bleiben Herr über ihre Gesellschaft und sind mit ihr – fast – untrennbar verbunden, jedenfalls im Hinblick auf die Verteilung der Rechteordnung. So erklärt es sich, dass die wichtigsten Impulse und die wichtigsten Entscheidungen aus der Versammlung der Gesellschafter heraus beschlossen werden müssen und dass sie die Richtung für die Geschäftsführung vorgibt. Oberstes Organ bleibt damit die Gesellschafterversammlung.

Demgegenüber steht das System der Kapitalgesellschaften. Kapitalgesellschaften wie die Gesellschaft mit beschränkter Haftung, die Aktiengesellschaft oder die Kommanditgesellschaft auf Aktien sind eigenständige rechtliche Einheiten; als juristische Personen sind sie selbstständige Rechtssubjekte, ebenso wie ihre Grundform: der eingetragene Verein. Ihre – relative – Losgelöstheit von einem Gesellschafterverbund zeigt sich bereits darin, dass sowohl die GmbH als auch die AG jeweils von nur einer Person gegründet werden kann und grundsätzlich keine Identität zwischen den Geschäftsleitern und den Gesellschaftern bestehen muss (sog. Fremdorganschaft). Zwar verbleiben auch bei den Kapitalgesellschaften die wesentlichen Grundentscheidungen über die Gesellschaft in der Hand der Anteilseigner. Doch fällt deren Partizipationsmöglichkeiten weit geringer aus als im Rahmen der Personengesellschaften. Während bei der GmbH noch größere Einflussmöglichkeiten von Seiten der Gesellschafter bestehen, die gemäß § 45 GmbHG sogar gesellschaftsvertraglich geregelt werden oder durch Weisungen gemäß § 37 Abs. 1 GmbHG zum Ausdruck kommen können, bestehen bei der Aktiengesellschaft weitgehend strikte gesetzliche Vorgaben in Bezug darauf, welche Aufgaben von der Hauptversammlung als Organ der Anteilseigner ausgeübt werden können.

Letztgenannte Tatsache bildet den entscheidenden Ausgangspunkt für die vorliegende Betrachtung von beratenden Hauptversammlungsbeschlüssen und dem gemäß § 120 Abs. 4 AktG eingeführten Vergütungsvotum sowie für deren kritische Hinterfragung.

B. Hintergrund zur Arbeit

Am 5. August 2009 ist das Gesetz zur Angemessenheit der Vorstandsvergütung (kurz: VorstAG) in Kraft getreten.[1] Hintergrund dieses Gesetzes war zum einen die zu dieser Zeit noch andauernde Finanzmarktkrise. Als einen der Gründe für diese Krise hatte man die – vermeintlich oder tatsächlich – unangemessenen Vorstandsgehälter ausgemacht.[2] Dabei bezog sich die Unangemessenheit nicht nur auf die Höhe der Gehälter, sondern insbesondere auch auf die Systeme der Vergütung für die Vorstände. Diese begünstigten durch das Setzen falscher Anreize das Eingehen von Risiken, die zur Finanzmarktkrise beigetragen haben. Zur Zielsetzung des Gesetzgebers heißt es wie folgt in der Gesetzesbegründung[3]:

> „Ziel des Gesetzentwurfs ist es, die Anreize in der Vergütungsstruktur für Vorstandsmitglieder in Richtung einer nachhaltigen und auf Langfristigkeit ausgerichteten Unternehmensführung zu stärken. Zugleich soll die Verantwortlichkeit des Aufsichtsrats für die Ausgestaltung der Vorstandsvergütung gestärkt und konkretisiert

1 BGBl. I 2009, 2509.

2 Die Angemessenheit der Vorstandsgehälter war aber nicht erst seit diesem Zeitpunkt in der Diskussion. Bereits zuvor wurde auf verschiedene Weise auf Transparenz bei der Vorstandsvergütung hingearbeitet, so zum Beispiel durch das Gesetz zur Offenlegung der Vorstandsvergütung vom 03.08.2005 (VorstOG; BGBl. I 2005, 2267) und durch Empfehlungen und Anregungen im Deutschen Corporate Governance Kodex.

3 BT-Drs. 16/13433, S. 1.

werden sowie die Transparenz der Vorstandsvergütung gegenüber den Aktionären und der Öffentlichkeit verbessert werden.“

Der Gesetzgeber reagierte, indem er Veränderungen an § 87 AktG vornahm, die teils rein deklaratorischer Art waren, teils aber zu neuen Anforderungen für die Struktur von Vorstandsvergütungssystemen geführt haben.

Schon bisher war es selbstverständlich, die Gehälter der Vorstände an ihrer Leistung zu bemessen; dies wurde nunmehr im Gesetzestext des § 87 Abs. 1 AktG klargestellt. Andererseits ist jedoch darauf zu achten, dass die übliche Vergütung nicht überschritten wird, wobei die Üblichkeit anhand eines horizontalen als auch eines vertikalen Vergleichs stattfinden soll.[4] Horizontal bedeutet dabei einen Vergleich mit anderen Unternehmen, vertikal den Vergleich innerhalb des eigenen Unternehmens.

Für börsennotierte Gesellschaften wurde ferner festgeschrieben, dass deren Vergütungsstruktur im Vorstandsbereich auf eine nachhaltige Unternehmensentwicklung ausgerichtet sein muss, freilich an sich keine neue Forderung, da bereits zuvor der Deutsche Corporate Governance Kodex[5] eine gleich lautende Empfehlung ausgesprochen hatte. Diese ist nun in zwingendem Gesetzesrecht fixiert worden, was zur Folge hat, dass ein Abweichen von dieser Vorschrift als echte Pflichtverletzung anzusehen ist, wofür der Aufsichtsrat im Rahmen von § 116 AktG haftet (dies ist durch das VorstAG sogar redaktionell bei § 116 AktG hervorgehoben worden); eine bloße, sanktionslose Abweichenserklärung wie früher ist daher nicht mehr möglich. Ferner sollen variablen Vergütungsbestandteilen mehrjährige Bemessungsparameter zugrunde gelegt werden.[6]

---

4 Vgl. BT-Drs. 16/12278, S. 5.

5 Soweit nicht anders angegeben beziehen sich die Zitate und Bezugnahmen auf den Deutschen Corporate Governance Kodex in der vorliegenden Arbeit auf dessen Fassung vom 26. Mai 2010, veröffentlicht im elektronischen Bundesanzeiger am 2. Juli 2010.

6 Diese Regelung hat zu angeregter Diskussion in der juristischen Literatur Anlass gegeben. Im Mittelpunkt standen mehrere Fragen.
Zunächst: Waren damit reine Fixgehälter für Vorstände unzulässig? Dies wird von der ganz h.M. – zu Recht – verneint. Der Gesetzgeber wollte kein Verbot reiner Fixgehälter herbeiführen. Vielmehr bleibt diese Entscheidung weiterhin dem Aufsichtsrat vorbehalten. Gleichwohl ist daran zu denken, dass der Deutsche Corporate Governance Kodex empfiehlt, die Vergütung des Vorstands solle fixe und variable Vergütungsbestandteile enthalten. Eine Abweichung hiervon durch ein reines Fixgehalt würde daher zu einer entsprechenden Erklärung gemäß § 161 AktG führen. (vgl. Bauer/Arnold, AG 2009, 717 (721 f.); Hohenstatt, ZIP 2009, 1349 (1351); Hoffmann-Becking/Krieger, NZG-Beil. 2009, 1 (2); Deilmann/Otte, GWR 2009, 261; Lingemann, BB 2009, 1918 (1919); Fleischer, NZG 2009, 801 (803)).

Einen weiteren Ansatzpunkt zur Verschärfung der Regeln zur Vorstandsvergütung sah der Gesetzgeber in § 87 Abs. 2 AktG, der dem Aufsichtsrat schon bisher eine Möglichkeit zur Herabsetzung der Vorstandsvergütung in bestimmten Krisensituationen an die Hand gab. Die vormalige „kann"-Vorschrift ist in eine „soll"-Vorschrift geändert worden, sodass sich der Entscheidungsspielraum für den Aufsichtsrat verschmälert hat.[7]

Beide Entscheidungen – also sowohl die Festsetzung als auch die mögliche Herabsetzung – hat der Gesetzgeber durch das VorstAG dem gesamten Plenum des Aufsichtsrats überantwortet. Eine Übertragung auf einen Ausschuss (z. B. Personalausschuss) ist nicht mehr zulässig, § 107 Abs. 3 S. 3 AktG. Ein solcher Ausschuss darf in dieser Angelegenheit nur noch vorbereitend für das Gesamtplenum tätig werden.[8]

Dann: Dürfen keine Jahresboni/-tantiemen mehr mit den Vorständen vereinbart werden? Auch hier hat sich in der juristischen Literatur schnell durchgesetzt, dass auch weiterhin Jahresboni oder -tantiemen vereinbart werden dürfen. Auch der Gesetzgeber hat in der Gesetzesbegründung zugestanden, dass kurzfristige Anreize gesetzt werden dürfen. Doch muss insgesamt das System der variablen Vergütungsbestandteile auf Mehrjährigkeit ausgelegt sein; die Mehrjahreskomponente muss daher die Jahreskomponenten überwiegen. (vgl. Annuß/Theusinger, BB 2009, 2434 (2436); Bauer/Arnold, AG 2009, 717 (722); Bosse, BB 2009, 1650 (1651); Hoffmann-Becking/Krieger, NZG-Beil. 2009, 1 (2); Hohenstatt, ZIP 2009, 1349 (1351); Lingemann, BB 2009, 1918 (1919); Deilmann/Otte, GWR 2009, 261; Nikolay, NJW 2009, 2640 (2642); Seibert, WM 2009, 1489 (1490); van Kann/Keiluweit, DStR 2009, 1587 (1588)).

Schließlich: Welcher zeitliche Rahmen muss für die mehrjährige Bemessungsgrundlage angelegt werden? Die Positionen hierzu reichen von zwei bis fünf Jahren, überwiegend wird jedoch eine Zeitspanne von drei bis vier Jahren als richtig angesehen. (vgl. Bauer/Arnold, AG 2009, 717 (722 f.); Hoffmann-Becking/Krieger, NZG-Beil. 2009, 1 (3); Annuß/Theusinger, BB 2009, 2434 (2436); Deilmann/Otte, GWR 2009, 261; Fleischer, NZG 2009, 801 (803); Bosse, BB 2009, 1651 (1651); Seibert, WM 2009, 1489 (1490)).

7 Inwieweit sich im Tatsächlichen durch diese Neuerung etwas ändern wird, ist fraglich. Zunächst war im Gesetzgebungsprozess vorgesehen, die Herabsetzung für den Aufsichtsrat verpflichtend auszugestalten. Dies wurde jedoch durch die Beschlussempfehlung des Rechtsausschusses noch in die „soll"-Form abgemildert (vgl. BT-Drs. 16/13433, S. 4). Bei der Ausübung des nunmehr möglichen Ermessens können daher gewichtige betriebliche Gründe dazu führen, dass der Aufsichtsrat von einer Herabsetzung absehen darf, ohne sich selbst eine Pflichtverletzung vorwerfen lassen zu müssen, beispielsweise wenn zu befürchten ist, dass das Vorstandsmitglied bei einer Herabsetzung das Unternehmen verlässt und es so zu einer Verschlimmerung der Lage der Gesellschaft kommen würde.

8 Vgl. hierzu auch Ziffer 4.2.2 des Deutschen Corporate Governance Kodex.

Schließlich sei der Vollständigkeit halber noch auf weitere Änderungen durch das VorstAG hingewiesen:

- Schließt die Aktiengesellschaft zugunsten ihrer Vorstände eine sog. D&O-Versicherung[9] ab, hat sie von Gesetzes wegen einen Selbstbehalt in Höhe von mindestens 10 Prozent des Schadens bis mindestens zur Höhe des 1,5-Fachen der festen jährlichen Vergütung des Vorstandsmitglieds zu vereinbaren, § 93 Abs. 2 S. 3 AktG.[10]
- Zum Aufsichtsratsmitglied kann nicht bestellt werden, wer in den letzten zwei Jahren Vorstandsmitglied derselben börsennotierten Gesellschaft war, es sei denn, seine Wahl erfolgt auf Vorschlag von Aktionären, die mehr als 25 Prozent der Stimmrechte an der Gesellschaft halten, § 100 Abs. 2 S. 1 Nr. 4 AktG.
- Zur Erhöhung der Transparenz im Bereich der Vorstandsvergütung wurden die Anforderungen an die Angaben im Anhang bzw. Konzernanhang zur Vergütung der Vorstände erhöht, § 285 Nr. 9 HGB bzw. § 314 Abs. 1 Nr. 6 HGB.

C. Ziel der Arbeit

Ebenfalls durch das VorstAG wurde noch eine weitere Neuerung im Aktienrecht eingeführt. § 120 AktG wurde um einen Absatz 4 erweitert, der wie folgt lautet:

> [1]Die Hauptversammlung der börsennotierten Gesellschaft kann über die Billigung des Systems zur Vergütung der Vorstandsmitglieder beschließen. [2]Der Beschluss begründet weder Rechte noch Pflichten; insbesondere lässt er die Verpflichtung des Aufsichtsrats nach § 87 [AktG] unberührt. [3]Der Beschluss ist nicht nach § 243 [AktG] anfechtbar.

In der Überschrift zu § 120 AktG wird dieser neue Beschluss als „Votum zum Vergütungssystem" bezeichnet.

Dieses Votum ist Gegenstand der vorliegenden Arbeit und wird unter § 6 einer eingehenden Betrachtung unterzogen. Nach einleitenden Gedanken zur Historie und dem Hintergrund dieser neuen Vorschrift werden zunächst die Tatbe-

9 Bei einer Directors'-and-Officers'-Liability-Versicherung (kurz: D&O-Versicherung) sichert die Aktiengesellschaft ihre Vorstände mittels einer Vermögensschaden-Haftpflicht-Versicherung dagegen ab, wenn sie für Pflichtverletzungen aus ihrer Organtätigkeit in Anspruch genommen werden.

10 Eine entsprechende Selbstbehaltsvereinbarung muss bei D&O-Versicherungen zugunsten von Aufsichtsratsmitgliedern zwar nicht vereinbart werden, vgl. § 116 S. 1 AktG; gleichwohl empfiehlt Ziffer 3.8 des Deutschen Corporate Governance Kodex, einen solchen Selbstbehalt auch bei Aufsichtsratsmitgliedern vorzusehen.

standselemente untersucht, insbesondere ob die Hauptversammlung bei ihrem Billigungsbeschluss Grenzen in der Ermessensausübung unterliegt. Dabei werden die Gesetzesintention, die Rechtsprechung zum Entlastungsbeschluss und der Treuepflicht herangezogen. Als Nächstes wird der Frage nachzugehen sein, ob die Hauptversammlung ausreichend für die Fassung des Beschlusses informiert wird und ob sie fachlich für einen derartigen Beschluss gerüstet ist bzw. ob der Gesetzgeber von deren fachlicher Eignung zukünftig ausgeht. Weiterer Punkt der Untersuchung wird sodann die gesetzlich ausdrücklich angeordnete Rechtsfolgenlosigkeit des Beschlusses sein sowie die Frage, ob sich nicht wenigstens mittelbare Konsequenzen aus dem Beschluss ergeben können. Es folgt eine kritische Hinterfragung der Nähe des Billigungsbeschlusses zum Entlastungsbeschluss und der daraus zu ziehenden Schlussfolgerungen und Implikationen. Im Weiteren werden noch prozessuale Fragen zum Vergütungsbeschluss behandelt.

Doch bevor eine Auseinandersetzung mit dem Billigungsbeschluss nach § 120 Abs. 4 AktG erfolgt, wird dem allgemeineren Themenkomplex der sog. beratenden Hauptversammlungsbeschlüsse Aufmerksamkeit geschenkt. Auch der Beschluss nach § 120 Abs. 4 AktG wird als beratender Hauptversammlungsbeschluss verstanden.[11] Daher findet sich unter § 5 vorgelagert eine rechtliche Auseinandersetzung allgemeiner Art mit beratenden Hauptversammlungsbeschlüssen. Zunächst wird dabei eine begriffliche Abgrenzung erfolgen. Im Wesentlichen geht es um Beschlüsse, die keinen bindenden Charakter haben, also keine unmittelbaren rechtlichen Konsequenzen mit sich bringen, bis hin zu Beschlüssen, die als reine Meinungsäußerung der Hauptversammlung verstanden werden können. Kernpunkt wird dabei die Frage sein, ob derartige Beschlüsse rechtlich geboten und zulässig sind oder die gesetzliche Konzeption ausreicht.

Drei Komplexe bilden die Vorüberlegungen und Grundlagen für die vorgenannten Hauptthemen. Unter § 2 wird die Kompetenzverteilung in der Aktiengesellschaft betrachtet. Neben der Darstellung der Aufgabenverteilung zwischen Vorstand, Aufsichtsrat und Hauptversammlung soll den sog. ungeschriebenen Hauptversammlungskompetenzen Aufmerksamkeit geschenkt werden.

Der nächste Abschnitt (§ 3) wird dem Aktionär gewidmet. Neben wiederum grundlegenden Aussagen zu Rechten und Pflichten wird der Versuch einer Typisierung von Aktionären vorgenommen. Damit soll der Frage nach „dem" Aktionär nachgegangen werden. Des Weiteren dient dieser Abschnitt der Vorbereitung auf die spätere Diskussion zur Erforderlichkeit beratender Hauptversammlungsbeschlüsse sowie zum Billigungsbeschluss nach § 120 Abs. 4 AktG.

11 Vgl. etwa Thüsing, AG 2009, 517 (524).

Daran anschließend (unter § 4) wird sich die Arbeit um den Hauptversammlungsbeschluss an sich drehen, dessen Rechtsnatur darstellen sowie seine Funktionen aufzeigen. Erster Kernpunkt wird dabei die Frage sein, ob der Charakter von beratenden Hauptversammlungsbeschlüssen der Einordnung als Rechtsgeschäft widerspricht. Zweiter Kernpunkt wird die Untersuchung werden, ob das Entscheidungsprinzip wesentliches Element eines Hauptversammlungsbeschlusses ist und somit grundlegende Argumente gegen die Zulässigkeit von beratenden Hauptversammlungsbeschlüssen bestehen.

Den Abschluss der Arbeit bilden weitere Ansätze zur Befassung der Hauptversammlung mit der Vorstandsvergütung (§ 7). Es wird dabei zu hinterfragen sein, ob eine derartige Verlagerung der Kompetenzen innerhalb der Aktiengesellschaft erstrebenswert ist.

§ 2 Die Kompetenzverteilung in der Aktiengesellschaft

A. Die Dreigliedrigkeit der Aktiengesellschaft

Das deutsche Recht der Aktiengesellschaft zeichnet sich durch eine Dreigliedrigkeit im System der Organe einer Aktiengesellschaft aus. Sie besteht zwingend aus folgenden Elementen: dem Vorstand, dem Aufsichtsrat und der Hauptversammlung.

Hierin unterscheidet sich die Aktiengesellschaft zum einen von der GmbH. Bei dieser sind grundsätzlich nur die Geschäftsführung und die Gesellschafterversammlung zwingend vorgesehen. Der Aufsichtsrat ist nach § 52 GmbHG kein obligatorisches Organ, von den Fällen der Mitbestimmung einmal abgesehen.[12] Er kann jedoch fakultativ eingerichtet werden und je nach der Ausgestaltung in der GmbH-Satzung im Ergebnis dieselbe Funktion übernehmen wie der Aufsichtsrat einer Aktiengesellschaft. Aufgrund des Gestaltungsspielraums bei der GmbH erlaubt § 52 GmbHG allerdings auch eine anders geartete Ausgestaltung für den Aufsichtsrat.

Zum anderen nimmt die deutsche Aktiengesellschaft im internationalen Vergleich aber ebenfalls eine besondere Stellung ein. In vielen Systemen anderer Länder findet sich für Kapitalgesellschaften, die der Aktiengesellschaft entsprechen, ein dualistischer, zweigliedriger Aufbau, bestehend aus einem Board und einer Gesellschafterversammlung. Das Board übernimmt dabei sowohl die Funktion des Vorstandes als auch des Aufsichtsrates.[13]

Die Aufteilung innerhalb der deutschen Aktiengesellschaft in drei Organe bringt es mit sich, dass diesen Organen verschiedene Funktionen und Verantwortlichkeiten zugewiesen sind. Diese Zuteilung ist nicht nur als eine optionale zu verstehen; vielmehr ist das System im Aktienrecht von einer relativ starken Strenge gekennzeichnet. Während bei Personengesellschaften oder bei der GmbH im Zweifelsfall – wenn quasi niemand anders zuständig ist – stets auf die Gesellschafterversammlung zurückgegriffen werden kann, da diese eine Art Ersatz- oder Auffangzuständigkeit in jedem Fall innehat, kann ein solcher Rück-

12 Nach DrittelbG bzw. MitbestG ist auch bei einer GmbH, die in der Regel mehr als 500 bzw. 2.000 Mitarbeiter beschäftigt, zwingend ein Aufsichtsrat zu bilden, in dem auch Arbeitnehmervertreter vorhanden sein müssen.

13 Einen ähnlichen Aufbau lässt im deutschen System mittlerweile jedoch die Societas Europaea (SE) zu, siehe §§ 20 ff. SEAG: „Verwaltungsrat“ für einheitliches Verwaltungsorgan mit monistischer Struktur; vgl. Hirte, Kapitalgesellschaftsrecht, § 3, Rn 3.4.

griff bei der Aktiengesellschaft nicht stattfinden. Dies wird durch das im Aktiengesetz festgelegte System verhindert. Es ist nicht einmal vorgesehen, dass die Aktionäre als „Eigentümer" der Aktiengesellschaft in der Satzung eine Ersatzzuständigkeit der Hauptversammlung vorsehen. Dies steht im Widerspruch zu § 23 Abs. 5 AktG (Satzungsstrenge); eine Ausweitung der Zuständigkeit der Hauptversammlung ist im Aktiengesetz nicht eröffnet – und damit nicht zulässig. Darauf wird an anderer Stelle zurückzukommen sein. An dieser Stelle ist ferner noch die Besonderheit der Kapitalgesellschaften zu nennen, dass ihre Geschäftsführung nicht zwingend aus Gesellschaftern zu bestehen hat (Prinzip der Drittorganschaft).[14]

Letztlich bedingt gerade diese Dreiteilung der Organe der AG die Frage danach, wer was tun bzw. nicht tun darf. Erst die Dreiteilung lässt die Frage entstehen, inwieweit ein beratender Beschluss in der Hauptversammlung gefasst werden kann.

Im Kurzen zusammengefasst lässt sich Folgendes konstatieren: Die Aufteilung der Sachkompetenzen auf die drei Organe der Aktiengesellschaft folgt dem Leitprinzip, dass Geschäftsführung und Vertretung dem Vorstand obliegen (§§ 76 ff. AktG), der Aufsichtsrat diesen zu überwachen hat (§ 111 Abs. 1 AktG) und die Grundlagenentscheidungen der Hauptversammlung vorbehalten sind (insb. § 119 AktG).[15]

B. Der Vorstand

Die Hauptpflichten des Vorstands sind die Geschäftsführung und die Vertretung der Gesellschaft.[16] Darüber hinaus treffen ihn aber noch weitere Pflichten.

I. Geschäftsführung und Vertretung

Nach der Verfassung der Aktiengesellschaft hat der Vorstand folgende Aufgabe zu erfüllen: „Der Vorstand hat unter eigener Verantwortung die Gesellschaft zu leiten", § 76 Abs. 1 AktG. So kurz die Aufgabenbeschreibung sein mag, so umfangreich ist das, was für den Vorstand dahintersteht. Dabei ist zu beachten, dass „Geschäftsleitung" ihrerseits selbst nur einen Teilbereich beschreibt. Als Oberbegriff ist die Geschäftsführung zu nennen. Diese obliegt dem Vorstand jedoch gleichermaßen, § 77 AktG.

14 Vgl. Raiser/Veil, Recht der Kapitalgesellschaften, § 14, Rn 31.
15 Vgl. Roth, Handels- und Gesellschaftsrecht, § 17, Rn 432.
16 Vgl. Hirte, Kapitalgesellschaftsrecht, § 3, Rn 3.39.

Geschäftsführung ist jedwede tatsächliche oder rechtsgeschäftliche Tätigkeit für die Aktiengesellschaft.[17] Was unter die Geschäftsführung fällt, betrifft das Innenverhältnis des Vorstands zu der Aktiengesellschaft, es geht um die Frage, was der Vorstand darf[18] und wofür er entscheidungszuständig ist.[19] Neben jeder Einzelmaßnahme, die der Vorstand intern oder gegenüber Dritten trifft, fällt auch die Geschäftsleitung als herausgehobener Teilbereich unter die Geschäftsführung.[20]

Mit Geschäftsleitung ist in erster Linie die Unternehmensleitung gemeint, da die Aktiengesellschaft Trägerin des Unternehmens ist. Zugrunde zu legen ist dafür der Gesellschaftszweck, das heißt der Unternehmensgegenstand. Daraus ist für jede Aktiengesellschaft einzeln abzuleiten, welche Aufgabe der Vorstand zu erfüllen hat.[21] Die Unternehmensleitung schließt aber auch die wichtigen Teilbereiche der Einstellung, Führung und Kontrolle der Mitarbeiter ein sowie die sog. Compliance, also die Pflicht, für die Einhaltung gesetzlicher Bestimmungen und etwaiger unternehmensinterner Richtlinien zu sorgen und auf deren Beachtung hinzuwirken.[22] Ferner bedeutet Leitung, dass der Vorstand die Richtlinien der Unternehmenspolitik festlegt und die geschäftlichen Initiativen ergreift, also die eigentliche unternehmerische Funktion wahrnimmt.[23]

Die Geschäftsleitung hat der Vorstand unter eigener Verantwortung inne, § 76 Abs. 1 AktG. Diese Eigenverantwortlichkeit hat weitreichende Konsequenzen. Der Vorstand handelt grundsätzlich frei von Weisungen Dritter. Weder ist es dem Aufsichtsrat möglich, mittels Weisungen auf den Vorstand einzuwirken, noch steht es in der Macht der Hauptversammlung, dem Vorstand direkte Handlungsanweisungen zu erteilen (abgesehen von den Fällen des § 119 Abs. 2 AktG, worauf an späterer Stelle im Detail angegangen wird).[24]

---

17 Vgl. Hüffer, AktG, § 77, Rn 3.

18 Vgl. Hüffer, AktG, § 77, Rn 3.

19 Vgl. Hirte, Kapitalgesellschaftsrecht, § 3, Rn 3.42.

20 Vgl. Hüffer, AktG, § 76, Rn 7. In der Praxis wird jedoch keine klare begriffliche Unterscheidung zwischen Geschäftsführung und Geschäftsleitung vorgenommen, vielmehr werden die Begriffe teils sogar synonym verwendet. Bei GmbHs fehlt eine solche Differenzierung völlig.

21 So muss beispielsweise der Vorstand einer Konzernholding nicht nur die eigene Gesellschaft leiten, sondern muss gleichermaßen die Tochtergesellschaften und den Konzernverbund führen; vgl. Hüffer, AktG, § 76, Rn 9.

22 Vgl. Hirte, Kapitalgesellschaftsrecht, § 3, Rn 3.42; Hüffer, AktG, § 76, Rn 9a; siehe auch Ziffer 4.1.3 des Deutschen Corporate Governance Kodex, der dies für börsennotierte Aktiengesellschaften formuliert.

23 Vgl. Raiser/Veil, Recht der Kapitalgesellschaften, § 14, Rn 1.

24 Die Fälle, in denen eine Aktiengesellschaft mit einer anderen Gesellschaft einen Beherrschungsvertrag im Sinne von § 291 Abs. 1 AktG abschießt, bleiben hier außen vor.

Der Vorstand hat die Geschäftsleitung nach eigenem pflichtgemäßem Ermessen auszuüben. § 93 Abs. 1 S. 1 AktG konkretisiert dies, indem darin den Vorstandsmitgliedern auferlegt wird, bei der Geschäftsführung die Sorgfalt eines ordentlichen und gewissenhaften Geschäftsleiters an den Tag zu legen. Diese Freiheit korrespondiert mit der Haftungspflicht des Vorstands gegenüber der Gesellschaft, wenn er sein ihm anvertrautes pflichtgemäßes Ermessen fehlerhaft ausübt. Nach § 93 Abs. 2 S. 1 AktG sind Vorstandsmitglieder, die ihre Pflichten verletzen, zum Ersatz des daraus entstehenden Schadens gesamtschuldnerisch verpflichtet. Gleichwohl ist auch dem Gesetzgeber bewusst, dass diese drohende Haftung nicht zu einer Lähmung im Vorstandshandeln führen darf. Zudem ist unternehmerisches Handeln stets von dem Eingehen bestimmter größerer oder kleinerer Risiken geprägt. Daher schränkt § 93 Abs. 1 S. 2 AktG die Haftung insoweit ein, als eine Pflichtverletzung nicht vorliegt, wenn das Vorstandsmitglied bei einer unternehmerischen Entscheidung vernünftigerweise annehmen durfte, auf der Grundlage angemessener Information zum Wohle der Gesellschaft zu handeln (sog. Business Judgement Rule).

Bei dieser Ermessensentscheidung in Bezug auf die Geschäftsleitung kann der Vorstand verschiedene Entscheidungsparameter einfließen lassen. Allem voran steht selbstredend das Unternehmensinteresse, zu dessen Förderung der Vorstand verpflichtet ist. Entscheidungen, die entgegen dem Unternehmensinteresse getroffen werden, sind zwar nicht zwangsläufig, wohl aber regelmäßig als Überschreitung des pflichtgemäßen Ermessens zu werten, also als Pflichtverletzung. Weiterhin treffen den Vorstand Treuepflichten, die sich aus seiner Stellung als Treuhänder aller ihm anvertrauten Interessen ergeben (Kapital-, Anteilseigner- und Arbeitnehmerinteressen).[25] Ebenso darf der Vorstand aber auch Gemeinwohlinteressen bei seinen Entscheidungen zugrunde legen, auch wenn sie nicht explizit zum Unternehmensgegenstand zählen.[26]

Der Unternehmensgegenstand andererseits führt zu einer Beschränkung dessen, was der Vorstand im Innenverhältnis zur Gesellschaft tun darf. Im Außen-

---

Im Rahmen eines solchen Beherrschungsvertrags unterliegt der Vorstand der abhängigen Gesellschaft weitestgehend den Weisungen der herrschenden Gesellschaft; selbst Weisungen, die für die eigene Gesellschaft nachteilig sind, muss er nachkommen, § 308 AktG.

25 Vgl. Roth, Handels- und Gesellschaftsrecht, § 17, Rn 433.

26 Hintergrund hierfür ist zum einen die allgemeine Sozialbindung des Eigentums gemäß Art. 14 Abs. 2 GG. Zum anderen lässt es sich aus § 396 AktG ableiten, wonach eine Aktiengesellschaft bei einem gesetzeswidrigen Verhalten der Organe einer Aktiengesellschaft, durch das das Gemeinwohl gefährdet wird, gerichtlich aufgelöst werden darf. Im Umkehrschluss hat der Vorstand Gemeinwohlaspekte bei seiner Tätigkeit daher zu berücksichtigen. Vgl. Käpplinger, Fälle mit Lösungen, S. 180.

bereich ist eine solche Beschränkung aus Vertrauensschutzgesichtspunkten freilich nicht gegeben. Dem Vorstand, der die Aktiengesellschaft gerichtlich und außergerichtlich umfassend vertritt (§ 78 Abs. 1 S. 1 AktG), können im Verhältnis zu Dritten keine Beschränkungen auferlegt werden, § 82 Abs. 1 AktG. Eine Ausnahme von der ausschließlichen Zuständigkeit des Vorstands für die Vertretung der Aktiengesellschaft ergibt sich in den Fällen, in denen die Stellung der Vorstandsmitglieder selbst betroffen ist, §§ 112, 114 AktG;[27] dann wird die Gesellschaft ausnahmsweise vom Aufsichtsrat vertreten.

Im Innenverhältnis hat sich der Vorstand jedoch an ihm auferlegte Beschränkungen zu halten, § 82 Abs. 2 AktG. Wichtigste Leitlinie ist dabei der Unternehmensgegenstand, der in der Satzung der Aktiengesellschaft niedergelegt ist, § 23 Abs. 3 Nr. 2 AktG; hinzu tritt die Geschäftsordnung, an die er sich halten muss.[28] Würde der Vorstand diese Satzungsbestimmung zum Unternehmensgegenstand missachten, würde er gegen die Kompetenzverteilung der Gesellschaft verstoßen. Denn führt diese Überschreitung zu einer faktischen Änderung des Unternehmensgegenstandes, läge es grundsätzlich an der Hauptversammlung, eine Satzungsänderung herbeizuführen, § 179 Abs. 1 AktG.

II. Sonstige Pflichten

Darüber hinaus sind dem Vorstand noch weitere Aufgaben von Gesetzes wegen zugewiesen. So hat der Vorstand dafür zu sorgen, dass die erforderlichen Handelsbücher geführt werden, § 91 Abs. 1 AktG. Der Vorstand hat geeignete Maßnahmen zu treffen, insbesondere ein Überwachungssystem einzurichten, damit den Fortbestand der Gesellschaft gefährdende Entwicklungen früh erkannt werden (sog. Risikomanagement), § 91 Abs. 2 AktG. Der Vorstand hat die Hauptversammlung einzuberufen, § 121 Abs. 2 AktG, § 175 Abs. 1 AktG.

III. Delegierbarkeit der Vorstandsaufgaben

Viele der Aufgaben des Vorstands können delegiert oder mittels Outsourcing sogar in fremde Hand gegeben werden. Natürlich verbleibt ein Rest an Verantwortung dabei auch weiterhin beim Vorstand, der in jedem Fall seiner Überwachungsfunktion für derart weitergegebene Tätigkeiten nachkommen muss. Allerdings kann sich der Vorstand nicht aller Aufgaben begeben. Namentlich die-

27 Vgl. Hirte, Kapitalgesellschaftsrecht, § 3, Rn 3.40.

28 Vgl. Raiser/Veil, Recht der Kapitalgesellschaften, § 14, Rn 1.

jenigen Bereiche, die unter die originäre Geschäftsleitung fallen, sind nicht delegierbar.[29]

C. Der Aufsichtsrat

Die wichtigste Aufgabe des Aufsichtsrats besteht in der Überwachung des Vorstands. Des Weiteren ist die Personalpolitik in Verbindung mit dem Vorstand von großer Bedeutung im Rahmen der Aufsichtsratstätigkeit. Daneben sieht das Aktienrecht jedoch noch weitere Kompetenzen für den Aufsichtsrat vor.

I. Überwachung des Vorstands

Der Aufsichtsrat hat gemäß § 111 Abs. 1 AktG die Geschäftsführung zu überwachen.[30] Da die Geschäftsführung dem Vorstand obliegt, ist der Aufsichtsrat das Überwachungsorgan für den Vorstand.[31] Die Überwachung ist dabei sowohl Organkontrolle als auch Funktionskontrolle.[32]

1. Überwachungsrichtung

Diese Überwachung hat in zwei Richtungen stattzufinden. Zum einen muss der Aufsichtsrat wertend betrachten, was der Vorstand in Bezug auf Vergangenes getan bzw. zu tun unterlassen hat. § 111 Abs. 2 AktG gibt ihm dafür umfassende Auskunfts- und Einsichtsrechte an die Hand. Wesentliche Bedeutung kommt bei dieser rückblickenden Kontrolle des Geschäftsverlaufs und der Amtsführung des Vorstands[33] der Prüfung des Jahresabschlusses und des Lageberichts zu.[34] Zum anderen bedeutet Überwachung auch präventive Kontrolle[35], indem der Auf-

29 Vgl. Hüffer, AktG, § 76, Rn 7.

30 Der Begriff „Geschäftsführung" wird in § 111 Abs. 1 AktG jedoch enger als bei § 77 Abs. 1 AktG verstanden. Es wird hier auf die Leitungsmaßnahmen des Vorstands abgehoben, also die Geschäftsleitung im Sinne von § 76 Abs. 1 AktG als herausgehobenen Teil der Geschäftsführung im Sinne von § 77 Abs. 1 AktG; vgl. Hüffer, AktG, § 111, Rn 3; Lutter/Krieger, Rechte und Pflichten des Aufsichtsrats, § 3, Rn 63; Hoffmann-Becking in: Münchener Hdb. GesR, Band 4 AG, § 29, Rn 22; ausführlich: Semler, Die Überwachungsaufgabe des Aufsichtsrats, 1. Teil II. 1.

31 Vgl. Semler, Die Überwachungsaufgabe des Aufsichtsrats, 1.Teil IV. 1.

32 Vgl. E. Vetter in Marsch-Barner/Schäfer, Hdb. börsennotierte AG, § 26, Rn 3.

33 Vgl. Raiser/Veil, Recht der Kapitalgesellschaften, § 15, Rn 1.

34 Vgl. Hüffer, AktG, § 111, Rn 4.

35 Vgl. Raiser/Veil, Recht der Kapitalgesellschaften, § 15, Rn 2; Hüffer, AktG, § 111, Rn 5.

sichtsrat durch Beratung Einfluss auf die Tätigkeit des Vorstands nimmt.[36] Hierin sollte der Aufsichtsrat sogar seine vornehmliche Rolle sehen; denn viel wichtiger, als abgeschlossene Sachverhalte nachträglich zu bewerten, ist es, die Zukunft der Gesellschaft zu gestalten und dabei soweit möglich künftige Fehler zu vermeiden.[37]

2. Überwachungsmaßstab

Bezüglich des Maßstabs der Überwachung sind die Rechtmäßigkeit, die Ordnungsmäßigkeit und die Wirtschaftlichkeit zu nennen.[38] Das Kriterium der Rechtmäßigkeit ist selbsterklärend; der Aufsichtsrat hat auf die Einhaltung der Regeln des Aktienrechts und der Satzung der Gesellschaft zu achten, aber in gleicher Weise für die Beachtung sonstiger Normen wie das Kartell-, Wettbewerbs- oder Steuerrecht.[39] Zur Ordnungsmäßigkeit gehört insbesondere eine sinnvolle Organisation unter Betonung des Planungs- und Rechnungswesens.[40] Wirtschaftlichkeit bedeutet, ergebnisorientiert zu überprüfen. Der Aufsichtsrat

---

36 Die Beratung ist dabei richtigerweise als Teil der Überwachung zu verstehen (vgl. BGH, AG 1991, 312 ff. = BGHZ 114, 127 ff.; BGH, AG 1994, 508 (509)), nicht als selbständige Beratungskompetenz des Aufsichtsrats. Hierbei würde es zu einer Verwässerung in Bezug auf die klare Kompetenzverteilung zwischen Aufsichtsrat und Vorstand kommen, da der Aufsichtsrat auf den Vorstand „einwirken" könnte, obwohl eine Weisungsbefugnis vom Aufsichtsrat an den Vorstand nicht besteht. Ferner würde dadurch die Regelung des § 114 AktG unterlaufen, der für Dienstverträge eines Aufsichtsratsmitglieds die Zustimmung des Aufsichtsrats verlangt. Vgl. Spindler in Spindler/Stilz, AktG, § 111, Rn 10 ff.; E. Vetter in Marsch-Barner/Schäfer, Hdb. börsennotierte AG, § 26, Rn 15; Hüffer, AktG, § 111, Rn 5; Lutter/Kremer, ZGR 1992, 87 (88 ff.).

37 Vgl. Lutter/Krieger, Rechte und Pflichten des Aufsichtsrats, § 3, Rn 94; Lutter, FS H.P. Westermann, 1171.

38 Vgl. Hüffer, AktG, § 111, Rn 6; Hoffmann-Becking in: Münchener Hdb. GesR, Band 4 AG, § 29, Rn 26; Lutter, FS H.P. Westermann, 1171 ff.; Semler, Die Überwachungsaufgabe des Aufsichtsrats, 2. Teil II. B.
Die Zweckmäßigkeit wird zum Teil als eigenes Kriterium genannt. Dies bringt jedoch keine neuen Erkenntnisse, da dieses Kriterium entweder von den anderen genannten Kriterien bereits mit umfasst ist (vgl. Lutter/Krieger, Rechte und Pflichten des Aufsichtsrats, § 3, Rn 84; E. Vetter in Marsch-Barner/Schäfer, Hdb. börsennotierte AG, § 26, Rn 12) oder zu nicht greifbaren Komponenten bei der Überwachung der Geschäftsführung beitragen würde, die unter Umständen nur das Meinungsbild des Aufsichtsrats widerspiegeln.

39 Vgl. Lutter/Krieger, Rechte und Pflichten des Aufsichtsrats, § 3, Rn 72.

40 Vgl. Hüffer, AktG, § 111, Rn 6; Lutter/Krieger, Rechte und Pflichten des Aufsichtsrats, § 3, Rn 74 ff.

hat insbesondere darüber zu wachen, dass der Vorstand seiner Pflicht nachkommt, für den Bestand des Unternehmens und für dauerhafte Rentabilität zu sorgen.[41]

Den Aufsichtsrat trifft eine sog. abgestufte Überwachungspflicht.[42] Damit wird besagt, dass sich die Intensität, mit der der Aufsichtsrat seine Überwachungsfunktion gegenüber dem Vorstand ausübt, nach der jeweiligen Geschäftsentwicklung und Risikolage der Gesellschaft richtet und daran angepasst werden muss. Im Normalfall – das heißt, wenn die Geschäftsentwicklung in normalen Bahnen verläuft und keine wesentlichen negativen Veränderungen aufweist sowie die Lage der Gesellschaft zufriedenstellend ist – kann es für den Aufsichtsrat ausreichend sein, eine eher zurückhaltende Kontrolle auszuüben. Er prüft die Vorstandsberichte gemäß § 90 AktG und fordert soweit erforderlich ergänzende Berichte an. Ein Einschreiten gegen den Vorstand ist aber erst zulässig, wenn eine Maßnahme des Vorstands im Rahmen von dessen pflichtgemäßem Urteil unvertretbar ist.[43] In der Krise der Gesellschaft bzw. bereits wenn sich eine Krise für die Gesellschaft abzeichnet, verdichtet sich die Verantwortung des Aufsichtsrats; aus der zurückhaltenden wird eine intensive Kontrolle, die der Aufsichtsrat in einem Höchstmaß an Dichte zu übernehmen verpflichtet ist.[44] Dem Aufsichtsrat bleibt es zwar nach wie vor verwehrt, die Geschäftsführung zu ergreifen.[45] Er muss aber seine Aktivitäten steigern, indem er vermehrt Sitzungen

---

41 Vgl. Lutter/Krieger, Rechte und Pflichten des Aufsichtsrats, § 3, Rn 83.

42 So h.M.: Semler, Die Überwachungsaufgabe des Aufsichtsrats, 2. Teil IV. 3.; Hoffmann-Becking in Münchener Hdb. GesR, Band 4 AG, § 29, Rn 27; Hüffer, AktG, § 111G, Rn 7; E. Vetter in Marsch-Barner/Schäfer, Hdb. börsennotierte AG, § 26, Rn 14; Raiser/Veil, Recht der Kapitalgesellschaften, § 15, Rn 3; a. A.: Claussen, AG 1984, 20 f., der in offener Ablehnung der grundlegenden Gedanken Semlers für eine „strikte, ungeteilte und unteilbare Überwachungspflicht des Aufsichtsrats zu allen Zeiten und in allen Unternehmenszuständen" plädiert.

43 Vgl. Lutter/Krieger, Rechte und Pflichten des Aufsichtsrats, § 3, Rn 86.

44 Vgl. Lutter/Krieger, Rechte und Pflichten des Aufsichtsrats, § 3, Rn 88; E. Vetter in Marsch-Barner/Schäfer, Hdb. börsennotierte AG, § 26, Rn 14; Lutter/Kremer, ZGR 1992, 87 (90); Grunewald, Gesellschaftsrecht, 2. C., Rn 69.

45 Nach Lutter/Krieger (Rechte und Pflichten des Aufsichtsrats, § 3, Rn 89; vgl. auch Hüffer, AktG, § 111, Rn 7) soll der Aufsichtsrat in einer besonders kritischen Lage der Gesellschaft ausnahmsweise die Möglichkeit haben, vorübergehend zwingend erforderliche Geschäftsführungsmaßnahmen selbst zu veranlassen, insbesondere durch Delegation einer seiner Mitglieder nach § 105 Abs. 2 AktG in den Vorstand. Da damit ein Bruch in der Kompetenzverteilung in der Aktiengesellschaft einhergeht, kann dem nur als ultima ratio zugestimmt werden. Erst wenn alle anderen dem Aufsichtsrat zur Verfügung stehenden Mittel ausgeschöpft sind, kann eine derartige Handlungspflicht für ihn entstehen.

abhält, sich in einem größeren Umfang vom Vorstand Bericht erstatten lässt, verstärkt von seinen Zustimmungsvorbehalten nach § 111 Abs. 4 S. 2 AktG Gebrauch macht oder diese gegebenenfalls vorübergehend erweitert. Ist der Vorstand für die Bewältigung der Krise nicht geeignet, muss der Aufsichtsrat entscheiden, ob er sich gezwungen sieht, den Vorstand auf einzelnen Positionen oder insgesamt neu zu besetzen.[46]

II. Personalpolitik

Eben erwähnte Neubesetzung des Vorstands ist dem Aufsichtsrat allerdings nur deswegen möglich, da ihm eine weitere Kompetenz von wesentlicher Bedeutung und immenser Tragweite zugeteilt ist: die Personalpolitik in Bezug auf den Vorstand.[47] Letztlich kann die Qualität der Besetzung des Managements über Erfolg und Misserfolg eines Unternehmens bestimmen.

Nach § 84 Abs. 1 S. 1 AktG werden die Vorstandsmitglieder vom Aufsichtsrat bestellt. Genauso zeichnet er für den Widerruf der Bestellung als actus contrarius gemäß § 84 Abs. 3 S. 1 AktG verantwortlich. Zu dieser organschaftlichen Bestellung tritt als notwendige Folge die Zuständigkeit des Aufsichtsrats zum Abschluss bzw. zur Beendigung des Anstellungsvertrags mit dem Vorstand als zivilrechtliche Grundlage der Vorstandstätigkeit hinzu, § 84 Abs. 1 S. 5 Hs. 1 AktG.

Dem Aufsichtsrat ist es nicht möglich, diese Aufgabe jemand anderem zu übertragen. Zwar ist es üblich, im Aufsichtsrat Ausschüsse zu bilden, § 107 Abs. 3 S. 1 AktG. Regelmäßig wird dabei auch ein Ausschuss installiert, der sich mit der Personalpolitik beschäftigt (Personalausschuss). Nach § 107 Abs. 3 S. 3 AktG kann der Aufsichtsrat nicht einmal innerhalb seiner eigenen Organisationsstruktur die Bestellung und den Widerruf auf den Personalausschuss dele-

---

46 Dies kann entweder durch eine reine Um- oder Neuverteilung der Aufgaben innerhalb des bestehenden Vorstands geschehen oder dadurch, dass ein nicht geeignetes Vorstandsmitglied aus wichtigem Grund abberufen und durch ein neues Vorstandsmitglied ersetzt wird (vgl. E. Vetter in Marsch-Barner/Schäfer, Hdb. börsennotierte AG, § 26, Rn 14; Lutter/Kremer, ZGR 1992, 87 (90)).

47 Die Personalpolitik hinsichtlich der anderen Ebenen im Unternehmen obliegt dem Vorstand. Grundsätzlich wird ein Vorstandsmitglied als für den Bereich Personal zuständig eingeteilt. Betriebe, die der Arbeitnehmermitbestimmung hinsichtlich des Aufsichtsrats unterliegen, benötigen gemäß § 13 Abs. 1 MontanMitbestG, § 13 MontanMitbestErgG bzw. § 33 Abs. 1 S. 1 MitbestG zwingend einen Arbeitsdirektor und damit einen Personalvorstand.

gieren.[48] Die Entscheidungen zu diesen essenziellen Fragen bleiben dem Gesamt-Aufsichtsrat vorbehalten; der Personalausschuss kann nur beratend und vorbereitend für das Plenum tätig sein.[49]

III. Weitere Aufgaben des Aufsichtsrats

Neben diesen beiden Grundpfeilern[50] für die Position des Aufsichtsrats im Unternehmen fallen aber noch weitere Aufgaben dem Aufsichtsrat zu. Dies sind insbesondere:

Eng im Zusammenhang mit der Überwachung der Geschäftsführung steht die Pflicht des Aufsichtsrats gemäß §§ 170 ff. AktG, den Jahresabschluss sowie den Lagebericht und den Vorschlag für die Verwendung des Bilanzgewinns zu prüfen (§ 171 Abs. 1 AktG) und über die Ergebnisse schriftlich an die Hauptversammlung zu berichten (§ 171 Abs. 2 S. 1 AktG). Billigt der Aufsichtsrat den Jahresabschluss, so ist er festgestellt und muss nicht mehr durch die Hauptversammlung festgestellt werden, § 172 S. 1 AktG.

Ebenfalls als herausgehobenen Teil oder besonderes Mittel der präventiven Überwachung[51] sieht das Gesetz gemäß § 111 Abs. 4 S. 2 AktG vor, dass der Aufsichtsrat bestimmte Arten von Geschäften des Vorstands von seiner Zustimmung abhängig machen darf. Eine Verweigerung der Zustimmung des Aufsichtsrats könnte nur durch einen anders lautenden Hauptversammlungsbeschluss mit Dreiviertelmehrheit beseitigt werden, § 111 Abs. 4 S. 3 und 4 AktG. Diese Zustimmungsvorbehalte des Aufsichtsrats dürfen zwar nicht so weit gehen, dass er faktisch zum Geschäftsführungsorgan mutiert oder die eigenverantwortliche Leitung der Gesellschaft durch den Vorstand infrage gestellt wird.[52] Sie sollen sich aber auf die wesentlichen Geschäfte beziehen, sodass der Aufsichtsrat zu einem gewissen Grad an der unternehmerischen Verantwortung partizipiert.[53]

---

48 Der Abschluss und die Beendigung des Anstellungsvertrags können jedoch auf den Ausschuss übertragen werden, da § 84 Abs. 1 S. 5 AktG von § 107 Abs. 3 S. 3 AktG nicht erfasst ist.

49 Vgl. auch Ziffer 4.2.2 Abs. 1 des Deutschen Corporate Governance Kodex: „Das Aufsichtsratsplenum setzt auf Vorschlag des Gremiums, das die Vorstandsverträge behandelt, die Gesamtvergütung der einzelnen Vorstandsmitglieder fest und soll das Vergütungssystem für den Vorstand beschließen und regelmäßig überprüfen."

50 Vgl. Raiser/Veil, Recht der Kapitalgesellschaften, § 15, Rn 14.

51 Vgl. Hüffer, AktG, § 111, Rn 16; E. Vetter in Marsch-Barner/Schäfer, Hdb. börsennotierte AG, § 26, Rn 26.

52 Vgl. Raiser/Veil, Recht der Kapitalgesellschaften, § 15, Rn 8.

53 Vgl. E. Vetter in Marsch-Barner/Schäfer, Hdb. börsennotierte AG, § 26, Rn 26.

Vornehmlich der Aufsichtsrat hat sich gemäß § 77 Abs. 2 S. 1 AktG um die innere Organisation des Vorstands zu kümmern, indem er ihm eine Geschäftsordnung an die Hand gibt.[54] Der Aufsichtsrat hat eine Hauptversammlung einzuberufen, wenn das Wohl der Gesellschaft es fordert, § 111 Abs. 3 S. 1 AktG. Er unterbreitet der Hauptversammlung Beschlussvorschläge, § 124 Abs. 3 S. 1 AktG. Nach § 118 Abs. 3 S. 1 AktG sollen die Aufsichtsratsmitglieder an der Hauptversammlung teilnehmen. Schließlich ist der Aufsichtsrat in gewissen Grenzen zur Anfechtung von Hauptversammlungsbeschlüssen befugt, § 245 Nr. 5 AktG.

Ferner ist der Aufsichtsrat genauso wie der Vorstand einer börsennotierten Aktiengesellschaft gemäß § 161 Abs. 1 S. 1 AktG verpflichtet, jährlich eine Erklärung darüber abzugeben, ob den Empfehlungen des Deutschen Corporate Governance Kodex gefolgt wird, und falls nicht, hat er zu erklären, warum davon abgewichen wird.

Schließlich vertritt der Aufsichtsrat die Gesellschaft gegenüber den Vorstandsmitgliedern, § 112 AktG.

D. Die Hauptversammlung

Das dritte obligatorische Organ der Aktiengesellschaft ist die Hauptversammlung. Nach § 118 Abs. 1 S. 1 AktG üben die Aktionäre ihre Rechte in den Angelegenheiten der Gesellschaft in der Hauptversammlung aus, soweit das Gesetz nichts anderes bestimmt. Sie stellt also das originäre Organ der Aktionäre, der wirtschaftlichen Eigentümer des Unternehmens, dar. Im Gegensatz zu den Personengesellschaften oder der GmbH muss sich die Hauptversammlung der Aktiengesellschaft mit einem eingeschränkten, vom Gesetz vorgegebenen Kompetenzbereich zufrieden geben. Nach § 119 Abs. 1 AktG beschließt die Hauptversammlung in den im Gesetz und in der Satzung ausdrücklich bestimmten Fällen. Über Fragen der Geschäftsführung kann die Hauptversammlung nur entscheiden, wenn der Vorstand es verlangt, § 119 Abs. 2 AktG. Darüber hinaus hat die Rechtsprechung in einem engen Bereich sog. ungeschriebene Hauptversammlungskompetenzen entwickelt. Im Übrigen ist die Hauptversammlung jedoch nicht zur Entscheidung berufen, weder im Wege einer subsidiären Zuständigkeit

54 Wenn die Satzung keine ausdrückliche Zuweiseung der Kompetenz, eine Geschäftsordnung für den Vorstand zu erlassen, an den Aufsichtsrat enthält oder der Aufsichtsrat nicht von sich aus tätig wird, kann der Vorstand sich auch selbst eine Geschäftsordnung geben oder er stellt eine Geschäftsordnung auf und lässt sie anschließend vom Aufsichtsrat genehmigen.

für Angelegenheiten, die nicht dem Vorstand oder dem Aufsichtsrat zugeordnet werden können, noch im Sinne einer Kompetenz-Kompetenz.[55]

I. Die gesetzlichen Zuständigkeiten

In § 119 AktG fasst das Aktiengesetz die wesentlichen Zuständigkeiten der Hauptversammlung zusammen. Die darin wiedergegebene Auflistung ist jedoch nicht als konstitutiv[56] anzusehen, vielmehr führt sie repetitiv und exemplarisch bestimmte über das Aktiengesetz verstreute Aufgaben der Hauptversammlung auf. Ebenso wenig ist sie abschließend;[57] sowohl im Aktiengesetz selbst als auch in anderen Gesetzen (insbesondere dem Umwandlungsgesetz) werden weitere gesetzliche Zuständigkeiten der Hauptversammlung normiert.

1. Laufende Angelegenheiten

Einen Komplex bilden die laufenden, regelmäßig wiederkehrenden Maßnahmen, mit denen sich die Hauptversammlung auseinanderzusetzen hat.[58] Hierzu zählt die Wahl der Aufsichtsratsmitglieder, §§ 119 Abs. 1 Nr. 1, 101 Abs. 1 S. 1 AktG. Diese Kompetenz ist nicht zu unterschätzen, da dadurch die Hauptversammlung jedenfalls mittelbar einen gewissen Einfluss auf den Vorstand bzw. dessen Besetzung nehmen kann.[59] Des Weiteren entscheidet die Hauptversammlung nach §§ 119 Abs. 1 Nr. 2, 172 Abs. 1 AktG über die Verwendung des Bilanzgewinns. Ihr geht gewöhnlich die Vorlage des Jahresabschlusses und des Lageberichts voraus, die die Hauptversammlung entgegennimmt.[60] Ferner beschließt die Hauptversammlung jährlich über die Entlastung des Vorstands und des Aufsichtsrats, §§ 119 Abs. 1 Nr. 3, 120 Abs. 1 AktG.[61] Schließlich wählt die

---

55 Vgl. Stukenberg, Ungeschriebene Hauptversammlungszuständigkeiten, Erstes Kap., II.; im Gegenteil ist es in der Rechtspraxis großer Publikumsgesellschaften vorzufinden, dass der Vorstand das eigentliche Machtzentrum der Aktiengesellschaft bildet, vgl. Fleischer, FS Heldrich, 597 (610).

56 Vgl. Spindler in K. Schmidt/Lutter, AktG, § 119, Rn 7; Reger in Bürgers/Körber, AktG, § 119, Rn 3; Stukenberg, Ungeschriebene Hauptversammlungszuständigkeiten, Erstes Kap., II.

57 Vgl. Ek, Praxisleitfaden HV, Rn 38; Hüffer, AktG, § 119, Rn 7.

58 Vgl. Raiser/Veil, Recht der Kapitalgesellschaften, § 16, Rn 2 ff.; Hüffer, AktG, § 119, Rn 5; Spindler in K. Schmidt/Lutter, AktG, § 119, Rn 8.

59 Vgl. Grunewald, Gesellschaftsrecht, 2.C., Rn 97.

60 Vgl. Raiser/Veil, Recht der Kapitalgesellschaften, § 16, Rn 3; Ek, Praxisleitfaden HV, Rn 38.

61 Siehe im Einzelnen zur Entlastung unten § 6 E. I.

Hauptversammlung den Abschlussprüfer, § 119 Abs. 1 Nr. 4 AktG, § 318 Abs. 1 HGB.

2. Strukturmaßnahmen/Grundlagenentscheidungen

Einen weiteren wichtigen Bereich, in dem die Hauptversammlung zur Entscheidung berufen ist, stellen die Strukturmaßnahmen bzw. die Grundlagenentscheidungen dar. Wie der Ausdruck bereits impliziert, entscheidet die Hauptversammlung hier in Fällen, in denen die Grundlagen der Gesellschaft verändert werden und die das Wesen der Gesellschaft als solche betreffen.[62] Das Gesetz nennt hier zunächst die Satzungsänderung, die der Hauptversammlung vorbehalten ist (§§ 119 Abs. 1 Nr. 5, 179 AktG), genauso wie die Maßnahmen der Kapitalbeschaffung und -herabsetzung (§§ 119 Abs. 1 Nr. 6, 182 ff, 221 ff. AktG) oder die Auflösung der Gesellschaft (§§ 119 Abs. 1 Nr. 8, 262 Abs. 1 Nr. 2 AktG). Hierher gehören aber auch der Abschluss von Unternehmensverträgen nach § 293 AktG, die Verpflichtung zur Vermögensübertragung nach § 179a AktG, die Eingliederung nach §§ 319 ff. AktG sowie das sog. Squeeze-Out von Minderheitsaktionären nach § 327a AktG. Weitere Strukturmaßnahmen sind im Umwandlungsgesetz niedergelegt, so die Verschmelzung (§§ 13, 65 UmwG), die Spaltung, Abspaltung und Ausgliederung (§§ 125 ff. UmwG), der Formwechsel (§§ 193, 233, 240 UmwG) sowie die Vermögensübertragung (§ 176 UmwG).

3. Sonderfälle

Es gibt überdies Maßnahmen oder Entscheidungen, die weder zur ersten noch zur zweiten Kategorie gezählt werden können, wie beispielsweise die Bestellung von Prüfern zur Prüfung von Vorgängen bei der Gründung oder der Geschäftsführung, §§ 119 Abs. 1 Nr. 7, 142 ff. AktG. Ebenfalls zu erwähnen ist die Kompetenz der Hauptversammlung, gegenüber dem Vorstand ein Vertrauens- oder Misstrauensvotum auszusprechen, § 84 Abs. 3 S. 1 AktG.[63]

---

62 Vgl. Raiser/Veil, Recht der Kapitalgesellschaften, § 16, Rn 9; Ek, Praxisleitfaden HV, Rn 39.

63 Darüber hinaus finden sich über das Aktiengesetz verstreut jedoch noch weitere Zuständigkeiten für die Hauptversammlung. Die hier vorgenommene Aufzählung soll keine abschließende sein.

4. Einbezug der Hauptversammlung bei Fragen der Geschäftsführung

Dem Vorstand steht es frei, die Hauptversammlung bei Fragen der Geschäftsführung zu konsultieren. Dies ist in der Aktiengesellschaft keine Selbstverständlichkeit, da die Hauptversammlung grundsätzlich von selbst keinerlei Zuständigkeit in Bezug auf die Geschäftsführung zusteht.[64] Die Geschäftsführung ist stattdessen originäre Aufgabe des Vorstands.[65] Daher bedurfte es des § 119 Abs. 2 AktG in der gesetzlichen Konzeption, um für den Vorstand die Möglichkeit zu schaffen, die Hauptversammlung in Geschäftsführungsfragen einzubeziehen. Der Vorstand muss der Hauptversammlung ein entsprechendes Verlangen kundtun; der Vorstand ist hier als Kollegialorgan berufen.[66] Er hat hierbei grundsätzlich ein freies Ermessen, ob er die Vorlage zur Hauptversammlung verlangen möchte oder nicht.[67] Trifft die Hauptversammlung über die vorgelegte Frage der Geschäftsführung im Beschlussweg eine Entscheidung, ist der Vorstand daran gebunden – er muss die beschlossene Sache also entweder ausführen oder die abgelehnte Frage unterlassen.[68] Die Entscheidung der Hauptversammlung hat allerdings keine Außenwirkung. Verstößt der Vorstand daher im Außenverhältnis zu Dritten gegen den Inhalt des Hauptversammlungsbeschlusses, ist der Geschäftsvorfall rechtlich wirksam; der Vorstand hätte sich jedoch im Innenverhältnis schadensersatzpflichtig gemacht.[69]

II. Satzungsmäßige Kompetenzen

§ 119 Abs. 1 AktG führt neben dem Gesetz auch die Satzung der Aktiengesellschaft als Ort auf, an dem nach Hauptversammlungszuständigkeiten zu suchen ist. Dies ist jedoch in Verbindung mit § 23 Abs. 5 AktG zu sehen. Wegen des dort niedergelegten Grundsatzes der Satzungsstrenge bleibt für diese Variante des § 119 Abs. 1 AktG nur noch ein kleiner Anwendungsbereich.[70] So kann in

---

64 Vgl. Pluta in Heidel, NK AktG, § 119, Rn 14.

65 Siehe oben unter § 2 B. I.

66 Vgl. Spindler in K. Schmidt/Lutter, AktG, § 119, Rn 16; Hüffer, AktG, § 119, Rn 13.

67 Vgl. Reger in Bürgers/Körber, AktG, § 119, Rn 8; die Grenze des freien Ermessens ist jedoch dann als erreicht anzusehen, wenn der Vorstand so exzessiv von dem Vorlageverlangen nach § 119 Abs. 2 AktG Gebrauch macht, dass ernstlich zweifelhaft ist, ob er selbst noch seiner originären Geschäftsführungsaufgabe nach §§ 76, 77 AktG nachkommt; vgl. auch Eckardt in Geßler/Hefermehl/Eckardt/Kropff, AktG, § 119, Rn 18.

68 Vgl. Hüffer, AktG, § 119, Rn 15; Reger in Bürgers/Körber, AktG, § 119, Rn 10.

69 Vgl. Spindler in K. Schmidt/Lutter, AktG, § 119, Rn 25.

70 Vgl. Hüffer, AktG, § 119, Rn 10; Stukenberg, Ungeschriebene Hauptversammlungszuständigkeiten, Erstes Kap., III.

der Satzung eine Regelung hinsichtlich der Zustimmungsbedürftigkeit der Übertragung vinkulierter Namensaktien aufgenommen werden, § 68 Abs. 2 S. 3 AktG. Des Weiteren ist auch die Bildung von Ausschüssen und sonstigen Gremien durch einen Hauptversammlungsbeschluss auf Satzungsgrundlage zulässig, soweit dadurch nicht in gesetzliche Organkompetenzen eingegriffen wird.[71]

III. Die sog. ungeschriebenen Kompetenzen der Hauptversammlung

Neben diesen gesetzlichen und durch Satzung festgelegten Zuständigkeiten der Hauptversammlung ist noch eine Gruppe weiterer Kompetenzen zu betrachten, die allgemein als die ungeschriebenen Hauptversammlungskompetenzen bezeichnet werden.[72] Spätestens seit der grundlegenden Holzmüller-Entscheidung des BGH[73] wird die Existenz solcher ungeschriebener Hauptversammlungszuständigkeiten anerkannt, wenn auch nicht von jedem für richtig befunden.[74] Doch nicht nur die Existenz, sondern als logische Folge von deren Bejahung auch die Fragen nach der Grundlage derartiger Beschlüsse und deren formelle Anforderungen hat zu großen Diskussionen in der juristischen Literatur geführt. Durch weitere Entscheidungen des BGH wurden die Vorgaben und Erklärungsansätze von Seiten des BGH konkretisiert, wenn auch nicht alle offenen Fragen damit letztlich geklärt sind.[75]

---

71 Vgl. Hüffer, AktG, § 119, Rn 10; die so geschaffenen zusätzlichen Gremien in der Aktiengesellschaft haben nicht die Stellung eines Organs und dürfen daher auch nicht deren Tätigkeiten übertragen bekommen.

72 Vgl. hierzu ausführlich: Wagner, Ungeschriebene Kompetenzen, § 3, A.-C.; Staake, Ungeschriebene Hauptversammlungskompetenzen, § 2 II., § 3 IV., § 8 II.; Stukenberg, Ungeschriebene Hauptversammlungszuständigkeiten, Zweites Kap., I. 2.-4., II. 3.

73 BGHZ 83, 122 ff.

74 Siehe dazu später unter § 2 D. III. 3.

75 Hierbei sollte nicht unerwähnt bleiben, dass die Frage nach der Existenz ungeschriebener Hauptversammlungszuständigkeiten schon wesentlich früher als die Holzmüller-Entscheidung Juristen und Gerichte beschäftigte. Bereits das Reichsgericht hatte sich mit Fällen auseinanderzusetzen, in denen es sich inhaltlich um diesen Fragenkomplex drehte – wenngleich noch zum "alten" Aktienrecht, das damals noch im HGB angesiedelt war und wo die Hauptversammlung noch Generalversammlung hieß.
In der Grubeneisenbahn-Entscheidung (RGZ 35, 83 ff.) hat der Vorstand eine Grubeneisenbahn ohne Zustimmung der Generalversammlung dem Staat geschenkt; ihr Wert machte in etwa 15 % der Gesellschaftsaktiva aus. Nach dem Reichsgericht beging der Vorstand damit eine schadensersatzbegründende Pflichtverletzung. Den Verstoß sah das Reichsgericht darin, dass der Vorstand trotz Möglichkeit und gesellschaftlichem Inte-

1. Die Rechtsprechung des BGH (Holzmüller/Gelatine/Macrotron)

Zunächst empfiehlt sich ein kursorischer Überblick über die drei wesentlichen und wegbereitenden Entscheidungen des BGH zu der Frage der ungeschriebenen Hauptversammlungskompetenzen, namentlich die Holzmüller-, die Gelatine- und die Macrotron-Entscheidungen.[76]

a. Die Holzmüller-Entscheidung

Der Holzmüller-Entscheidung[77] lag, kurz zusammengefasst, folgender Sachverhalt zugrunde: Die beklagte Aktiengesellschaft betätigte sich unternehmerisch in den Bereichen des Holzhandel- und Holzmaklergeschäfts sowie in einem Seehafenbetrieb. Durch eine Änderung des satzungsmäßigen Unternehmensgegenstands wurde es ihr möglich, andere Unternehmen zu errichten und zu erwerben sowie sich an anderen Unternehmen zu beteiligen und ihren Betrieb ganz oder teilweise solchen Gesellschaften zu überlassen. Wie vom Vorstand geplant, gründete sie sodann eine Tochtergesellschaft und brachte dort den Seehafenbetrieb mit allen Aktiva und Passiva ein gegen Übernahme der ausgegebenen Aktien, wobei dieser Betriebsteil ca. 80 % der Aktiva der beklagten Aktiengesellschaft ausmachte. Dagegen wandte sich ein Aktionär der Beklagten mit der Klage auf Feststellung der Unwirksamkeit der Maßnahmen.

---

resse es unterließ, der ihm obliegenden Pflicht nachzukommen, die Generalversammlung zu befragen.

In der Melasse-Entscheidung (RG, HoldheimsZ 1902, 26 f.) führten Vorstand und Aufsichtsrat ein Melasse-Entzuckerungsverfahren in der Gesellschaft ein, produzierten damit aber im Endeffekt nutzlose Aufwendungen, da das Verfahren zu keinen verwertbaren Ergebnissen führte. Eine Zustimmung der Generalversammlung zu der Maßnahme wurde nicht eingeholt. Das Reichsgericht führte aus, dass der Vorstand, bevor er sich auf wichtige, kostspielige, riskante und deshalb das Interesse der Aktionäre in besonderem Maße berührende Unternehmungen einlasse, die Einwilligung der Generalversammlung einholen müsse.

Zum Ganzen: Stukenberg, Ungeschriebene Hauptversammlungszuständigkeiten, Zweites Kap., I. 1.; Fleischer, FS Heldrich, 597 (607 f.); Schubel, Verbandssouveränität, 368 ff.

76 In der juristischen Literatur hat sich insbesondere Lutter bereits vor diesen BGH-Entscheidungen intensiv mit dem Themenbereich der ungeschriebenen Hauptversammlungskompetenzen befasst.

77 BGHZ 83, 122 ff.

b. *Die Gelatine-Entscheidungen*

Den Gelatine-Entscheidungen[78] lag folgender Sachverhalt zugrunde: Das wesentliche Geschäftsfeld der beklagten Aktiengesellschaft war die Herstellung und der Vertrieb von Gelatine und Nebenprodukten. Sie hatte ihre hundertprozentigen Beteiligungen an zwei ausländischen Tochtergesellschaften, wovon zumindest eine nicht unwesentlich zum Konzernergebnis beitrug, im Wege der Sachkapitalerhöhung auf eine weitere Tochtergesellschaft übertragen. Diese Einbringung wurde von einem Minderheitsaktionär gerichtlich angegriffen, woraufhin der Vorstand der Beklagten die Genehmigung der Maßnahme in der Hauptversammlung zur Abstimmung stellte. Der Antrag wurde mit ca. 70 % des vertretenen Grundkapitals angenommen (Gelatine I). Dann wollte der Vorstand der Beklagten eine Minderheitsbeteiligung an einer GmbH & Co. KG sowie an deren Komplementärin in eine hundertprozentige Tochtergesellschaft einbringen. Für diesen Vorschlag stimmten ca. 66 % des vertretenen Grundkapitals (Gelatine II). Beide Beschlüsse wurden von einem Minderheitsaktionär gerichtlich angegriffen.

c. *Die Macrotron-Entscheidung*

In der Macrotron-Entscheidung[79] ging es um folgenden Sachverhalt: Die Beklagte war eine börsennotierte Aktiengesellschaft, bei der sich nur noch 1,07 % der Stammaktien und 8,5 % der Vorzugsaktien in Streubesitz befanden. Die restlichen Aktien besaß eine ausländische Gesellschaft. Aufgrund des niedrigen Streubesitzes und der Tatsache, dass kaum Börsenhandel mit den Aktien stattfand, hielt die Gesellschaft die Kosten für die Börsennotierung nicht mehr für gerechtfertigt und beschloss den Rückzug von der Börse (Delisting). Von der Hauptversammlung wurde der Vorstand ermächtigt, bei der Frankfurter und der Bayerischen Börse den Widerruf der Zulassung zu beantragen. Gegen diesen Beschluss der Hauptversammlung wandte sich ein Minderheitsaktionär mittels der Anfechtungsklage.

2. Begründungsansätze des BGH

Die Ansätze, die der BGH für die Begründung seiner Entscheidungen in den drei vorbenannten Fällen heranzieht, unterscheiden sich wesentlich.

Die Holzmüller-Entscheidung stützte der BGH auf die Regelung des § 119 Abs. 2 AktG. Zwar hat der Vorstand grundsätzlich ein Ermessen und kann frei

78 BGHZ 159, 30 ff. (Gelatine I); BGH, ZIP 2004, 1001 (Gelatine II); die Entscheidungen sind weitgehend inhaltsgleich.

79 BGHZ 153, 47 ff.

entscheiden, ob er die Hauptversammlung zu Geschäftsführungsmaßnahmen abstimmen lässt. Jedoch sollte der Vorstand unter besonderen Umständen im Sinne einer Ermessensreduzierung auf Null sogar verpflichtet sein, eine bestimmte Maßnahme der Hauptversammlung für den Fall zur Entscheidung vorzulegen, dass grundlegende Entscheidungen „so tief in Mitgliedschaftsrechte der Aktionäre und deren im Anteilseigentum verkörpertes Vermögensinteresse eingreifen, daß der Vorstand vernünftigerweise nicht annehmen kann, er dürfe sie in ausschließlich eigener Verantwortung treffen, ohne die Hauptversammlung zu beteiligen.“[80]

In den Gelatine-Entscheidungen bediente sich der BGH als Reaktion der in der Literatur gegen seinen Begründungsansatz aus § 119 Abs. 2 AktG vorgebrachten Kritik dagegen anderer Argumente. Er schloss sich dabei gleichwohl nicht den Ansätzen der Literatur an, die im Wege einer Gesamtanalogie zu anderen Vorschriften zu strukturändernden Maßnahmen zum selben Ergebnis kommen wollten. Vielmehr sah der BGH die Rechtsgrundlage der ungeschriebenen Hauptversammlungskompetenzen in einer offenen Rechtsfortbildung, die gleichsam beide Begründungsansätze zusammenführen sollte. Herausgestellt wurde, dass es auf das Innenverhältnis beschränkte Sonderzuständigkeiten der Hauptversammlung für eng begrenzte satzungsnahe Ausnahmesachverhalte gibt.[81] In den Vordergrund trat dabei der Gedanke, dass derartige Maßnahmen zu einem Mediatisierungseffekt[82] führen würden.

Schließlich wählte der BGH in der Macrotron-Entscheidung aufgrund der besonderen Umstände des Delistings einen dritten Begründungsansatz.[83] Er griff dabei weder auf § 119 Abs. 2 AktG zurück, noch argumentierte er mit der offenen richterrechtlichen Rechtsfortbildung, sondern suchte den Grund für die Befassung der Hauptversammlung mit dem Thema des Delistings im grundrechtlich geschützten Eigentumsbereich. Der Eingriff in die dem verfassungsrechtlichen Schutz des Art. 14 Abs. 1 GG unterfallende Verkehrsfähigkeit der Aktie,

---

80 Vgl. BGHZ 83, 122 (131).

81 Vgl. Hüffer, AktG, § 119, Rn 18.

82 Mediatisierungseffekt meint die Verkürzung der Aktionärsreche durch weitreichende Maßnahmen des Vorstands. Abgestellt wird dabei auf das in der Mitgliedschaft anteilig verkörperte Vermögen der Aktiengesellschaft (vgl. Wagner, Ungeschriebene Kompetenzen, § 6 E. II.2) b) (2), S. 212 f; Habersack in Emmerich/Habersack, Aktien- und GmbH-Konzernrecht, Vor § 311, Rn 34; Kubis in MüKo, AktG, § 119, Rn 74).

83 Die Macrotron-Entscheidung darf allerdings nicht als eigentliche Fortschreibung der Entwicklungen der Rechtsprechung zu ungeschriebenen Hauptversammlungskompetenzen verstanden werden, sondern vielmehr als auf den zu entscheidenden Einzelfall bezogene Judikatur, aus der gleichwohl wertvolle Erkenntnisse hinsichtlich der Hauptversammlungszuständigkeiten und der Stellung des Aktionärs zu schließen sind; vgl. etwa Reger in Bürgers/Körber, AktG, § 119, Rn 27.

der das vollständige Delisting bedeutet, rechtfertigt die Vorlagepflicht zur Hauptversammlung.

Neben dieser Frage zur Existenz und Reichweite ungeschriebener Kompetenzen der Hauptversammlung stellte der BGH in den Gelatine-Entscheidungen zudem die bis dahin umstrittene Frage klar, mit welchem Stimmenverhältnis die Hauptversammlung einer so gearteten Vorlage zustimmen müsse. Nach Auffassung des BGH bedarf der Beschluss einer Drei-Viertel-Mehrheit des vertretenen Grundkapitals, selbst wenn in der Satzung eine Konzernklausel enthalten ist und die Satzung grundsätzlich einfache Mehrheit zuließe.[84]

3. Positionen in der Literatur

Die Entscheidungen des BGH wurden viel beachtet und zum Gegenstand zahlreicher Aufsätze und Bücher gemacht. Die Stimmen, die sich zu diesem Themenkomplex nach Erscheinen der BGH-Urteile zu Wort gemeldet haben, sind daher zwischenzeitlich mannigfach und die Fülle ist kaum noch überschaubar.[85] Eine einheitliche Linie hat sich indes dennoch nicht entwickelt.

Die Holzmüller-Entscheidung des BGH stieß zunächst auf wenig Widerhall.[86] Die Befürworter[87] waren eher vereinzelt, die ablehnenden Reaktionen dagegen umso zahlreicher[88] vorzufinden. In jüngerer Zeit hat sich jedoch die Akzeptanz des Inhalts der Holzmüller-Entscheidung weit verbreitet[89], auch wenn der vom BGH verfolgte Begründungsansatz über § 119 Abs. 2 AktG (Ermessensschrumpfung auf Null) weiterhin abgelehnt und stattdessen eine Erklärung über eine Einzelanalogie zu aktienrechtlichen Normen bzw. in einer Gesamtanalogie zu strukturändernden Normen gesucht wurde.[90] Als der BGH in den Gela-

---

84 Vgl. BGHZ 159, 30 (45).

85 Vgl. nur die Auswahl bei Hüffer, AktG, § 119, vor Rn 16.

86 Vgl. zur Entwicklung: Kubis in MüKo, AktG, § 119, Rn 35 ff.

87 Vgl. Lutter, FS Stimpel, 825 ff. (845 ff.); ders., ZHR 151 (1987), 444 (452 f.); Geßler, FS Stimpel, 771 ff. (ablehnend aber hinsichtlich der Begründung über § 119 Abs. 2 AktG).

88 Vgl. etwa Martens, ZHR 147 (1983), 377 (384 ff); Werner, ZHR 147 (1983), 429 (453); Semler, BB 1983, 1566 (1570 ff.); Heinsius, ZGR 1984, 383 (393 ff.); Rehbinder, ZGR 1983, 92 (108); Götz, AG 1984, 85 (92 ff.); Hübner, FS Stimpel, 791 (795).

89 Vgl. Habersack in Emmerich/Habersack, Aktien- und GmbH-Konzernrecht, Vor § 311, Rn 33 mit Fn 167 für weitere Nachweise.

90 Vgl. ausführlich hierzu: Stukenberg, Ungeschriebene Hauptversammlungszuständigkeiten, Zweites Kap., III. 1. b); in der Diskussion standen eine Analogie zu § 121 Abs. 1 AktG, zu § 179a AktG, zu § 179 Abs. 1 AktG, zu §§ 182 ff. AktG, zu §§ 291 Abs. 1 Nr. 1 und 2, 293 Abs. 1 AktG respektive eine Gesamtanalogie zu §§ 179, 179a, 182 ff., 222 ff., 291 ff., 319 ff. AktG, §§ 13, 123 Abs. 3, 125, 65 UmwG.

tine-Entscheidungen jedoch von seinem Ansatz über § 119 Abs. 2 AktG abging, andererseits aber auch die Lösungsansätze der Literatur nicht übernahm, da er zum einen reine Auswirkungen im Innenverhältnis für gerechtfertigt hielt, eine Außenwirkung des einzuholenden Hauptversammlungsbeschlusses mithin ablehnte, zum anderen aber eine restriktive Handhabung der Holzmüller-Grundsätze erreichen wollte, was durch seinen Erklärungsansatz hinsichtlich satzungsnaher Maßnahmen erzielt wurde, verlagerte sich die kritische Diskussion in der juristischen Literatur weg von der Frage danach, ob es ungeschriebene Hauptversammlungskompetenzen gibt[91], worauf sie zu stützen sind und mit welcher Mehrheit zu entscheiden ist[92], hin zu der Frage, welche Einzelfälle nach den Grundsätzen der Rechtsprechung der Hauptversammlung vorgelegt werden müssen.[93]

4. Stellungnahme

Die Entwicklungen betreffend ungeschriebene Hauptversammlungskompetenzen wurden zu Recht konträr diskutiert. Immerhin stellen sie augenscheinlich eine Durchbrechung des vom Aktiengesetz vorgesehenen Systems der Gewaltenteilung innerhalb einer Aktiengesellschaft dar. Charakteristisch für das deutsche Aktienrecht[94] ist gerade der Versuch, ein annäherndes Gleichgewicht zwischen den Gesellschaftsorganen und eine wirksame Kontrolle zu gewährleisten.[95] Dieses Gleichgewicht könnte jedoch durch eine Befürwortung ungeschriebener Hauptversammlungszuständigkeiten ins Wanken gebracht werden.

Zum einen ist jedoch festzuhalten, dass das Machtgefüge innerhalb einer Aktiengesellschaft zwar grundsätzlich eine Balance herzustellen versucht, aber im Tatsächlichen eine solche Ausgeglichenheit nicht besteht. Vielmehr konzentriert sich die wesentliche Tätigkeit in Richtung Vorstand, was allerdings auch nur denknotwendig ist, da dem Vorstand die hauptsächlichen Geschicke der Gesellschaft an die Hand gegeben sind, indem ihm die eigenverantwortliche Geschäftsleitung und -führung übertragen ist, §§ 76, 77 AktG. Daher muss naturgemäß akzeptiert werden, dass die Position der Hauptversammlung einge-

---

91 Das wird mittlerweile gemeinhin von der h.M. anerkannt.

92 Nach dem BGH ist – wie von der Literatur gefordert – die Dreiviertelmehrheit erforderlich.

93 Vgl. hierzu etwa Hoffmann in Spindler/Stilz, AktG, § 119, Rn 30 ff.; Spindler in K. Schmidt/Lutter, AktG, § 119, Rn 30 ff.; Reger in Bürgers/Körber, AktG, § 119, Rn 15 ff.; Hüffer, AktG, § 119, Rn 16 ff.

94 Zumindest ab der Aktienrechtsnovelle von 1937; zuvor hatte die Generalversammlung weit mehr Kompetenzen als die jetzige Hauptversammlung; vgl. hierzu Staake, Ungeschriebene Hauptversammlungskompetenzen, 1. Teil, § 1 III.

95 Vgl. Fleischer, FS Heldrich, 597 (610).

schränkt sein muss und nicht derjenigen der Gesellschafterversammlung einer GmbH entsprechen kann. Das Postulat eines Gleichgewichts der Macht kann bei der Aktiengesellschaft nicht so aufgefasst werden, dass jedem Gesellschaftsorgan die gleiche Menge an Macht zugewiesen werden muss, sondern vielmehr so, dass ein ausgewogenes Verhältnis zwischen den drei Organen hergestellt wird, das sowohl den Interessen der Aktionäre als Eigentümer der Aktiengesellschaft gerecht wird als auch denjenigen des Vorstands und des Aufsichtsrats an einer Wahrnehmung der übertragenen Aufgaben und Pflichten.

Zum anderen ist es sicherlich richtig, bei der Struktur der Aktiengesellschaft ein System zu suchen, nach dem die Kompetenzen der Hauptversammlung möglichst fest statuiert sind und sich wenn möglich direkt aus Gesetz und Satzung ablesen lassen, wie es § 119 Abs. 1 AktG in seinen Eingangsworten auch als selbstverständlich aufführt. Nun kann aber das Befürworten ungeschriebener Hauptversammlungskompetenzen nicht als Bruch dieses Systems verstanden werden. Denn das Gesetz selbst gibt den Ansatzpunkt für eine gewisse Ausdehnung der Hauptversammlungszuständigkeit. Nicht ohne Grund ging der BGH in der Holzmüller-Entscheidung den Weg über § 119 Abs. 2 AktG. Dieser eröffnet gerade die Möglichkeit, die Hauptversammlung mit Themen zu befassen, die ihr grundsätzlich entzogen wären. Nun hat der Gesetzgeber diesen § 119 Abs. 2 AktG als Ermessensvorschrift ausgestaltet: Die Hauptversammlung kann über Fragen der Geschäftsführung entscheiden, wenn der Vorstand es verlangt. Es ist jedoch ein allgemeiner Rechtsgrundsatz, dass Ermessensentscheidungen, auch wenn das Ermessen normalerweise frei oder zumindest doch pflichtgemäß auszuüben ist, an Grenzen stoßen, nämlich in Bereichen, in denen zwar theoretisch mehrere Entscheidungen möglich sind, jedoch nur eine einzige übrig bleibt, die als willkürfrei bzw. pflichtgemäß angesehen werden kann. Dieser Grundsatz der Ermessensreduzierung auf Null ist im Öffentlichen Recht weit verbreitet.[96]

Insoweit zeigt sich meinerseits Sympathie für den Weg, den der BGH ursprünglich einzuschlagen begonnen hat, das heißt eine Begründung für ungeschriebene Kompetenzen von Hauptversammlungen in § 119 Abs. 2 AktG zu suchen. Die Begründungsversuche über Analogien – seien es eine Analogie zu einzelnen Normen oder eine Gesamtanalogie zu allen strukturändernden Vorschriften im Aktien- und Umwandlungsrecht – verfolgen zwar dasselbe Ziel, sind aber gerade wegen der Existenz des § 119 Abs. 2 AktG auf ihre Erforderlichkeit zu hinterfragen; denn grundsätzlich setzt eine Analogie das Vorliegen einer Regelungslücke voraus, was aber hier verneint werden müsste. Das Gesetz eröffnet die Möglichkeit der zusätzlichen Befassung der Hauptversammlung mit Themen der Geschäftsführung; also muss dies als Grundlage gewählt werden.

---

96 Vgl. statt vieler: Maurer, Allg. Verwaltungsrecht, § 7, Rn 24 f.

Der BGH hat sich zugunsten der offenen Rechtsfortbildung von der Begründung über § 119 Abs. 2 AktG losgesagt. Dies mag mit den in der juristischen Literatur geäußerten Zweifeln und Kritiken zusammenhängen oder mit dem Versuch der Statuierung eigenständiger Regeln für die ungeschriebenen Hauptversammlungszuständigkeiten, mit denen möglichst alle Fragen, die weiterhin zur Diskussion standen, beantwortet werden konnten. Eine Vorlagepflicht zur Hauptversammlung sollte nur unter engen Voraussetzungen anzunehmen sein und die Entscheidung müsse mit einer Drei-Viertel-Mehrheit getroffen werden. Selbige Ergebnisse hätten meiner Meinung nach ebenso gut aus § 119 Abs. 2 AktG hergeleitet werden können, ohne dass es des Kunstgriffs der offenen Rechtsfortbildung bedurft hätte. Nimmt man wiederum die Ermessensentscheidung als Ausgangspunkt, so ist zunächst festzustellen, dass das Ermessen des Vorstands zur Vorlage einer Frage der Geschäftsführung an die Hauptversammlung in seinem freien Ermessen steht. Dies folgt aus dem Wortlaut "nur entscheiden, wenn der Vorstand es verlangt". Dieses freie Ermessen schlägt jedoch in ein pflichtgemäßes Ermessen um, wenn der Vorstand bei seiner Geschäftsführung merkt, dass er Bereiche antastet, die die Stellung der Aktionäre betreffen und die zu den in den BGH-Urteilen aufgeführten Mediatisierungseffekten[97] führen könnten. Hat der Vorstand pflichtgemäß zu handeln und zu entschieden, so findet er sich in bekannten Gefilden, da nunmehr der Maßstab des § 93 Abs. 1 AktG für ihn gilt, und zwar auch in Bezug auf die Frage, ob er die Hauptversammlung hinsichtlich einer Geschäftsführungsangelegenheit konsultieren soll oder nicht bzw. ob er sogar dazu verpflichtet ist. Stellt sich nämlich heraus, dass Gegenstand der betroffenen Geschäftsführungsmaßnahme eine Angelegenheit ist, die nach den Maßstäben des BGH als so gravierend einzustufen ist, dass die Hauptversammlung zwingend einbezogen werden muss, so reduziert sich das Entscheidungsspektrum betreffend die Vorlage auf eine einzig richtige pflichtgemäße Variante, das heißt, die Hauptversammlung muss über diese Angelegenheit entscheiden. Insofern sind die Restriktionen des BGH auch ausdrücklich zu begrüßen. Eine solche Ermessensschrumpfung hat einen Ausnahmefall zu bilden, darf also nicht bei jeglicher Geschäftsführungsfrage bereits angenommen werden. Wie im Öffentlichen Recht kann eine solche Ermessensreduktion auf Null durch den Einfluss von Grundrechten[98] bedingt sein, wobei hier namentlich die Wirkungen von Art. 14 GG[99] – also Aktionärsrechtspositionen – zu nennen sind, oder dann

97 Vgl. BGHZ 83, 122 (136); BGHZ 153, 47 (54); BGHZ 159, 30 (41); zum Begriff „Mediatisierungseffekt" siehe oben Fn 82.

98 Vgl. Maurer, Allg. Verwaltungsrecht, § 7, Rn 25.

99 Insofern lassen sich über § 119 Abs. 2 AktG auch diejenigen Ansätze systemimmanent aufgreifen, die eine Begründung von ungeschriebenen Hauptversammlungskompetenzen und deren Reichweite in den Grundrechten, insbesondere in Art. 14 GG, suchen.

vorliegen, wenn Geschäftsführungsmaßnahmen so nahe an originäre Hauptversammlungszuständigkeiten heranreichen, dass die Wirkungen, die von der zu beschließenden Maßnahme ausgehen, denjenigen einer echten Strukturänderung im Wesentlichen gleichen.

Die Beibehaltung der reinen Innenwirkung der Entscheidung der Hauptversammlung folgt aus § 119 Abs. 2 AktG selbst. Die Zustimmungen der Hauptversammlung zu Fragen der Geschäftsführung haben stets keine Außenwirkung; der Vorstand ist also im Außenverhältnis zu Dritten in seinen Handlungsmöglichkeiten nicht beschränkt, macht sich aber im Innenverhältnis einer Pflichtverletzung schuldig, wenn er sich nicht an die Entscheidung der Hauptversammlung hält.[100] Auch insofern hätte der BGH nicht von seiner ursprünglichen Begründung abgehen müssen.

Schwieriger stellt sich jedoch die Frage, inwieweit über § 119 Abs. 2 AktG hätte begründet werden können, dass eine Drei-Viertel-Mehrheit für derartige Beschlüsse zu ungeschriebenen Hauptversammlungszuständigkeiten zu fordern ist. Denn normalerweise verbliebe es bei § 133 Abs. 1 AktG, wonach Beschlüsse der Hauptversammlung der Mehrheit der abgegebenen Stimmen (einfache Stimmenmehrheit) bedürfen, soweit nicht das Gesetz oder die Satzung eine größere Mehrheit oder weitere Erfordernisse bestimmen. Hier sieht das Gesetz (und normalerweise wohl auch die Satzung) keine Regelung für Fälle vor, in denen die Hauptversammlung über Geschäftsführungsfragen zu entscheiden hat, die so weit an strukturändernde Entscheidungen angenähert sind, dass die Hauptversammlung beinahe mit einer Drei-Viertel-Mehrheit beschließen müsste. Dieser Fall ist tatsächlich nicht bedacht, sodass hier von einer Regelungslücke auszugehen ist. Diese Regelungslücke betreffend das Erfordernis der Stimmenmehrheit wird man auch als planwidrig anzunehmen haben, denn der Gesetzgeber hat diese Fälle wohl nicht bedacht. Daher bietet es sich für diese Frage an – das heißt die Frage, mit welchem Stimmenverhältnis die Hauptversammlung bei anerkannten ungeschriebenen Hauptversammlungszuständigkeiten der vorgelegten Maßnahme zustimmen muss –, auf eine Analogie zurückzugreifen. Da diese Vorlagepflicht nur restriktiv besteht und mithin die Fälle betrifft, deren Wirkung derjenigen von strukturändernden Maßnahmen nahe kommen, ist es nur konsequent, die Analogie in den Vorschriften zu Maßnahmen der Strukturänderung zu suchen. Die Suche sollte dabei aber nicht bei der einzelnen Norm stehen bleiben, sondern vielmehr diese unterschiedlichen Normen als ein Ganzes verstehen. Denn die gesetzgeberische Intention hinter den Einzelvorschriften zeigt sich doch klar, nämlich: dass die Hauptversammlung bei Maßnahmen, die die Struktur der Aktiengesellschaft betreffen und diese maßgeblich verändern (können),

100 Vgl. Hüffer, AktG, § 119, Rn 15; Hoffmann in Spindler/Stilz, AktG, § 119, Rn 18 ff.

mit einer Drei-Viertel-Mehrheit entscheiden soll.[101] Diese ratio legis gilt es zu übertragen. Denn nichts anderes kann vom Gesetzgeber gewollt sein, wenn zwar keine tatsächliche strukturändernde Maßnahme zur Entscheidung steht, sondern eine andere, die aber im Endeffekt (fast) dieselben Wirkungen zeitigt.

Insofern stellt sich diese Art von Hauptversammlungszuständigkeiten als Hybrid dar. Denn zum einen soll die Hauptversammlung mit Drei-Viertel-Mehrheit zustimmen, zum anderen soll der Beschluss aber reine Innenwirkung haben. Dies muss aber als Folge dessen hingenommen werden, dass sich Zuständigkeiten in einem Übergangsbereich befinden. Einerseits stellen sie noch Geschäftsführungsmaßnahmen dar, fallen also noch in den Aufgabenbereich des Vorstands und sind nur über § 119 Abs. 2 AktG auch der Hauptversammlung zugewiesen. Andererseits gehen von ihnen Wirkungen aus, die Strukturänderungen entsprechen oder zumindest sehr nahe kommen, ohne dass es sich im Eigentlichen um Strukturänderungen handelt. Dies muss Eingang in den Entscheidungsprozess finden und wird daher über das erhöhte Zustimmungserfordernis berücksichtigt.

---

101 Vgl. §§ 179, 179a, 182 ff., 222 ff., 291 ff., 319 ff. AktG, §§ 13, 123 Abs. 3, 125, 65 UmwG.

§ 3 Der Aktionär

Die Struktur der Aktiengesellschaft besteht, wie der vorangehende Abschnitt gezeigt hat, aus den drei elementaren Organen: Vorstand, Aufsichtsrat und Hauptversammlung. Im Rechtsverkehr mit Dritten spielt dabei der Vorstand die übergeordnete Rolle, da ihm die umfassende Vertretungsbefugnis der Gesellschaft übertragen ist (§ 78 AktG) und er die Geschäftsführung und -leitung innehat (§§ 76, 77 AktG), die wesentlich die Strategien und das geschäftliche Umfeld, in dem die Aktiengesellschaft agiert, bestimmen.

Bei der Untersuchung der internen Ordnung der Aktiengesellschaft darf nicht bei dieser Dreiteilung stehen geblieben werden. Denn diese Gliederung in die Organe bildet zwar das Kompetenz- und Machtgefüge innerhalb der Aktiengesellschaft ab, trifft selbst aber noch keine Aussage über die Eigentumsverhältnisse an der Gesellschaft. Die Aktiengesellschaft „gehört" weder dem Vorstand noch dem Aufsichtsrat noch der Hauptversammlung. Vielmehr ist es der Aktionär, dessen Eigentumsrecht durch seine Aktie(n) an der Gesellschaft verbrieft ist. Diese Stellung des Aktionärs lässt auch das Aktiengesetz nicht unberücksichtigt. Ebenso wie bei den anderen Gesellschaftstypen wird auch im Aktienrecht das Rechtsverhältnis, das der Aktionär zu seiner Gesellschaft hat, durch gesetzliche Normen umschrieben. Seine Rechte und Pflichten, die sich aus seiner Stellung als Eigentümer ergeben, müssen so geregelt sein, dass ein ausgewogenes Verhältnis zwischen den Interessen des einzelnen Aktionärs, den Interessen bestimmter Aktionärsquoren und den Interessen der Verwaltung der Aktiengesellschaft (Vorstand und Aufsichtsrat) hergestellt wird. Nicht unbeachtet bleiben dabei auch Überlegungen und Folgerungen, die sich aus der grundrechtlichen Eigentumsgarantie nach Art. 14 GG ergeben. Allerdings ist dieses Eigentumsverhältnis des Aktionärs in Bezug auf die Aktiengesellschaft ein anderes als beispielsweise zu körperlichen Gegenständen. Hierfür findet sich in der zivilrechtlichen Ordnung durch § 903 BGB eine Umschreibung dafür, was durch das Eigentum bewirkt wird. Das Eigentum an der Aktie vermittelt vornehmlich die Mitgliedschaft des Aktionärs in der Gesellschaft mitsamt den daraus resultierenden Rechten und Pflichten als gesellschaftsrechtliches Rechtsverhältnis eigener Art.[102]

Der nächste Abschnitt ist daher dem Aktionär gewidmet. Unter Vorwegnahme des Folgenden sei schon an dieser Stelle darauf aufmerksam gemacht, dass es nicht richtig sein kann, von „dem“ Aktionär zu sprechen. Es existiert nicht „der“ Aktionär als stereotype Erscheinungsform, sondern es sind verschie-

102 Vgl. Raiser/Veil, Recht der Kapitalgesellschaften, § 11, Rn 13; Kübler/Assmann, Gesellschaftsrecht, § 15 II. 1.

dene Aktionärstypen anzutreffen, die sich zum einen dadurch unterscheiden, dass sie in unterschiedlichen quantitativen Größenordnungen an der Gesellschaft beteiligt sind, zum anderen dadurch, dass sie mit dem Erwerb der Aktien unterschiedliche Zielsetzungen verfolgen.

A. Rechte und Pflichten des Aktionärs nach der Konzeption des Aktiengesetzes

Dessen ungeachtet empfiehlt sich zunächst ein Blick auf die gesetzliche Ausgestaltung der Rechte und Pflichten des Aktionärs nach der Konzeption des Aktiengesetzes.

I. Begründung der Aktionärsstellung

Die Begründung der Aktionärsstellung erfolgt durch den Erwerb der Anteile an der Aktiengesellschaft, also durch den Aktienerwerb. Dieser Erwerb kann auf zweierlei Arten stattfinden: Die Mitgliedschaft kann zum einen originär durch die Übernahme von Aktien bei der Gründung der Aktiengesellschaft (§§ 2, 23 Abs. 1 Nr. 2, 29 AktG) und durch Zeichnung junger Aktien im Rahmen einer Kapitalerhöhung (§§ 185 Abs. 1, 212 AktG) erworben werden. Zum anderen können Aktien derivat erworben werden, also von einem anderen Aktionär, da Aktien – und damit auch die Mitgliedschaft in der Aktiengesellschaft[103] – verkehrsfähig sind.[104]

---

103 Vgl. Raiser/Veil, Recht der Kapitalgesellschaften, § 11, Rn 15.

104 Die Art und Weise, wie die Übertragung rechtstechnisch vor sich geht, bestimmt sich danach, ob es sich um Inhaber- oder um Namensaktien handelt. Bei Inhaberpapieren wird die im Papier verbriefte Mitgliedschaft wie bei einer beweglichen Sache gemäß §§ 929 ff. BGB übertragen. Namensaktien hingegen sind Orderpapiere und werden grundsätzlich gemäß § 68 Abs. 1 S. 1 AktG durch Indossament, Begebungsvertrag und Übergabe übertragen; darüber hinaus ist hier eine Vinkulierung möglich, das heißt, die Übertragung von Namensaktien kann von der Zustimmung der Gesellschaft abhängig gemacht werden, § 68 Abs. 2 S. 1 AktG. Jeweils gilt: Das Recht aus dem Papier folgt dem Recht am Papier.
In der Praxis existiert die Aktie an sich allerdings kaum noch in papierner Form. Stattdessen wird sogar oftmals das Recht auf Forderung einer Verbriefung der Aktien satzungsmäßig ausgeschlossen. Dies trägt letztlich zur Verkehrsfähigkeit der Aktien bei, da sie nicht mehr in natura übergeben, sondern über Depots verwaltet und den einzelnen Aktionären – auch eigentumsmäßig – zugeordnet werden.
Vgl. hierzu Raiser/Veil, Recht der Kapitalgesellschaften, § 11, Rn 78 ff.

II. Rechte des Aktionärs

Mit den Rechten des Aktionärs sind seine aus der Mitgliedschaft in der Aktiengesellschaft folgenden Rechte zu verstehen. Diese Mitgliedschaftsrechte werden gemeinhin in zwei (Haupt-)Kategorien eingeteilt: die Vermögensrechte und die Mitverwaltungsrechte.[105] Daneben bestehen noch weitere Mitgliedsrechte der Aktionäre. Dabei ist zu beachten, dass das Gesetz dem Aktionär diese einzelnen Rechte an die Hand gibt, ihn aber nicht dazu verpflichtet, von ihnen Gebrauch zu machen.[106] Es steht dem einzelnen Aktionär also frei, inwieweit er sich in die Gesellschaft einbringen und – soweit möglich – Einfluss auf die Gesellschaft ausüben will. Dies wird bei den Überlegungen zu der Kategorisierung der Aktionärstypen noch von Bedeutung sein.

1. Vermögensrechte

Das Vermögensrecht mit zentraler Bedeutung[107] – für die meisten Aktionäre überhaupt das wichtigste Aktionärsrecht – ist der Anspruch auf die Auszahlung der Dividende, das heißt: der Anspruch auf den Anteil am Bilanzgewinn gemäß §§ 58 Abs. 4, 60 AktG, dem die Feststellung des Jahresabschlusses regelmäßig durch Mitwirkung von Vorstand und Aufsichtsrat gemäß § 172 S. 1 AktG und ggf. eine Einstellung eines Teils des Jahresüberschusses in Gewinnrücklagen gemäß § 58 Abs. 2 S. 1 AktG sowie der Hauptversammlungsbeschluss über die Ergebnisverwendung vorausgeht.[108]

Daneben bestehen als weitere Vermögensrechte[109] das Bezugsrecht bei der effektiven Kapitalerhöhung gemäß § 186 Abs. 1 AktG, das Recht auf Zuteilung neuer Anteile bei der Kapitalerhöhung aus Gesellschaftsmitteln gemäß § 212 AktG, der Rückzahlungsanspruch bei der Kapitalherabsetzung gemäß § 225 Abs. 2 AktG und das Recht auf Beteiligung am Liquidationserlös gemäß § 271 AktG. Ebenso gehören hierher die Ausgleichs-, Umtausch- und Abfindungsansprüche in Fällen der Verschmelzung, der Spaltung und des Formwechsels nach dem Umwandlungsgesetz und die vermögensrechtlichen Ansprüche einzelner

---

105 Vgl. etwa Kübler/Assmann, Gesellschaftsrecht, § 15 II. 4. b); Raiser/Veil, Recht der Kapitalgesellschaften, § 11, Rn 22; Hirte, Kapitalgesellschaftsrecht, § 4, Rn 4.6 a.E.; siehe auch K. Schmidt, Gesellschaftsrecht, § 19 III 3. c), der diese Zweiteilung zwar anerkennt, jedoch selbst die Mitverwaltungsrechte nochmals untergliedert in Teilhabe- und Schutzrechte.

106 Vgl. Raiser/Veil, Recht der Kapitalgesellschaften, § 11, Rn 23.

107 Vgl. Hirte, Kapitalgesellschaftsrecht, § 4, Rn 4.8.

108 Vgl. Hirte, Kapitalgesellschaftsrecht, § 4, Rn 4.13 ff.

109 Vgl. hierzu Raiser/Veil, Recht der Kapitalgesellschaften, § 11, Rn 24; Hirte, Kapitalgesellschaftsrecht, § 4, Rn 4.19 ff.

Aktionäre bei der Durchführung von Konzernierungsmaßnahmen gemäß §§ 304, 305, 320b, 327b AktG. Zu den Vermögensrechten sind des Weiteren die den einzelnen Aktionären zustehenden Schadensersatzansprüche gemäß §§ 117 Abs. 1 S. 2, 309 Abs. 4, 310 Abs. 4, 317 Abs. 4, 318 Abs. 4 AktG zu zählen sowie die Möglichkeit der Sonderprüfung im Sinne von §§ 142 ff. AktG.

2. Verwaltungsrechte

Die wichtigsten Verwaltungsrechte der Aktionäre haben mit der Hauptversammlung zu tun. Die Aktionäre haben gemäß § 118 Abs. 1 AktG das Recht, an der Hauptversammlung teilzunehmen und in ihr zu reden. Gemäß §§ 133, 134 AktG wirken die Aktionäre durch ihre Stimmabgabe an den Beschlüssen der Hauptversammlung mit. Um dafür eine ausreichende Informationsgrundlage zu haben, spricht ihnen § 131 AktG ein Auskunftsrecht gegenüber dem Vorstand der Gesellschaft zu. Schließlich wird auch das Recht des Aktionärs gemäß § 245 AktG, Beschlüsse der Hauptversammlung mittels der Anfechtungsklage gerichtlich anzugreifen, zu den Verwaltungsrechten gezählt.[110]

3. Sonstige Mitgliedsrechte des Aktionärs

Sonstige Mitgliedsrechte des Aktionärs sind eher allgemeiner Art. So hat jeder Aktionär gemäß § 53a AktG ein Recht auf Gleichbehandlung im Vergleich zu anderen Aktionären, gleichsam als Spiegelbild der Verpflichtung der Aktiengesellschaft, die Aktionäre unter gleichen Voraussetzungen gleich zu behandeln, was eine unterschiedliche Behandlung bei Vorliegen einer entsprechenden Rechtfertigung aber natürlich nicht ausschließt.[111] Auch aus der gegenseitig bestehenden Treuepflicht zwischen Gesellschaft und Aktionär[112] können sich im Einzelfall Rechte des Aktionärs gegenüber der Aktiengesellschaft ergeben.[113]

III. Pflichten des Aktionärs

Den Rechten des Aktionärs stehen in gleicher Weise Pflichten gegenüber, die er erfüllen muss und die die Gesellschaft notfalls zwangsweise durchsetzen kann.

---

110 Vgl. Hirte, Kapitalgesellschaftsrecht, § 4, Rn 4.21; Raiser/Veil, Recht der Kapitalgesellschaften, § 11, Rn 22; auch K. Schmidt, Gesellschaftsrecht, § 19 III. 3. c), der es als reines Schutzrecht begreift.

111 Vgl. Kübler/Assmann, Gesellschaftsrecht, § 15 II. 4 a) aa); Hüffer, AktG, § 53a, Rn 3 ff.

112 Dazu sogleich ausführlicher unter § 3 A. III. 3.

113 Vgl. Hirte, Kapitalgesellschaftsrecht, § 4, Rn 4.5.

1. Einlagepflicht

Als wichtigste vertragliche Mitgliedschaftspflicht sind die Beitragspflichten zu nennen.[114] Der Aktionär hat gegenüber der Gesellschaft seine Einlage (ggf. zuzüglich eines Aufgelds) zu leisten, § 54 Abs. 1 AktG. Ist diese Einlagepflicht jedoch erfüllt, haben spätere Erwerber der Aktien in aller Regel keine weiteren (Einlage-)Pflichten.[115] Dies hängt im Wesentlichen mit der Fungibilität der Aktie zusammen, da andernfalls ihre Verkehrsfähigkeit durch die möglicherweise bestehende Pflicht zur Leistung weiterer Einlagezahlungen beeinträchtigt wäre.[116]

2. Nebenleistungspflichten

In nur sehr beschränktem Umfang können bei einer Aktiengesellschaft Nebenleistungspflichten begründet werden. Dies ist nur möglich, wenn eine solche Satzungsregelung aufgenommen wurde und die zusätzlichen Voraussetzungen des § 55 AktG vorliegen, es sich also um vinkulierte Namensaktien handelt und die Aktionäre zu wiederkehrenden, nicht in Geld bestehenden Leistungen verpflichtet werden.

3. Treuepflicht

Durch das Linotype-Urteil[117] und das Girmes-Urteil[118] hat der BGH bestätigt, dass die Aktionäre nicht nur gegenüber der Gesellschaft[119] sondern auch untereinander zur Treue und Loyalität verpflichtet sind.[120] Diese Treuepflicht ist dabei in dreierlei Richtung zu verstehen: als Pflicht zur Förderung des gemeinsamen Zwecks, als Pflicht zur Rücksichtnahme auf die Interessen der Mitaktionäre und als Pflicht, die Rechte und Einflussmöglichkeiten, die die Mitgliedschaft in der Gesellschaft gewährt, verantwortungsvoll auszuüben.[121] Wie sich das konkret niederzuschlagen hat, lässt sich nicht pauschal beschreiben, vielmehr ist der jeweilige Einzelfall sowie die jeweils betroffene Gesellschaft und ihre Aktionärsstruktur zu betrachten, um festzustellen, inwieweit die Treuepflicht des einzel-

---

114 Vgl. K. Schmidt, Gesellschaftsrecht, § 19 III. 3. b).

115 Vgl. Hirte, Kapitalgesellschaftsrecht, § 4, Rn 4.40.

116 Vgl. Raiser/Veil, Recht der Kapitalgesellschaften, § 11, Rn 51.

117 BGHZ 103, 184.

118 BGHZ 129, 136.

119 Vgl. BGHZ 14, 25 (38).

120 Vor diesen Entscheidungen war lange Zeit die Auffassung verbreitet, dass es wegen der rein kapitalorientierten Struktur der Aktiengesellschaft im Innenverhältnis keine Treuepflichten gebe. Vgl. die Ausführungen bei K. Schmidt, Gesellschaftsrecht, § 20 IV 2 c).

121 Vgl. Raiser/Veil, Recht der Kapitalgesellschaften, § 11, Rn 61.

nen Aktionärs ihn zu einer bestimmten Handlung oder zu einem bestimmten Unterlassen veranlassen soll.

B. Aktionärstypen

Wie bereits erwähnt wird man, sollte man den Versuch unternehmen, die Aktionäre in jeder Hinsicht einheitlich be- und umschreiben zu wollen, verhältnismäßig schnell an die Grenzen des Möglichen stoßen, da der Aktionär als einheitlich zu verstehendes, generalisierend betrachtbares Wesen nicht existiert, weder nach der gesetzlichen Konzeption noch im Tatsächlichen. Das wird wesentlich dadurch bedingt, dass sich kaum eine Aktiengesellschaft finden wird, in der jede einzelne Aktie unterschiedlichen Aktionären gehört. Vielmehr hält ein Aktionär oftmals mehrere Aktien ein und derselben Aktiengesellschaft, sodass sich seine Rechte und Pflichten als Aktionär „kumulieren", das heißt, seine Aktionärsposition gerade durch den Besitz einer größeren Anzahl von Aktien eine andere als die oben allgemein beschriebene wird. Alle Aktionäre verbinden vorgenannte Rechte und Pflichten – im Allgemeinen jedenfalls, denn auch das Aktiengesetz kennt eine Art Zuordnung der Aktionäre zu übergeordneten Gruppen verbunden mit der Verleihung zusätzlicher Rechte im Verhältnis zum Einzelaktionär.

Eine Klassifizierung der Aktionäre bietet sich in zweierlei Richtungen an: Zum einen lässt sich an der mengenmäßigen Beteiligung an der Aktiengesellschaft ansetzen und auf diese Weise eine quantitative Zuordnung vornehmen. Zum anderen sind Unterschiede in den Zielsetzungen bestimmter Aktionärsgruppen erkennbar, die eine Einordnung anhand dieser Zielsetzungen als angebracht erscheinen lassen.

I. Kategorisierung nach Quantität

1. Klein-/Großaktionär

Nimmt man eine Kategorisierung hinsichtlich der Quantität vor, so kann zunächst eine eher grobe Abgrenzung danach stattfinden, ob es sich um einen Klein- oder Großaktionär handelt.[122] Die Einstufung hat nach zwei Kriterien zu geschehen: 1) in welchem Verhältnis die Stimmenmacht des einen Aktionärs zu derjenigen der übrigen Aktionäre steht, und 2) in welchem Verhältnis die Stimmenmacht des einen Aktionärs zu der Gesamtstimmenzahl steht. Denn es fällt

122 Lutter (Der Aktionär in der Marktwirtschaft, S. 8) spricht sogar von kleinen, mittleren und Großaktionären.

schwer, festzulegen, wann genau von einem Großaktionär gesprochen werden kann – ob dies bereits der Fall ist, wenn ein Aktionär 10 % der Aktien an der Aktiengesellschaft hält, oder erst dann, wenn sich sein Anteil auf mindestens 25 % summiert hat.[123] Ein Aktionär mit einem Stimmenanteil von 10 % kann für eine Aktiengesellschaft, in der ansonsten nur weitere Aktionäre vorhanden sind, die wesentlich geringere Beteiligungsmengen haben (z. B. 1-2 %), schon als Großaktionär anzusehen sein, wohingegen er in einer Gesellschaft, in der andere Aktionäre einen 50-%-igen Anteil oder gar mehr halten, eher als Kleinaktionär betrachtet würde.[124] Schließlich kann eine Aktiengesellschaft auch mehrere Großaktionäre haben.

Dagegen ist von Kleinaktionären zu sprechen, wenn der an der Aktiengesellschaft gehaltene Anteil an Aktien und damit einhergehend die Stimmenmacht des Aktionärs für sich allein genommen nur verhältnismäßig gering ins Gewicht fällt und er damit mithin nur einen schon fast vernachlässigbaren Einfluss auf die Gesellschaft ausüben kann.[125] Als Einzelner besitzt er regelmäßig weder Leitungs- noch Kontrollrechte.[126]

2. Minderheits-/Mehrheitsaktionär

Eine weitere Einteilung, die sich auf die Quantität beziehen lässt und die eine zusätzliche Differenzierung im Gegensatz zu der eher allgemeinen und nicht zwangsläufig aussagekräftigen Einteilung in Klein- und Großaktionäre darstellt, ist diejenige in Minderheits- und Mehrheitsaktionäre. Dieses Begriffspaar findet seine Grundlage im Aktiengesetz, dort im Speziellen in den Bestimmungen zu verbundenen Unternehmen. Es handelt sich damit um eine konzernrechtliche Kategorisierung, wenngleich auch nicht stets dieser konzernbezogene Inhalt im Mittelpunkt des Gebrauchs dieses Begriffspaar stehen mag. Mehrheitsaktionäre sind regelmäßig als Großaktionäre, Minderheitsaktionäre aber nicht zwangsläufig als Kleinaktionäre einzustufen.

---

123 Seuffert (Der Schutz des Aktieneigentums, III. 2. d) aa) (3), S. 31) nennt den Großaktionär in einem Atemzug mit dem Mehrheitsaktionär, sodass er von einem Mindestanteil von 50 % auszugehen scheint.

124 Vgl. auch Lutter, Der Aktionär in der Marktwirtschaft, S. 8, Fn 6, der bei der Aufzählung bestimmter Großaktionäre auch Beteiligungen von 16 %, 20 % und 40 % erwähnt.

125 Auch das BVerfG (BVerfGE 100, 289 (305) = ZIP 1999, 1436 (1440)) führt als wesentliches Charakteristikum des Kleinaktionärs auf, dass dieser „auf die Unternehmenspolitik regemäßig keinen relevanten Einfluß nehmen“ kann.

126 Vgl. Seuffert, Der Schutz des Aktieneigentums, III. 2. d), S. 28 ff.

a. Mehrheitsaktionär

Nach § 16 Abs. 1 AktG gilt Folgendes mit Bezug auf die Aktiengesellschaft: Gehört die Mehrheit der Anteile an der Aktiengesellschaft einem anderen Unternehmen oder steht einem anderen Unternehmen die Mehrheit der Stimmrechte zu, so spricht man von einer Mehrheitsbeteiligung. Der Aktionär, dem diese Mehrheitsbeteiligung zuzuordnen ist, wird folglich als Mehrheitsaktionär bezeichnet.

aa. Anteils- und Stimmenmehrheit

Wie sich aus der gesetzlichen Definition selbst ergibt, kann ein Mehrheitsaktionär auf zweierlei Weise bestimmt werden. Mehrheitsbeteiligung kann nach § 16 Abs. 1 AktG sowohl Anteils- als auch Stimmenmehrheit sein. Anteilsmehrheit ist die Mehrheit der Kapitalanteile; Stimmenmehrheit ist die Mehrheit der aus den Anteilen folgenden Stimmrechte, die bei der Willensbildung in der Hauptversammlung ausgeübt werden können.[127] Regelmäßig werden diese Kapital- und Stimmenmehrheit zusammenfallen; zwingend ist das aber nicht, da Ausnahmen hiervon möglich sind, beispielsweise durch die Ausgabe von stimmrechtslosen Vorzugsaktien.[128] In diesem Fall ist es sogar möglich, dass eine Aktiengesellschaft, zwei Mehrheitsaktionäre hat, nämlich einen Aktionär mit Anteils- und einen mit Stimmenmehrheit.[129]

Für die Art und Weise der Berechnung, ob ein Aktionär als Mehrheitsaktionär anzusehen ist, gibt § 16 AktG selbst die wesentlichen Grundsätze an die Hand. Welcher Teil der Anteile einem Unternehmen bzw. Aktionär[130] gehört, bestimmt sich gemäß § 16 Abs. 2 S. 1 AktG bei Kapitalgesellschaften, wie es die Aktiengesellschaft eine ist, nach dem Verhältnis des Gesamtnennbetrags der ihm gehörenden Anteile zum Nennkapital, bei Gesellschaften mit Stückaktien nach der Zahl der Aktien. Welcher Teil der Stimmrechte einem Unternehmen bzw. Aktionär zusteht, bestimmt sich gemäß § 16 Abs. 3 AktG nach dem Ver-

127 Vgl. Hüffer, AktG, § 16, Rn 2.

128 Vgl. Emmerich/Sonnenschein/Habersack, Konzernrecht, § 3 I. 1.

129 Vgl. Hüffer, AktG, § 16, Rn 2 a.E.

130 Der Begriff des „Unternehmens“ spielt im Konzernrecht eine wesentliche Bedeutung. Seine Definition stand lange Zeit in der Diskussion. Das früher diskutierte funktionelle oder institutionelle Begriffsverständnis ist einem eher teleologischen Ansatz gewichen (vgl. hierzu Emmerich/Sonnenschein/Habersack, Konzernrecht, § 2 II. 1.). Für die Einteilung der unterschiedlichen Aktionäre ist er jedoch zu vernachlässigen, da hierbei nicht die konzernrechtliche Komponente mitsamt ihren Rechtfolgen im Vordergrund steht, sondern vielmehr die Errechnung und Quantifizierung des Mehrheitsbegriffs von Interesse ist.

hältnis der Zahl der Stimmrechte, die es bzw. er aus den ihm gehörenden Anteilen ausüben kann, zur Gesamtzahl aller Stimmrechte.[131]

bb. Rechtsfolgen des Vorliegens einer Mehrheitsbeteiligung

Im Aktienrecht sind an das Vorliegen der Voraussetzungen für eine Mehrheitsbeteiligung mehrere Rechtsfolgen geknüpft.[132] Zum einen resultieren aus der Tatsache, dass es sich um einen konzernrechtlichen Begriff handelt, konzernrechtliche Konsequenzen. Von einem in Mehrheitsbesitz stehenden Unternehmen wird gemäß § 17 Abs. 2 AktG vermutet, dass es von dem an ihm mit Mehrheit beteiligten Unternehmen abhängig ist; gemäß § 18 Abs. 1 S. 3 AktG wird daran anschließend vermutet, dass ein abhängiges Unternehmen mit dem herrschenden Unternehmen einen Konzern bildet. Des Weiteren ergeben sich aus der Mehrheitsbeteiligung Mitteilungspflichten. Das Unternehmen, das die Mehrheitsbeteiligung hält, hat dies der betroffenen Aktiengesellschaft nach § 20 Abs. 4 AktG mitzuteilen.[133] Hierüber bestehen gemäß § 22 AktG Nachweispflichten. Ferner bestehen einige Restriktionen hinsichtlich der Aktienübernahme durch ein in Mehrheitsbesitz stehendes Unternehmen und dem Erwerb eigener Aktien, §§ 56 Abs. 2 und 3, 71d S. 2 AktG. Weitere Normen, die an eine Mehrheitsbeteiligung anknüpfen, sind § 160 Abs. 1 Nr. 1, 2 und 8 AktG sowie § 305 Abs. 2 Nr. 1 und 2 AktG.

b. Minderheitsaktionär

Im Umkehrschluss zum Begriff des Mehrheitsaktionärs handelt es sich beim Minderheitsaktionär um einen Aktionär, der nicht die entsprechende, gemäß

---

131 Darüber hinaus wird in § 16 Abs. 4 AktG normiert, wann eine Zurechnung eigentlich fremder Anteile stattzufinden hat. Diese Vorschrift hat ihre Berechtigung im Konzernrecht, da jegliche Möglichkeiten der Umgehung der konzernrechtlichen Wirkungen verhindert werden muss. Dies könnte jedoch bei einer rein formalen Betrachtung der einzelnen Rechtssubjekte geschehen, weswegen diese Zusammenrechnung angezeigt ist (vgl. Emmerich/Sonnenschein/Habersack, Konzernrecht, § 3 I. 2.). Für die hier interessierende Kategorisierung der Aktionäre kann diese Zurechnung jedoch außen vor gelassen werden, da es vorliegend gerade um den einzelnen Aktionär gehen soll, ohne seine Verbindungen zu anderen Aktionären oder seine Intentionen für die Beteiligung. Hierzu später unter § 3 B. II.

132 Vgl. Hüffer, AktG, § 16, Rn 14; Emmerich/Sonnenschein/Habersack, Konzernrecht, § 3 I. 3.

133 Weitere Mitteilungspflichten können sich nach §§ 21 f. WpHG ergeben. Bei den darin enthaltenen Schwellenwerten handelt es sich aber nicht nur um Mehrheitsaktionäre.

§ 16 AktG berechenbare Anteils- oder Stimmenmehrheit an der Aktiengesellschaft hält, gleichviel in welcher Höhe.

Das Gesetz spricht an mehreren Stellen eine bestimmte Minderheit von Aktionären an und weist ihnen spezielle Rechte innerhalb der Organisation der Aktiengesellschaft zu. Treffen die jeweils geforderten Voraussetzungen auf einen einzelnen Aktionär zu, so ist er als Minderheitsaktionär zu klassifizieren, der als einzelner besondere Rechte, die sog. Minderheits- oder unechten Individualrechte[134], wahrnehmen kann.

Die §§ 327a ff. AktG enthalten Sondervorschriften für den Ausschluss von Minderheitsaktionären beim sog. Squeeze-out. Dabei kann ein Mehrheitsaktionär, der sog. Hauptaktionär, in der Hauptversammlung beschließen, die verbleibenden Minderheitsaktionäre gegen Gewährung einer angemessenen Barabfindung aus der Gesellschaft zu verdrängen. Dies betrifft allerdings nur den Fall, dass dem bzw. den Minderheitsaktionär/en ein Kapitalanteil von insgesamt weniger als 5 Prozent an der Aktiengesellschaft gehört, § 327a Abs. 1 S. 1 AktG. Es handelt sich hier ausschließlich um Kleinaktionäre, denen das Gesetz aufgrund von verfassungsrechtlichen Wertungen aus Art. 14 GG besondere Rechte im Fall des Squeeze-outs zuspricht. Eine allgemeine Definition für den Begriff des Minderheitsaktionärs kann daraus jedoch nicht eruiert werden. Andere Normen stellen dagegen auf ein höheres Quorum ab. Nach § 122 Abs. 1 S. 1 AktG ist eine Hauptversammlung einzuberufen, wenn Aktionäre, deren Anteil zusammen fünf Prozent des Grundkapitals erreichen, die Einberufung schriftlich unter Angabe des Zwecks und der Gründe verlangen. In gleicher Weise können nach § 122 Abs. 2 S. 1 AktG Aktionäre, deren Anteil zusammen fünf Prozent des Grundkapitals oder den anteiligen Betrag von 500.000 Euro erreichen, verlangen, dass Gegenstände auf die Tagesordnung gesetzt und bekannt gemacht werden. Aktionäre, die mehr als 25 Prozent der Stimmrechte an einer börsennotierten Gesellschaft halten, können erreichen, dass ein ehemaliges Vorstandsmitglied ohne Einhaltung der zweijährigen Karenzzeit gemäß § 100 Abs. 2 S. 1 Nr. 4 AktG[135] zu einem Mitglied des Aufsichtsrats bestellt wird, indem sie einen entsprechenden Vorschlag unterbreiten. Eine Minderheit von Aktionären, deren Anteil zusammen ein Prozent des Grundkapitals oder den anteiligen Betrag von 100.000 Euro erreichen, kann unter den Voraussetzungen des § 142 Abs. 2 AktG die Bestellung eines Sonderprüfers verlangen oder gemäß § 148 Abs. 1 AktG Ersatzansprüche nach § 147 AktG gegen die Gesellschaft geltend machen.

134 Vgl. Seuffert, Der Schutz des Aktieneigentums, III. 2. d) aa) (1), S. 29.

135 Diese Normierung einer zweijährigen Karenzzeit für Vorstandsmitglieder einer börsennotierten Gesellschaft ist ebenfalls durch das Gesetz zur Angemessenheit der Vorstandsvergütung (VorstAG) eingefügt worden. Dessen weitere Neuerung in § 120 Abs. 4 AktG wird unter § 6 unten noch ausführlich erörtert.

Diese nicht abschließende Aufzählung von Minderheitsrechten macht deutlich, dass das Gesetz an verschiedenen Stellen einem Minderheitsquorum zusätzliche Rechte zuspricht, wobei sowohl Anteilsmehrheit als auch Stimmenmehrheit als Bezugspunkt gewählt wird. Vereinigt sich dieses Quorum in der Hand eines einzelnen Aktionärs, führt das für ihn zu einem Zuwachs an Einflussmöglichkeiten innerhalb der Aktiengesellschaft sowie einer Aufwertung seiner Stellung.[136]

3. Aktionäre mit Sperrminorität

Als besondere Fallgruppe des Minderheitsaktionärs ist derjenige Aktionär herauszugreifen, der über eine Sperrminorität verfügt. Ein Aktionär mit Sperrminorität ist, wer über wenigstens 25 Prozent des bei der Beschlussfassung vertretenen Grundkapitals verfügt und damit alle Beschlüsse verhindern kann, die eine Dreiviertelmehrheit verlangen[137], selbst wenn das gesamte Grundkapital bei der Abstimmung vertreten ist.[138] Die Sperrminorität darf dabei nicht als Veto-Recht des Aktionärs missverstanden werden, vielmehr ist damit die tatsächliche Möglichkeit des Betroffenen gemeint, die zur Beschlussfassung erforderliche Stimmenmehrheit durch ablehnende Stimmabgabe zu verhindern. Grundlegende und strukturverändernde Maßnahmen sind gegen den Willen bzw. gegen die Stimme des Aktionärs mit Sperrminorität nicht durchsetzbar. Darin liegt eine ungemeine Zunahme des Einflusses und der Machtposition dieses Aktionärstyps.[139] Bei anderen Entscheidungen, die wie regelmäßig beispielsweise nur eine einfache Stimmenmehrheit erfordern, kann er dagegen überstimmt werden.

II. Kategorisierung nach der Zielsetzung

Sosehr die Einteilung der Aktionäre hinsichtlich deren mengen- oder stimmenmäßigen Beteiligung an der Aktiengesellschaft von Interesse sein mag und so-

---

136 Vgl. Seuffert, Der Schutz des Aktieneigentums, III. 2. d) aa) (1), S. 30.

137 Vgl. Hirte, Kapitalgesellschaftsrecht, § 3, Rn. 3.265; Raiser/Veil, Recht der Kapitalgesellschaften, § 4, Rn 14.

138 Vgl. Raiser/Veil, Recht der Kapitalgesellschaften, § 16, Rn 69. Aufgrund der oftmals geringen Hauptversammlungspräsenz können diese 25 Prozent des bei der Beschlussfassung vertretenen Grundkapitals recht schnell erreicht sein. Damit könnte auch ein Aktionär, der grundsätzlich hinter dieser Schwelle zurückbleibt, infolge der mangelnden Teilnahme anderer Aktionäre zu einem Aktionär mit Sperrminorität avancieren und einen zusätzlichen Einflussgewinn verbuchen (vgl. auch Seuffert, Der Schutz des Aktieneigentums, III. 2. d) aa) (2), S. 30 f.).

139 Vgl. Seuffert, Der Schutz des Aktieneigentums, III. 2. d) aa) (2), S. 30.

sehr sich mit dem Erreichen bestimmter Schwellenwerte für den einzelnen Aktionär seine Position und seine Rechte in der Organisationsordnung der Gesellschaft vergrößern mögen, gibt diese Kategorisierung doch wenig bis kaum Aufschluss darüber, warum und aus welchem Beweggrund heraus sich eine Person oder eine Gesellschaft dazu entschließt, Anteile an einer Aktiengesellschaft zu erwerben. Doch ist gerade diese Betrachtung von besonderem Interesse, da sie letztlich erst erklärlich macht, warum jemand ein Interesse daran hat, bestimmte Mengen von Anteilen oder Stimmrechten an einer Gesellschaft zu erwerben. Daher soll im Folgenden eine Kategorisierung der Aktionäre nach deren Zielsetzungen für den Erwerb oder das Halten von Anteilen und Stimmrechten an der Aktiengesellschaft vorgenommen werden.[140]

1. Der Unternehmeraktionär

Der Unternehmeraktionär[141] zeichnet sich dadurch aus, dass er den mitgliedschaftlichen Teilhabe- und Verwaltungsrechten typischerweise besonderes Gewicht beimisst.[142] Er ist danach bestrebt, Einfluss auf die Gesellschaft, an der er die Beteiligung hält, zu erlangen, um seine unternehmerische Zielsetzung, die er mit der Investition in die Beteiligung verfolgt, zu erreichen. Je mehr Stimmgewicht er erlangen kann, desto größer kann sein Einfluss werden[143], da in entsprechender Weise seine Möglichkeiten, seine persönlichen Vorstellungen im Rahmen der innergesellschaftlichen Willensbildung durchzusetzen, größer werden.[144] Gleichzeitig ist es, um von einem Unternehmeraktionär sprechen zu können, auch erforderlich, dass dieser nicht nur eine faktische, sondern eine gesellschaftsrechtlich vermittelte Machtposition in der Aktiengesellschaft erlangt.[145]

---

140 Unberücksichtigt bleibt dabei allerdings die in Konzernen anzutreffende Struktur, dass die Mutter-/ Holding-Gesellschaft zu 100 % an ihrer Tochter-Aktiengesellschaft beteiligt ist. Hinter diesem Konzerninteresse (ob in Form eines Vertrags- oder eines faktischen Konzerns verwirklicht) stehen meist andere Beweggründe, die mit der eigentlichen Stellung des Aktionärs nichts zu tun haben.

141 Es kann sich hierbei um eine natürliche Person handeln. Regelmäßig finden sich aber andere Gesellschaften als Unternehmeraktionäre wieder. Erfolgt das Halten von Aktien als Beruf, kann auch von einem Berufsaktionär gesprochen werden.

142 Vgl. Staake, Ungeschriebene Hauptversammlungskompetenzen, 3. Teil, § 6 I. 1., S. 95; Langenbucher, Aktien- und Kapitalmarktrecht, § 1, Rn 6.

143 Vgl. Raiser/Veil, Recht der Kapitalgesellschaften, § 8, Rn 36.

144 Vgl. Staake, Ungeschriebene Hauptversammlungskompetenzen, 3. Teil, § 6 I. 1., S. 95.

145 Vgl. Staake, Ungeschriebene Hauptversammlungskompetenzen, 3. Teil, § 6 I. 3., S. 97.

Das soll nicht heißen, dass der Unternehmensaktionär[146] die Anteile um der mitgliedschaftlichen Rechte und deren Ausübung willen erwirbt. Vielmehr geht es ihm um sein unternehmerisches Interesse, das er verfolgt und dessen Erreichung er mittels der Beteiligung sieht. Sieht er dieses Interesse allerdings gefährdet, ist er willens und bereit, seine aus seiner Aktionärsstellung begründeten Rechte wahrzunehmen oder auch nur faktisch auf Vorstand oder Aufsichtsrat einzuwirken, um den anvisierten Erfolg zu erreichen.[147]

Das unternehmerische Interesse, das der Unternehmensaktionär mit seiner Beteiligung zu erreichen sucht, kann verschiedenartig sein. Zum einen kann es darin bestehen, das für die Beteiligung eingesetzte Kapital zu vermehren, indem mit einer möglichst hohen Dividende zu rechnen ist. Oder es besteht darin, an der langfristigen Steigerung des Unternehmenswertes, an dem die Beteiligung besteht, zu partizipieren und auf diese Weise eine Wertsteigung des eingesetzten Kapitals zu verwirklichen. Abgesehen von diesem Ertragsinteresse können aber zum anderen auch strategische Überlegungen hinter dem Erwerb von Beteiligungen zu suchen sein. Dies könnte zum Beispiel dann anzunehmen sein, wenn der Unternehmensaktionär längerfristig gesehen die Beteiligung für Konzerninteressen ausbauen möchte, entweder indem er eine Integration der Gesellschaft im eigenen Konzern in Aussicht nimmt oder indem er sich einen durch die Beteiligung vermittelten Gewinn in der geschäftlichen Beziehung zu der Gesellschaft verspricht oder indem eine Diversifizierung im Konzerngeflecht durch verschiedenartige Beteiligungen erreicht werden soll.[148]

Aus diesen unterschiedlichen, möglichen Unternehmensinteressen hinter der Beteiligung folgt ein unmittelbarer Zusammenhang zu deren quantitativer Höhe. Je nach Beweggrund kann es für den Unternehmeraktionär ausreichend sein, lediglich einen relativ geringen Anteil an der Gesellschaft zu erwerben oder die Beteiligung so weit auszubauen, dass eine Sperrminorität erreicht wird, um zumindest strukturändernde Maßnahmen und Grundlagengeschäfte blockieren und in jedem Fall die Minderheitsrechte nach § 122 Abs. 1 und 2 AktG wahrnehmen zu können. Er kann sich damit begnügen, Minderheitsrechte wahrzunehmen, oder danach streben, Mehrheitsaktionär zu werden. Insofern spricht nichts dagegen, dass in einer Gesellschaft mehrere Unternehmeraktionäre anzutreffen sind. Nur Kleinaktionären erfüllen regelmäßig nicht die Voraussetzungen, um als Un-

146 Ebenso wenig wie es richtig ist, von "dem" Aktionär zu sprechen, kann der Unternehmensaktionär als stereotyp verstanden werden. Auch hier finden sich unterschiedliche Erscheinungsformen.

147 Vgl. Staake, Ungeschriebene Hauptversammlungskompetenzen, 3. Teil, § 6 I. 2., S. 95 f.

148 Vgl. Staake, Ungeschriebene Hauptversammlungskompetenzen, 3. Teil, § 6 I. 2., S. 96.

ternehmeraktionär angesehen zu werden, da sie – wie gesehen – kaum eine Macht- oder Einflussposition in der Gesellschaft innehaben.

2. Der Kapitalanleger

Ganz andere Interessen verfolgt dagegen der Kapitalanleger, wenn er sich zugunsten einer Beteiligung an einer Aktiengesellschaft entscheidet. Der Fokus soll hier vor allem auf den privaten Kapitalanleger gelegt werden, da die verfolgten Ziele seinen Interessen am weitesten entsprechen. Gleichwohl gibt es auch Unternehmen, die Aktien als reine Kapitalanlage für eigenes Kapital verwenden, ohne weitergehende Zielsetzungen wie ein Unternehmeraktionär zu verfolgen.

Für den Kapitalanleger stellt die Aktie eine Form der Kapitalanlage dar, die in Konkurrenz zu anderen am Markt erhältlichen Kapitalanlagen steht, die er mehr oder minder als auswechselbare Alternativen wahrnimmt.[149] Bei der Wahl zugunsten der einen oder der anderen Anlageform steht als Motivation an erster Stelle zumeist die zu erwartende Rendite;[150] er hat also ein Ertragsinteresse. Der Kapitalanleger möchte sein eingesetztes Kapital vermehren, es Gewinn bringend anlegen und damit eine Wertsteigerung seines Vermögens erreichen. Dabei mag für den einzelnen Kapitalanlegeraktionär zum einen die jährliche Dividendenausschüttung von besonderer Bedeutung sein, die er als eine Art Verzinsung seines eingesetzten Kapitals betrachtet (Dividendenrendite).[151] Zum anderen mag der einzelne Kapitalanlegeraktionär nur auf eine Steigerung des Börsenkurses aus sein, um auf diese Weise von meist kurzfristigen Wertsteigerungen zu profitieren, indem er sich von der Aktie wieder trennt und damit den Verkaufsgewinn realisiert. Hierin bestehen für den Kapitalanlegeraktionär noch ein weiterer Vorteil und eine weitere Motivation, sich zugunsten der Aktie als Anlageform zu entscheiden. Die Möglichkeit, sich jederzeit von seiner Anlage zu trennen und die Beteiligung an der Gesellschaft zu liquidieren,[152] ist für den Kapitalanleger-

149 Vgl. Staake, Ungeschriebene Hauptversammlungskompetenzen, 3. Teil, § 6 II. 2. a) aa), S. 99.

150 Vgl. Mülbert, Aktiengesellschaft, Unternehmensgruppe und Kapitalmarkt, S. 136; Röhricht, ZGR 1999, 445 (475); Wiedemann, Gesellschaftsrecht I, § 9 II 2., S. 489; Langenbucher, Aktien- und Kapitalmarktrecht, § 1, Rn. 7.

151 Vgl. Staake, Ungeschriebene Hauptversammlungskompetenzen, 3. Teil, § 6 II. 2. b), S. 100.

152 Vgl. Wiedemann, Gesellschaftsrecht I, § 9 II 2., S. 489; Röhricht, ZGR 1999, 445 (475); Staake, Ungeschriebene Hauptversammlungskompetenzen, 3. Teil, § 6 II. 2 e), S. 107; vgl. auch BVerfG, DStR 2000, 1659 (1660): „Das Aktieneigentum ermöglicht [den Kleinaktionären] durch die Kapitalanlage eine Sphäre individueller Freiheit in finanzieller Hinsicht. Die große Verkehrsfähigkeit der Aktie erlaubt es den Kleinaktionären, sich

aktionär wichtig, da er möglichst schnell zur Optimierung seiner Ertragsinteressen zu einer anderen Anlage wechseln können möchte, wenn seine Renditeaussichten sich verringern.

Weniger bis gar kein Interesse bekundet der Kapitalanlegeraktionär hinsichtlich seiner Mitwirkungsrechte innerhalb des Gesellschaftsverbands.[153] Einerseits hängt das damit zusammen, dass der Kapitalanlegeraktionär regelmäßig keine entscheidungsrelevanten Anteils- oder Stimmrechtspositionen innerhalb der Aktionäre erreichen wird. Häufig zählen gerade die Kleinaktionäre zur Gruppe der Kapitalanlegeraktionäre[154], die sich durch mangelnde Einflussnahmemöglichkeiten auszeichnen.[155] Andererseits liegt das in ihrer Zielsetzung selbst verankert. Ihnen fehlt eine Bindung an die Aktiengesellschaft. Da sie diese nur als Anlageobjekt betrachten, halten sie sie für austauschbar, insbesondere in dem Fall, dass die erwartete Rendite nicht erreicht und somit das Ertragsinteresse nicht befriedigt wird.[156] Ein Engagement gesellschaftsrechtlicher Art innerhalb der Hauptversammlung übersteigt das Interesse der Kapitalanlegeraktionäre an der Anlage. Darüber hinaus lassen sich bei ihnen Überlegungen finden, die als "rationale Apathie" beschrieben wird: Da Kleinaktionäre in der Publikumsaktiengesellschaft kaum erwarten können, mit ihrer Stimme die Beschlussfassung maßgeblich zu beeinflussen, besteht für sie nur ein geringer Anreiz, von ihrem Stimmrecht Gebrauch zu machen.[157] Nicht nur das: Häufig wird bereits die bloße Teilnahme an der Hauptversammlung der Aktiengesellschaft hinsichtlich der Kosten die zu erwartende Rendite schmälern bis zu dem Punkt, dass eine Anwesenheit als unrentabel erscheinen mag.[158] Allenfalls mag das Interesse geweckt werden, wenn Grundlagen- oder Strukturentscheidungen anstehen.[159]

3. Der Spekulationsaktionär

Aktionäre, deren Motivation die Spekulation auf kurzfristige Börsenkurserhöhungen zur Gewinnmaximierung ist, werden als Spekulationsaktionäre bezeich-

---

nicht auf längere Sicht zu binden und es gegebenenfalls nach freiem Belieben neu zu investieren.“

153 Vgl. Mülbert, Aktiengesellschaft, Unternehmensgruppe und Kapitalmarkt, S. 136 ff.; Hopt, ZHR 141 (1977), 389 (428).

154 Vgl. Wallenhorst, Schranken der Anfechtungsbefugnis, IV. 4., S. 134 f.

155 Vgl. auch BVerfG, ZIP 1999, 1436 (1440); BVerfG, DStR 2000, 1659 (1660).

156 Vgl. Röhricht, ZGR 1999, 445 (475).

157 Vgl. nur Dauner-Lieb, WM 2007, 9 (11) m.w.N.

158 Vgl. Dauner-Lieb, WM 2007, 9 (11); Roth, ZIP 2003, 369 (373); Staake, Ungeschriebene Hauptversammlungskompetenzen, 3. Teil, § 6 II. 2. g) bb), S. 109.

159 Vgl. Mülbert, Aktiengesellschaft, Unternehmensgruppe und Kapitalmarkt, S. 136; Wiedemann, Gesellschaftsrecht I, § 9 II 2., S. 489.

net.[160] Sie bilden eine besondere Gruppe innerhalb der Kapitalanlegeraktionäre, die aber aufgrund ihres verbreiteten Vorkommens eigener Erwähnung verdienen. Für sie stellt die Aktie nur einen Gegenstand des Handels dar.[161] Eine irgendwie geartete, über die reine Kapitalanlage hinausgehende Bindung zur Gesellschaft weisen sie nicht auf; sie fühlen sich ihr gegenüber weder verpflichtet noch streben sie nach gesellschaftsrechtlicher Mitwirkung. Der möglichst kurzfristige Gewinn durch günstigen Einkauf und teuren Verkauf der Aktie bildet ihre Triebkraft; das künftige Schicksal der Gesellschaft ist ihnen gleichgültig.[162]

4. Die institutionellen Anleger

Eine weitere Kategorie von Anlegern stellen die sog. institutionellen Anleger dar. Eine allgemeingültige Definition für den Begriff des institutionellen Anlegers fehlt bisher noch.[163] Nach *Staake* sind institutionelle Anleger juristische Personen, denen von Dritten Kapital zur Verfügung gestellt wird und die dieses Kapital fiduziarisch und gebündelt zum Erwerb von Gesellschaftsanteilen und anderen Kapitalmarkttiteln einsetzen und diese professionell verwalten.[164] Es handelt sich also um Institutionen, denen fremdes Kapital zur Verfügung steht, das zur Erreichung des Verwaltungszwecks in Aktien als Anlagen investiert wird. Aufgrund der unternehmerischen Ausrichtung auf diese Geschäftsart weisen sie eine diversifizierte Anlagestrategie auf und zeichnen sich durch einen hohen Grad an Professionalität aus.[165] Zu dieser Gruppe zählen neben Versicherungen und Pensionsfonds vor allem Banken und Investmentfonds.[166]

Bezüglich deren Zielrichtung nehmen die institutionellen Anleger eine Zwischenstellung ein zwischen Unternehmeraktionär und Kapitalanlegeraktionär. Allgemein lässt sich feststellen: Nach ihrer unternehmerischen Ausrichtung und ihrem Einflusspotenzial gehören sie eher zur Gruppe der Unternehmeraktionäre, nach ihrer Beteiligungsabsicht und ihrem Verhalten hingegen sind sie eher als Kapitalanleger zu betrachten.[167] Eine aktive Teilhabe an der gesellschaftsrechtlichen Mitwirkung in der Aktiengesellschaft ist daher meist nicht angestrebt und nur von untergeordneter Bedeutung.

---

160 Vgl. Raiser/Veil, Recht der Kapitalgesellschaften, § 8, Rn. 36.

161 Vgl. Großfeld, AG 1997, 433 (435).

162 Vgl. Windbichler, Gesellschaftsrecht, § 25, Rn 20.

163 Vgl. Schmolke, ZGR 2007, 701 (704 ff.).

164 Ungeschriebene Hauptversammlungskompetenzen, 3. Teil, § 6 III. 1. c), S. 122; siehe auch Langenbucher, Aktien- und Kapitalmarktrecht, § 1, Rn 8 ff.

165 Vgl. Staake, Ungeschriebene Hauptversammlungskompetenzen, 3. Teil, § 6 III. 1. c) aa), bb), S. 123.

166 Vgl. auch Schneider, AG 1990, 317 (319), Fn 10.

167 Vgl. Hopt, ZHR 141 (1977), 389 (428).

Für alle institutionellen Anleger trifft das aber durchaus nicht zu. Zu denken ist hier etwa an die Private Equity Fonds, deren Geschäftsmodell darin besteht, durch den Anteilserwerb nicht nur Kapital anzulegen, sondern durch Einflussnahme auf die geschäftliche Tätigkeit die Ertragskraft und den Unternehmenswert zu steigern.[168]

5. Der Belegschaftsaktionär

Schließlich ist an dieser Stelle auch noch der Typus des Belegschaftsaktionärs zu nennen. Ein Belegschaftsaktionär ist ein Aktionär, der zugleich Mitarbeiter derjenigen Aktiengesellschaft oder jedenfalls einer konzernangehörigen Gesellschaft ist, an der er Aktien hält. Regelmäßig erhält er diese Aktien im Rahmen von Mitarbeiterkapitalbeteiligungsprogrammen von der Gesellschaft angeboten.[169]

Die Zielsetzung ist hierbei bilateral. Zum einen verspricht sich die Aktiengesellschaft durch eine derartige Beteiligung der Mitarbeiter an der eigenen Gesellschaft eine tiefer gehende Bindung des Arbeitnehmers an seinen Arbeitgeber, da neben die arbeitsvertragliche eine gesellschaftsrechtliche Verbindung tritt.[170] Die Identifikation mit dem Unternehmen steigt und es wird ein Anreiz zur Steigerung des Unternehmenswertes gegeben.[171] Zum anderen besteht für den Belegschaftsaktionär, also für den Mitarbeiter, der an einem solchen Mitarbeiterbeteiligungsprogramm teilnimmt, die Motivation, mit dem Dividendenbezugsrecht eine unmittelbare Beteiligung am Gewinn des Unternehmens zu erreichen sowie an dessen Wertsteigerung zu partizipieren.[172] Ferner wird er hierzu motiviert, da er mittels der direkten Beteiligung Kontroll-, Mitwirkungs- und Auskunftsrechte erlangen kann, die nur Aktionären zur Verfügung stehen.[173]

---

168 Vgl. Staake, Ungeschriebene Hauptversammlungskompetenzen, 3. Teil, § 6 III. 2. d), S. 127; vgl. auch die Beschreibungen bei Schneider, AG 1990, 317 (322 f.), und Roth, ZIP 2003, 369 (375 f.), dass institutionelle Anleger Einfluss auf die Unternehmensverfassung und -politik zu nehmen versuchen. Zum Aktionärsaktivismus durch Hedgefonds siehe Engert, ZIP 2006, 2105 ff.

169 Vgl. zum Ganzen: Wagner, Kapitalbeteiligung von Mitarbeitern und Führungskräften.

170 Vgl. Holzborn in Marsch-Barner/Schäfer, Hdb. börsennotierte AG, § 54, Rn 17.

171 Vgl. Cahn in Spindler/Stilz, AktG, § 71, Rn 59; Oechsler in MüKo, AktG, § 71, Rn 134.

172 Vgl. Holzborn in Marsch-Barner/Schäfer, Hdb. börsennotierte AG, § 54, Rn 17.

173 Vgl. Holzborn in Marsch-Barner/Schäfer, Hdb. börsennotierte AG, § 54, Rn 18.

§ 4 Rechtsnatur und Funktionen von Hauptversammlungsbeschlüssen

Ist der Aktionär der wesentliche bzw. denknotwendige Akteur bei der Herbeiführung und Begründung von Hauptversammlungsbeschlüssen, weswegen dessen Typisierung erforderlich war, kommt eine Untersuchung beratender Hauptversammlungsbeschlüsse ebenso wenig ohne die Betrachtung der Fragen aus, welche Rechtsnatur Hauptversammlungsbeschlüssen beizumessen ist und welche Funktionen mit den Hauptversammlungsbeschlüssen erreicht werden sollen. Beidem ist daher im Folgenden nachzugehen.

A. Rechtsnatur

Obwohl die Beschlussfassung von Grund an Bestandteil der Mitwirkungsrechte der Aktionäre in der Hauptversammlung war und damit als elementarer Teil der Struktur der Aktiengesellschaft betrachtet werden kann, war die rechtsdogmatische Einordnung des Beschlusses (sowohl von Hauptversammlungen bei Aktiengesellschaften als auch bei Gesellschafterversammlungen von GmbHs) lange Zeit umstritten. Wie *K. Schmidt* zusammengetragen hat, hat man den Beschluss als Vertrag eingeordnet, als Gesamtakt, als kollektiven Willensakt eigener Art usw.[174] Im Wesentlichen sind jedoch zwei Kategorisierungsansätze herauszugreifen: Die Sozialakttheorie, der die Rechtsprechung anfänglich gefolgt ist, und die Einordnung als Rechtsgeschäft eigener Art, die sich in der Zwischenzeit als ganz herrschende Meinung herausgebildet hat.

I. Sozialakttheorie

Zunächst sah die Rechtsprechung in gesellschaftsrechtlichen Beschlüssen einen Sozialakt, also eine Tätigkeit, die sich rein auf der zwischengesellschafterlichen Ebene abspielte und danach zu beurteilen war.

Bereits das Reichsgericht[175] entschied in einem Fall, in dem es um die Formgültigkeit eines Beschlusses einer GmbH ging, dass „der Beschluß als solcher kein Rechtsgeschäft ist". Dies wurde auch vom BGH[176] fortgeführt. In dem BGH-Fall, in dem es ebenfalls um die Wirksamkeit von in einer GmbH getroffenen Beschlüssen ging, begründet der BGH die Unanwendbarkeit von § 181

---

174 K. Schmidt, Gesellschaftsrecht, § 15 I. 2. a) m.w.N.

175 RGZ 122, 367 ff. (369).

176 BGHZ 52, 316 ff. (318).

BGB damit, dass es „sich nicht um einen Vertragsabschluß oder ein sonstiges Rechtsgeschäft der Gesellschafter untereinander [handelt], sondern um den Sozialakt der körperschaftlichen Willensbildung durch Mehrheitsentscheid, bei dem jeder Gesellschafter sein Recht auf Mitverwaltung und Mitgestaltung der gesellschaftlichen Angelegenheiten wahrnimmt." Der Beschluss war damit dem rechtsgeschäftlichen Bereich entzogen.

II. Rechtsgeschäft eigener Art

Der BGH hat sich zwischenzeitlich von der Sozialakttheorie distanziert und den rechtsgeschäftlichen Charakter weiter in den Blickpunkt gerückt.[177] In dem Beschlussverfahren vom 18.09.1975 ging es inhaltlich um einen Vormundschaftssache. Der persönlich haftende Gesellschafter einer Kommanditgesellschaft vertrat in der Gesellschafterversammlung zugleich sein minderjähriges Kind, das die Stellung eines Kommanditisten innehatte, sodass zu beurteilen war, inwieweit ein Verstoß gegen § 181 BGB gegeben war und eine Ergänzungspflegschaft erforderlich gewesen wäre. Im Rahmen der Beurteilung des § 181 BGB führt der BGH, nachdem er die Sozialakttheorie zunächst erwähnt, die Auseinandersetzung mit der daran geäußerten Kritik aber als nicht zielführend umgangen hat, dann aus[178]:

> „Bei einem Rechtsgeschäft der in § 181 BGB gemeinten Art stehen zwei oder mehr Personen typischerweise in der Rolle von Geschäftsgegnern, von denen jeder zu Lasten des anderen seine eigene Rechtsposition zu verschieben oder zu stärken trachtet, auf jeweils verschiedenen Seiten. So liegt es auch beim Abschluß oder der Änderung eines Gesellschaftsvertrags. Auch hier geht es zunächst nicht um die Zusammenarbeit im Rahmen einer vorhandenen Vertragsregelung, sondern darum, erst einmal unter Ausgleich der wechselseitigen Einzelinteressen eine Grundlage für diese Zusammenarbeit zu finden oder sie neu zu bestimmen, wobei sich jeder Beteiligte regelmäßig innerhalb der so zu schaffenden Vertragsordnung eine möglichst starke Rechtsstellung zu sichern sucht."

Auch wenn der BGH in dieser Entscheidung keine endgültige Entscheidung hinsichtlich der Rechtsnatur von Gesellschafterbeschlüssen getroffen hat – weder hat er die Sozialakttheorie verworfen, noch hat er sich zum rechtsgeschäftlichen Charakter bekannt –, zeigen die Aussagen dennoch, dass der BGH im Kern Ausführungen aufgreift, die mit der rechtsgeschäftlichen Eigenart von Beschlüssen zu tun haben. Auch in einer neueren Entscheidung[179] bezieht der BGH noch

177 BGHZ 65, 93 ff.
178 BGHZ 65, 93 (97).
179 Vgl. BGHZ 124, 111 ff.

immer keine Stellung, vielmehr lässt er nach wie vor eine endgültige Entscheidung über die Rechtsnatur offen. In dem Fall ging es um die Nichtigkeit von Beschlüssen. Nach der Feststellung der Nichtigkeit eines Teils des Beschlusses stellte der BGH fest, dass die Nichtigkeit des Gesamtbeschlusses aus § 139 BGB folgt. Daran anschließend fährt er fort[180]:

> „Dabei kann es dahinstehen, ob diese Vorschrift auf Organ- oder Versammlungsbeschlüsse uneingeschränkt angewandt werden kann. Diese Entscheidung hängt letztlich davon ab, ob den Beschlüssen generell rechtsgeschäftlicher Charakter zuzuerkennen ist oder ob sie zumindest insoweit, als sie lediglich interne Wirkung haben, nur als „Sozialakte" verstanden werden können. Auf jeden Fall ist § 139 BGB auf Beschlüsse dann anwendbar, wenn sie auf die Begründung, Änderung oder Aufhebung sozial- oder individualrechtlicher Befugnisse oder Pflichten gerichtet sind und ihnen bereits deswegen ein rechtsgeschäftlicher Inhalt zuerkannt werden kann. Diese Voraussetzung ist im vorliegenden Fall gegeben."

Der BGH scheut also, den rechtsgeschäftlichen Charakter als allgemein gültig bei Beschlüssen anzuerkennen, belässt es vielmehr bei einer Beurteilung des Einzelfalls, in der er gleichwohl zu dem Ergebnis kommt, dass die tatbestandlichen Voraussetzungen für ein Rechtsgeschäft vorliegen.

Die herrschende Meinung in der Literatur ordnet den Beschluss dagegen als Rechtsgeschäft ein.[181] Er ist ein mehrseitiges Rechtsgeschäft eigener Art, das sich aus den in den Stimmabgaben liegenden empfangsbedürftigen Willenserklärungen zusammensetzt, das neben den Verträgen und den einseitigen Rechtsgeschäften seinen Platz hat und auf kollektive, rechtsverbindliche Willensbildung gerichtet ist.[182]

Die Einordnung als Rechtsgeschäft ist nur folgerichtig, legt man zugrunde, was die Wesensmerkmale eines Rechtsgeschäfts sind. Rechtsgeschäfte zeichnen sich dadurch aus, dass sie final auf die Begründung, Änderung oder Aufhebung von Rechtsverhältnissen durch das Setzen einer Regelung gerichtet sind.[183] Wird der Hauptversammlung ein Beschlussgegenstand im Rahmen der bereits beschriebenen Kompetenzen vorgelegt, so hat sie darüber eine Entscheidung zu treffen. Mittels dieser Entscheidung bringt sie zum Ausdruck, ob sie den Antrag

180 BGHZ 124, 111 (122).

181 Vgl. Hüffer, AktG, § 133, Rn 3; Volkard in MüKo, AktG, § 133, Rn 3; K. Schmidt, Gesellschaftsrecht, § 15 I. 2. a); Spindler in K. Schmidt/Lutter, AktG, § 133, Rn 2; Willamowski in Spindler/Stilz, AktG, § 133, Rn 2; Grundmann in Großkommentar, AktG, § 133, Rn 39 ff.; Eberspächer, Nichtigkeit von HV-Beschlüssen, Teil 1, § 1, S. 22; a.A. allerdings Eckardt in Geßler/Hefermehl/Eckardt/Kropff, AktG, § 133, Rn 5.

182 Vgl. Volhard in MüKo, AktG, § 133, Rn 3; K. Schmidt, Gesellschaftsrecht, § 15 I. 2. a).

183 Vgl. Flume, Das Rechtsgeschäft, § 2, 2.

annimmt oder ablehnt, mit den je nach Gegenstand daran anschließenden Folgen. Insofern werden durch einen Beschluss Rechtsverhältnisse begründet, geändert oder auch aufgehoben, mag die Intensität auch variieren. Dies geschieht nicht nur bei Gelegenheit, sondern final und zielgerichtet, bezogen auf den jeweiligen Beschlussgegenstand, zur Artikulation des Willens des Organs Hauptversammlung als Gemeinschaft. Der rechtsgeschäftliche Erfolg, auf den der Hauptversammlungsbeschluss gerichtet ist, ist die kollektive, rechtsverbindliche Willensbildung der Aktionäre.[184] Dies geschieht – grundsätzlich[185] – bei jedem Beschluss, denn jeder Beschluss zeichnet sich gerade durch diese Elemente aus. Eine reine Einzelfallbetrachtung, wie es der BGH vorzunehmen scheint, ist daher nicht erforderlich, da (fast) alle Beschlüsse rechtsgeschäftlichen Charakter aufweisen.

Dennoch weist der Beschluss Besonderheiten auf, die es rechtfertigen, ihn als Rechtsgeschäft *eigener Art* zu bezeichnen. Dies bezieht sich auf verschiedene Gesichtspunkte. Zum einen lässt er sich nicht den klassischen Rechtsgeschäftstypen zuordnen, weder dem einseitigen Rechtsgeschäft noch dem Vertrag[186]. Einseitigkeit entfällt schon deswegen, da sich der Beschluss aus vorzulegendem Antrag und der anschließenden Entscheidung durch die Hauptversammlung zusammensetzt. Dem Vertrag kann der Beschluss aber dennoch nicht ohne Weiteres zugeordnet werden. Einerseits liegt das daran, dass es ihm am Konsensprinzip mangelt, das jedem Vertrag jedoch innewohnt. Er kommt (meist) durch Mehrheitsbeschluss zustande, sodass zumindest eine Teilmenge der Aktionäre, die an der Beschlussfassung beteiligt waren, nicht mit dem Inhalt übereinstimmen mag.[187] Andere enthalten sich ihrer Stimme und sind gleichwohl an die getroffene Entscheidung gebunden. Andererseits steht der Einordnung als Vertrag auch noch entgegen, dass der Beschluss erst durch den Hauptversammlungsleiter festgestellt werden muss, verbunden mit der notariellen[188] Niederschrift.[189] Darüber hinaus gilt das Prinzip der objektiven Auslegung[190], was dem Vertrag ebenfalls fremd ist, da dort nach dem objektiven Empfängerhorizont gefragt wird (§§ 133, 157 BGB). Ferner kommt der Beschluss regelmäßig durch mehre-

---

184 Vgl. Eberspächer, Nichtigkeit von HV-Beschlüssen, Teil 1, § 1, II., S. 25.

185 Zu Ausnahmen siehe später unter § 6 D. II. und § 6 E. I. 2. d.

186 Vgl. dagegen aber Grundmann in Großkommentar, AktG, § 133, Rn 41.

187 Vgl. Hüffer, AktG, § 133, Rn 4; Spindler in K. Schmidt/Lutter, AktG, § 133, Rn 2.

188 Bei sog. kleinen Aktiengesellschaften bedarf es keiner Niederschrift durch den Notar, außer in den Fällen, in denen Beschlüsse mit Dreiviertelmehrheit zu fassen sind, § 130 Abs. 1 S. 3 AktG.

189 Vgl. Spindler in K. Schmidt/Lutter, AktG, § 133, Rn 2; Hüffer, AktG, § 133, Rn 4.

190 Vgl. Hüffer, AktG, § 133, Rn 4; Eberspächer, Nichtigkeit von HV-Beschlüssen, Teil 1, § 1, I. 2., S. 24.

re Einzel-Willenserklärungen zustande. Zum anderen besagt der Zusatz „eigener Art“, dass die aus der Rechtsgeschäftslehre gebräuchlichen Normen nicht uneingeschränkt zur Anwendung kommen, da sie entweder von Spezialvorschriften verdrängt werden oder mit der Besonderheit der Hauptversammlungsbeschlüsse nicht in Einklang zu bringen sind.[191]

Die Anerkennung des Beschlusses als Rechtsgeschäft eigener Art steht nicht im Widerspruch zu dem grundsätzlichen numerus clausus von Rechtsgeschäftstypen. Wie Flume[192] ausführt, enthält die Rechtsordnung einen numerus clausus von Aktstypen für die Gestaltung von Rechtsverhältnissen. Dieser ist nicht von der Gesetzgebung abhängig und kann daher sogar ohne gesetzgeberische Tätigkeit erweitert werden, wie es im Falle der Sicherungsübereignung, die gemeinhin als Rechtsgeschäft zur Sicherung von Ansprüchen anerkannt ist, geschehen ist. Für die Beschlüsse stellt der Gesetzgeber selbst eine Grundlage für die Klassifizierung als Rechtsgeschäft zur Seite. Er beschreibt nicht nur deren Existenz und Notwendigkeit für die Organisation und Aufgabenverteilung von Gesellschaften, insbesondere auch der Aktiengesellschaften, sondern verbindet damit unterschiedlich weit reichende Rechtsfolgen. Der Beschluss als Rechtsgeschäft eigener Art ist damit als Typus etabliert. Er ist ein korporatives Rechtsgeschäft, für das der Gesetzgeber besondere Bestimmungen bereitgestellt hat, um den gesellschaftlichen Rahmenbedingungen Rechnung zu tragen, das aber im Übrigen die Voraussetzungen eines Rechtsgeschäfts erfüllt.

B. Funktionen

Hauptversammlungsbeschlüsse existieren nicht um ihrer selbst willen oder als besondere Ausprägung der Anteilseignerbeteiligung. Sie erfüllen mehrere Funktionen, ebenso wie die einzelnen Organe der Aktiengesellschaft auch Funktionen zu erfüllen haben.

I. Willensbildungsfunktion

Die primäre Aufgabe des Beschlusses liegt in seiner Funktion der Willensbildung[193] innerhalb des Organs Hauptversammlung.[194] Der Personenverband von

191 So werden die Normen zur Anfechtung nach §§ 119 ff. BGB durch die Anfechtungsregeln nach §§ 243 ff. AktG verdrängt; und § 181 BGB lässt sich auf Hauptversammlungsbeschlüsse nicht übertragen.

192 Vgl. Flume, Das Rechtsgeschäft, § 2, 1.

193 Vgl. Hüffer, AktG, § 133, Rn 2; Mülbert in Großkommentar, AktG, Vor §§ 118-147, Rn 9, 19.

verschiedenen Aktionären kommt in der Hauptversammlung zusammen, um dort als Organ zu agieren und den organschaftlichen Willen zu den vorgelegten Anträgen zunächst zu formen und sodann zu äußern. Durch diesen Entscheidungsprozess entsteht aus der Vielzahl von einzelnen Stimmabgaben als Willenserklärungen ein neuer Wille – der organschaftliche Wille der Hauptversammlung.

II. Zurechnungsfunktion

Der Beschluss bleibt jedoch nicht bei der reinen Willensbildung stehen. Untrennbar mit der Willensbildungsfunktion verbunden ist die Zurechnungsfunktion, die den Beschluss auszeichnet. Die Abstimmung der Aktionäre gilt als Entscheidung des Kollektivorgans Hauptversammlung und wird sodann der Aktiengesellschaft als eigener Wille zugerechnet.[195] Der Hauptversammlung ist damit die Funktion als Willensbildungsorgan der Aktiengesellschaft zugewiesen, was sie mittels der Beschlüsse wahrnimmt.

Dies kommt sehr deutlich darin zum Ausdruck, wie nach der gesetzlichen Konzeption die Geltendmachung der Anfechtung oder der Nichtigkeit von Beschlüssen der Hauptversammlung vonstatten zu gehen hat. § 246 Abs. 2 S. 1 AktG stellt klar, dass die Klage gegen die Gesellschaft zu richten ist, was nur die folgerichtige Konsequenz aus der Zurechnung der organschaftlichen Willensbildung an die Gesellschaft ist.[196] Nicht das Organ Hauptversammlung ist zu verklagen, obwohl es den Willen gebildet hat. Der Wille wird der Aktiengesellschaft als eigener Wille zugerechnet, sodass sie sich vor Gericht für die Wirksamkeit des Beschlusses zu verantworten hat.

Diese Willensbildung der Hauptversammlung hat verbindlichen Charakter. Es soll mittels des Beschlusses erkennbar festgestellt werden, welche Position das Organ Hauptversammlung zu dem vorgelegten Antrag einnimmt und wie sich – über die Zurechnungsfunktion – damit die Aktiengesellschaft verbindlich zu einer Frage positioniert. Das stellt den wesentlichen Unterschied eines Beschlusses zu einer bloßen Meinungsäußerung der Aktionäre dar, die nur unverbindlichen Charakter hat und bei der zu hinterfragen ist, ob eine Zurechnung überhaupt gewollt ist.[197]

---

194 Zum dabei geltenden Mehrheitsprinzip sogleich.

195 Vgl. Hüffer, AktG, § 133, Rn 2; Mülbert in Großkommentar, AktG, Vor §§ 118-147, Rn 9, 19; Willamowski in Spindler/Stilz, AktG, § 133, Rn 2; Eberspächer, Nichtigkeit von HV-Beschlüssen, Teil 1, § 1, III. 1., S. 26 f.

196 Vgl. Mülbert in Großkommentar, AktG, Vor §§ 118-147, Rn 19 a.E.

197 Vgl. Eberspächer, Nichtigkeit von HV-Beschlüssen, Teil 1, § 1, III. 1. S. 26.

III. Bindungsfunktion

Der durch den Beschluss festgestellte und der Aktiengesellschaft zugerechnete Wille kann in zweierlei Hinsicht Bindungswirkung entfalten. Zum einen tritt eine derartige Bindungswirkung innerhalb des eigenen Verbandes auf. Die Hauptversammlung selbst hat sich mit dem – wirksamen – Beschluss abschließend und verbindlich festgelegt, wodurch die einzelnen Aktionäre, unabhängig von der eigenen Stimmabgabe, an das Ergebnis gebunden werden. Die Aktiengesellschaft als solche hat sich dies zurechnen zu lassen.

Eine Bindungswirkung gegenüber den anderen Organen, Vorstand und Aufsichtsrat, kommt dagegen nur in engen Grenzen zum Tragen. Dies liegt in der grundsätzlichen Weisungsunabhängigkeit aller Organe der Aktiengesellschaft gegeneinander begründet. Daher kann die Hauptversammlung regelmäßig keine Weisungen an Vorstand oder Aufsichtsrat erteilen. Allerdings sieht das Gesetz wenige Ausnahmefälle vor, in denen auch diese Verwaltungsorgane an die Entscheidung der Hauptversammlung gebunden sind, beispielsweise wenn die Hauptversammlung im Rahmen von § 119 Abs. 2 AktG verbindlich über Geschäftsführungsangelegenheiten entscheidet. Soweit der Beschluss inhaltlich reicht, ist der Vorstand daran gebunden.[198]

Eine Bindungswirkung im Sinne einer Außenwirkung gegenüber Dritten kommt den Beschlüssen der Hauptversammlung regelmäßig nicht zu. Dies findet seine Begründung wiederum in der strikten Dreigliedrigkeit der Organe der Aktiengesellschaft. Grundsätzlich darf der Vorstand ohne das Korrektiv der Hauptversammlung im Außenverkehr tätig sein. Selbst Beschlüsse nach § 119 Abs. 2 AktG betreffend Geschäftsführungsangelegenheiten binden den Vorstand nur intern und haben keine Außenwirkung.[199] Nur ausnahmsweise sieht das Gesetz Fälle vor, in denen Rechtsgeschäfte von der Zustimmung der Hauptversammlung als Wirksamkeitsvoraussetzung abhängen. Zu nennen sind hier nur beispielhaft der Abschluss von Unternehmensverträgen (§ 293 Abs. 1 S. 1 AktG) oder die Verpflichtung zur Gesamtvermögensübertragung (§ 179a Abs. 1 S. 1 AktG).

---

198 Vgl. Hüffer, AktG, § 119, Rn 15; siehe auch Spindler in K. Schmidt/Lutter, AktG, § 119, Rn 25; Mülbert in Großkommentar, AktG, § 119, Rn 54.

199 Möglich ist es indessen, dass der Vorstand ein Rechtsgeschäft unter die aufschiebende Bedingung der Zustimmung der Hauptversammlung stellt. Hierbei handelt es sich aber um eine rechtsgeschäftlich vereinbarte Außenwirkung, nicht um eine originär gesetzlich vorgesehene; vgl. Hüffer, AktG, § 119, Rn 15.

IV. Mehrheitsprinzip

Wie bereits ausgeführt ist die Hauptversammlung das Willensbildungsorgan der Aktiengesellschaft, der Beschluss hat dadurch Willensbildungs- und Zurechnungsfunktion. Da es sich bei der Hauptversammlung aber um einen – manchmal unfreiwilligen und jedenfalls in Publikumsaktiengesellschaften regelmäßig zufälligen – Zusammenschluss verschiedener Aktionäre handelt, folgt die Willensbildung innerhalb dieses Organs besonderen Regeln. Es wurde schon die Eigenheit dieses Rechtsgeschäftstypus erwähnt, dass anders als bei einem Vertrag kein Konsens aller Beteiligten zwingend erforderlich ist. Alle an dem Beschluss beteiligten Aktionäre geben zwar zur Beschlussfassung eine Willenserklärung ab. Diese einzelnen Willenserklärungen müssen jedoch nicht alle übereinstimmenden Inhalts sein, um den Beschluss zu formen. Als Entscheidung eines Kollektivs gilt für den Beschluss das Mehrheitsprinzip. Grundaussage des Mehrheitsprinzips ist es, dass eine näher zu bestimmende Mehrheit sich gegenüber einer anders denkenden und im konkreten Fall abweichend entscheidenden Minderheit dergestalt durchsetzt, dass der Beschluss im Sinne und mit dem Inhalt der Mehrheit gegen die Stimmen der Minderheit wirksam zustande kommt. Die Interessen der unterliegenden Minderheit müssen insoweit hinter den Interessen der Mehrheit zurücktreten. Die Minderheit muss sich also der Mehrheitsentscheidung fügen.

1. Einfache Stimmenmehrheit

§ 133 Abs. 1 AktG beschreibt den gesetzlich geltenden Grundsatz wie folgt: „Die Beschlüsse der Hauptversammlung bedürfen der Mehrheit der abgegebenen Stimmen (einfache Stimmenmehrheit), soweit nicht Gesetz oder Satzung eine größere Mehrheit oder weitere Erfordernisse bestimmen.“

Als Grundform des Mehrheitsprinzips gibt das Gesetz folglich die einfache Stimmenmehrheit vor. In der Regel kommt ein Hauptversammlungsbeschluss also bereits dann wirksam zustande, wenn die Zahl der gültigen Ja-Stimmen bei der Abstimmung die der gültigen Nein-Stimmen um wenigstens eine Stimme übertrifft; Enthaltungen sind keine „abgegebenen Stimmen" und damit ohne Bedeutung.[200] Dieser Grundsatz gilt für alle Entscheidungen der Hauptversammlung.

---

200 Vgl. Hüffer, AktG, § 133, Rn 12; Grundmann in Großkommentar, AktG, § 133, Rn 101; zur dabei möglichen Additions- oder Subtraktionsmethode: Volhard in MüKo, AktG, § 133, Rn 25 f.

2. Kapitalmehrheit

§ 133 Abs. 1 AktG selbst öffnet bereits die Tür dafür, dass an einen Beschluss der Hauptversammlung über die einfache Stimmenmehrheit hinausgehende Anforderungen gestellt werden können. Die wichtigste im Gesetz vorgesehene zusätzliche Anforderung ist die der Kapitalmehrheit. Für einige Beschlüsse erachtet es das Gesetz nicht für ausreichend, dass sich die einfache Stimmenmehrheit für sie entscheidet; es muss sich darüber hinaus auch die Kapitalmehrheit für die Entscheidung ausgesprochen haben.[201] In § 179 Abs. 2 S. 1 AktG wird für den Beschluss zur Änderung der Satzung der Gesellschaft ein zustimmender Beschluss der Hauptversammlung verlangt, der mit einer Mehrheit von mindestens drei Vierteln des bei der Beschlussfassung vertretenen Grundkapitals zustande kommt. Selbige Anforderung gilt im Rahmen der Nachgründung (§ 52 Abs. 5 AktG) und im Rahmen von Kapitalmaßnahmen (§§ 182 Abs. 1, 193 Abs. 1, 202 Abs. 2, 221 Abs. 1 S. 2, 222 Abs. 1, 229 Abs. 3, 237 Abs. 2 AktG), für die Vermögensübertragung gemäß § 179a AktG, für die Auflösung oder die Fortsetzung der aufgelösten Aktiengesellschaft (§§ 262 Abs. 1 Nr. 2, 274 Abs. 1 AktG), bei Abschluss und Änderung von Unternehmensverträgen (§§ 293 Abs. 1, 295 Abs. 1 AktG), im Rahmen einer Eingliederung (§§ 319 Abs. 2, 320 Abs. 1 S. 3 AktG) und bei umwandlungsrechtlichen Tatbeständen (etwa § 65 UmwG).

Wie diese – nicht abschließende[202] – Aufzählung zeigt, soll nach dem gesetzlichen Konzept der Aktiengesellschaft bei Entscheidungen, die die Struktur der Gesellschaft und die kapitalmäßige Ausstattung betreffen, nicht nur die einfache Stimmenmehrheit entscheiden dürfen, sondern zur einfachen Stimmenmehrheit muss die Kapitalmehrheit hinzutreten. Das ist auch richtig, denn hinsichtlich der Kapitalmaßnahmen ist es nur konsequent, dass darüber diejenigen die Entscheidungsmacht haben sollen, die für die Kapitalausstattung verantwortlich zeichnen. Aber auch darüber hinaus wäre es nicht gerechtfertigt, bei derart grundlegenden Entscheidungen allein auf die Stimmenabgabe abzustellen. Damit könnte bewirkt werden, dass eine Minderheit strukturändernde oder Kapitalmaßnahmen beschließt, obwohl ihr bei Betrachtung der sonstigen Aktionärsverhältnisse nur ein geringer Anteil an der Gesellschaft gehört. Diese Zufälligkeit könnte schon dann entstehen, wenn sich eine genügend große Anzahl von Aktionären bei einer Abstimmung der Stimme enthält. Insofern ist der gesetzliche Schutzmechanismus folgerichtig.

201 Vgl. Grundmann in Großkommentar, AktG, § 133, Rn 107; Marsch-Barner in Marsch-Barner/Schäfer, Hdb. börsennotierte AG, § 34, Rn 149.

202 Vgl. auch die Übersichten bei Grundmann in Großkommentar, AktG, § 133, Rn 110, und Volhard in MüKo, AktG, § 133, Rn 30.

3. Weitergehende Anforderungen

Ein Beispiel dafür, wo das Gesetz vom Grundsatz der einfachen Stimmenmehrheit abweicht, findet sich in § 103 Abs. 1 S. 2 AktG. Der Beschluss über die Abberufung eines Aufsichtsratsmitglieds bedarf danach einer Mehrheit, die mindestens drei Viertel der abgegebenen Stimmen umfasst.[203] Dasselbe Mehrheitserfordernis gilt auch für Fälle, in denen die Hauptversammlung die Zustimmung des Aufsichtsrats zu Geschäftsführungsmaßnahmen ersetzen soll, § 111 Abs. 4 S. 4 AktG. Darüber hinaus kennt das Aktienrecht eine Form der Einschränkung dergestalt, dass für die Wirksamkeit gewisser Beschlüsse eine bestimmte Anzahl von Aktionären nicht aktiv durch Erhebung eines Widerspruchs zur Niederschrift opponieren (vgl. etwa § 93 Abs. 4 S. 3 AktG).

Darüber hinaus können, soweit der gesetzliche Rahmen einen entsprechenden Spielraum gewährt (Satzungsstrenge gemäß § 23 Abs. 5 AktG), in der Satzung der Gesellschaft für bestimmte Beschlüsse größere Mehrheiten oder weitere Erfordernisse aufgenommen werden. Eine Abmilderung im Verhältnis zu den gesetzlichen Anforderungen ist grundsätzlich nicht möglich, soweit eine Ausnahme wie bei § 103 Abs. 1 S. 3 AktG nicht gesetzlich selbst eröffnet ist. Eine Verschärfung in der Satzung kann bis hin zum Einstimmigkeitserfordernis erfolgen.[204]

V. Entscheidungsprinzip

Der Beschluss kennzeichnet sich aber nicht nur dadurch aus, dass eine Willensbildung und Zurechnung zur Aktiengesellschaft stattfindet, basierend auf einer im Regelfall mehrheitlich zustande gekommenen Entscheidung. Gerade das Letztgenannte stellt einen wesentlichen Kern des Beschlusses dar: Er ist das Endprodukt eines Prozesses zur Findung einer *Entscheidung*.

Wie aus der Aufteilung der Aufgaben zwischen den Organen zu erkennen ist, weist das Gesetz jedem Organ eine Betätigungsfeld zu. Der Vorstand soll vor allem die Geschäfte führen und die Gesellschaft leiten. Wie das im Einzelnen auszusehen hat, zeigt der Einzelfall, da die verschiedensten Lebenssachverhalte unter diese Begriffe subsumiert werden können und unternehmerische Tätigkeit mannigfaltig zum Ausdruck kommt. Hauptaufgabe des Aufsichtsrats ist die Überwachung der Geschäftsführung. Überwachung ist ebenfalls ein weiter

---

203 § 103 Abs. 1 S. 3 AktG lässt jedoch eine Absenkung von der Drei-Viertel-Stimmenmehrheit auf die einfache Stimmenmehrheit zu; vgl. Hüffer, AktG, § 103, Rn 4.

204 Vgl. Hüffer, AktG, § 133, Rn 15; Grundmann in Großkommentar, AktG, § 133, Rn 115; Volhard in MüKo, AktG, § 133, Rn 58.

Oberbegriff, der viele Lebenssachverhalte abbildet und neben der Kontrolle beispielsweise auch die präventive Beratung beinhaltet.[205]

Hinsichtlich der Tätigkeit der Hauptversammlung als Organ enthält das Aktiengesetz dagegen einen eindeutigen Wortgebrauch: In § 119 Abs. 1 AktG heißt es im Einleitungssatz, dass die Hauptversammlung in den im Gesetz und in der Satzung ausdrücklich bestimmten Fällen *beschließt.* Wie gesehen ist der Beschluss der Hauptversammlung der nach außen hin manifestierte Willensentscheid der Hauptversammlung, der der Aktiengesellschaft als eigener Wille zugerechnet wird. Der Beschluss steht am Ende eines Entscheidungsfindungsprozesses, der mit dem Antrag begonnen wird, der die Beschlussfassung durch die einzelnen Willenserklärungen der Aktionäre folgt und der mit der verbindlichen Feststellung zu seinem Ende kommt. Mit dem Beschluss soll also eine *Entscheidung* der Hauptversammlung erzielt werden. Nichts anderes kann und soll der Beschluss bezwecken.

Dieses Entscheidungsprinzip wird auch in der Formulierung des § 119 Abs. 2 AktG deutlich: „Über Fragen der Geschäftsführung kann die Hauptversammlung nur entscheiden, wenn der Vorstand es verlangt." In allen anderen in § 119 Abs. 1 AktG namentlich genannten Fällen kann die Hauptversammlung also ohne Weiteres entscheiden. Allerdings verbirgt sich dahinter noch mehr. Die gesetzliche Formulierung impliziert vielmehr, dass die Hauptversammlung in den im Gesetz und in der Satzung enthaltenen Fällen *entscheidet*, und zwar durch Beschluss als dafür vorgesehenem Weg. § 119 Abs. 2 AktG führt dies fort, nämlich dass die Hauptversammlung auch dann *entscheidet*, wenn sie vom Vorstand in Geschäftsführungsangelegenheiten darum ersucht wird.

Ferner erschließt sich die Notwendigkeit des Entscheidungsprinzips aus der Tatsache, dass der Hauptversammlung die Themen, über die sie zu beschließen hat, im Wege eines Beschlussantrags vorgelegt werden. Die Willensbildung in Bezug auf diesen Antrag erfolgt nun dergestalt, dass sich die Aktionäre darüber klar werden müssen, ob sie diesen Antrag befürworten oder ablehnen oder sich der Stimme enthalten wollen. Entsprechend werden sie im Beschlussverfahren mit Ja oder Nein stimmen, um ein Ergebnis zu diesem Antrag zu erzielen, oder sich enthalten, um ihre Unentschlossenheit zum Ausdruck zu bringen. Sinn und Zweck des Abstimmungsverfahrens ist es also, eine *Entscheidung* der Hauptversammlung zum vorgelegten Antrag in Form von dessen Annahme oder Ablehnung zu erreichen.

Die Entscheidung ist daher nach der gesetzlichen Konzeption wesentliches Element des Beschlusses. Sie ist ihm immanent; sie ist dessen Sinn und Zweck.

205 Siehe im Einzelnen hierzu oben § 2 A. und B.

§ 5 Beratende Hauptversammlungsbeschlüsse

Nach diesen Ausführungen zum innerorganisatorischen Aufbau der Aktiengesellschaft, zur Aufgabenverteilung zwischen den drei Organen in der Aktiengesellschaft, zur Stellung des einzelnen Aktionärs und zur Rechtsnatur und Funktion von Beschlüssen der Hauptversammlung, die allesamt voranzustellen waren, um den Status Quo zu rekapitulieren und die Grundlage für die weitere Betrachtung zu legen, ist im Weiteren nun auf beratende Hauptversammlungsbeschlüsse einzugehen. Zunächst muss dabei eine Abgrenzung zu anderen in der Hauptversammlung anzutreffenden Gegebenheiten vorgenommen werden. Daran wird sich eine Diskussion um deren Zulässigkeit und Erforderlichkeit anschließen.

A. Abgrenzung und Definition

Bevor sich der Zulässigkeit und Erforderlichkeit von beratenden Beschlüssen der Hauptversammlung angenommen werden kann, erscheint es notwendig, eine Abgrenzung von anderen Lebenssachverhalten darzustellen, die sich ebenfalls in Bezug auf oder in der Hauptversammlung zutragen können. Ebenfalls soll der Begriff „beratend" in Verbindung mit Hauptversammlungen erläutert werden.

I. Die sog. geplant beschlusslose Hauptversammlung

Unter dem Stichwort „geplant beschlusslose Hauptversammlung" wird diskutiert, inwieweit es zulässig ist, eine Hauptversammlung einzuberufen, in der von vornherein nicht beabsichtigt ist, Beschlüsse zu fassen, sondern die Hauptversammlung lediglich über gewisse Gegebenheiten informiert wird. Hinter diesem Terminus verbergen sich allerdings nicht diejenigen Fälle, in denen die Hauptversammlung zur Beschlussfassung eingeladen wurde, aber über den Antrag keinen Beschluss fasst, da hierbei die Beschlusslosigkeit gerade nicht von Anfang an geplant, sondern durch das Verhalten des Hauptversammlungskollektivs veranlasst ist.

1. Gesetzlich geregelte Fälle

Nicht gemeint sind hierbei die Fälle des § 92 Abs. 1 AktG oder ein Sonderfall im Rahmen des § 175 Abs. 1 S. 1 AktG, die gesetzlich geregelte Fälle von beschlusslosen Hauptversammlungen darstellen.[206] Nach § 92 Abs. 1 AktG ist der Vorstand von Gesetzes wegen verpflichtet, unverzüglich eine Hauptversammlung einzuberufen, wenn sich bei der Aufstellung der Jahresbilanz oder einer Zwischenbilanz ergibt oder es bei pflichtgemäßem Ermessen anzunehmen ist, dass ein Verlust in Höhe der Hälfte des Grundkapitals besteht; hierüber hat der Vorstand sodann die einberufene Hauptversammlung zu unterrichten. Eine Beschlussfassung ist hier grundsätzlich nicht vorgesehen, sondern nur eine reine Informationsweitergabe. Nach § 175 Abs. 1 S. 1 AktG hat der Vorstand die Hauptversammlung zur Entgegennahme des Jahresabschlusses einzuberufen. Im Regelfall geht damit der Gewinnverwendungsbeschluss der Hauptversammlung einher sowie der Entlastungsbeschluss für die Vorstands- und Aufsichtsratsmitglieder. Fehlt jedoch ein Bilanzgewinn und wird die Beschlussfassung über die Entlastung vertagt, besteht die – wenn auch in der Praxis wohl kaum relevante – Möglichkeit, dass es zu einer Hauptversammlung kommt, die sich ausschließlich informatorisch mit dem Jahresabschluss befasst.[207]

Darüber hinaus wird diskutiert, inwieweit eine Hauptversammlung nach § 121 Abs. 1 Var. 3 AktG zu reinen Informationszwecken einzuberufen ist, wenn es das Wohl der Gesellschaft fordert. Dies wird zu Recht bejaht.[208] Angesichts der Vielfalt von geschäftlichen Vorkommnissen ist es nicht auszuschließen, dass Sachverhalte derart komplex oder derart von Interesse für die komplette Organisation der Aktiengesellschaft sind, dass sich der Vorstand veranlasst sieht, zum Wohle der Gesellschaft zu handeln, indem er eine rein informatorische Hauptversammlung einberuft. Da die Voraussetzung "zum Wohl der Gesellschaft" jedoch sehr unbestimmt ist und auf diese Weise eine ungehörige Ausdehnung derartiger Hauptversammlungen gerechtfertigt werden könnte, ist es notwendig, auf eine restriktive Handhabung zu verweisen und damit eine solche Handlungsweise nur dann für zulässig zu erachten, wenn gravierende oder wenigstens Sachverhalte von wesentlichem Gewicht zur Behandlung stehen, sodass eine Beratung und Diskussion ohne Beschlussfassung in der Hauptversammlung als gerechtfertigt erscheint.[209]

---

206 Vgl. hierzu Kubis in MüKo, AktG, § 119, Rn 5; Spindler in K. Schmidt/Lutter, AktG, § 119, Rn 5; Huber, ZIP 1995, 1740 (1741 f.).

207 Vgl. Zöllner in Kölner Kommentar, AktG, § 119, Rn 10; Kubis in MüKo, AktG, § 119, Rn 5; Spindler in K. Schmidt/Lutter, AktG, § 119, Rn 5; Hüffer, AktG, § 119, Rn 4.

208 Vgl. Huber, ZIP 1995, 1740 (1742); Werner in Großkommentar, AktG, § 121, Rn 17; Kubis in MüKo, AktG, § 119, Rn 6.

209 Vgl. Werner in Großkommentar, AktG, § 121, Rn 17; Eckardt in Geßler/Hefermehl/Eckardt/Kropff, AktG, § 121, Rn 8; insoweit auch Huber, ZIP 1995 1740 (1742); ähnlich (im Ergebnis aber noch restriktiver): Hüffer, AktG, § 121, Rn 5.

2. Zulässigkeit sonstiger geplant beschlussloser Hauptversammlungen

Fraglich ist es jedoch, ob über die gerade dargestellten, gesetzlich geregelten Fälle hinaus eine generelle Zulässigkeit von geplant beschlusslosen, also rein informatorischen Hauptversammlungen als zulässig angesehen werden kann. Dies wird von der wohl überwiegenden Auffassung in der juristischen Literatur vertreten.[210] Begründet wird das mit einem Verweis auf § 119 Abs. 2 AktG: Wenn der Vorstand schon berechtigt ist, die Hauptversammlung zu Fragen der Geschäftsführung entscheiden zu lassen, dann muss es ihm auch möglich sein, eine rein informatorische Hauptversammlung zu diesem Thema einzuberufen. Ferner wird vorgebracht, diese informatorische Hauptversammlung diene ohnehin häufig der Vorbereitung für später erfolgende Beschlüsse und trage damit zu deren informationsmäßiger Grundlage bei, die andernfalls vielleicht sogar unvollständig wäre.

Dies mag jedoch nicht recht überzeugen.[211] Zunächst fragt sich, auf welcher Grundlage die Einberufung der Hauptversammlung zu rein informatorischen Zwecken erfolgen soll. Das Aktiengesetz enthält explizite Regelungen dafür, wann eine Hauptversammlung einzuberufen ist. Nach § 121 Abs. 1 AktG ist dies dann der Fall, wenn es im Gesetz oder in der Satzung vorgesehen ist oder das Wohl der Gesellschaft es verlangt.[212] In diesen Fällen hat der Vorstand der Aktiengesellschaft keinen Ermessensspielraum, sondern er ist aufgrund der Einberufungsgründe zur Einberufung verpflichtet.[213] Im Gesetz lässt sich keine Regelung finden, die dem Vorstand eine Einberufung zu Informationszwecken erlaubt. Selbst unter den Befürwortern der Zulässigkeit der geplant beschlusslosen Hauptversammlung ist zudem anerkannt, dass sich eine entsprechende Regelung

---

210 Vgl. Ziemons in K. Schmidt/Lutter, AktG, § 121, Rn 11; Kubis in MüKo, AktG, § 119, Rn 6, und § 121, Rn 8; Werner in Großkommentar, AktG, § 121, Rn 13; Mülbert in Großkommentar, AktG, Vor §§ 118-147, Rn 56; Reger in Bürgers/Körber, AktG, § 119, Rn 2; Pluta in Heidel, NK AktG, § 119, Rn 5; Marsch-Barner in Marsch-Barner/Schäfer, Hdb. börsennotierte AG, § 34, Rn 130; Huber, ZIP 1995, 1740 (1743); a.A.: Semler in Semler/Volhard, Arbeitshandbuch HV, § 1, Rn 54.

211 Vgl. Zöllner in Kölner Kommentar, AktG, § 121, Rn 16; Hüffer, AktG, § 119, Rn 4, und § 121, Rn 5; zu dem vorgebrachten Erst-recht-Argument siehe auch noch später im Rahmen der Frage, ob beratende Hauptversammlungsbeschlüsse damit zu rechtfertigen sind, unter § 5 B. II.

212 § 111 Abs. 3 S. 1 AktG enthält zugunsten des Aufsichtsrats ebenfalls das Recht, die Hauptversammlung einzuberufen, wenn es das Wohl der Gesellschaft erforderlich macht.

213 Vgl. Kubis in MüKo, AktG, § 121, Rn 3.

nicht in der Satzung festhalten lässt.[214] Eine Rechtfertigung über § 121 Abs. 1 Var. 3 AktG steht – wie gesehen – außer Frage. Daher müsste hier auf eine andere Grundlage zurückgegriffen werden, was allerdings deshalb fraglich erscheint, weil diese dann fakultativ und nicht mehr von § 121 Abs. 1 AktG erfasst ist. Eine solche könnte dann tatsächlich nur in § 119 Abs. 2 AktG zu erblicken sein – als Minus zum Beschluss. Allerdings würde sich damit die Kompetenzverteilung in der Aktiengesellschaft zumindest faktisch verschieben, da nicht mehr der Vorstand über die Geschäftsleitung entscheidet, sondern sich Meinungs- und Diskussionsbilder der Hauptversammlung einholt.[215] Derart weit kann § 119 Abs. 2 AktG nicht verstanden werden. Der Hauptversammlung ist vom Gesetz nur dann eine – wie auch geartete – Kompetenz zu Geschäftsführungsfragen zugesprochen worden, wenn sich der Vorstand dazu entschließt, ihr den Gegenstand zur Beschlussfassung vorzulegen. Der Vorstand muss sich hier an seiner Entscheidung festhalten lassen: entweder er übt seine Geschäftsführung, wie es die §§ 76, 77 AktG vorsehen, eigenverantwortlich und damit ohne die Hauptversammlung aus oder er macht von § 119 Abs. 2 AktG Gebrauch und lässt die Hauptversammlung beschließen.[216] Eine Zwischenlösung ist nicht angezeigt, zumal ihm der Aufsichtsrat in seiner beratenden Funktion[217] zur Seite stehen kann.

Auch das Argument, eine informatorische Hauptversammlung könne nötig sein, um vorbereitend für eine spätere beschlussfassende Hauptversammlung einen ausreichenden Informationsaustausch zu schaffen, kann nicht für deren Zulässigkeit überzeugen. Selbstverständlich kann eine Hauptversammlung nur auf Grundlage genügender Information einen Beschluss fassen. Dafür steht den Aktionären sogar ausdrücklich das Auskunftsrecht nach § 131 AktG zur Verfügung, das die Aktionäre vor einer möglichen Beschlussfassung ausüben können, soweit es zur sachgemäßen Beurteilung des Gegenstandes der Tagesordnung erforderlich ist. Die Hauptversammlung kann also vor einer Beschlussfassung die Verwaltung um mehr Informationen ersuchen; dies muss aber nicht notwendigerweise in einer eigens dafür einberufenen, rein informatorischen Hauptversammlung geschehen, vielmehr genügt es, wenn dies vor der Beschlussfassung an sich geschieht. Die Aktionäre werden hierdurch auch nicht etwa benachteiligt, da sie, sollten sie die mitgeteilten Informationen für nicht zureichend anse-

214 Vgl. Mülbert in Großkommentar, AktG, Vor §§ 118-147, Rn 58; Kubis in MüKo, AktG, § 119, Rn 6 a.E.

215 Vgl. Hüffer, AktG, § 121, Rn 5.

216 Anders aber Ziemons in K. Schmidt/Lutter, AktG, § 121, Rn 11, nach dem es gerade ein Ausdruck der Leitungsautonomie des Vorstands sein soll, wenn er die Hauptversammlung um deren Meinungskundgabe zu einer bestimmten vorgelegten Frage bittet.

217 Siehe hierzu oben § 2 C. I. 1.

hen, eine Beschlussfassung ablehnen können. Die Verwaltung ist daher grundsätzlich in der Pflicht, dafür Sorge zu tragen, dass eine derartige Situation nicht entsteht, sondern der Hauptversammlung zur Beschlussfassung ausreichende Informationen zur Verfügung gestellt sind. Selbst wenn eine informatorische Hauptversammlung mit dem Ziel abgehalten werden sollte, vorbereitend für einen künftigen Beschluss zu wirken, so müsste, damit das Ziel auch erreicht werden kann, schon bei der Veranstaltung dieser vorangehenden Hauptversammlung der spätere Beschluss weitestgehend feststehen. Andernfalls könnten nur Informationen allgemeinerer Art vermittelt werden, die als Teil der Geschäftsführung jedoch nicht in den Zuständigkeitsbereich der Hauptversammlung fallen und daher an diese gar nicht weiterzugeben sind. Werden zudem nur allgemeine Informationen vermittelt, so können diese nicht als zwingend notwendig für die spätere Beschlussfassung anzusehen sein. Nach alldem muss es für die Hauptversammlung ausreichen, wenn sie vor der Beschlussfassung die Informationen an die Hand bekommt, die sie für die Beurteilung des Tagesordnungspunktes benötigt. Eine Notwendigkeit, dafür eine eigene Hauptversammlung einzuberufen, besteht nicht. Vielmehr lässt sie sich auch nicht mit einem möglicherweise bestehenden Informationsbedürfnis rechtfertigen.[218]

Darüber hinaus erscheint es angesichts des organisatorischen Aufwands der Aktiengesellschaft zur Einberufung einer Hauptversammlung und des – auch monetären – Aufwands für die Aktionäre aus wirtschaftlichen Gesichtspunkten mehr als zweifelhaft, ob das Abhalten einer „geplant beschlusslosen Hauptversammlung" einen merklichen Gewinn darstellen kann.

Nach der gesetzlichen Konzeption sind daher keine über die gesetzlich geregelten Fälle hinausgehenden geplant beschlusslosen Hauptversammlungen anzuerkennen.[219]

3. Verhältnis zu beratenden Hauptversammlungsbeschlüssen

Aus vorstehenden Ausführungen zeigt sich, worin der wesentliche Unterschied zwischen der geplant beschlusslosen Hauptversammlung und beratenden Hauptversammlungsbeschlüssen liegt. Erstere zielen darauf ab, der Hauptversammlung lediglich Informationen zur Verfügung zu stellen, ohne dass sich daran eine Beschlussfassung anschließt. Soweit man deren weitergehende Zulässigkeit anerkennt, wird zudem beabsichtigt sein, durch die Informationsgabe eine Diskus-

218 Ein solches Informationsbedürfnis könnte allenfalls im Rahmen des § 121 Abs. 1 Var. 3 AktG dazu führen, dass das Wohl der Gesellschaft die Einberufung rechtfertigt. Dieser Fall dürfte aber nur theoretischer Natur sein, bekräftigt jedoch, dass keine Notwendigkeit für eine Ausweitung besteht.

219 Vgl. Semler in Semler/Volhard, Arbeitshandbuch HV, § 1, Rn 54.

sion und einen Meinungsaustausch zwischen Verwaltung und Aktionären stattfinden zu lassen und ggf. auch vorbereitend für zukünftige Hauptversammlungen zu arbeiten. Bei beratenden Hauptversammlungsbeschlüssen dagegen soll gerade ein Beschluss gefasst werden, der den Endpunkt eines Beschlussverfahrens signalisiert. Dieser Beschluss selbst soll beratenden Charakter aufweisen, indem er der Verwaltung die Entscheidung der Hauptversammlung hinsichtlich des Antrags verdeutlicht.

II. Debatten in der Hauptversammlung

Von den beratenden Hauptversammlungsbeschlüssen zu unterscheiden sind ferner die reinen Debatten in der Hauptversammlung. Wie der Begriff bereits indiziert, wird dabei ein Thema intensiv behandelt, wobei das Für und Wider ausgetauscht wird, ohne dass der Beschluss als solcher im Mittelpunkt steht. Vielmehr wird der Beschluss sich erst an eine Debatte in der Hauptversammlung anschließen, nämlich dann, wenn ein Punkt der Tagesordnung, für den eine Beschlussfassung vorgesehen ist, zunächst kontrovers in der Hauptversammlung zwischen den Aktionären untereinander oder zwischen den Aktionären und der Verwaltung diskutiert wird, bevor sich in der Hauptversammlung eine Mehrheit zugunsten der Annahme oder der Ablehnung des Antrags formiert hat. Hier spielt auch das Auskunftsrecht der Aktionäre nach § 131 AktG wiederum eine zentrale Rolle, da es wesentlich zu der Debatte beitragen kann. Dies ist auch der Ort in der Hauptversammlung, an dem Geschäftsführungsfragen außerhalb des Anwendungsbereichs des § 119 Abs. 2 AktG durch die Hauptversammlung diskutiert werden dürfen, etwa im Vorgriff auf den daran anschließenden Entlastungsbeschluss.[220]

Debatten in der Hauptversammlung sind nicht nur zulässig, sie sind sogar ein wesentlicher Beitrag innerhalb der Funktion der Hauptversammlung als Willensbildungsorgan der Aktiengesellschaft. Aufgrund der oft heterogenen Aktionärsstruktur bedarf es gerade einer Debatte des zur Abstimmung gestellten Tagesordnungspunktes, damit von einem Willensbildungsprozess in der Hauptversammlung gesprochen werden kann. Erst im Anschluss daran lässt sich in der Stimmabgabe erkennen, welcher Wille der Gesellschaft durch den Beschluss zugerechnet werden kann. Gleichzeitig fördert sie den Austausch zwischen Aktionären untereinander und mit der Verwaltung und gibt Letzterer zusätzlich Auskunft darüber, warum ein Beschluss mit einem bestimmten Abstimmungser-

220 Vgl. Mülbert in Großkommentar, AktG, § 119, Rn 39; Eckardt in Geßler/Hefermehl/Eckardt/Kropff, AktG, § 119, Rn 13; Hüffer, AktG, § 119, Rn 11; auch Reger in Bürger/Körber, AktG, § 119, Rn 8 a.E.

gebnis zustande gekommen ist, warum er abgelehnt worden ist, warum manche Aktionäre sich gegen den Antrag gestellt haben oder wie die Aktionäre generell zu gewissen Themen eingestellt sind. Dies kann der Verwaltung Rückschlüsse bei zukünftigen Entscheidungen erlauben, wenn sie antizipieren kann, ob damit auch innerhalb des Kollektivs der Aktionäre Zustimmung zu erlangen vermocht wird.

Gleichwohl ist bei der Bejahung der Zulässigkeit von Debatten in der Hauptversammlung – das Aktiengesetz selbst gibt in § 124 Abs. 4 S. 2 AktG einen Hinweis auf die Zulässigkeit, indem dort von „Verhandlungen ohne Beschlussfassung" die Rede ist – ergänzend anzumerken, dass die Hauptversammlung dabei nicht zum reinen Diskussionsforum mutieren darf. Nicht das ist ihre Aufgabe, sondern die Behandlung und Willensbildung zu den vorgelegten Tagesordnungsgegenständen.[221]

III. Charakteristikum des beratenden Hauptversammlungsbeschlusses

Nach diesen einleitenden Überlegungen zur Abgrenzung von beratenden Beschlüssen der Hauptversammlung zu anderen möglichen Erscheinungsformen stellt sich die Frage, wodurch sich beratende Hauptversammlungsbeschlüsse charakterisieren lassen. Da sich dieser Terminus aus den beiden Elementen „Hauptversammlungsbeschluss" und „beratend" zusammensetzt, ist es angebracht, diesen zwei Punkten nähere Aufmerksamkeit zu schenken.

1. Hauptversammlungsbeschluss

Zunächst ist es Voraussetzung, dass die Hauptversammlung zu einem bestimmten vorgelegten Antrag einen Beschluss fasst, das heißt, ihn annimmt oder ablehnt. Wie im Rahmen der Abgrenzung bereits erklärt, ist dies der wesentliche Unterschied zu anderen Sachverhalten, bei der die Hauptversammlung entweder direkt beratend agiert, ohne Beschluss zu fassen (wie bei den Debatten), oder zur Empfangnahme von Informationen bereitsteht, ohne selbst aktiv zu werden.

2. Beratende Funktion

Der zweite Begriffsbestandteil beschreibt die Funktion dieses Beschlusstypus; er hat beratenden Charakter. Dies stellt sich in Anbetracht der Tatsache, dass ein

221 Vgl. Pluta in Heidel, NK AktG, § 119, Rn 5; Hüffer, AktG, § 119, Rn 2.

Beschluss der Hauptversammlung nur angenommen oder abgelehnt werden kann, als erklärungsbedürftig dar.

a. *„beratend" in weiterem Sinne*

Beratung kann auf verschiedene Arten erteilt werden. Sie zielt dabei darauf ab, dass eine Person einer anderen möglichst umfassende Informationen über ein konkret benanntes Thema zur Verfügung stellt, verbunden mit dem Rat, sich zugunsten einer Vorgehensweise zu entscheiden unter Aufzeichnung der damit einhergehenden Risiken sowie der daraus resultierenden Folgen und der Darstellung eines alternativen Handelns. Derartige Leistungen können sich im reinen Gefälligkeitsbereich abspielen oder auch Gegenstand von Verträgen sein.[222] Es liegt auf der Hand, dass eine Beratung dieser Gestalt von der Hauptversammlung einer Aktiengesellschaft nicht geleistet werden kann. Der Hauptversammlung wird es regelmäßig an der hierfür erforderlichen Expertise fehlen, um eine fundierte Beratung zu gewährleisten. Darüber hinaus wäre es nach der gesetzlichen Konzeption ohnehin nicht ihre Aufgabe, den Vorstand oder gar den Aufsichtsrat dieserart zu beraten.

b. *„beratend" in engerem Sinne*

Es ist evident, dass im Rahmen eines Beschlusses eine Beratung, wie eben beschrieben, kaum darstellbar ist. Der Beschluss zeichnet sich dadurch aus, dass die Hauptversammlung zu einem vorgelegten Antrag ihre Zustimmung erteilt oder ihn ablehnt. Soweit man daher von einem beratenden Hauptversammlungsbeschluss spricht, kann damit nicht eine Beratung im herkömmlichen Sinne gemeint sein, sondern nur eine Beratung der Art und Weise, dass die Hauptversammlung durch den Beschluss selbst eine Art Empfehlung in Richtung der Verwaltung ausspricht. Diese Empfehlung kann inhaltlich nur den Willen der Hauptversammlung wie folgt wiedergeben: „Ja, die Hauptversammlung stimmt mit dem Antrag inhaltlich überein und befürwortet dessen Befolgung." oder „Nein, die Hauptversammlung lehnt den Antrag ab und spricht sich daher gegen dessen Befolgung aus."

c. *Eröffnung eines Befolgungsspielraums*

Wenn nun die Hauptversammlung zulässigerweise eine Empfehlung dieser Art in einem Beschluss zum Ausdruck bringen können soll, der damit für die Verwaltung beratend wirkt, muss konsequenterweise der Verwaltung ein Befolgungsspielraum dieser Empfehlung zur Verfügung stehen. Das heißt, ein bera-

---

222 Vgl. nur Sprau in Palandt, BGB, § 675, Rn 35 ff.

tender Beschluss kann jedenfalls dann nicht angenommen werden, wenn die Verwaltung ohnehin an die Entscheidung der Hauptversammlung gebunden und zu deren Umsetzung verpflichtet ist. Beispielhaft sei hier nur der Fall der Satzungsänderung erwähnt. Nach § 179 Abs. 1 S. 1 AktG entscheidet die Hauptversammlung über die Satzungsänderung, nach § 179 Abs. 2 S. 1 AktG sogar mit einer Drei-Viertel-Kapitalmehrheit. Der Vorstand ist nach der positiven Beschlussfassung über die Satzungsänderung gemäß § 181 Abs. 1 S. 1 AktG verpflichtet, die Satzungsänderung zur Eintragung im Handelsregister anzumelden; ein Spielraum hinsichtlich der Befolgung ist ihm nicht eröffnet.

Dies führt aber noch ein weiteres Charakteristikum der beratenden Hauptversammlungsbeschlüsse vor Augen. Sie bringen keine unmittelbare rechtliche Konsequenz mit sich. Sie tragen eine entweder gesetzlich vorgesehene oder zumindest im Tatsächlichen vorliegende rechtliche Unverbindlichkeit insoweit in sich, als die Verwaltung sie zwar zur Kenntnis nehmen, aber keine weiteren Umsetzungshandlungen daran anschließend folgen lassen muss, wohl aber kann.

3. Zusammenfassung

Unter beratenden Hauptversammlungsbeschlüssen, wie sie in dieser Arbeit gebraucht werden, sind damit zusammenfassend all diejenigen tatsächlich stattfindenden Beschlüsse der Hauptversammlung zu verstehen, die die Verwaltung nicht unmittelbar zur Umsetzung binden, sondern bei denen der Verwaltung entweder ein Befolgungsspielraum zur Verfügung steht oder an die ohnehin keine weiteren rechtlichen Konsequenzen gebunden sind, sie mithin als unverbindlich charakterisiert werden können.

IV. Gesetzlich normierte beratende Hauptversammlungsbeschlüsse

Legt man die gerade gefundene Definition für beratende Hauptversammlungsbeschlüsse zugrunde, ergeben sich aus dem Kompetenzgefüge des Aktienrechts nur wenige Fälle, in denen das Gesetz einen beratenden Hauptversammlungsbeschluss selbst einführt. Im Grunde lassen sich hier drei Fälle abbilden:

1. Das Votum zum Vergütungssystem nach § 120 Abs. 4 AktG

Das Paradebeispiel eines beratenden Hauptversammlungsbeschlusses bildet das Votum zum Vergütungssystem der Vorstände nach § 120 Abs. 4 AktG.[223] Dieser

223 Einzelheiten hierzu werden unter § 6 ausführlich betrachtet.

erst durch das Gesetz zur Angemessenheit der Vorstandsvergütung eingefügte Beschlussgegenstand weist die erforderlichen Merkmale für einen beratenden Hauptversammlungsbeschluss auf. Nach § 120 Abs. 4 S. 1 AktG kann die Hauptversammlung einer börsennotierten Gesellschaft über die Billigung des Systems zur Vergütung der Vorstandsmitglieder beschließen; es handelt sich daher um einen echten Beschluss. Nach § 120 Abs. 4 S. 2 Hs. 1 AktG begründet der Beschluss weder Rechte noch Pflichten; er ist also ein unverbindlicher Beschluss, der damit keine rechtlichen Konsequenzen zeitigt und gemäß § 120 Abs. 4 S. 3 AktG nicht einmal nach § 243 AktG anfechtbar ist. Schließlich bindet er die Verwaltung nicht zur Umsetzung, vielmehr lässt er nach § 120 Abs. 4 S. 2 Hs. 2 AktG ausdrücklich die Verpflichtung des Aufsichtsrats zur Vereinbarung eines adäquaten Vergütungssystems mit einer angemessenen Vergütung für den Vorstand nach § 87 AktG unberührt. Der Aufsichtsrat kann daher dem Beschluss „folgen", indem er beispielsweise bei einer Ablehnung des Vergütungssystems eine neue Vergütungsstruktur zu installieren sucht. Ebenso ist es ihm unbenommen, dem Votum der Hauptversammlung keine weitere Beachtung zu schenken.

2. Der Entlastungsbeschluss nach § 120 Abs. 1 AktG

Ein weiteres Beispiel für einen beratenden Hauptversammlungsbeschluss bildet der Entlastungsbeschluss nach § 120 Abs. 1 AktG.[224] Auch bei ihm handelt es sich um einen echten Beschluss der Hauptversammlung. Von Gesetzes wegen muss sogar jedes Jahr über die Entlastung der Vorstands- und der Aufsichtsratsmitglieder durch die Hauptversammlung entschieden werden. Im Gegensatz zum Votum zum Vergütungssystem stellt das Gesetz nicht ausdrücklich klar, dass der Entlastungsbeschluss keine rechtlichen Konsequenzen mit sich bringt. Doch ergibt sich das daraus, dass es an den Beschluss in gleicher Weise auch keine rechtlichen Konsequenzen bindet. § 120 Abs. 2 S. 2 AktG gibt expressis verbis den Hinweis, dass dem Entlastungsbeschluss – anders als bei der GmbH[225] – keine Verzichtswirkung bezüglich Ersatzansprüchen zukommt, was durch die Regelung in § 93 Abs. 4 S. 3 AktG noch unterstrichen wird, wonach auf Ersatzansprüche erst drei Jahre nach der Entstehung des Anspruchs und nur dann verzichtet oder sich verglichen werden kann, wenn die Hauptversammlung zustimmt und nicht eine Minderheit, deren Anteile zusammen den zehnten Teil des Grundkapitals erreichen, zur Niederschrift Widerspruch erhebt. Verweigert

---

224 Eine nähere Betrachtung zum Entlastungsbeschluss findet unter § 6 E. I. statt.

225 Vgl. zur Präklusionswirkung des Entlastungsbeschlusses bei der GmbH: Zöllner in Baumbach/Hueck, GmbHG, § 46, Rn 41; Römermann in Michalski, GmbHG, § 46, Rn 277 ff.; Hüffer in Ulmer/Haber-sack/Winter, GmbHG, § 46, Rn 65 ff.

die Hauptversammlung dem Aufsichtsrat die Entlastung für seine Tätigkeit, so hat das noch nicht automatisch zur Folge, dass der Aufsichtsrat von der Hauptversammlung auch abberufen würde; dazu wäre ein weiterer Beschluss der Hauptversammlung erforderlich.[226] Ebenso wenig bedeutet die Verweigerung der Entlastung des Vorstands zwangsläufig, dass ihm das Vertrauen im Sinne von § 84 Abs. 3 S. 2 AktG entzogen würde[227], was den Aufsichtsrat berechtigen würde, die Bestellung des Vorstands aus wichtigem Grund zu widerrufen.

3. Der Vertrauensentzug nach § 84 Abs. 3 S. 2 AktG

Die Möglichkeit der Hauptversammlung, durch einen Beschluss dem Vorstand das Vertrauen zu entziehen, wie es § 84 Abs. 3 S. 2 AktG vorsieht, stellt ebenfalls einen gesetzlich normierten Fall eines beratenden Hauptversammlungsbeschlusses dar. Der Vertrauensentzug erfolgt wiederum durch einen Beschluss. Auch an ihn sind keine unmittelbaren rechtlichen Konsequenzen geknüpft. Zwar stellt er eine notwendige Voraussetzung dafür dar, wenn der Aufsichtsrat die Bestellung des Vorstandsmitglieds aufgrund des Vertrauensentzugs nach § 84 Abs. 3 S. 1 AktG aus wichtigem Grund widerrufen will. Der Beschluss selbst bewirkt jedoch noch nicht den Widerruf. Darüber hinaus ist zu bedenken, dass der Aufsichtsrat den Vorstand wegen des Vertrauensentzugs aus wichtigem Grund abberufen kann. Eine Verpflichtung hierzu trifft ihn jedoch nicht.[228] Das heißt, dem Aufsichtsrat ist in dieser Sache nach dem Beschluss ein Befolgungsspielraum eröffnet. Er kann dem „Rat" der Hauptversammlung folgen und den Vorstand abberufen, muss es aber nicht zwingenderweise tun.

4. Grundlegende Gemeinsamkeit

Durch diese Aufzählung der gesetzlich normierten Fälle von beratenden Hauptversammlungsbeschlüssen kristallisiert sich eine grundlegende Gemeinsamkeit derartiger Beschlüsse heraus, die als weiteres Charakteristikum festzuhalten ist. In allen drei Fällen wird von der Hauptversammlung keine reine Sachentscheidung verlangt. Es geht nicht nur darum, zu dem Vergütungssystem Ja oder Nein zu sagen, dem Vorstand oder dem Aufsichtsrat die Entlastung zu erteilen oder zu versagen oder dem Vorstand das Vertrauen auszusprechen oder nicht. Es geht jeweils um die Kundgabe der Billigung des Beschlussgegenstandes. Mit der Bil-

---

226 Vgl. Hüffer, AktG, § 120, Rn 17.

227 Vgl. Seibt in K. Schmidt/Lutter, AktG, § 84, Rn 51; Hüffer, AktG, § 84, Rn 30; beides kann jedoch zusammenfallen, wenn ein entsprechender klarer Wille der Hauptversammlung im Beschluss zum Ausdruck kommt.

228 Vgl. Seibt in K.Schmidt/Lutter, AktG, § 84, Rn 51.

ligung gehen aber auch reine Meinungsbilder und eigene Vorstellungen der Aktionäre über richtiges und falsches Verhalten und außersachliche Beweggründe einher. Besonders deutlich zeigt sich diese beim Vertrauensentzug: Vertrauen lässt sich nicht quantifizieren, nicht greifen. Entweder es besteht oder es besteht nicht. Wenn nun die Hauptversammlung darüber befindet, ob sie Vertrauen in den Vorstand hat oder nicht, mögen zwar regelmäßig auch geschäftliche Vorfälle mit in die Beurteilung hineinspielen. Eine messbare, rein auf Fakten gestützte Aussage hinsichtlich Bestehen oder Nichtbestehen von Vertrauen kann aber nicht getroffen werden. Vertrauen ist vielmehr subjektiv und durch die Fassung eines Beschlusses findet damit eine Manifestation einer versubjektivierten Entscheidung der Hauptversammlung statt. Gleiches gilt in Bezug auf die Billigung. Auch in jeder Billigungsentscheidung finden sich versubjektivierte Elemente wieder.

V. Definition

Wenn von beratenden Hauptversammlungsbeschlüssen die Rede ist, sind damit also all diejenigen tatsächlich stattfindenden Beschlüsse der Hauptversammlung zu verstehen, die die Verwaltung nicht unmittelbar zur Umsetzung binden, sondern bei denen der Verwaltung entweder ein Befolgungsspielraum zur Verfügung steht oder an die ohnehin keine weiteren rechtlichen Konsequenzen gebunden sind, sie mithin als unverbindlich charakterisiert werden können, und deren Inhalt eine versubjektivierte Entscheidung der Hauptversammlung darstellt.

B. Zulässigkeit weiterer beratender Hauptversammlungsbeschlüsse

I. Ausgangspunkt

Nach dem gesetzlich vorzufindenden Regelungswerk sind dem deutschen Aktienrecht beratende Hauptversammlungsbeschlüsse an sich nicht fremd. Gleich an drei Stellen wurden derartige Beschlüsse eingeführt. Die Kompetenz hierfür liegt gerade beim Gesetzgeber. Er hat den Auftrag, die Rahmenbedingungen für die Organisation innerhalb der Aktiengesellschaft auszugestalten.

Wie sich soeben aber gezeigt hat, hat sich der Gesetzgeber im Vergleich zum gesamten Aufgabenspektrum der Hauptversammlung auf nur sehr wenige

Fälle von beratenden Hauptversammlungsbeschlüssen beschränkt. Dies gibt zu der Frage Anlass, ob damit weitere beratende Hauptversammlungsbeschlüsse ausgeschlossen sind oder ob von deren allgemeiner Zulässigkeit ausgegangen werden kann. Will man den abschließenden Charakter der drei dargestellten Fälle negieren, so bedarf es einer Rechtfertigung für das Tätigwerden der Hauptversammlung. Wie bereits im Rahmen der Behandlung des Kompetenzgefüges innerhalb der Aktiengesellschaft gesehen, besteht für die Hauptversammlung gerade keine subsidiäre Allzuständigkeit für Angelegenheiten, die keinem anderen Organ zugewiesen sind. Vielmehr hätte man von einer Zuständigkeit des Vorstands auszugehen, die aus seiner Geschäftsführungsaufgabe herrührt. Daher ist der Frage nachzugehen, worauf sich die Zulässigkeit weiterer beratender Hauptversammlungsbeschlüsse stützen ließe. Darauf wird sogleich einzugehen sein.

Vorweg bedarf es jedoch der Feststellung, dass es die überwiegende Anzahl der Autoren der juristischen Literatur[229] als zulässig ansieht, wenn die Hauptversammlung auch zu weiteren Beschlussgegenständen keine vollwertige Entscheidung trifft, sondern sich vielmehr mit der Abgabe einer reinen Empfehlung oder einer reinen unverbindlichen Meinungsäußerung an die Verwaltung in Form eines Beschlusses begnügt. Erwähnt wird dies insbesondere im Zusammenhang mit der Vorlage von Fragen der Geschäftsführung durch den Vorstand an die Hauptversammlung gemäß § 119 Abs. 2 AktG.[230]

---

229 Vgl. Hüffer, AktG, § 119, Rn 15; Kubis in MüKo, AktG, § 119, Rn 26; Mülbert in Großkommentar, AktG, § 119, Rn 53; Zöllner in Kölner Kommentar, AktG, § 119, Rn 38; Hoffmann in Spindler/Stilz, AktG, § 119, Rn 16; Spindler in K. Schmidt/Lutter, AktG, § 119, Rn 24; Semler in MünchHdb. AG, § 34, Rn 18; a. A. scheinen Rohde/Geschwandtner (NZG 2005, 996 [998]) zu sein, nach denen § 119 Abs. 2 AktG „ausschließlich eine vorlageabhängige und damit außerplanmäßige Entscheidungs(das heißt Beschlussfassungs)befugnis der Hauptversammlung für [...] Angelegenheiten der Geschäftsführung" normiert.

230 Als Argument für die Notwendigkeit der Zulässigkeit dieser reinen Empfehlungsbeschlüsse wird vorgebracht, „andernfalls wäre der Vorstand in der Lage, die Hauptversammlung faktisch zu nötigen, ihn von den Haftungsrisiken wegen fehlerhafter Geschäftsführung freizustellen" (Mülbert in Großkommentar, AktG, § 119, Rn 53). Es ist zwar zuzustimmen, dass es nicht im Interesse der Hauptversammlung sein kann, nur deswegen vom Vorstand zu Geschäftsführungsangelegenheiten um Entscheidung gebeten zu werden, um einen Haftungsausschluss zu erreichen. Dies wäre eine Pervertierung des eigentlichen Gedankens hinter § 119 Abs. 2 AktG und würde dem Verständnis über einen eigenverantwortlichen Vorstand zuwiderlaufen. Gleichwohl liegt dieses Problem in der gesetzlichen Konzeption begründet, sodass die Argumentation, um eine solche Folge zu vermeiden, bloße Empfehlungsbeschlüsse als zulässig zu erachten, als zu kurz gegriffen einzustufen ist. Sollte sich die Hauptversammlung zu einer solchen Handlungsweise genötigt oder in ihrer Funktion ausgenutzt sehen, so steht sie zudem nicht vollends machtlos dem Vorstand gegenüber. Hält sie den Vorstand für nicht geeignet,

Auch diese Konstellation ist ohne Weiteres unter den Begriff des beratenden Hauptversammlungsbeschlusses subsumierbar. Denn zum einen trifft die Hauptversammlung einen Beschluss, zum anderen zeitigt dieser aber keine rechtlichen Konsequenzen. Da die Hauptversammlung lediglich eine Empfehlung ausspricht, bringt sie zum Ausdruck, dass sie nicht verbindlich entscheiden wollte. Der Verwaltung ist damit ein Befolgungsspielraum eröffnet, da sie ihrerseits entscheiden kann, ob sie dieser Empfehlung folgen möchte oder nicht. Insofern mag ein solcher Beschluss dem Gedanken einer Beratung im herkömmlichen Sinn sogar am nächsten kommen. Schließlich zeigt die Bezeichnung als „unverbindliche Meinungsäußerung" der Hauptversammlung bereits zur Genüge, dass hier eine Versubjektivierung im Beschluss vorliegt.

Als zulässig wird es zum Teil sogar betrachtet, wenn die Hauptversammlung sich anlässlich der ihr zugewiesenen Entscheidungen über Geschäftsführungsangelegenheiten berät und sodann das gefundene reine Meinungsbild durch Beschlussfassung, der für den Vorstand keine rechtliche Bindung mit sich bringt, ausdrückt.[231] Auch einem derartigen Beschluss kann die Bezeichnung als beratender Hauptversammlungsbeschluss gewährt werden. Dieser von der Hauptversammlung getroffene Beschluss soll eine unverbindliche Mitteilung des Meinungsbildes sein, erfüllt damit die Kriterien der Unverbindlichkeit und der Versubjektivierung des Beschlusses. Und die Verwaltung kann sich wiederum damit auseinandersetzen, ob sie auf diese Meinungsäußerung reagiert, sie vielleicht sogar umsetzt oder sie unbeachtet lässt.

---

da er in Fragen der Geschäftsführung nicht selbst entscheiden will, sondern sich über die Hauptversammlung versucht, weitgehend freizuzeichnen, steht es ihr frei, ihm aufgrund dessen das Vertrauen zu entziehen (§ 84 Abs. 3 S. 2 AktG). Ein solcher Beschluss würde sicherlich nicht aus offenbar unsachlichen Gründen gefasst. Der Beschluss hat, wie gesehen, zwar keine unmittelbare Wirkung. Doch besteht für den Vorstand die unmittelbare Gefahr, vom Aufsichtsrat abberufen zu werden. Der Vorstand wird sich daher gut zu überlegen haben, ob er an seiner Praxis in Zukunft festhalten wird. Dieses Werkzeug muss der Hauptversammlung aber genügen.

231 So Kubis in MüKo, AktG, § 119, Rn 18. Kubis verweist dabei auf Mülbert in Großkommentar, AktG, § 119, Rn 39, auf Zöllner in Kölner Kommentar, AktG, § 119, Rn 26, und Eckardt in Geßler/Hefermehl/Eckardt/ Kropff, AktG, § 119, Rn 13. Diese drei Fundstellen betreffen jedoch den Fall, dass im Zusammenhang mit einer Beschlussfassung in einer anderen Angelegenheit, z. B. der Entlastung, des Vertrauensentzugs oder der Einsetzung eines Sonderprüfers, Geschäftsführungsangelegenheiten diskutiert und erörtert werden und sich das daraus gewonnene Meinungsbild der Hauptversammlung in dem Ergebnis des anschließenden nämlichen Beschlusses niederschlägt. Ein solcher Beschluss wird dann zwar Elemente der Versubjektivierung enthalten; da es sich aber um verbindliche Beschlüsse handelt, können sie nicht als beratende Beschlüsse aufgefasst werden.

Von dieser Warte aus ist es nunmehr nicht mehr fern liegend, zu fragen, ob es der Hauptversammlung nicht generell erlaubt sein soll, sich durch Beschlüsse, die eine unverbindliche Meinungsäußerung der Hauptversammlung darstellen, gegenüber dem Vorstand und dem Aufsichtsrat zu positionieren. Es ließe sich argumentieren, dass durch die Unverbindlichkeit der Beschlüsse die Hauptversammlung weder in die Leitungsfunktion des Vorstands eingreifen würde noch in die Beratungsaufgabe des Aufsichtsrats. Zudem würde es die Position der Hauptversammlung stärken. Gleichwohl ist hier auf die bereits aufgeworfene Frage zurückzukommen: Worauf lässt sich die Zulässigkeit von beratenden Hauptversammlungsbeschlüssen stützen?

II. Argumentationslinie: A maiore ad minus

Ein nahe liegender Begründungsansatz könnte folgendermaßen beschrieben werden: Wenn es der Hauptversammlung schon erlaubt ist, zu einem vorgelegten Antrag einen verbindlichen Beschluss zu fassen, dann muss es ihr doch erst recht möglich sein, ein Weniger zu beschließen. Als Minus zur vollen, rechtlich verbindlichen Entscheidung muss es daher zulässig sein, dass die Hauptversammlung einen reinen beratenden Beschluss fasst, indem sie gegenüber der Verwaltung allein eine Empfehlung ausspricht oder ihr Meinungsbild wiedergibt.[232]

Dieses auf den ersten Blick schlüssig klingende Argument ist jedoch zu hinterfragen. Zunächst stellt sich die Frage, ob diese Aussage in ihrer allgemeinen Art, wie sie abgefasst ist, tatsächlich auf alle Beschlussgegenstände sinnvollerweise übertragen werden kann. Dass dem nicht so sein kann, zeigt sich recht schnell, wenn man den Katalog der Hauptversammlungszuständigkeiten aus § 119 Abs. 1 AktG etwas näher betrachtet. Als erster Punkt wird die Bestellung der Mitglieder des Aufsichtsrats erwähnt, § 119 Abs. 1 Nr. 1 AktG i. V. m. § 101 AktG. Ließe man es in diesem Fall nun zulässig sein, dass die Hauptversammlung keine verbindliche Entscheidung träfe, sondern lediglich eine unverbindliche Empfehlung für einen Kandidaten ausspräche, ergäbe sich zwangsläufig als nächster Schritt die Frage, wer dieser Empfehlung nachkommen soll. Das Gesetz spricht selbst davon, dass gerade die Hauptversammlung diese *Entscheidung* zu treffen hat. Ein anderes Organ oder eine andere Institution[233] ist dafür

232 So Fleischer, AG 2010, 681 (689).

233 Die Bestellung eines Aufsichtsratsmitglieds durch das Gericht gemäß § 104 AktG stellt eine Ausnahmeregelung dar. Ihr liegt nicht der Gedanke zugrunde, immer dann das Gericht zu bemühen, wenn sich die Hauptversammlung nicht durch verbindlichen Beschluss festlegen will, sondern regelt diejenigen Fälle, in denen der Aufsichtsrat nicht

weder vorgesehen noch zuständig – nicht einmal der Aufsichtsrat, der gemäß § 124 Abs. 3 S. 1 AktG der Hauptversammlung den Vorschlag eines möglichen Kandidaten unterbreitet. Dieser verbindliche Beschluss kann ebendeswegen nur von der Hauptversammlung gefasst werden. Letztlich stände die Handlungsfähigkeit der gesamten Aktiengesellschaft auf dem Spiel, wenn der Hauptversammlung die Möglichkeit eröffnet würde, in dieser Angelegenheit lediglich einen unverbindlichen Empfehlungsbeschluss als beratenden Hauptversammlungsbeschluss zu fassen.

Noch ein weiteres Beispiel soll hier erwähnt werden. Nach § 119 Abs. 1 Nr. 2 AktG i. V. m. § 174 AktG beschließt die Hauptversammlung über die Verwendung des Bilanzgewinns. Exerziert man hier ebenfalls oben dargelegte Überlegungen durch, ergibt sich wiederum: Angenommen, die Hauptversammlung fasste keinen verbindlichen Verwendungsbeschluss, sondern teilte der Verwaltung lediglich beratend mit, sie empfehle den Bilanzgewinn auf die eine oder andere Weise zu verwenden, dann könnte die Verwaltung damit keine weiteren Schritte einleiten. Eine Auszahlung der Dividende kommt nicht in Betracht, da kein verbindlicher Bilanzgewinnverwendungsbeschluss vorliegt; eigenmächtig darf der Vorstand oder der Aufsichtsrat nicht handeln.

Zur Abrundung ein drittes Beispiel: Nach § 119 Abs. 1 Nr. 5 AktG i. V. m. § 179 AktG ist die Hauptversammlung zur Änderung der Satzung berufen. Legt man wiederum obigen Ansatz zugrunde und erlaubte man es der Hauptversammlung, statt einer verbindlichen Entscheidung über die Satzungsänderung einen Beschluss zu fassen, der nur das Meinungsbild der Hauptversammlung zu der Änderung wiedergibt oder eine Empfehlung ausspricht, so wäre nicht nur nichts gewonnen, sondern die Satzungsänderung wäre letztendlich gescheitert. Denn ein verbindlicher Beschluss, wie ihn § 179 Abs. 1 S. 1 AktG zwingend erforderlich macht, wurde nicht gefasst; ebenso wenig kann der Vorstand oder der Aufsichtsrat zielführend diesen unverbindlichen Beschluss umsetzen. Denn hierfür fehlt ihnen die Kompetenz. Die Satzungsänderung muss durch die Hauptversammlung *entschieden* werden. An dieser Stelle mag – berechtigterweise – eingewendet werden, eine Empfehlung der Hauptversammlung könne aber für die Verwaltung insofern sinnvoll sein, als sie diese für eine spätere, erneut angesetzte Satzungsänderung berücksichtigen könne. Diesem Argument ist allerdings entgegenzuhalten, dass jede Satzungsänderung bei der Einberufung der Hauptversammlung bekannt gemacht und dabei der Wortlaut der vorgeschlagenen Satzungsänderung mitgeteilt wird, § 124 Abs. 2 S. 2, Abs. 3 S. 1 AktG. Andernfalls wäre ein Beschlussfassung über die Satzungsänderung ohne-

---

beschlussfähig oder unterbesetzt ist, um dessen Handlungsfähigkeit wiederherzustellen (vgl. statt vieler: Hüffer, AktG, § 104, Rn 1).

hin nicht erlaubt, § 124 Abs. 4 S. 1 AktG. Aktionären, die es für erforderlich halten, der Verwaltung eine „Empfehlung“ zugunsten einer anderen Fassung der Satzungsänderung zu erteilen, ist es unbenommen, gemäß § 126 Abs. 1 S. 1 AktG einen Gegenantrag zu stellen und in der damit einhergehenden Begründung all ihre Argumente und Punkte des Dafürhaltens aufzunehmen, damit der Verwaltung auf diese Weise das „Meinungsbild“ der Aktionäre zur Kenntnis kommt. Ein beratender Beschluss erst in der Hauptversammlung ist aufgrund seiner lähmenden Wirkung in diesem Punkt weder praktikabel noch erforderlich.

Wenn schon beratende Hauptversammlungsbeschlüsse nicht in ihrer Allgemeinheit Anwendung finden können, wie sich aus dem eben Dargestellten ergibt, so fragt sich jedoch, ob nicht wenigstens in dem Bereich des § 119 Abs. 2 AktG derartige Beschlüsse zulässig sein sollen, wie es von der h.M.[234] angenommen wird. Diese Beschlüsse zu Geschäftsführungsangelegenheiten, die der Vorstand der Hauptversammlung vorlegt, betreffen den einzigen Bereich, in dem ein anderes Organ „ersatzweise" tätig werden könnte, wenn die Hauptversammlung keinen verbindlichen Beschluss fasste, sondern sich auf eine reine Empfehlung zurückzöge. Die Geschäftsführung verbleibt weiterhin in der Kompetenz des Vorstands, sodass dieser mit der (Nicht-)Entscheidung der Hauptversammlung umgehen muss. Vorteil für ihn ist jedenfalls, dass er nicht an die Empfehlung gemäß §§ 82 Abs. 2, 83 Abs. 3 AktG gebunden ist; andererseits findet für ihn damit keine Enthaftung nach § 93 Abs. 4 S. 1 AktG statt. Will man im Anwendungsbereich des § 119 Abs. 2 AktG beratende Hauptversammlungsbeschlüsse zulassen, muss das im Einklang stehen mit dem Wesen und dem Inhalt dieser Norm. Zugunsten der Zulässigkeit könnte der Wortlaut sprechen, wenn es dort heißt, die Hauptversammlung *kann* über Fragen der Geschäftsführung entscheiden, wenn der Vorstand es verlangt. Fasst man diese „kann“ dergestalt auf, dass es besagen soll, dass die Hauptversammlung zwar entscheiden *kann*, aber *nicht* entscheiden *muss*, so ließe sich rechtfertigen, dass sie sich hier auf einen reinen beratenden Beschluss beschränken darf. Allerdings wurde bereits gezeigt, dass das *Entscheidungsprinzip* für Beschlüsse wesentlich ist.[235] Der Schwerpunkt der Aussage in § 119 Abs. 2 AktG liegt nicht auf dem „kann“, sondern auf dem „entscheiden“. Die Hauptversammlung ist zur Entscheidung berufen, wenn und sobald der Vorstand es von ihr verlangt. Erst dann *kann* bzw. *darf* sie entscheiden, denn zuvor fehlt ihr hierfür jegliche Kompetenz.[236] Es wird

---

234 Siehe bereits oben Fußnote 229.

235 Siehe oben § 4 B. V.

236 Vgl. Hüffer, AktG, § 119, Rn 11; Kubis in MüKo, AktG, § 119, Rn 18; Mülbert in Großkommentar, AktG, § 119, Rn 38; Spindler in K. Schmidt/Lutter, AktG, § 119, Rn 14; siehe auch BGH, WM 1960, 803 (804), zur Vorgängernorm in § 103 Abs. 2 AktG a.F.

damit keine Frage der Reichweite oder der inhaltlichen Gestaltungsmöglichkeit des Beschlusses geregelt, sondern die Frage festgelegt, wann überhaupt die Hauptversammlung tätig werden darf, also eine Kompetenzzuweisung. Verbunden mit dieser Kompetenzzuweisung ist sodann die Pflicht zur verbindlichen Beschlussfassung, wie es auch alle anderen Beschlüsse der Hauptversammlung auszeichnet. Zudem hat der Gesetzgeber damit einen abschließenden Prozess in Bezug auf Angelegenheiten der Geschäftsführung geregelt. Im Grundsatz ist der Vorstand zur eigenverantwortlichen Führung und Leitung der Geschäfte verpflichtet. Hält er es aus welchen Gründen auch immer für angebracht oder notwendig, die Hauptversammlung hierüber gemäß § 119 Abs. 2 AktG entscheiden zu lassen, so soll damit der Prozess zu einem Abschluss kommen. Die Hauptversammlung ersetzt von Gesetzes wegen den Vorstand hinsichtlich der Entscheidung zu dieser konkreten Maßnahme. Andernfalls würde die Hauptversammlung dem Vorstand – bildlich gesprochen – den Ball wieder zurückspielen. Diese Hin und Her widerspräche einer eindeutigen Zuordnung der Kompetenzen, wie es vom Aktiengesetz vorgesehen ist.[237] Darüber hinaus sind Beschlüsse *korporative Rechtsgeschäfte*[238] und als solche sind sie final auf die Begründung, Änderung oder Aufhebung von Rechtsverhältnissen durch das Setzen einer Regelung gerichtet.[239] Die Verbindlichkeit ist ihnen also immanent. Ebenso wenig wie eine reine Gefälligkeit (auch bei der Beratung) den Tatbestand eines Rechtsgeschäfts erfüllt, würde ein beratender – und damit rechtlich konsequenzenloser – Hauptversammlungsbeschluss die Qualität eines Rechtsgeschäfts erfüllen. Zu Recht spricht *Mülbert* in ähnlichem Zusammenhang von einer „bloße[n] mehrheitliche[n] Meinungsäußerung der versammelten Aktionäre ohne Rechtsqualität."[240]

Eines zeigt sich deutlich: Es kann in den Fällen, in denen das Gesetz der Hauptversammlung einen konkreten Beschlussfassungsauftrag erteilt, keinen Raum für die Bejahung von beratenden Hauptversammlungsbeschlüssen geben. Das Kompetenzgefüge in der Aktiengesellschaft ist vom Gesetzgeber so ausgestaltet, dass die Hauptversammlung zu *verbindlichem Handeln* berufen ist, da den anderen beiden Organen, Vorstand und Aufsichtsrat, insoweit keine Zuständigkeit zukommt, sie also nicht handeln können. Das gesetzliche System ist also darauf angelegt, dass die Hauptversammlung verbindlich agiert, abgesehen von den bereits erwähnten Fällen, in denen das Gesetz selbst beratende Hauptver-

237 A.A.: Fleischer, AG 2010, 681 (689).

238 Siehe oben § 4 A. II.

239 Vgl. Flume, Das Rechtsgeschäft, § 2, 2.

240 Großkommentar, AktG, Vor §§ 118 - 147, Rn 57.

sammlungsbeschlüsse zulässt, dabei aber gleichzeitig die kompetenzrechtliche Grundlage dafür statuiert.[241]

III. Argumentationslinie: Aktionärstypen

Da die hier aufgeworfene Frage in unmittelbarem Zusammenhang mit der Position des Aktionärs innerhalb der Organisation der Aktiengesellschaft und insbesondere in der Hauptversammlung zu tun hat, ist es angebracht zu untersuchen, ob sich aus seinen Zielsetzungen und seiner Grundeinstellung zu seinem Gesellschaftsanteil Rückschlüsse auf das Bedürfnis nach beratenden Hauptversammlungsbeschlüssen ziehen und sich damit eine Basis für deren Rechtfertigung finden lässt.

Wenig Aufschluss hierfür kann die Betrachtung der Aktionärstypen entsprechend der quantitativen Einteilung geben. Von entscheidender Bedeutung sind die Motive und Beweggründe, die hinter dem Aktienbesitz stehen und die sich in der Kategorisierung nach der Zielsetzung wiederfindet.[242]

Der Unternehmeraktionär zeichnet sich dadurch aus, dass er den mitgliedschaftlichen Teilhabe- und Verwaltungsrechten typischerweise besonderes Gewicht beimisst. Er ist danach bestrebt, Einfluss auf die Gesellschaft, an der er die Beteiligung hält, zu erlangen, um seine unternehmerische Zielsetzung, die er mit der Investition in die Beteiligung verfolgt, zu erreichen. Aufgrund seiner Interessenlage spielt die Einflussmöglichkeit in der Gesellschaft für ihn eine große Rolle. Den größten Einfluss kann er jedoch dadurch ausüben, dass er verbindliche Beschlüsse fasst. Nur unverbindliche Beschlüsse oder Empfehlungsbeschlüsse entsprechen nicht seiner originären Zielsetzung, sodass für den Unternehmeraktionär wohl kein Bedürfnis nach der Zulässigkeit von beratenden Hauptversammlungsbeschlüssen außerhalb der gesetzlichen Konzeption bestehen dürfte.

Der Kapitalanlegeraktionär betrachtet die Aktie als eine Form der Kapitalanlage, die in Konkurrenz zu anderen Kapitalanlageformen steht. Im Mittelpunkt seines Fokus steht die Rendite- und Ertragserwartung. Wenig Interesse bekundet er dagegen hinsichtlich seiner Mitwirkungsrechte innerhalb des Gesellschaftsverbands. Deswegen dürfte es für den Kapitalanlegeraktionär keinen Mehrwert bedeuten, wenn er zusätzlich die Möglichkeit hätte, mittels beratender Beschlüsse auf der Hauptversammlung zu agieren. Da seine Ambitionen zur Ausübung

241 Vgl. dazu auch Semler in Semler/Volhard, Arbeitshandbuch HV, § 1, Rn 276: „Die Hauptversammlung ist nicht dazu berufen, die Verwaltungsorgane der Gesellschaft zu beraten."

242 Siehe oben § 3 B. II.

seiner Mitwirkungsrechte ohnehin gering sind, ist bei ihm ebenfalls kein Bedürfnis nach unverbindlichen oder Empfehlungsbeschlüssen zu erkennen. Dies gilt umso mehr für die Gruppe der Spekulationsaktionäre, denen es an jeglicher Bindung zur Gesellschaft mangelt, sondern die nur auf kurzfristige Gewinne durch den Aktienhandel spekulieren. Eine Zulässigkeit von beratenden Hauptversammlungsbeschlüssen würde für sie keinen Gewinn bringen.

Damit verbleiben noch die institutionellen Anleger. Diese nehmen – das wurde bereits dargelegt – hinsichtlich ihrer Zielsetzung eine Zwischenstellung zwischen dem Unternehmeraktionär und dem Kapitalanlegeraktionär. Zum einen suchen sie nach Einflusspotenzial, zum anderen haben sie ebenfalls ein großes Ertragsinteresse. Bezüglich des Einflusses ist auch hier wieder festzustellen, dass die Einflussmöglichkeit über einen verbindlichen Beschluss ohnehin größer ist als über einen unverbindlichen. Das Ertragsinteresse auf der anderen Seite wird grundsätzlich nicht durch Empfehlungsbeschlüsse gesteigert. Auch hier lässt sich kein Bedürfnis nach der Zulassung von beratenden Hauptversammlungsbeschlüssen finden.

Bezogen auf die Interessen der Aktionäre in ihrer Kategorisierung nach Aktionärstypen besteht daher kein notwendiges Bedürfnis nach der Schaffung von beratenden Hauptversammlungsbeschlüssen. Die Ziele, die verfolgt werden, können entweder auf andere Weise besser erreicht werden oder sie beinhalten nicht die Inanspruchnahme der Mitwirkungsrechte, sodass auch beratende Beschlüsse nicht von Interesse sind. Die Argumentationslinie über die Aktionärstypen ist damit nicht geeignet, für die Zulässigkeit von beratenden Hauptversammlungsbeschlüssen zu streiten.

IV. Argumentationslinie: Grundrechte

Ein weiterer Anknüpfungspunkt, der für die Zulässigkeit und Erforderlichkeit von beratenden Hauptversammlungsbeschlüssen herangezogen werden kann, sind grundrechtliche Einflüsse. Stellt sich heraus, dass aufgrund der verfassungsrechtlichen Rahmenbedingungen, innerhalb derer sich die Aktiengesellschaft und die Aktionäre zu bewegen haben, die Notwendigkeit besteht, beratende Hauptversammlungsbeschlüsse zuzulassen, so muss erneut nach einer Begründungsmöglichkeit im System des Aktienrechts gesucht werden. Umgekehrt heißt das aber: Folgt aus den Grundrechten ebenfalls keine Notwendigkeit für beratende Hauptversammlungsbeschlüsse über die gesetzlichen Regelungen hinaus, ergeben sich daraus weitere Anhaltspunkte für deren Unzulässigkeit. Dem System der Grundrechte als Abwehrrechte gegen den Staat[243] folgend soll im

243 Vgl. statt vieler: Pieroth/Schlink, Grundrechte, Rn 76.

Folgenden untersucht werden, ob die Nichtanerkennung von beratenden Hauptversammlungsbeschlüssen eine Verletzung der Grundrechte darstellt.

1. Anwendbarkeit grundrechtlicher Ansätze im Aktienrecht

Bevor in diese Betrachtung intensiv eingestiegen werden kann, ist allerdings vorweg die Klärung erforderlich, ob derartige grundrechtliche Ansätze im Aktienrecht überhaupt Anwendung finden können. Nach Art. 1 Abs. 3 GG ist in erster Linie der Staat und alle staatliche Gewalt an die Grundrechte gebunden. Die Organisation, die Struktur und das Interagieren der Organe innerhalb einer Aktiengesellschaft ist jedoch dem Privatrecht zuzuordnen, nicht dem Bereich der öffentlichen Gewalt.

Nun ist es indes allgemein anerkannt, dass die Grundrechte keine unmittelbare Drittwirkung im Privatrecht entfalten.[244] Sie begründen also zwischen Privaten keine unmittelbaren Rechte und Pflichten. Ebenso anerkannt ist es gleichwohl auch, dass es Einbruchstellen der Grundrechte in das Bürgerliche Privatrecht gibt.[245] Dies sind insbesondere Generalklauseln oder sonstige auslegungsfähige und auslegungsbedürftige Begriffe, mittels derer den Grundrechten die Bahn ins Privatrecht geöffnet wird. Ebendiese Generalklauseln und unbestimmten Rechtsbegriffe bedürfen der näheren Konkretisierung (insbesondere durch die Rechtsprechung). Dabei müssen sodann die Grundrechte und ihre objektivrechtliche Funktion Beachtung finden; auf diese Weise beeinflussen sie schließlich auch das Privatrecht.[246] Insoweit wird allgemein von einer Ausstrahlungs- oder mittelbaren Drittwirkung der Grundrechte gesprochen.[247] Die jeweiligen Normen, die als Einbruchstellen dienen, müssen dann einer grundrechtskonformen Auslegung unterzogen werden. Eine derartige Forderung nach einer grundrechtskonformen Auslegung ist auch im Aktienrecht im Bereich der Hauptversammlungsbeschlüsse denkbar, beispielsweise über die bereits angestellten Überlegungen hinsichtlich der erweiterten Anwendbarkeit von § 119 Abs. 2 AktG als Grundlage für beratende Hauptversammlungsbeschlüsse. Dabei ist allerdings zu bedenken, dass das Grundgesetz an sich weitgehende Zurückhaltung in Fragen der Wirtschaftsverfassung und der Wirtschaftsgestaltung hegt, wie das

244 Vgl. Pieroth/Schlink, Grundrechte, Rn 190 f.; Hufen, Grundrechte, § 7, Rn 8; Höfling in Sachs, GG, Art. 1, Rn 111; von Münch in von Münch/Kunig, GG, Vorb. Art. 1-19, Rn 28 ff. (30); Dreier in Dreier, GG, Vorb., Rn 98.

245 Vgl. Pieroth/Schlink, Grundrechte, Rn 196.

246 Vgl. BVerfGE 73, 261 (269).

247 Vgl. Pieroth/Schlink, Grundrechte, Rn 196 und 200; Hufen, Grundrechte, § 7, Rn 9; von Münch in von Münch/Kunig, GG, Vorb. Art. 1-19; Rn 31; Dreier in Dreier, GG, Vorb., Rn 98.

BVerfG in seiner Feldmühle-Entscheidung[248] ausführt. Bei einer Überprüfung muss daher auf allgemeine Verfassungsprinzipien und auf die Grundrechte zurückgegriffen werden. Das BVerfG spricht dabei von einer Ambivalenz der aktienrechtlichen Normen und führt dann weiter aus:

> „Da sie in erster Linie dazu bestimmt und geeignet sind, im Interesse der Gesellschaft oder der Gesamtwirtschaft Beschlüsse zu ermöglichen, die zumindest wertneutral, wenn nicht billigenswert sind, können sie schon deshalb nicht ohne weiteres als unvereinbar mit dem Grundgesetz angesehen werden, auch wenn sie einen Mißbrauch nicht von vornherein ausschließen."

Die Grundrechte spielen aber des Weiteren noch an anderer Stelle im Aktienrecht eine Rolle. Die Aktie an sich stellt gesellschaftsrechtlich vermitteltes Eigentum dar, ist damit verfassungsrechtlich Eigentum im Sinne des Art. 14 GG und genießt daher dessen Schutz.[249] Dies hat das BVerfG bereits des Öfteren bestätigt und musste dabei über die Reichweite der Eigentumsgarantie für Aktien entscheiden, insbesondere auch im Hinblick auf die gesetzliche Normierung von Inhalts- und Schrankenbestimmungen im Sinne des Art. 14 Abs. 1 S. 2 GG.[250] Allerdings bildet diese Norm nicht den einzigen verfassungsrechtlichen Anknüpfungspunkt für die Betrachtung des Anteilseigentums, sondern dieses liegt im Schnittbereich zum Beispiel auch mit der Vereinigungsfreiheit aus Art. 9 Abs. 1 GG[251] oder auch Art. 8 GG. Subsidiär kann als Prüfungsmaßstab auch Art. 2 GG (allgemeine Handlungsfreiheit und Privatautonomie) heranzuziehen sein.[252]

2. Art. 8 GG: Versammlungsfreiheit

Begonnen werden soll diese Betrachtung mit dem Grundrecht auf Versammlungsfreiheit aus Art. 8 GG. Danach haben alle Deutschen das Recht, sich ohne Anmeldung oder Erlaubnis friedlich und ohne Waffen zu versammeln.

---

248 Vgl. BVerfGE 14, 263 (275).

249 Vgl. Raiser/Veil, Recht der Kapitalgesellschaften, § 8, Rn 44.

250 Vgl. etwa: BVerfG, NJW 2007, 3268 ff.; BVerfG, DStR 2000, 1659 ff. (MotoMeter); BVerfG, ZIP 1999, 1436 ff. (DAT/Altana); BVerfG, ZIP 1999, 1798 ff. (Wenger/Daimler-Benz); BVerfG, ZIP 1999, 1801 ff. (Scheidemandel II); BVerfG, ZIP 1999, 1804 ff. (Hartmann & Braun); BVerfGE 14, 263 ff. (Feldmühle).

251 Vgl. Wagner, Ungeschriebene Kompetenzen, § 6 E. II. 2., S. 202.

252 Ausgehend von den Aktionärstypen kann auch eine Betroffenheit in Art. 12 GG angezeigt sein, wenn das Halten der Aktien, wie etwa beim Unternehmeraktionär, mit der beruflichen Tätigkeit des Aktionärs im Zusammenhang steht (vgl. Raiser/Veil, Recht der Kapitalgesellschaften, § 8, Rn 45).

a. Personeller Schutzbereich

Der persönliche Schutzbereich des Art. 8 GG ist auf „alle Deutschen" beschränkt, sodass ausländische Aktionäre sich bereits nicht auf Art. 8 GG, sondern nur auf Art. 2 GG berufen könnten.

b. Sachlicher Schutzbereich

Der sachliche Schutzbereich betrifft Versammlungen. Eine Versammlung ist eine Zusammenkunft mehrerer Personen[253], deren innere Verbindung eine gemeinsame Zweckverfolgung auszeichnet. Die Anforderungen, die dabei an den gemeinsamen Zweck gestellt werden, unterscheiden sich inhaltlich sehr. Während in der Literatur zum Teil eine sehr offene Haltung gegenüber dem gemeinsamen Zweck eingenommen wird und danach jegliche innere Verbindung durch gemeinsame Zweckverfolgung[254] genügt, fasst das BVerfG den Versammlungsbegriff in neuerer Zeit enger und sieht den Zweck auf die Teilhabe an der öffentlichen Meinungsbildung beschränkt.[255] Zwischen beiden Ansichten finden sich ferner Vertreter der Auffassung, dass der Zweck in der gemeinsamen Meinungsbildung und –äußerung bzw. in der gemeinschaftlichen kommunikativen Entfaltung liegen soll.[256]

Damit ist zu fragen, ob die Hauptversammlung einer Aktiengesellschaft überhaupt diesen Versammlungsbegriff aus Art. 8 GG erfüllen kann. Dass es sich bei der Hauptversammlung um eine nicht öffentliche Versammlung[257] handelt, ist dabei unschädlich, denn Art. 8 GG erfasst sowohl öffentliche als auch nicht öffentliche Versammlungen.[258] Bezogen auf den Zweck, der in einer Hauptversammlung verfolgt wird und den eine Hauptversammlung erfüllen soll,

---

253 Umstritten ist dabei, wie viele Personen zur Bejahung einer Versammlung erforderlich sind. Nach weitester Auffassung genügen bereits zwei Personen (vgl. nur Höfling in Sachs, GG, Art. 8, Rn 9); andere verlangen mindestens drei oder noch mehr Personen (Nachweise bei Kunig in von Münch/Kunig, GG, Art. 8, Rn 13). Jedenfalls reicht eine Ein-Personen-Versammlung nicht aus.

254 Vgl. etwa Pieroth/Schlink, Grundrechte, Rn 750 ff.; Höfling in Sachs, GG, Art. 8, Rn 11 ff.

255 Vgl. BVerfGE 104, 92 (104): „Versammlungen im Sinne des Art. 8 GG sind demnach örtliche Zusammenkünfte mehrerer Personen zur gemeinschaftlichen, auf die Teilhabe an der öffentlichen Meinungsbildung gerichteten Erörterung oder Kundgebung." So auch Hufen, Grundrechte, § 30, Rn 7; Jarass in Jarass/Pieroth, GG, Art. 8, Rn 3.

256 Vgl. Gusy in v.Mangoldt/Klein/Starck, GG, Art. 8, Rn 17 f.; Kunig in von Münch/Kunig, GG, Art. 8, Rn 14; Geis in Friauf/Höfing, GG, Art. 8, Rn 19; BVerfGE 69, 315 (343).

257 Vgl. Hüffer, § 118 AktG, Rn 16.

258 Vgl. Schulze-Fielitz in Dreier, GG, Art. 8, Rn 26.

bestehen jedoch Schwierigkeiten, sie mit der Definition, die das BVerfG zugrunde legt, in Übereinstimmung zu bringen. Die Hauptversammlung ist gerade nicht als eine Zusammenkunft der Aktionäre zu verstehen, in der durch die Diskussion, die Debatte und die Beschlussfassung an der öffentlichen Meinungsbildung teilgenommen werden soll. Die Beschlussgegenstände sind allesamt bezogen auf die Aktiengesellschaft. Ein Beschluss über andere Themen steht der Hauptversammlung zum einen nach der gesetzlichen Konzeption nicht zu, zum anderen besteht darin nicht die Zielsetzung einer Hauptversammlung. Diese soll vielmehr zur Erfüllung der Organtätigkeit führen. Erst recht ist es, wie *Hüffer* es völlig zu Recht anmerkt[259],

> „nicht Sinn der HV, als Forum für die Diskussion von Fragen zu dienen, die nicht Gesellschaftsangelegenheiten sind oder außerhalb der HV-Zuständigkeit liegen oder nur diskutiert und nicht entschieden werden sollen."

Als eine rein wirtschaftlichen Interessen verhaftete Versammlung der Aktionäre erfüllt die Hauptversammlung damit nicht das Kriterium einer von Art. 8 GG geschützten Versammlung, wenn man der Ansicht des BVerfG folgt.[260]

Aber auch die etwas weitere Auffassung, nach der die gemeinsame Meinungsbildung und –äußerung bzw. die gemeinschaftliche kommunikative Entfaltung den Zweck der Versammlung bilden soll, eröffnet der Hauptversammlung den sachlichen Schutzbereich noch nicht. Denn wesentliches Merkmal der Versammlung im Sinne des Art. 8 GG ist also dieses Angelegtsein auf Kommunikation. Das ist aber gerade nicht der Zweck der Hauptversammlung. Vielmehr stehen wirtschaftliche und organschaftliche Interessen im Mittelpunkt. Eine gemeinsame Meinungsbildung und –äußerung verbirgt sich zwar in jedem Beschluss der Hauptversammlung, da jeder Beschluss letztlich das Ergebnis eines Meinungsbildungsprozesses zu dem vorgelegten Antrag sein wird. Dies ist aber nicht der Zweck und nicht die innere Verbundenheit der Aktionäre. Sie kommen nicht zusammen, um ihr Meinungsbild zu formen und zu äußern, sondern um als Aktionäre ihre organschaftlich zugewiesenen Rechte und Pflichten wahrzunehmen und auf diese Weise sich „wirtschaftlich" zu betätigen.

Ein anderes Ergebnis ergibt sich jedoch dann, wenn man der erstgenannten Ansicht folgt, sodass jede innere Verbindung durch einen gemeinsamen Zweck, den die Versammlungsteilnehmer verfolgen, ausreichen kann.[261] Auch die Aktionäre, die an der Hauptversammlung teilnehmen, sind innerlich verbunden, da

259 AktG, § 119, Rn 2.

260 Vgl. auch Hufen, Grundrechte, § 30, Rn 7.

261 Vgl. Höfling in Sachs, GG, Art. 8, Rn 16 („Jahreshauptversammlung eines Vereins" als Beispiel für eine private, von Art. 8 GG geschützte Zusammenkunft).

sie als Zweck die Verfolgung der wirtschaftlichen und organschaftlichen Interessen sehen. Diese innere Verbundenheit lässt die Hauptversammlung den Schutz des Art. 8 GG genießen.[262] Auf das kommunikative Element, das die anderen beiden Auffassungen in den Blickpunkt rücken, wenn auch mit unterschiedlichen Inhalten, bleibt hiernach indes unberücksichtigt.

Die letztgenannte Auffassung vermag im Hinblick auf den Regelungsgehalt des Art. 8 GG nicht zu überzeugen. Es kann nicht Sinn und Zweck des Verfassungsrechts sein, jegliche innere Verbindung mehrerer Personen unter einen besonderen Schutz zu stellen. Denn dies wäre die Konsequenz, wenn man keinerlei Anforderungen an den Inhalt des Versammlungszwecks stellen würde. Art. 8 GG ist ein Kommunikationsgrundrecht. Zur freien Entfaltung der Persönlichkeit ist die Kommunikation mit anderen erforderlich und damit ist auch die Möglichkeit, sich mit anderen zur gemeinsamen Kommunikation zu versammeln, notwendig.[263] Richtig ist es, dass der Zweck an sich nicht auf die Teilhabe an der öffentlichen Meinungsbildung reduziert werden darf, sondern dass viele Arten des Zwecks zulässig sein müssen; ansonsten bestünde die Gefahr, mittels der Schutzbereichsbegrenzung eine Zensur des Grundrechtsschutzes herbeizuführen.[264] Insofern kann der restriktiven Auffassung des BVerfG nicht gefolgt werden. Gleichwohl kann nicht ganz auf das Element der Kommunikation eines Meinungsbildes verzichtet werden, die die innere Verbindung zwischen den Versammlungsteilnehmern herstellt.

Wie gesehen fehlt aber dieses verbindende Element bei den Aktionären der Hauptversammlung einer Aktiengesellschaft. Daher kann die Hauptversammlung nicht den Grundrechtsschutz aus Art. 8 GG genießen. Mithin stellt die Hauptversammlung keine Versammlung im Sinne des Art. 8 GG dar.[265]

c. *Implikationen für beratende Hauptversammlungsbeschlüsse*

Ausgehend von dem gefundenen Ergebnis ergeben sich zunächst keine weiteren Implikationen für die Zulässigkeit von beratenden Hauptversammlungsbeschlüssen, da Art. 8 GG nicht anwendbar ist. Doch selbst wenn man der weiten Auf-

262 Gleichwohl würde die Hauptversammlung eines Allein-Aktionärs auch nach dieser Auffassung nicht in den Schutzbereich des Art. 8 GG fallen, da selbst nach der weitesten vertretenen Ansicht mindestens zwei Personen für das Vorliegen einer Versammlung im Sinne der Norm erforderlich sind, siehe oben Fn 253.

263 Vgl. Kunig in von Münch/Kunig, GG, Art. 8, Rn 2; Schulze-Fielitz in Dreier, GG, Art. 8, Rn 15.

264 Vgl. Schulze-Fielitz in Dreier, GG, Art. 8, Rn 26 f.

265 Daher zu Recht Gusy in v.Mangoldt/Klein/Starck, GG, Art. 8, Rn 17 a.E.: „Der Zweck der Jahreshauptversammlung einer Vereinigung ist nicht durch Art. 8 GG, sondern durch Art. 9 Abs. 1 GG geschützt."

fassung bezüglich des Versammlungszwecks folgen würde, sodass die Hauptversammlung in den Anwendungsbereich des Art. 8 GG fiele, könnten daraus noch keine Schlussfolgerungen hinsichtlich beratender Hauptversammlungsbeschlüsse gezogen werden. Art. 8 GG gewährt das Recht, sich zu versammeln, also das Recht auf Teilnahme an einer Versammlung.[266] Dies ist aber in keiner Weise berührt, unabhängig davon, ob beratende Beschlüsse auf der Hauptversammlung zugelassen werden oder nicht. Dem Aktionär würde damit nicht die Möglichkeit geschaffen, eine bestimmte Kommunikationsform, die er für adäquat hielte, umzusetzen, sondern ihm würde nur sein Recht auf Partizipation an der meinungsbildenden und –äußernden Versammlung gesichert. Art. 8 GG kann daher insgesamt nicht nutzbringend für die Rechtfertigung von beratenden Hauptversammlungsbeschlüssen herangezogen werden.

3. Art. 9 GG: Vereinigungsfreiheit

Nach Art. 9 Abs. 1 GG haben alle Deutschen das Recht, Vereine und Gesellschaften zu gründen.

a. Personeller Schutzbereich

Der persönliche Schutzbereich des Art. 9 Abs. 1 GG ist wiederum auf alle Deutschen beschränkt. Ausländische Aktionäre können sich daher ebenfalls nicht auf dieses Grundrecht berufen, sondern nur auf Art. 2 GG.

b. Sachlicher Schutzbereich

Schutzgegenstand der Vereinigungsfreiheit sind Vereinigungen als Oberbegriff zu Vereinen und Gesellschaften. Der Vereinigungsbegriff ist weit und offen zu verstehen. Nach einhelliger Ansicht wird der verfassungsrechtliche Vereinigungsbegriff zutreffend durch § 2 Abs. 1 VereinsG umschrieben, der als Voraussetzung normiert, dass sich eine Mehrheit natürlicher oder juristischer Personen für längere Zeit zu einem gemeinsamen Zweck freiwillig zusammengeschlossen und einer organisierten Willensbildung unterworfen hat. Der Vereinigungsbegriff zeichnet sich dabei durch eine Offenheit in Bezug auf den Zweck aus.[267]

Unter diese Begriffsbestimmung lässt sich die Aktiengesellschaft zunächst leicht subsumieren: Mehrere Aktionäre haben sich zusammengeschlossen, und zwar für eine längere Zeit. Sie verfolgen dabei einen gemeinsamen, meist wirtschaftlichen Zweck. Dieser Zusammenschluss erfolgt auf freiwilliger Basis

266 Vgl. Schulze-Fielitz in Dreier, GG, Art. 8, Rn 30.
267 Vgl. Kemper in v.Mangoldt/Klein/Starck, GG, Art. 9, Rn 24.

durch die Gesellschaftsgründung oder den späteren Beitritt. Dadurch unterwerfen sich die Aktionäre einem organisierten Willensbildungsverfahren. Für größere Kapitalgesellschaften hegt das BVerfG allerdings Zweifel an der Anwendbarkeit von Art. 9 Abs. 1 GG, ohne jedoch diesbezüglich eine abschließende Entscheidung zu treffen. Nachdem es zunächst den personalen Grundzug, den Art. 9 Abs. 1 GG beinhaltet, ausführlich beschreibt, fährt es fort[268]:

> „Ob das Schutzgut und der Inhalt des Art. 9 Abs. 1 GG eine Anwendung der Gewährleistung auch auf größere Kapitalgesellschaften zulassen, kann zweifelhaft erscheinen. Im Unterschied zu dem Typus der Vereinigungen, den das Grundrecht der Vereinigungsfreiheit seiner Geschichte und seiner heutigen Geltung nach primär schützen will, tritt bei diesen das personale Element bis zur Bedeutungslosigkeit zurück. Das von den Gesellschaften betriebene Unternehmen umfaßt sowohl Gesellschaftsmitglieder als auch Nicht-Mitglieder; erst das freiwillige Zusammenwirken beider gewährleistet das Erreichen des Gesellschaftszweckes. Bedenken gegen die Anwendbarkeit des Art. 9 Abs. 1 GG ergeben sich insbesondere in Fällen juristischer Personen als Anteilseigner und, im Zusammenhang damit, der Konzernverflechtung; ebenso kann der Einfluß großer Anteilseigner in zahlreichen Gesellschaften zu einer Lage führen, in der von freier Organbestellung und Willensbildung durch gleichberechtigte Gesellschafter oder deren Repräsentanten, d. h. aber von dem in der Vereinigungsfreiheit enthaltenen Gedanken sich in freier Assoziation selbstbestimmender Mitglieder, nichts oder nur wenig übrig bleibt.“

Den Überlegungen des BVerfG kann nicht gefolgt werden. Eine Beschränkung des sachlichen Schutzbereichs des Art. 9 Abs. 1 GG auf Vereinigungen, die ein ausgeprägtes personales Element beinhalten, lässt sich aus dem Grundrecht nicht herauslesen.[269] Zwar ist es richtig, dass Art. 9 Abs. 1 GG stets in Verbindung mit den anderen Grundrechten zu sehen ist, die auf eine Interaktion von Menschen angelegt sind, wie zum Beispiel Art. 5 oder 8 GG. Die Vereinigungsfreiheit ist darauf aber nicht reduziert. Die sich vereinigenden Mitglieder können auch juristische Personen sein. Denn nicht zuletzt stehen hinter ihnen wiederum Menschen, also das personale Element, die sich dazu entschieden haben, auf geschachtelte Weise ihre Vereinigungsfreiheit zu realisieren. Auch dies muss im Sinne der wirtschaftlichen Betätigung des Individuums berücksichtigt werden. Ferner vermittelt die Aktie sowohl vermögens- als auch mitgliedschaftliche Rechte. Diese mitgliedschaftliche Position darf nicht vernachlässigt wer-

268 BVerfGE 50, 290 (355 f.).

269 Vgl. Höfling in Sachs, GG, Art. 9, Rn 12; Kemper in v.Mangoldt/Klein/Starck, GG, Art. 9, Rn 19; Jarass in Jarass/Pieroth, GG, Art. 9, Rn 4.

den, wenn über den Grundrechtsschutz des Aktionärs diskutiert wird. Sie muss deshalb auch den Schutz des Art. 9 GG genießen.[270]

Art. 9 Abs. 1 GG ist daher auf alle Aktiengesellschaften als Form der Vereinigung anzuwenden. Auf die Struktur der Zusammensetzung der Aktionäre kommt es dabei nicht an; Voraussetzung ist allerdings dennoch, dass mindestens zwei Aktionäre vorhanden sind, denn eine Vereinigung in diesem Sinne verlangt immer einen Zusammenschluss mehrerer Personen.[271]

c. *Implikationen für beratende Hauptversammlungsbeschlüsse*

Mit der grundsätzlichen Bejahung des grundsätzlichen Schutzes der Aktiengesellschaft unter Art. 9 Abs. 1 GG ist allein noch nicht gesagt, dass sich damit Folgerungen zugunsten oder zulasten von beratenden Hauptversammlungsbeschlüssen ergeben können. Zunächst ist festzuhalten, dass die Hauptversammlung als solche wesentliches Element ist, um die Aktiengesellschaft überhaupt dem Schutz des Art. 9 GG zu unterstellen. Denn wesentliches Element der Vereinigung im Sinne dieses Grundrechts ist, dass die Willensbildung der Mitglieder für die Angelegenheiten der Vereinigung maßgeblich ist und keine (vollständige) Unterwerfung unter eine Fremdbestimmung stattfindet.[272] Dies geschieht in der Hauptversammlung als Willensbildungsorgan der Aktiengesellschaft.

Ausgehend hiervon stellt sich die Frage, ob der Gesetzgeber, indem er der Hauptversammlung keine allgemeine Grundlage für beratende Hauptversammlungsbeschlüsse zur Verfügung gestellt hat, sich einen Verstoß gegen Art. 9 Abs. 1 GG vorwerfen lassen muss bzw. ob, um diese zu vermeiden, jedenfalls § 119 Abs. 2 AktG, der wie gesehen einziger Ansatzpunkt für eine Auslegung zugunsten der Möglichkeit von beratenden Hauptversammlungsbeschlüssen ist, nicht so – grundrechtskonform – auszulegen ist, dass beratende Hauptversammlungsbeschlüsse als zulässig zu erachten sind, damit die Hauptversammlung ihre Willensbildungsfunktion im Verband korrekt ausüben kann.

Jede Verkürzung des grundrechtlich Gewährleisteten stellt grundsätzlich einen Eingriff in den Schutzbereich des Art. 9 Abs. 1 GG dar, der einer Rechtfertigung bedarf.[273] Art. 9 Abs. 1 GG garantiert nun, dass jeder Deutsche das Recht hat, Vereine oder Gesellschaften zu gründen. Gleichzeitig hat der Gesetzgeber eine Reihe von vereins- und gesellschaftsrechtlichen Typen von Vereinigungen

---

270 Vgl. Kemper in v.Mangoldt/Klein/Starck, GG, Art. 9, Rn 20; zurückhaltender: Schön, FS Ulmer, 1359 (1367).

271 Vgl. Bauer in Dreier, GG, Art. 9, Rn 39; Höfling in Sachs, GG, Art. 9, Rn 10.

272 Vgl. Kemper in v.Mangoldt/Klein/Starck, GG, Art. 9, Rn 19 f.

273 Vgl. Höfling in Sachs, GG, Art. 9, Rn 34.

dem einzelnen Bürger zur Verfügung gestellt, deren er sich bedienen kann, um im wirtschaftlichen Bereich tätig zu sein.[274] Insofern ist dieses Grundrecht auf eine gesetzgeberische Ausgestaltung angewiesen, um dem Bürger Rahmenbedingungen für die Ausübung seines Grundrechts an die Hand zu geben.[275] Dies erkennt auch das BVerfG an, wenn es hierzu sagt[276]:

> „Vereinigungsfreiheit ist in mehr oder minder großem Umfang auf Regelungen angewiesen, welche die freien Zusammenschlüsse und das Leben in die allgemeine Rechtsordnung einfügen, die Sicherheit des Rechtsverkehrs gewährleisten, Rechte der Mitglieder sichern und den schutzbedürftigen Belangen Dritter oder auch öffentlichen Interessen Rechnung tragen. Demgemäß ist mit der verfassungsrechtlichen Garantie der Vereinigungsfreiheit seit jeher die Notwendigkeit einer gesetzlichen Ausgestaltung dieser Freiheit verbunden, ohne die sie praktische Wirksamkeit nicht gewinnen könnte. Diese Notwendigkeit gehört von vornherein zum Inhalt des Art. 9 Abs. 1 GG, […].“

In der Ausgestaltung der Aktiengesellschaft ist der Gesetzgeber nun den Weg gegangen, beim Typus Aktiengesellschaft eine Dreiteilung in der Kompetenzordnung zu kreieren. Vorstand, Aufsichtsrat und Hauptversammlung sind unterschiedliche Zuständigkeiten zugewiesen. Größte Verantwortung wurde dem Vorstand anvertraut, der Leitungs- und Geschäftsführungsfunktionen zu übernehmen hat. Die Hauptversammlung ist dagegen im Vergleich zu anderen Gesellschaftsformen mit weit weniger Rechten – quantitativ wie qualitativ – ausgestattet worden. Gleichwohl wurden ihr Rechte übertragen, sodass keine völlige Fremdbestimmtheit des Aktionärskollektivs entsteht, sondern noch immer eine Vereinigung vorliegt.

Diese Ausgestaltung stellt eine Art Inhaltsbestimmung des Art. 9 Abs. 1 GG dar. Solche Regelungen, die die leistungsrechtliche, insbesondere die kompetenzielle Dimension der Vereinigungsfreiheit entfalten, sind jedoch nicht als Grundrechtseingriffe zu qualifizieren, weil sie grundrechtliche Freiheiten im Bereich rechtsbedeutsamen Handelns erst ermöglichen.[277] Der Gesetzgeber hat sich bei der Verteilung der Zuständigkeiten im System der Aktiengesellschaft allerdings dazu entschieden, der Hauptversammlung einen eng umgrenzten Kompetenzbereich zuzuschreiben. Dieser umfasst in erster Linie die Fassung von Be-

274 Der Grundrechtsträger ist indessen zur Verwirklichung der Vereinigungsfreiheit nicht an die im Gesetz vorgeformten Vereinigungstypen gebunden, vgl. Kemper in v.Mangoldt/Klein/Starck, GG, Art. 9, Rn 10.

275 Vgl. Löwer in von Münch/Kunig, GG, Art. 9, Rn 23.

276 BVerfGE 50, 290 (354 f.).

277 Vgl. Höfling in Sachs, GG, Art. 9, Rn 36; Löwer in von Münch/Kunig, GG, Art. 9, Rn 24.

schlüssen, an die unmittelbare Rechtsfolgen geknüpft sind. Nur an den drei beschriebenen Stellen hielt er es für angebracht, beratende Hauptversammlungsbeschlüsse einzuführen, die ihrerseits aber allesamt als Vollbeschluss abzufassen sind. Wie bereits gesehen liegt bei der Ausgestaltung dieses Systems der Aktiengesellschaft bei Hauptversammlungsbeschlüssen das Entscheidungsprinzip zugrunde. Hierfür hat sich der Gesetzgeber ausgesprochen, selbst als er § 119 Abs. 2 AktG normierte. Tatsächlich geht damit eine weitgehende Beschränkung des Willensbildungselements des Art. 9 Abs. 1 GG einher, ohne jedoch zu einer vollständigen Fremdbestimmung zu avancieren und so die Aktiengesellschaft aus dem Schutzbereich des Grundrechts herauszumanövrieren.

Diese Ausgestaltung durch den Gesetzgeber steht damit nicht im Widerspruch zu Art. 9 Abs. 1 GG, mithin ist es grundrechtlich also nicht zu beanstanden, wenn von Gesetzes wegen für die Hauptversammlung keine Möglichkeit zur Fassung eines beratenden Hauptversammlungsbeschlusses geschaffen wird. Ebenso wenig ist es angezeigt, § 119 Abs. 2 AktG im Lichte des Art. 9 Abs. 1 GG dergestalt verfassungskonform auszulegen, dass beratende Hauptversammlungsbeschlüsse zulässig sein müssen.

4. Art. 14 GG: Eigentumsgarantie

Nach Art. 14 GG wird das Eigentum gewährleistet. Inhalt und Schranken werden durch die Gesetze bestimmt. Ferner heißt es: Eigentum verpflichtet. Sein Gebrauch soll zugleich dem Wohle der Allgemeinheit dienen.

a. Personeller Schutzbereich

Grundrechtsträger sind zunächst alle natürlichen Personen. Eine Einschränkung auf Deutsche besteht nicht. Darüber hinaus können über Art. 19 Abs. 3 GG auch alle inländischen juristischen Personen des Privatrechts oder sonstige Personenvereinigungen Grundrechtsträger sein.[278] Ausländische juristische Personen werden dagegen nicht von Art. 14 GG geschützt.[279]

b. Sachlicher Schutzbereich

Art. 14 GG schützt alle vermögenswerten Rechtspositionen, die dem Rechtsträger als Eigentum zugeordnet sind. Der Schutzbereich der Eigentumsgewährleis-

278 Vgl. Wendt in Sachs, GG, Art. 14, Rn 16.

279 Vgl. Wieland in Dreier, GG, Art. 14, Rn 68; Depenheuer in v.Mangoldt/Klein/Starck, GG, Art. 14, Rn 188; Wendt in Sachs, GG, Art. 14, Rn 16.

tung wird durch die Gesetze bestimmt.[280] Der Inhalt des Eigentums ergibt sich aus der Zusammenschau aller zu einem bestimmten Zeitpunkt geltenden, die Eigentümerstellung regelnden gesetzliche Vorschriften.[281]

Auch die Aktie bzw. das in der Aktie verkörperte Anteilseigentum, das im Rahmen seiner gesellschaftsrechtlichen Ausgestaltung durch Privatnützigkeit und Verfügungsbefugnis gekennzeichnet ist, stellt eine vermögenswerte Rechtsposition des privaten Rechts dar und genießt damit den Schutz des Art. 14 GG. Dies entspricht der allgemeinen Meinung[282] und wurde bereits mehrfach vom BVerfG bestätigt.[283] Es beschreibt den Schutz wie folgt[284]:

> „Der Schutz erstreckt sich auf die mitgliedschaftliche Stellung in einer Aktiengesellschaft, die das Aktieneigentum vermittelt. Aus der mitgliedschaftlichen Stellung erwachsen dem Aktionär im Rahmen der gesetzlichen Vorschriften und der Gesellschaftssatzung sowohl Leitungsbefugnisse als auch vermögensrechtliche Ansprüche. Die Leitungsbefugnis beruht darauf, dass das Aktienrecht die Aktionärsversammlung als zentrales Organ der Gesellschaft vorsieht. Die vermögensrechtliche Stellung ist in dem gesetzlichen Anspruch auf den Bilanzgewinn, soweit er zur Verteilung kommt, in dem Recht zum Bezug neuer Aktien bei Kapitalerhöhungen sowie dem Recht auf Teilnahme an dem Liquidationserlös begründet."

3. Implikationen für beratende Hauptversammlungsbeschlüsse

Die Mitgliedschaftsrechte des Aktionärs teilen sich in Vermögens- und Mitverwaltungsrechte auf.[285] Dieser Aufteilung folgt auch das BVerfG. Die Beschlussfassung in der Hauptversammlung zählt zu dem klassischen Bereich, der den Mitverwaltungsrechten zuzuordnen ist. Die Frage nach der Zulässigkeit von be-

---

280 Vgl. Wieland in Dreier, GG, Art. 14, Rn 38; Jarass in Jarass/Pieroth, GG, Art. 14, Rn 7 ff.

281 Vgl. Depenheuer in v.Mangoldt/Klein/Starck, GG, Art. 14. Rn 111; Wieland in Dreier, GG, Art. 14, Rn 38; Pieroth/Schlink, Grundrechte, Rn 977.

282 Vgl. Wendt in Sachs, GG, Art. 14, Rn 24; Wieland in Dreier, GG, Art. 14, Rn 49; Depenheuer in v.Mangoldt/Klein/Starck, GG, Art. 14, Rn 142; Jarass in Jarass/Pieroth, GG, Art. 14, Rn 9; Seuffert, Der Schutz des Aktieneigentums, III. 2. a), S. 22; Wagner, Ungeschriebene Kompetenzen der Hauptversammlung, § 6, E. II. 2., S. 202.

283 Vgl. etwa: BVerfG, NJW 2007, 3268 ff.; BVerfG, DStR 2000, 1659 ff. (MotoMeter); BVerfG, ZIP 1999, 1436 ff. (DAT/Altana); BVerfG, ZIP 1999, 1798 ff. (Wenger/Daimler-Benz); BVerfG, ZIP 1999, 1801 ff. (Scheidemandel II); BVerfG, ZIP 1999, 1804 ff. (Hartmann & Braun); BVerfGE 50, 290 ff. (Mitbestimmung); BVerfGE 14, 263 ff. (Feldmühle).

284 ZIP 1999, 1436 (1439); siehe auch BVerfG, NJW 2007, 3268 (3269); BVerfG, DStR 2000, 1659.

285 Siehe bereits oben § 3, A. II.

ratenden Hauptversammlungsbeschlüssen im Lichte des Art. 14 GG hat sich damit auf diesen Aspekt des Anteilseigentums zu konzentrieren. Im Konkreten ist also zu hinterfragen, ob die unterlassene Regelung zu allgemeinen beratenden Hauptversammlungsbeschlüssen einen Verstoß gegen Art. 14 GG darstellt, und wenn dem so ist, ob dies durch die verfassungskonforme Auslegung des § 119 Abs. 2 AktG ausgeglichen werden kann.

Betroffen sind hier die innere Organisation und das Verfahren der Willensbildung in der Aktiengesellschaft. Das BVerfG[286] hat ausdrücklich ausgesprochen, dass auch Regelungen, die die innere Organisation und das Verfahren der Willensbildung zum Gegenstand haben, an den materiellen Grundrechten zu messen sind, das heißt auch an Art. 14 GG. Weiter stellte es fest, dass eine Verletzung dann vorliegen kann, wenn derartige Bestimmungen „zur Funktionsunfähigkeit der Unternehmen führen würde oder wenn sie der Funktionsunfähigkeit nahekommende Zustände zur Folge hätte, etwa deswegen, weil die Willensbildung in den Unternehmen so kompliziert würde, daß Entscheidungen nicht oder kaum mehr getroffen werden.“[287] Die Eigentumsgarantie schützt also unter anderem vor solchen gesetzlichen Organisationsrechten, die derart aufwendig oder kompliziert gestaltet sind, dass sie eine zeitlich und kostenmäßig angemessene Entscheidungsfindung verhindern und so die Funktionsfähigkeit des Unternehmens gefährden können.[288] Andernfalls liegt eine grundgesetzlich zulässige Inhalts- und Schrankenbestimmung gemäß Art. 14 Abs. 1 S. 2 GG vor.[289]

Man befindet sich hier in einem Schnitt- bzw. Übergangsbereich zwischen den Grundrechten des Art. 9 Abs. 1 GG und des Art. 14 GG.[290] Beide Grundrechte gewähren einen Schutz für die Aktionäre. Doch zeichnen sich beide auch durch eine starke Normgeprägtheit aus. Wie die vorgenannte Entscheidung des BVerfG zeigt, besitzt der Gesetzgeber grundsätzlich sogar einen verhältnismäßig weiten Spielraum bezogen darauf, wie er die innere Organisation und das Verfahren der Willensbildung der Aktiengesellschaft ausgestaltet, bevor die Grenzen des Art. 14 GG erreicht sind. Indem es erst auf die Funktionsunfähigkeit oder zumindest die Beinahefunktionsunfähigkeit des Entscheidungsfindungsprozesses abstellt, erachtet es eine weitgehende Beschränkung der Mitverwaltungsrechte im Wege der Ausgestaltung des Willensbildungsverfahrens und der inneren Organisation als verfassungskonforme Bestimmung des Inhalts des Aktieneigentums.

---

286 BVerfGE 50, 290 (351 f.).

287 BVerfGE 50, 290 (352).

288 Vgl. Depenheuer in v.Mangoldt/Klein/Starck, GG, Art. 14, Rn 141; Wagner, Ungeschriebene Kompetenzen der Hauptversammlung, § 6, E. II. 2) a) (1), S. 203.

289 BVerfGE 50, 290 (352).

290 Vgl. Schön, FS Ulmer, 1359 (1367).

In der Rechtsprechung des BVerfG zeigt sich ohnehin, dass es zwar die beiden Komponenten der Mitgliedschaftsrechte der Aktionäre, die Vermögens- und die Mitverwaltungsrechte, gleichermaßen hervorhebt. Je geringer der Anteil des einzelnen Aktionärs an der Aktiengesellschaft ist, insbesondere bei einem Kleinaktionär, desto weniger Bedeutung misst es den Mitverwaltungsrechten bei und sieht das durch Art. 14 GG geschützte Interesse des Aktionärs fast ausschließlich in seiner Vermögensposition, deren er nicht beraubt werden darf.[291]

Der Gesetzgeber hat sich nun für ein System der inneren Organisation der Aktiengesellschaft entschlossen, in dem eine strikte Dreiteilung in der Zuständigkeit der Organe vorzufinden ist. Der Hauptversammlung sind abschließend Kompetenzen zur Wahrnehmung zugewiesen worden. Gleichzeitig bleibt die Funktion der Hauptversammlung als Willensbildungsorgan der Aktiengesellschaft gleichwohl bestehen. Die innere Struktur der Aktiengesellschaft führt jedoch dazu, dass die Willensbildung von Gesetzes wegen auf die der Hauptversammlung zugeteilten Themen beschränkt sein muss, da der Gesetzgeber dieses abschließende Kompetenzsystem vorgesehen hat. Was der Hauptversammlung nicht anvertraut ist, darf sie nicht behandeln. Eine Funktionsunfähigkeit kann dadurch nicht angenommen werden. Zunächst wird die Aktiengesellschaft als solche nicht funktionsunfähig. Das zeigt nicht nur die gegenteilige Praxis, sondern vielmehr auch die Tatsache, dass das Aktienrecht eine ausgewogene Machtbalance geschaffen hat, sodass keine handlungsfreien Räume entstehen. Ferner wird der Entscheidungsfindungsprozess als solcher ebenfalls nicht beeinträchtigt. Nicht der Prozess, sondern der Entscheidungsgegenstand steht infrage. Schließlich findet auch keine nicht zu rechtfertigende Verkürzung der Mitgliedschaftsrechte statt. Dem Aktionär ist in den wesentlichen Fragen, die die Aktiengesellschaft als solche betreffen und die damit unmittelbaren Einfluss auf seine Position als Anteilseigentümer haben, ein Mitspracherecht in Form der notwendigen Beteiligung mittels Hauptversammlungsbeschluss gesetzlich eingeräumt. Alle strukturändernden Maßnahmen sind von der Hauptversammlung zu beschließen. Andererseits ist die Kompetenz für Geschäftsführungsfragen grundsätzlich ausgeschlossen, soweit nicht der Vorstand einen Beschluss ausdrücklich gemäß § 119 Abs. 2 AktG herbeiführen möchte. Diese gesetzgeberische Ausgestaltung widerspricht Art. 14 GG nicht, denn selbst ein vollkommener Ausschluss jeglicher Mitsprache in Geschäftsführungsmaßnahmen ließe sich als Inhalts- und Schrankenbestimmung rechtfertigen, denn auch hierdurch ent-

---

291 Vgl. BVerfG, DStR 2000, 1659 (1660); BVerfG, ZIP 1999, 1436 (1439 f.); BVerfG, NJW 2007, 3268 (3270): „Das Mitgliedschaftsinteresse eines Aktionärs kann der Gesetzgeber indes in der Regel umso niedriger bewerten, je geringer dessen Anteil an der Gesellschaft ausfällt."

stünde aufgrund der Zuweisung der Geschäftsführung und –leitung an den Vorstand keine Funktionsunfähigkeit der Gesellschaft. Wäre es nun aber zulässig, auf § 119 Abs. 2 AktG ganz zu verzichten, ohne damit gegen Art. 14 GG zu verstoßen, kann keine Notwendigkeit dafür angenommen werden, § 119 Abs. 2 AktG wegen Art. 14 GG dergestalt verfassungskonform auszulegen, dass beratende Hauptversammlungsbeschlüsse zulässig sein müssen.

Art. 14 GG bietet mithin ebenfalls keine Anhaltspunkte dafür, dass aufgrund des grundrechtlichen Schutzes des Anteilseigentums beratende Hauptversammlungsbeschlüsse zwingend als zulässig zu erachten sind.

5. Art. 5 GG: Meinungsfreiheit

Nach Art. 5 Abs. 1 S. 1 GG hat jeder das Recht, seine Meinung in Wort, Schrift und Bild frei zu äußern und zu verbreiten und sich aus allgemein zugänglichen Quellen ungehindert zu unterrichten. Gemäß Art. 5 Abs. 2 GG findet die Meinungsfreiheit ihre Schranken indes in den Vorschriften der allgemeinen Gesetze, den gesetzlichen Bestimmungen zum Schutz der Jugend und in dem Recht der persönlichen Ehre.

a. Personeller Schutzbereich

Art. 5 Abs. 1 S. 1 GG ist ein Jedermanns-Grundrecht, auf das sich zunächst alle natürlichen Personen berufen können.[292] Des Weiteren können sich juristische Personen des Privatrechts gemäß Art. 19 Abs. 3 GG darauf berufen, da die Meinungsfreiheit ihrem Wesen nach auch auf sie zutrifft; ausländische juristische Personen fallen dagegen aus dem Schutzbereich heraus.[293] Allgemein anerkannt ist ferner, dass sich auch nichtrechtsfähige Personenvereinigungen, z. B. OHG, KG, nichtrechtsfähige Vereine, Gewerkschaften oder politische Parteien, auf Art. 5 Abs. 1 S. 1 GG berufen können.[294]

Insofern besteht Anlass zu der Frage, ob die Hauptversammlung als solche, das heißt als (Willensbildungs-)Organ der Aktiengesellschaft, sich ebenfalls auf die Meinungsfreiheit berufen kann oder ob dies nur den einzelnen Aktionären, die natürliche oder juristische Personen sein können, zusteht. Nach Art. 19 Abs. 3 GG gelten die Grundrechte auch für juristische Personen, soweit sie ih-

---

292 Vgl. Starck in v.Mangoldt/Klein/Starck, GG, Art. 5, Rn 178; Bethge in Sachs, GG, Art. 5, Rn 24.

293 Vgl. Wendt in von Münch/Kunig, GG, Art. 5, Rn 6; Starck in v.Mangoldt/Klein/Starck, GG, Art. 5, Rn 181 f.; Kannengießer in Schmidt-Bleibtreu/Hofmann/Hopfauf, GG, Art. 5, Rn 6; Jarass in Jarass/Pieroth, GG, Art. 5, Rn 8.

294 Vgl. Starck in v.Mangoldt/Klein/Starck, GG, Art. 5, Rn 183; Wendt in von Münch/Kunig, GG, Art. 5, Rn 6.

rem Wesen nach auf sie anwendbar sind. Der Begriff der juristischen Person wird hierbei nicht wie im Sinne der Privatrechtsordnung definiert, sondern folgt einer eigenen Auslegung, sodass sowohl vollrechtsfähige als auch teilrechtsfähige Organisationseinheiten, aber auch andere rechtlich verselbständigte Einheiten darunter gefasst werden.[295] Nach allgemeinem Verständnis sind darunter Organisationsgebilde zu verstehen, die in umfassender Weise Zuordnungsobjekt von Rechtsnormen, insbesondere von Rechten und Pflichten, sein können.[296] Diese Definition scheint zunächst auch für die Hauptversammlung zu passen, da ihr im Aktiengesetz umfassende Rechte und Pflichten auferlegt sind und sie damit als Zuordnungsobjekt von Rechtsnormen eingeordnet werden könnte. Von Bedeutung ist in diesem Zusammenhang jedoch, was bereits im Rahmen der Ausführungen zu den Funktionen von Beschlüssen dargelegt wurde. Neben der Willensbildungsfunktion ist für sie wesentlich die Zurechnungsfunktion. Ihr Wille wird der Aktiengesellschaft zugerechnet, sodass die Hauptversammlung selbst kein Zurechnungsobjekt mehr darstellt. Daher kann die Hauptversammlung als solche keine Grundrechtsträgerin sein.[297]

Wenn sich auch die Hauptversammlung allein nicht auf Art. 5 Abs. 1 GG berufen kann, steht jedoch außer Zweifel, dass sich dieses Grundrecht dem Wesen nach auch auf die Aktiengesellschaft anwenden lässt. Da der Wille der Hauptversammlung der Aktiengesellschaft nun allerdings zugerechnet wird, die sich auf Art. 5 Abs. 1 GG berufen kann, ergibt sich konsequenterweise kein grundrechtsungeschützter Bereich.

b. *Sachlicher Schutzbereich*

Gegenstand des Schutzes des Art. 5 Abs. 1 S. 1 GG ist die Meinung. Nach Definition des BVerfG ist der Begriff der Meinung grundsätzlich weit zu verstehen und gekennzeichnet durch Elemente der Stellungnahme, des Dafürhaltens oder Meinens.[298] Beinhaltet sind damit Werturteile, Ansichten, Auffassungen, Überzeugungen und Einstellungen zu allen möglichen sachlichen Gegenständen oder Personen, ohne dass es dabei auf deren Gegenstand oder Inhalt (z. B. politisch,

---

295 Vgl. Huber in v.Mangoldt/Klein/Starck, GG, Art. 19, Rn 235 ff.; Sachs in Sachs, GG, Art. 19 Rn 57 ff.; Dreier in Dreier, GG, Art. 19, Rn 44 ff.; Jarass in Jarass/Pieroth, GG, Art. 19, Rn 19.

296 Vgl. Dreier in Dreier, GG, Art. 19, Rn 43.

297 Vgl. Sachs in Sachs, GG, Art. 19, Rn 66; siehe auch Jarass in Jarass/Pieroth, GG, Art. 19, Rn 19 a.E., der auf das Vorliegen einer Vereinigung im Sinne des Art. 9 Abs. 1 GG referiert: „Teile von Vereinigungen sind nicht Grundrechtsträger, es sei denn, sie sind so verselbstständigt, dass sie selbst eigene Vereinigungen bilden."

298 BVerfGE 61, 1 (9); vgl. auch Bethge in Sachs, GG, Art. 5, Rn 25; Wendt in von Münch/Kunig, GG, Art. 5, Rn 8.

unpolitisch, rational, emotional, wirtschaftlich etc.) ankommt; selbst objektiv wertlose Meinungen werden daher vom Schutzbereich erfasst.[299] Auch „kommerzialisierte Meinungsverbreitung, das heißt Meinungen, die nur denen zugänglich sind, die bereit sind, dafür ein Entgelt zu entrichten“, erfüllen den Meinungs-Begriff, denn „die Kundgabe einer Meinung bleibt auch dann Meinungsäußerung, wenn sie wirtschaftliche Vorteile bringen soll.“[300] Nichts anderes ist bei meinungshaltiger Werbung anzunehmen.[301]

Reine Tatsachenbehauptungen sind regelmäßig nicht durch die Meinungsfreiheit geschützt. Im Gegensatz zu Meinungen sind Tatsachenbehauptungen einem Beweise zugänglich und können daher entweder wahr oder falsch sein. Allerdings besteht oftmals eine Verbindung zwischen einer Tatsachenbehauptung und einer sich dahinter oder darin widerspiegelnden Meinung. Deshalb ist anerkannt, dass auch für solche Tatsachenmitteilungen, die durch Elemente der Stellungnahme, des Dafürhaltens oder Meinens geprägt sind, der Schutzbereich des Art. 5 Abs. 1 S. 1 GG eröffnet ist.[302] Folglich sind nur solche Tatsachenangaben, denen jeder Meinungsgehalt fehlt, vom Schutz der Meinungsfreiheit ausgenommen.[303] Gleiches gilt für bewusst unwahre Tatsachenbehauptungen und solche, deren Unwahrheit unzweifelhaft feststeht.[304]

Wie sich aus dieser kurzen Zusammenfassung schlussfolgern lässt, wohnt dem Begriff der Meinung die Subjektivität der Wertung inne. Diese Subjektivität ist der eigentliche Gegenstand des Grundrechtsschutzes.[305]

Art. 5 Abs. 1 S. 1 GG stellt sowohl das Äußern als auch das Verbreiten der Meinung, also ihre Abgabe und den Prozess der Informationsübertragung, unter seinen Schutz; geschützt sind der Inhalt sowie die Form bzw. der Modus der Äußerung.[306] Als sog. negative Meinungsfreiheit gewährleistet Art. 5 Abs. 1 S. 1

---

299 Vgl. Pieroth/Schlink, Grundrechte, Rn 594; Jarass in Jarass/Pieroth, GG, Art. 5, Rn 3; Starck in v.Mangoldt/Klein/Starck, GG, Art. 5, Rn 22.

300 So ausdrücklich BVerfGE 30, 336 (352).

301 Vgl. Starck in v.Mangoldt/Klein/Starck, GG, Art. 5, Rn 25; Bethge in Sachs, GG, Art. 5, 25a.

302 Vgl. BVerfGE 61, 1 (9); Pieroth/Schlink, Grundrechte, Rn 597 f.; Wendt in von Münch/Kunig, GG, Art. 5, Rn 9; Jarass in Jarass/Pierotz, GG, Art. 5, Rn 4; Bethge in Sachs, GG, Art. 5, Rn 27 ff.

303 Vgl. Starck in v.Mangoldt/Klein/Starck, GG, Art. 5, Rn 26.

304 Vgl. BVerfGE 99, 185 (197).

305 Vgl. Starck in v.Mangoldt/Klein/Starck, GG, Art. 5, Rn 22 m.w.N.

306 Vgl. Jarass in Jarass/Pieroth, GG, Art. 5, Rn 6; Wendt in von Münch/Kunig, GG, Art. 5, Rn 17.

GG des Weiteren, dass jedermann dazu berechtigt ist, Meinungen nicht zu äußern und/oder nicht zu verbreiten.[307]

c. *Implikationen für beratende Hauptversammlungsbeschlüsse*

Hinsichtlich der Bewertung der Zulässigkeit und Notwendigkeit von beratenden Hauptversammlungsbeschlüssen kommt Art. 5 Abs. 1 S. 1 GG, also der Meinungsfreiheit, nicht zuletzt deswegen so große Bedeutung zu, weil der Inhalt von derartigen Beschlüssen die Kundgabe einer Meinung darstellt. Wie dargestellt handelt es sich um Beschlüsse, die keine unmittelbaren rechtlichen Folgen mit sich bringen und regelmäßig den Charakter einer Empfehlung haben, in der sich das Meinungsbild der Hauptversammlung wiederfindet. Es wurde ferner auf den versubjektivierten Charakter der beratenden Hauptversammlungsbeschlüsse eingegangen; ebenso ist wesentlicher Kern der Meinungsfreiheit die Subjektivität der Wertung.

aa. Beschränkung der Meinungsfreiheit

Würde nun also dem Willensbildungsorgan der Aktiengesellschaft, die als solche Trägerin des Grundrechts auf Meinungsfreiheit ist, auf eine bestimmte Art und Weise untersagt, eine gemeinsame Meinungsbildung mit anschließender Meinungsäußerung herbeizuführen, ist es zumindest nicht von vornherein auszuschließen, dass hierin ein Verstoß gegen Art. 5 Abs. 1 S. 1 GG liegen kann.

Nach der gesetzlichen Konzeption des Aktiengesetzes ist es nicht vorgesehen, dass die Hauptversammlung zu jeglichen Themen ihre kollektive Meinung durch Beschluss zum Ausdruck bringt.[308] Lediglich in den drei beschriebenen Fällen (Vertrauensentzug, Entlastungsbeschluss und Vergütungsvotum) sieht das Gesetz ausdrücklich vor, dass die Hauptversammlung Beschlüsse mit beratendem Charakter fassen kann. Diese Einschränkung bedarf daher einer verfassungsrechtlichen Rechtfertigung. Art. 5 Abs. 2 führt selbst bereits Schranken der allgemeinen Meinungsfreiheit auf, nämlich die allgemeinen Gesetze, die gesetzlichen Bestimmungen zum Schutz der Jugend sowie das Recht der persönlichen Ehre. Ferner ist, wie bei jedem Grundrecht, auch das kollidierende Verfassungsrecht als Schranke der Meinungsfreiheit zu beachten.[309]

---

307 Vgl. Bethge in Sachs, GG, Art. 5, Rn 38b; Pieroth/Schlink, Grundrechte, Rn 603.

308 Unbenommen bleibt es natürlich dem einzelnen Aktionär von seinem durch § 118 AktG gewährleisteten Rederecht in der Hauptversammlung Gebrauch zu machen und dabei seine eigene Meinung kundzutun.

309 Vgl. Jarass in Jarass/Pieroth, GG, Art. 5, Rn 65.

bb. Rechtfertigung der Beschränkung

Die innere Organisation der Aktiengesellschaft ist im Aktiengesetz geregelt. Darin sind folglich auch die Regelungen dazu enthalten, welche Beschlüsse von der Hauptversammlung gefasst werden dürfen und welche Beschlussgegenstände ihrer Zuständigkeit entzogen sind, worüber sie also nicht entscheiden darf. Auch die Beschränkung in Bezug auf beratende Hauptversammlungsbeschlüsse ist Folge der gesetzlichen Organisationseinteilung. Deren Rechtfertigung kann in der Einordnung als „allgemeines Gesetz" im Sinne des Art. 5 Abs. 2 GG zu finden sein.

Das Aktiengesetz als förmliches Gesetz erfüllt dann das Merkmal „allgemein" im Sinne des Art. 5 Abs. 2 GG, wenn es nicht eine Meinung als solche verbietet, sich nicht gegen die Äußerung einer Meinung als solche richtet, wenn es vielmehr dem Schutz eines schlechthin, ohne Rücksicht auf eine bestimmte Meinung, zu schützenden Rechtsgut dient, das gegenüber der Betätigung der Meinungsfreiheit den Vorrang hat.[310] Zweifellos zielt das Aktiengesetz nicht darauf ab, eine bestimmte Meinung zu verbieten. Sinn und Zweck des Gesetzes ist die Regelung der organisatorischen und rechtlichen Verhältnisse der Aktiengesellschaft. Damit verbunden ist jedoch, wie gesehen, dass im Rahmen der innerorganisatorischen Ausgestaltung des Kompetenzsystems eine Beschränkung des Handlungsrahmens und –spektrums der Hauptversammlung normiert wurde, mit der Konsequenz, dass die Hauptversammlung keine allgemeinen Willensäußerungsbeschlüsse fassen, sondern nur Entscheidungen zu den ihr zugewiesenen Themengebieten treffen darf. Erforderlich dafür ist ein die Meinungsfreiheit zurückdrängendes übergeordnetes Rechtsgut bzw. Interesse, das zur Rechtfertigung dieses Schrittes dienen kann. Die Rechtsgüter, die hierbei von Bedeutung sind, sind das Funktionieren des Wirtschaftslebens sowie die Schaffung der notwendigen Voraussetzungen für eine geordnete, den wirtschaftlichen Bedürfnissen angepasste Struktur einer Kapitalgesellschaft, die einem möglichst großen Anteilseignerkreis offen steht.

Diese Rechtsgüter, diese Ziele, dieses allgemeine Gesetz zur Beschränkung der Meinungsfreiheit hinsichtlich des Betätigungsfeldes der Hauptversammlung muss aber wiederum im Lichte der Meinungsfreiheit ausgelegt und untersucht werden (sog. Wechselwirkungslehre[311]). Der besondere Wertgehalt dieses Grundrechts, der in der freiheitlichen Demokratie zu einer grundsätzlichen Vermutung für die Freiheit der Rede in allen Bereichen führen muss, soll in jedem

---

310 Vgl. grundlegend das Lüth-Urteil des BVerfG: BVerfGE 7, 198 (209).

311 Vgl. BVerfGE 7, 198 (208 f.); Jarass in Jarass/Pieroth, GG, Art. 5, Rn 57; Starck in v.Mangoldt/Klein/ Starck, GG, Art. 5, Rn 200 f.; Bethge in Sachs, GG, Art. 5, Rn 145 ff.; Wendt in von Münch/Kunig, GG, Art. 5, Rn 75.

Fall gewahrt bleiben.[312] Durch die Bestimmungen im Aktiengesetz wird die Willensbildungsmöglichkeit der Hauptversammlung eingeschränkt. Nicht dagegen wird es dem einzelnen Aktionär untersagt, seine Meinung zu äußern und zu verbreiten. Er kann auch weiterhin seinen Standpunkt zu bestimmten Themen kundtun, selbst wenn das Aktiengesetz ihm als Teil der Hauptversammlung kein Mitspracherecht in der Sache selbst gewährt. Die Aktionäre sind mit genügend Rechten ausgestattet, um ihre individuellen Ansichten verlauten zu lassen. Dazu können Debatten in der Hauptversammlung dienen oder auch das Ergreifen der Redemöglichkeit in der Hauptversammlung. Insbesondere im Zusammenhang mit dem jährlich zu beschließenden Tagesordnungspunkt der Entlastung von Vorstand und Aufsichtsrat der Aktiengesellschaft steht es dem Aktionär frei, seine umfassende Meinungsfreiheit auszuleben.[313] Insoweit ist es äußerst zweifelhaft, zu fordern, neben den einzelnen Aktionären müsse auch dem Kollektiv der Aktionäre, also der Hauptversammlung, die Möglichkeit eröffnet werden, ihre gemeinsame Meinung durch Beschluss zu manifestieren.

Des Weiteren ist zu bedenken, dass der kollektive Aspekt der Meinungskundgabe vornehmlich von Art. 8 GG geschützt ist, nicht von Art. 5 Abs. 1 S. 1 GG. Diese kollektive Dimension fällt aber bei der Hauptversammlung, wie dargelegt, gerade nicht in den Schutzbereich des Art. 8 GG. Ein Rückgriff auf Art. 5 Abs. 1 S. 1 GG ist zwar dennoch nicht ausgeschlossen, da der Schutzbereich weiter gefasst und verstanden wird als der des Art. 8 GG. Gleichwohl müssen dabei die kollektiven Ansatzpunkte in den Hintergrund treten. Ein Anspruch darauf, seine Meinung als Kollektiv in der Form auszudrücken, dass ein Mehrheitsbeschluss gefasst wird, besteht indes für den einzelnen Aktionär nicht. Ein derartiger Ansatz ließe sich weder über Art. 8 GG noch über Art. 5 Abs. 1 S. 1 GG konstruieren; eine Solidarisierung in dieser Gestalt ist zum Schutz der jeweiligen Grundrechtsgüter nicht erforderlich.

---

312 Vgl. BVerfGE 7, 198 (208).

313 Nach § 131 Abs. 2 S. 2 AktG kann das Rederecht des einzelnen Aktionärs in der Hauptversammlung jedoch wirksam durch eine entsprechende Satzungsregelung oder eine Regelung in der Geschäftsordnung der Hauptversammlung beschränkt werden, indem dem Versammlungsleiter entsprechende Befugnisse eingeräumt werden (siehe dazu auch die Entscheidung des BGH, NJW 2010, 1604). Hierin ist ebenfalls die Beschränkung der Meinungsfreiheit durch ein allgemeines Gesetz zu sehen, da dadurch dem individuellen Aktionär die Möglichkeit genommen wird, umfassend seine Meinung zu äußern. Hierfür gibt es aber Gründe; die Aktionäre sollten den Hauptversammlungsleiter in die Lage versetzen können, einer ausufernden und der Funktionsfähigkeit der Hauptversammlung abträglichen Ausnutzung des Fragerechts angemessen zu begegnen (vgl. Hüffer, AktG, § 131, Rn 22a).

Ferner ist auch hier von wesentlicher Bedeutung, dass gerade nicht die Hauptversammlung als solche, das heißt als eigenständiger Teil und Organ der Aktiengesellschaft, Träger des Grundrechts auf Meinungsfreiheit ist. Vielmehr ist es die Aktiengesellschaft als Ganzes, der über Art. 19 Abs. 3 GG die Fähigkeit bzw. das Privileg zugesprochen wird, eigenständig Nutznießer dieses Grundrechts zu sein. Die Aktiengesellschaft besteht ihrerseits jedoch nicht nur aus der Hauptversammlung, sondern darüber hinaus wurden für sie die beiden Organe Vorstand und Aufsichtsrat obligatorisch eingeführt. Ausweislich der gesetzlichen Regelungen in den §§ 76 ff. AktG ist es der Vorstand, dem der Gesetzgeber indes die Geschäftsführungs- und Vertretungsmacht zugewiesen hat. In geschäftlichen Angelegenheiten ist *er* für die Willensbildung zuständig, wenn er nicht von § 119 Abs. 2 AktG Gebrauch macht. Diese wird dann auch im Außenbereich vertreten, also kundgemacht. In anderen Fragestellungen sieht das Gesetz für die Aktiengesellschaft jedoch andere Prozesse vor, namentlich die Beteiligung der Hauptversammlung. Wieder andere erfordern das Handeln des Aufsichtsrats; dies sind die Fälle, in denen der Vorstand nicht für die Gesellschaft handeln kann. In all diesen Fällen wird aber das Grundrecht der Meinungsfreiheit der Aktiengesellschaft, wie es dem Wesen nach auf sie angewandt wird, nicht verkürzt. Die Aktiengesellschaft, aufgebaut aus drei Organen, kann unter jeder Bedingung ihre Meinung im dafür vorgesehenen Prozess formen, äußern und verbreiten. Insoweit spielt hier wiederum das Grundrecht des Art. 9 Abs. 1 GG eine überlappende Rolle. Bereits dort wurde festgehalten, dass die Ausgestaltung der Vereinigung dem Gesetzgeber obliegt, der die Rahmenbedingungen und die innere Organisation festlegen darf. Teil dieser Festlegung ist natürlich auch die Struktur und die innerorganisatorische Aufteilung dieses Meinungsbildungsprozesses. Dadurch hat der Gesetzgeber für einen klaren Aufbau der Aktiengesellschaft und eine innere Ausgeglichenheit gesorgt, ohne den Schutzbereich des Art. 5 Abs. 1 S. 1 GG zu verkürzen. Der einzelne Aktionär wird indessen nicht schutzlos gestellt, da ihm das Aktienrecht mittels seiner Teilhaberechte ausreichend Möglichkeit zur Äußerung seiner Meinung auch direkt in der Hauptversammlung gewährt.

Damit bleibt auch hinsichtlich des Art. 5 Abs. 1 S. 1 GG festzuhalten, dass es aufgrund der grundrechtlich zugesicherten Meinungsfreiheit keine Pflicht zur Anerkennung von beratenden Hauptversammlungsbeschlüssen gibt; auch eine „verfassungskonforme Auslegung" des § 119 Abs. 2 AktG im Sinne einer Zulassung von beratenden Hauptversammlungsbeschlüssen ist nicht angezeigt.

6. Art. 2 GG: Privatautonomie und Wirtschaftsfreiheit

Schließlich gewährt Art. 2 Abs. 1 GG jedem das Recht auf die freie Entfaltung seiner Persönlichkeit, soweit er nicht die Rechte anderer verletzt und nicht gegen die verfassungsmäßige Ordnung oder das Sittengesetz verstößt. Art. 2 Abs. 1 GG fungiert als allgemeines Freiheitsrecht, das gegen jede staatliche Freiheitsbeschränkung Schutz bietet, welche nicht in den Schutzbereich eines Spezialfreiheitsrechts fällt. Aufgrund dieser Auffangfunktion wird ein lückenloser Grundrechtsschutz gewährleistet.[314] Nach der Betrachtung der spezielleren Freiheitsgrundrechte soll daher abschließend untersucht werden, ob aus Art. 2 Abs. 1 GG Rückschlüsse auf die Notwendigkeit beratender Hauptversammlungsbeschlüsse gezogen werden können.

a. Personeller Schutzbereich

Art. 2 Abs. 1 GG ist ebenfalls ein Jedermanns-Grundrecht; alle natürlichen Personen können sich daher auf dessen Schutz berufen. Ebenso können gemäß Art. 19 Abs. 3 GG inländische juristische Personen Träger des Grundrechts sein, das seinem Wesen nach nicht auf natürliche Personen beschränkt ist.[315]

b. Sachlicher Schutzbereich

Durch Art. 2 Abs. 1 GG ist die allgemeine Handlungsfreiheit des Einzelnen geschützt, und zwar in umfassendem Sinn.[316] Nach dem BVerfG ist jedes menschliche Verhalten ohne Rücksicht darauf, welches Gewicht ihm für die Persönlichkeitsentfaltung zukommt, geschützt.[317] Die Möglichkeiten, wie diese allgemeine Handlungsfreiheit zum Ausdruck kommen kann, sind vielfältig.[318] Besonders interessiert an dieser Stelle jedoch der Schutz, den Art. 2 Abs. 1 GG bei der wirtschaftlichen Betätigung bietet.

Einen wesentlichen Teilbereich der allgemeinen Handlungsfreiheit stellt die Privatautonomie dar. Dahinter verbirgt sich die Selbstbestimmung des Einzelnen im Rechtsleben.[319] Diese zeigt sich insbesondere in der Vertragsfreiheit; jedem

---

314 Vgl. Murswiek in Sachs, GG, Art. 2, Rn 10; Dreier in Dreier, GG, Art. 2, Rn 27 ff.; differenzierter: Starck in v.Mangoldt/Klein/Starck, GG, Art. 2, Rn 7, 11 f.

315 Vgl. Jarass in Jarass/Pieroth, GG, Art. 2, Rn 9 ff.; Murswiek in Sachs, GG, Art. 2, Rn 39; Kunig in von Münch/Kunig, GG, Art. 2, Rn 3 ff.

316 Vgl. Murswiek in Sachs, GG, Art. 2, Rn 52; Jarass in Jarass/Pieroth, GG, Art. 2, Rn 3; Dreier in Dreier, GG, Art. 2, Rn 27.

317 Vgl. BVerfGE 80, 137 (152).

318 Siehe dazu die Aufzählung bei Murswiek in Sachs, GG, Art. 2, Rn 54; Dreier in Dreier, GG, Art. 2, Rn 33 ff.; Jarass in Jarass/Pieroth, GG, Art. 2, Rn 4 ff.

319 Vgl. BVerfGE 89, 214 (231); BVerfGE 114, 1 (34).

ist es (bis auf wenige Ausnahmen) freigestellt, Verträge zu schließen oder nicht zu schließen, egal ob dies Wirtschaftsverträge, Arbeitsverträge oder dergleichen sind. Ebenso ist die wirtschaftliche Betätigungsfreiheit ein Teil der allgemeinen Handlungsfreiheit, wobei hier grundsätzlich die Art. 9, 12 und 14 GG vorrangig zu berücksichtigen sind, soweit deren Schutzbereich reicht.[320] Nach *Di Fabio* ist unter dem wirtschaftlichen Gewährleistungsgehalt der allgemeinen Handlungsfreiheit zu verstehen[321]:

> „jedes Verhalten, das maßgeblich von Erwerbsmotiven geprägt ist oder das typischerweise in objektiven Erwerbszusammenhängen erfolgt und das nicht bereits durch eigentumsrechtliche Verfestigung oder durch die Merkmale des Berufs erfasst ist."

c. *Implikationen für beratende Hauptversammlungsbeschlüsse*

Ausgehend von dieser Subsidiarität, die Art. 2 Abs. 1 GG hier nur noch zukommen kann, da bereits weite Teile der wirtschaftlichen Betätigung über speziellere Grundrechte geschützt sind, können auch für die Zulässigkeit oder die Notwendigkeit von beratenden Hauptversammlungsbeschlüssen keine weiterführenden Schlüsse gezogen werden.

Wie die vorangehende Betrachtung und Untersuchung der einzelnen Grundrechte gezeigt hat, ist hinsichtlich der aufgeworfenen Frage zu beratenden Hauptversammlungsbeschlüssen jeweils der Schutzbereich der spezielleren Grundrechte eröffnet, sowohl bei Art. 9 Abs. 1 GG als auch bei Art. 14 GG. In beiden Fällen konnte jedoch eine Verletzung der grundrechtlich geschützten Verhaltensweise verneint werden. Aus der Bejahung des Schutzbereichs bei Art. 9 Abs. 1 GG und Art. 14 GG folgt aber zugleich, dass ein Rückgriff auf Art. 2 Abs. 1 GG nicht stattfinden kann. Das Gleiche trifft in Verbindung mit Art. 5 Abs. 1 S. 1 GG zu. Auch bei der Meinungsfreiheit war der Schutzbereich grundsätzlich eröffnet, doch konnte der Eingriff gerechtfertigt werden. Auch hier ist also kein Raum für weitere, aus Art. 2 Abs. 1 GG gewinnbare Erwägungen zugunsten von beratenden Hauptversammlungsbeschlüssen.[322]

---

320 Vgl. Di Fabio in Maunz/Dürig, GG, Art. 2, Rn 77 ff. (80).

321 Di Fabio in Maunz/Dürig, GG, Art. 2, Rn 81.

322 Im Übrigen wäre auch im Rahmen von Art. 2 Abs. 1 GG darauf hinzuweisen, dass die wirtschaftliche Betätigungsfreiheit in hohem Maße durch die öffentliche Gewalt geordnet, ausgestaltet und beschränkt wird (vgl. Di Fabio in Maunz/Dürig, GG, Art. 2, Rn 78). Wie schon bei den spezielleren Grundrechten wäre daher auch im Rahmen dieses Grundrechts von einer Rechtfertigung auszugehen.

C. Erforderlichkeit von beratenden Hauptversammlungsbeschlüssen

Losgelöst von der rein rechtlich-dogmatisch geführten Argumentation über die Zulässigkeit von beratenden Hauptversammlungsbeschlüssen gilt es zu hinterfragen, ob für das Institut der beratenden Hauptversammlungsbeschlüsse ein Bedürfnis bzw. ein Erfordernis genereller Art besteht.

I. Mitsprachebedürfnis der Aktionäre?

Auf Seiten der Aktionäre mag durchaus das Bedürfnis oder zumindest der Wunsch nach einer größeren Mitsprache in der Aktiengesellschaft bestehen. Immerhin zeichnen sich fast alle anderen Gesellschaftstypen, die für eine wirtschaftliche Betätigung gewählt werden können, durch einen – mehr oder weniger großen – Einflussbereich der Gesellschafter mittels der Gesellschafterversammlung aus. Gleichwohl ist dem entgegenzuhalten, dass der Gesetzgeber bei der Ausgestaltung der unterschiedlichen Gesellschaften, was ihm gemäß Art. 9 Abs. 1 GG nicht nur obliegt, sondern was für ihn sogar eine Notwendigkeit ist, auf verschiedene Systemansätze zurückgreifen durfte. Leitbild war von jeher die entpersonalisierte Form einer Gesellschaft, in der der einzelnen Person nur verhältnismäßig geringe Bedeutung zugemessen wird, sondern die vornehmlich als Element der Kapitalbeschaffung gesehen wird. Wenn sich nun eine Person – egal ob natürlich oder juristisch – entscheidet, sich wirtschaftlich in einer Aktiengesellschaft zu engagieren, so muss sie die geschaffenen Rahmenbedingungen von vornherein in Betracht ziehen. Darüber hinaus hat auch der Gesetzgeber ein System geschaffen, wie die Aktionäre ihre Mitgliedschaftsrechte in gebührendem Maße wahrnehmen können. Insbesondere ist den Aktionären genügend Möglichkeit eingeräumt, in der Hauptversammlung das Wort zu ergreifen, um „mitzusprechen“, also ihre Meinung zu äußern. Legen sie mehr Wert auf eine direkte Einflussnahmemöglichkeit von Seiten der Anteilsinhaber, haben sie sich auf eine andere Beteiligungsform zu verlegen.

II. Bedürfnis für den Vorstand?

Auch von Seiten des Vorstands könnte eine gewisse Sympathie zugunsten beratender Hauptversammlungsbeschlüsse aufkommen. Sicherlich sind für den Vorstand, insbesondere wenn er Vorlagen gemäß § 119 Abs. 2 AktG initiiert, verbindliche Entscheidungen der Hauptversammlung von größerem Gewicht, da er bei der Durchführung solcher Maßnahmen auf eine komfortable Enthaftung gemäß § 93 Abs. 4 S. 1 AktG blicken kann. Andererseits mag ihm auch bisweilen daran gelegen sein, nur die Stimmung der Hauptversammlung zu einer Maßnahme einzufangen, ohne sich durch einen Beschluss der Hauptversammlung gebunden zu fühlen, sondern weiterhin frei in seiner unternehmerischen Entscheidung gemäß §§ 76, 77 AktG zu bleiben. Auch wenn ihm das nicht die Sicherheit geben kann, dass die Hauptversammlung ihm bei einer Befolgung dieser „Grundstimmung" bzw. Empfehlung im nächsten Jahr die Entlastung für seine Tätigkeit erteilen wird, so kann er dennoch positive oder negative Rückschlüsse aus deren Reaktion ziehen. Aber auch hier bleibt daran festzuhalten, dass die gesetzliche Konzeption ein solches Bild einer Aktiengesellschaft nicht vorsieht. Die Dreiteilung der Organe ist mit einer klaren Struktur der Kompetenzbereiche versehen worden. Auch derjenige, der sich gemäß Art. 2 Abs. 1 GG privatautonom dazu entschließt, die Leitung einer Aktiengesellschaft als Vorstand(smitglied) zu übernehmen, muss sich den rechtlichen Rahmenbedingungen unterwerfen, die einen solchen konsultativen Einbezug der Hauptversammlung nicht vorsehen. Soweit sich der Vorstand beraten lassen und auf Handlungsempfehlungen zurückgreifen will, muss er sich entweder an den Aufsichtsrat als Beratungsorgan wenden oder diese Dienstleistung von anderer Seite einkaufen. Dann muss er aber auch die Konsequenzen tragen, wenn die Hauptversammlung (z. B. durch den Entlastungsbeschluss) mit dieser Art der Geschäftsführung nicht einig geht.

III. Bedürfnis für die Hauptversammlung als Organ?

Auch von Seiten der Hauptversammlung als Organ lässt sich keine Erforderlichkeit für beratende Hauptversammlungsbeschlüsse erkennen. Zwar wird sie als das Willensbildungsorgan der Gesellschaft bezeichnet, womit ein Paradoxon entstehen mag, wenn man ihr nicht das Recht zugestehen will, beratende Beschlüsse zu fassen, die das Meinungsbild der Hauptversammlung widerspiegeln. Allerdings gilt auch hier: Das Willensbildungsorgan kann nur so weit in Erscheinung treten, wie das Gesetz ihm eine Entscheidungsprärogative eingeräumt hat. Natürliche Personen sind in der Meinungsfindung frei und an keine Grenzen gebunden; gesetzgeberisch ins Leben gerufene Gebilde wie die Hauptversammlung einer Aktiengesellschaft sind dagegen auf die Zuweisung eines Handlungsrahmens angewiesen. Nur in diesem kann und darf sie schließlich agieren.

D. Zwischenergebnis

1. Die geplant beschlusslose Hauptversammlung stellt keinen Fall der beratenden Hauptversammlungsbeschlüsse dar. Als Hauptversammlung, die rein informatorischen Zwecken dienen soll, ist sie allein in den gesetzlich vorgesehenen Fällen zulässig, im Übrigen aber abzulehnen.

2. Unter beratenden Hauptversammlungsbeschlüssen sind all diejenigen tatsächlich stattfindenden Beschlüsse der Hauptversammlung zu verstehen, die die Verwaltung nicht unmittelbar zur Umsetzung binden, sondern bei denen der Verwaltung entweder ein Befolgungsspielraum zur Verfügung steht oder an die ohnehin keine weiteren rechtlichen Konsequenzen gebunden sind, sie mithin als unverbindlich charakterisiert werden können, und deren Inhalt eine versubjektivierte Entscheidung der Hauptversammlung darstellt.

3. Es gibt drei gesetzlich geregelte Fälle von beratenden Hauptversammlungsbeschlüssen: der Vertrauensentzug gemäß § 84 Abs. 3 S. 2 AktG, die Entlastung gemäß § 120 Abs. 1 AktG und das Votum zum Vergütungssystem gemäß § 120 Abs. 4 AktG.

4. Darüber hinaus sind keine weiteren beratenden Hauptversammlungsbeschlüsse anzuerkennen. Bei den der Hauptversammlung explizit zur Entscheidung zugewiesenen Beschlussgegenständen verbietet sich ein rein beratender Beschluss, da andernfalls keine Funktionsfähigkeit der Aktiengesellschaft gewährleistet werden kann.

5. Lediglich im Rahmen der Beschlussvorlagen im Sinne von § 119 Abs. 2 AktG bestünde für beratende Hauptversammlungsbeschlüsse theoretischer Spielraum. Allerdings kann deren Zulässigkeit weder aus einem Erst-recht-Schluss noch aus den Aktionärsbildern abgeleitet werden. Auch grundrechtliche Prinzipien begründen keine Notwendigkeit für die Anerkennung derartiger beratender Hauptversammlungsbeschlüsse. Vielmehr ist dem Gesetzgeber im Hinblick auf die Ausgestaltung der Unternehmensform der Aktiengesellschaft ein relativ weites Handlungsspektrum zuzugestehen. Dieses hat er insofern genutzt, als er eine klare Kompetenzzuweisung zu den einzelnen Organen der Aktiengesellschaft geschaffen hat, die abschließenden Charakter hat.

6. Für beratende Hauptversammlungsbeschlüsse besteht im System der Aktiengesellschaft über die gesetzlich geregelten Fälle hinaus (siehe Ziffer 3) kein Erfordernis.

§ 6 Das Votum über das Vergütungssystem gemäß § 120 Abs. 4 AktG

Im vorangehenden Abschnitt wurde bereits mehrfach das Votum über das Vergütungssystem gemäß § 120 Abs. 4 AktG kurz angesprochen, insbesondere als illustres Beispiel eines beratenden Hauptversammlungsbeschlusses, der eine Kodifizierung im Recht der Aktiengesellschaften gefunden hat. In der Ausgeprägtheit des Vorliegens aller charakteristischen Merkmale ist er der Prototyp eines solchen Beschlusses. Seine eigentliche Geschichte ist noch jung, das sich dahinter verbergende Thema allerdings in keiner Weise.

Nicht zum ersten Mal hat sich der Gesetzgeber vor Einführung des § 120 Abs. 4 AktG mit der Vorstandsvergütung befassen müssen. Tatsächlich sah sich bereits der Gesetzgeber von 1937 wegen angeblich oder tatsächlich missbräuchlich überhöhter Vorstandsgehälter veranlasst, das Angemessenheitsgebot im Aktiengesetz zu verankern.[323] Aber auch die juristische Literatur widmete sich diesem Bereich des Aktienrechts, und nicht zuletzt die damit befassten Beratungsexperten haben sich intensiv mit dieser Materie auseinandersetzen müssen. Die Frage dabei bleibt stets dieselbe: Was ist die „richtige“ oder die „gerechte“ Bezahlung für ein Vorstandsmitglied? So einig sich die allgemeine Masse oft zu sein scheint, wenn sie unisono den Standpunkt vertritt, Manager oder Vorstände verdienten zu viel[324], so ungewiss ist, was sie als gerechtfertigt erachten würde.

Bereits im Rahmen des Gesetzes über die Offenlegung von Vorstandsvergütungen[325] (Vorstandsvergütungs-Offenlegungsgesetz, kurz: VorstOG) vom 03.08.2005 hat der Gesetzgeber in Verbindung mit der Vorstandsvergütung Neuerungen eingeführt, die zur Transparenz in diesem Bereich führen sollten. Allerdings ging diesem Gesetz schon eine „weichere“ Bestrebung voraus: Der Deutsche Corporate Governance Kodex enthielt bereits in seiner Fassung von 2002 die Anregung zur individualisierten Offenlegung der Vorstandsgehälter; mangels Erfolgs dieser Anregung wurde sie im Juni 2003 in den Rang einer Empfehlung erhoben. Doch da auch diese Empfehlung nur zögerlich beachtet wurde, entschloss sich der Gesetzgeber zum Handeln in Form des VorstOG.[326] Den Kern dieses Gesetzes bildeten die Vorschriften über die Offenlegung der Vorstandsvergütungen, die seither zumindest bei börsennotierten Aktiengesell-

323 Vgl. Lücke, NZG 2005, 692.

324 Siehe stellvertretend nur die Zitate bei Thüsing, DB 2003, 1612; Martens, ZHR 169 (2005), 124 (125); vgl. auch Lutter/Krieger, Rechte und Pflichten des Aufsichtsrats, § 7, Rn 394.

325 BGBl. I 2005 S. 2267.

326 Vgl. Lutter, EuZW 2009, 799 (800).

schaften in individualisierter Form vorgenommen werden müssen.[327] Die Beweggründe für derartige Regelungen sind unterschiedlich: Zum einen soll eine solche Offenlegung der Kontrolle durch die Aktionäre dienen, ob der Aufsichtsrat seiner Pflicht zur Vereinbarung angemessener Vergütungen nachgekommen ist (Kontrollinstrument). Zum anderen soll die personalisierte Offenlegung die einzelnen Vorstandsmitglieder davon abhalten, unangemessen hohe Vergütungen zu fordern, und so zu einer Dämpfung zu hoher Vergütungsniveaus beitragen (Präventionsinstrument). Ferner soll die Offenlegung der Vorstandsvergütungen in börsennotierten Gesellschaften potenziellen Investoren wichtige Informationen über die Anreize der Unternehmenslenker und die Kontrollstrukturen in der betreffenden Gesellschaft vermitteln können (Instrument der Kapitalmarktfunktion und Integritätssignal).[328] Inwieweit diese im Einzelnen durchaus berechtigten Beweggründe und Ziele tatsächlich in der Praxis gefruchtet haben, mag trefflich bezweifelt werden. Jedenfalls haben auch die Bestimmungen, die 2005 ins HGB und AktG aufgenommen wurden, nicht verhindert, dass die Diskussion um Vorstandsgehälter wieder und wieder ausbricht.

Wer die Antwort auf die Frage nach dem „iustum pretium“ – dem gerechten Preis für einen Vorstand – im Gesetz zu finden hofft, irrt jedoch. Der Gesetzgeber beschränkt sich darauf, in § 87 Abs. 1 AktG Grundsätze für die Bezüge der Vorstandsmitglieder festzulegen. Die eigentliche Arbeit, die damit verbundene Aufgabe überantwortet er in vollem Umfang dem Aufsichtsrat. Nach § 87 Abs. 1 AktG hat nämlich *der Aufsichtsrat* bei der Festsetzung der Gesamtbezüge des einzelnen Vorstandsmitglieds dafür zu sorgen, dass diese in einem angemessenen Verhältnis zu den Aufgaben und Leistungen des Vorstandsmitglieds sowie zur Lage der Gesellschaft stehen und die übliche Vergütung nicht ohne besondere Gründe übersteigen. Bei börsennotierten Gesellschaften muss der Aufsichtsrat ferner darauf achten, dass die Vergütungsstruktur auf eine nachhaltige Unternehmensentwicklung ausgerichtet ist. Eine wesentliche Rolle spielen dabei die variablen Vergütungsbestandteile, die deswegen auf eine mehrjährige Bemessungsgrundlage gestellt werden sollen. Mehr gibt der Gesetzgeber dem Aufsichtsrat nicht mit an die Hand, außer dem Hinweis in § 116 S. 3 AktG, dass sich der Aufsichtsrat bei Festsetzung einer unangemessenen Vergütung schadensersatzpflichtig[329] machen kann.[330]

---

327 Zu Einzelheiten siehe Thüsing, ZIP 2005, 1389 ff.; Spindler, NZG 2005, 689 ff.; Fleischer, DB 2005, 1611 ff.; Leuering/Simon, NZG 2005, 945 ff.

328 Vgl. Baums, ZHR 169 (2005), 299 (299 f.); Fleischer, DB 2005, 1611 (1612 f.).

329 Dieser Hinweis hat nur deklaratorische Bedeutung; er dient lediglich plakativen Zwecken; vgl. Hüffer, AktG, § 116, Rn 10.

330 Diese Form haben § 87 Abs. 1 AktG und § 116 AktG durch das VorstAG erhalten. Aber auch bereits zuvor musste die Vorstandsvergütung in einem angemessenen Verhältnis

Doch auch in anderen Quellen wird man nicht fündig nach der richtigen Höhe der Vorstandsvergütung. Tatsächlich ist das „iustum pretium“ eine Illusion[331] – ein nicht erreichbares Ziel, da niemand festlegen kann, wo es liegt. Jedenfalls der Korridor, innerhalb dessen es einzuordnen sein muss, wird nunmehr damit umschrieben, dass die Vorstandsvergütung des einzelnen Vorstandsmitglieds die übliche Vergütung nicht ohne besondere Gründe übersteigen soll. Für den einen unbestimmten Begriff „angemessen“ wird auf einen weiteren unbestimmten Begriff „üblich“ Bezug genommen. Der Gewinn an Rechtssicherheit wird dadurch nicht allzu groß sein. Zwar besteht Einigkeit, dass der Aufsichtsrat einen horizontalen wie vertikalen Vergleich anzustellen hat.[332] Allerdings wird er auch dadurch nicht „die“ angemessene Vergütung für einen Vorstand finden.

Diese Ungewissheit auf der einen Seite ist aber in gleicher Weise ein Vorteil für den Aufsichtsrat auf der anderen Seite.[333] Aufgrund des Spielraums kann er mit dem in Aussicht genommenen neuen Vorstandsmitglied in echte Verhandlungen über die Vergütung eintreten. Er kann verschiedene Parameter in seine Entscheidungsfindung mit einfließen lassen, die seine Beurteilung als „angemessene Vergütung“ rechtfertigen. Selbst eine Überschreitung der Üblichkeit kann unter Zugrundelegung entsprechender Gründe zur Einordnung als gesetzeskonforme Vergütungshöhe führen. Letztlich müssten, wenn Streitigkeiten über das Vorliegen einer angemessenen Vergütung auftreten, die gesetzlich be-

---

zu den Aufgaben des Vorstandsmitglieds und zur Lage der Gesellschaft stehen. Dass nunmehr auch die Leistung des Vorstands mit aufgenommen wurde, stellt keinen Mehrwert dar, sondern normiert eine Selbstverständlichkeit, die auch bisher von niemandem in Zweifel gezogen wurde. Wichtige Neuerungen gehen dagegen mit der Forderung nach einer nachhaltigen Vergütungspolitik – zumindest bei börsennotierten Gesellschaften – einher. Gleichwohl lässt sich auch aus dieser Rahmenvorgabe kein Schluss auf „die“ angemessene Vorstandsvergütung ziehen.

331 Vgl. Martens, ZHR 169 (2005), 124 (126); Hoffmann-Becking, ZHR 169 (2005), 155, (158); Lücke, NZG 2005, 692 (694) ; siehe auch Kramarsch, ZHR 169 (2005), 112 (116), der mit gutem Grund darauf verweist, dass für die Beurteilung der Angemessenheit nicht die absolute Vergütungshöhe entscheidend ist, sondern, für welchen Erfolg die Vorstände wie viel an Vergütung erhalten; ferner Thüsing, ZGR 2003, 457 ff.

332 Siehe bereits in der Gesetzesbegründung: BT-Drs. 16/12278, S. 5.

333 Thüsing (DB 2003, 1612) spricht bzgl. § 87 AktG in seiner Fassung vor dem VorstAG von einem „dead letter law“, das in den Büchern steht, aber die Praxis nicht beeinflusst. Durch das VorstAG hat sich das zwar zum Teil verändert, doch ist fraglich, ob mit einer klagweisen Geltendmachung der Voraussetzungen des § 87 AktG in Zukunft gerechnet werden darf. Jedenfalls geht mit dieser zunehmenden Verrechtlichung der Voraussetzungen für eine angemessene Vorstandsvergütung eine erhöhte Justiziabilität einher; vgl. Dauner-Lieb/von Preen/Simon, DB 2010, 377 (380).

rufenen Richter entscheiden und dabei gegebenenfalls den unbestimmten Rechtsbegriff der „Angemessenheit" konkretisieren.[334]

Die Hauptversammlung hingegen ist nicht zur Entscheidung über die Angemessenheit der Vorstandsvergütung berufen. Mit § 120 Abs. 4 AktG hat der Gesetzgeber zwar eine Norm geschaffen, in der es der Hauptversammlung ermöglicht wird, im Zusammenhang mit der Vorstandsvergütung aktiv tätig zu werden. Dabei wurde jedoch das Vergütungssystem als solches zum Beschlussgegenstand gemacht und – zu Recht – nicht die Angemessenheit der Vorstandsvergütung.

A. Entstehungsgeschichte der Norm

Die Entstehungsgeschichte der Norm ist durch verschiedene Einflüsse geprägt. Das eben erwähnte öffentliche Meinungsbild bezüglich der Angemessenheit der Vorstandsvergütung (oder vielmehr die scheinbar allgemeine Übereinkunft über deren Unangemessenheit) ist ebenso ein Grund für das gesetzgeberische Tätigwerden wie die weltweite Finanzmarktkrise der Jahre 2008/2009, die sich als Ausgangspunkt sowie wesentliches Begründungselement des gesamten VorstAG gleich in den einleitenden Worten der Gesetzesbegründung wiederfindet.[335] Daneben trugen die Empfehlungen, die auf europäischer Ebene von der EU-Kommission in Verbindung mit der Vergütung zu Mitgliedern der Unternehmensführung geäußert wurden, und Beispiele anderer Länder[336] zur Entstehung der Norm bei.

I. Empfehlungen auf europäischer Ebene

Die EU-Kommission hat zwei Empfehlungen in Bezug auf die Vergütungspolitik und Offenlegung der Vorstandsgehälter erlassen. Eine Empfehlung der EU-Kommission ist dabei eine der Möglichkeiten, die diesem europäischen Organ gemäß Art. 288 AEUV[337] zur Verfügung stehen. Im Gegensatz zu Verordnungen, die allgemein verbindliche Geltung haben (Art. 288 Abs. 2 AEUV), und Richtlinien, die hinsichtlich ihrer Zielsetzung einen Umsetzungsauftrag an die

334 Lücke (NZG 2005, 692) stellt dagegen die provokative Frage, ob die Angemessenheit der Vorstandsvergütung der erste unbestimmbare unbestimmte Rechtsbegriff ist.

335 Vgl. BT-Drs. 16/12278.

336 Vgl. hierzu die Angaben bei Fleischer/Bedkowski, AG 2009, 677 (679); zur Umsetzung des Systems des „Say on Pay" in den USA siehe jüngst Schmidt-Bendun/Prusko, NZG 2010, 1128 ff.

337 Art. 288 AEUV entspricht fast wortgleich dem vormaligen Art. 249 EG-Vertrag.

Mitgliedstaaten enthalten (Art. 288 Abs. 3 AEUV), sind Empfehlungen gemäß Art. 288 Abs. 5 AEUV unverbindlich.[338] Sie möchten dem Adressaten ein bestimmtes Verhalten lediglich nahe legen. Unbeachtlich sind sie dennoch nicht, denn neben ihrer rechtlichen Erheblichkeit als Prozessvoraussetzung oder als Voraussetzung für Organhandeln kommen ihr zumindest politische Wirkungen zu.[339]

1. Die Empfehlung vom 14. Dezember 2004

Die Empfehlung vom 14. Dezember 2004[340] richtet sich gemäß deren Anwendungsbereich (Ziffer 1.1) gegenständlich an die mitgliedschaftliche Ausgestaltung der Corporate Governance von börsennotierten Gesellschaften und enthält mehrere Regelungsgegenstände.[341] Nach Ziffer 3 soll das allgemeine Konzept der Vergütung durch einen Vergütungsbericht offen gelegt werden. Die Erstellung und Veröffentlichung eines Vergütungsberichts hat in Ziffer 4.2.5 des Deutschen Corporate Governance Kodex Eingang erhalten. Gemäß Ziffer 4 der Empfehlung soll die Hauptversammlung über die Vergütung des Vorstands beraten und Beschluss fassen. Dem ist der deutsche Gesetzgeber nach einer langen Phase des Unbeachtetlassens der Empfehlung mit der Einführung des § 120 Abs. 4 AktG im Rahmen des VorstAG nachgekommen.[342] Die Bezüge der Vorstands- und Aufsichtsratsmitglieder sollen nach Ziffer 5 der Empfehlung individualisiert offen gelegt werden. Die Aussagen bezüglich der individualisierten Offenlegung wurden im Jahr 2005 durch das VorstOG gesetzlich geregelt. Schließlich sollen gemäß Ziffer 6 der Empfehlung Vergütungen in Form von Aktien, Aktienoptionen oder in Abhängigkeit vom Aktienkurs von der Hauptversammlung beschlossen werden. Entsprechende Regelungen hinsichtlich der Vorstandsvergütung bestanden in Deutschland bereits in den §§ 192, 193 AktG. Für die Aufsichtsratsmitglieder bestand insofern kein Handlungsbedarf, da Gesetzgebung und Rechtsprechung vertreten, dass Aufsichtsräten keine aktienbezogenen Vergütungen gezahlt werden dürfen, da andernfalls ihre Unabhängigkeit infrage stehen würde.[343]

---

338 Vgl. zu Einzelheiten: Streinz, Europarecht, Rn 423 ff.; Oppermann/Classen/Nettesheim, Europarecht, § 10, Rn 78 ff.; Herdegen, Europarecht, § 8, Rn 34 ff.

339 Vgl. Streinz, Europarecht, Rn 469.

340 Empfehlung der Kommission vom 14.12.2004 zur Einführung einer angemessenen Regelung für die Vergütung von Mitgliedern der Unternehmensleitung börsennotierter Gesellschaften (2004/913/EG), ABl. EU 2004 Nr. L 385, 55.

341 Vgl. hierzu Hopt, ZIP 2005, 461 (466 f.); Lutter, EuZW 2009, 799; Fleischer/Bedkowski, AG 2009, 677 (679).

342 Vgl. Lutter, EuZW 2009, 799 (801).

343 Vgl. Lutter, EuZW 2009, 799 (801) m.w.N. in den Fn 8-10.

2. Die Empfehlung vom 15. Februar 2005

Eine weitere Empfehlung von Seiten der EU-Kommission erfolgte am 15. Februar 2005.[344] In Bezug auf Vergütungsangelegenheiten spricht diese Empfehlung in deren Anhang I, Ziffer 3 davon, dass bei börsennotierten Gesellschaften, in denen der Aufsichtsrat bei der Festsetzung der Vergütung für die Vorstandsmitglieder mitwirkt, ein Vergütungsausschuss eingerichtet werden soll. Dem ist weder der deutsche Gesetzgeber noch der Deutsche Corporate Governance Kodex[345] bisher im Allgemeinen gefolgt; allerdings ist mit dem Gesetz über die aufsichtsrechtlichen Anforderungen an Vergütungssysteme von Instituten und Versicherungen[346] vom 26.07.2010 und den anschließend erlassenen Vergütungsverordnungen[347] zumindest bei bedeutenden bzw. systemrelevanten Kreditinstituten und Versicherungen die Installation eines Vergütungsausschusses vorgesehen.[348]

3. Die Empfehlung vom 30. April 2009

Als Reaktion auf die Finanzmarktkrise hat die EU-Kommission im April 2009 ihre Empfehlung zur Vergütung von Mitgliedern der Unternehmensleitung börsennotierter Gesellschaften ergänzt.[349] Hinsichtlich der Abstimmung durch die

---

344 Empfehlung der Kommission vom 15.02.2005 zu den Aufgaben von nicht geschäftsführenden Direktoren/Aufsichtsratsmitgliedern/börsennotierter Gesellschaften sowie zu den Ausschüssen des Verwaltungs-/Aufsichtsrats (2005/162/EG), ABl. EU 2005 L 52/51.

345 Der Deutsche Corporate Governance Kodex empfiehlt zwar ausdrücklich die Einrichtung eines Prüfungsausschusses (Ziffer 5.3.2) und eines Nominierungsausschusses (Ziffer 5.3.3). Im Übrigen wird jedoch in Ziffer 5.3.1 nur allgemein die Empfehlung ausgesprochen, dass der Aufsichtsrat abhängig von den spezifischen Gegebenheiten des Unternehmens und der Anzahl seiner Mitglieder fachlich qualifizierte Ausschüsse bilden soll.

346 BGBl. I 2010 S. 950.

347 Verordnung über die aufsichtsrechtlichen Anforderungen an Vergütungssysteme von Instituten (Instituts-Vergütungsverordnung – InstitutsVergV) vom 06.10.2010 (BGBl. I 2010 S. 1374), erlassen aufgrund von § 25a Abs. 5 S. 1-3 und 5 KWG, und Verordnung über die aufsichtsrechtlichen Anforderung an Vergütungssysteme im Versicherungsbereich (Versicherungs-Vergütungsverordnung – VersVergV) vom 06.10.2010 (BGBl. I 2010 S. 1379), erlassen aufgrund von § 64b Abs. 5 S. 1-4 VAG.

348 Gemäß § 6 InstitutsVergV ist der Vergütungsausschuss bei bedeutenden Instituten im Sinne der Verordnung verpflichtend einzurichten. Nach § 4 Abs. 7 VersVergV wird von Seiten des Verordnungsgebers nur ausgesprochen, dass bei bedeutenden Unternehmen im Sinne der Verordnung ein Vergütungsausschuss eingerichtet werden soll.

349 Empfehlung der Kommission vom 30.4.2009 zur Ergänzung der Empfehlung 2004/913/EG und 2005/162/EG zur Regelung der Vergütung von Mitgliedern der Un-

Jahreshauptversammlung einer börsennotierten Gesellschaft heißt es in Ziffer 6 der Empfehlung, dass die Aktionäre und insbesondere institutionelle Anleger dazu ermutigt werden sollen, an den Hauptversammlungen teilzunehmen und bei Fragen der Vergütung von Mitgliedern der Unternehmensleitung angemessenen Gebrauch von ihrem Stimmrecht zu machen und es vernünftig einzusetzen.[350] Gemäß dem Erwägungsgrund Nr. 10 sollen sie eine führende Rolle im Hinblick auf die Gewährleistung einer stärkeren Rechenschaftspflicht sämtlicher Mitglieder der Unternehmensleitung spielen. Ferner wurde darin nochmals die Rolle des Vergütungsausschusses betont.

II. Das englische Modell

Wesentliche Impulse für die Empfehlungen der EU-Kommission aus dem Jahr 2004 gehen auf Regelungen zurück, die bereits 2002 in Großbritannien eingeführt wurden. Dies betrifft insbesondere die Beteiligung der Hauptversammlung der börsennotierten Gesellschaft in Bezug auf die Vergütung der Vorstandsmitglieder.[351] Im August 2002 verabschiedete die Legislative des Vereinigten Königreichs die „Directors' Remuneration Report Regulations".[352]

Die Direktoren einer börsennotierten Gesellschaft müssen für jedes Bilanzjahr einen Vergütungsbericht vorlegen,[353] der einen vorgegebenen Mindestinhalt aufweisen muss.[354] Dieser Vergütungsbericht steht sodann in der Hauptversammlung zur Abstimmung.[355] Diese Abstimmung ist obligatorisch; die Direktoren kommen nicht umhin, die Hauptversammlung jährlich mit der Vorstandsvergütung zu befassen.[356] Kommen sie dieser Verpflichtung nicht nach, kann

---

ternehmensleitung börsennotierter Gesellschaften (2009/385/EG), ABl. EU 2009 Nr. L 120, 28.

350 Vgl. Begemann/Laue, BB 2009, 2442 (2443); Fleischer/Bedkowski, AG 2009, 677 (679).

351 Vgl. Hopt, ZIP 2005, 461 (467); Fleischer/Bedkowski, AG 2009, 677 (679).

352 Siehe hierzu insgesamt: Fleischer/Bedkowski, AG 2009, 677 (678).

353 Vgl. s. 420 Companies Act 2006: „The directors of a quoted company must prepare a directors' remuneration report for each financial year of the company."

354 Vgl. s. 421 Companies Act 2006.

355 Vgl. s. 439 (1) Companies Act 2006: „A quoted company must, prior to the accounts meeting, give to the members of the company entitled to be sent notice of the meeting notice of the intention to move at the meeting, as an ordinary resolution, a resolution approving the directors' remuneration report for the financial year."

356 Vgl. s. 439 (4) Companies Act 2006: „The existing directors must ensure the resolution is put to the vote of the meeting."

dies mit einem Bußgeld geahndet werden.[357] Den Aktionären einer Aktiengesellschaft aus dem Vereinigten Königreich wird damit gesetzlich die Gelegenheit garantiert, zu Vergütungsfragen Stellung zu nehmen.

Der Billigungsbeschluss nach dem englischen Modell ist dabei als beratender Hauptversammlungsbeschluss (advisory vote) ausgestaltet. Bestehende Vergütungsvereinbarungen werden von der Entscheidung der Hauptversammlung nicht beeinflusst.[358] Der Gesetzgeber des Vereinigten Königreichs benutzt damit die Öffentlichkeitswirksamkeit eines solchen Beschlusses, insbesondere die negative Publicity, die eine Ablehnung mit sich brächte.[359]

III. Umsetzung in Deutschland

1. Gesetz zur Angemessenheit der Vorstandsvergütung

Ausgehend von der Empfehlung der EU-Kommission und unter dem Eindruck der weltweiten Finanzmarktkrise hat der deutsche Gesetzgeber in das Aktiengesetz ebenfalls ein Konzept eingefügt, wie die Hauptversammlung bei Vergütungsfragen mit einbezogen werden kann.[360] Mit dem Gesetz zur Angemessenheit der Vorstandsvergütung (VorstAG) hat er erstmals der Hauptversammlung eine Kompetenz in Bezug auf die Vorstandsvergütung zugewiesen, indem die Regelung des § 120 Abs. 4 AktG in das Aktienrecht implementiert wurde. Zuvor war eine solche Mitwirkung der Hauptversammlung nicht vorgesehen und konnte damit allenfalls im Rahmen von Debatten in der Hauptversammlung zur Sprache kommen (z. B. bei dem Tagesordnungspunkt der Entlastung von Vorstand und Aufsichtsrat), ohne dass die Hauptversammlung hierzu etwas hätte entscheiden dürfen.

Dabei war diese jetzige Regelung allerdings nicht von Anfang an im Gesetzgebungsprozess so vorgesehen. Vielmehr hat erst der Rechtsausschuss des Deutschen Bundestags kurz vor Abschluss des Gesetzgebungsprozesses die Ein-

357 Vgl. s. 440 (2) Companies Act 2006: "If the resolution is not put to the vote of the accounts meeting, an offence is committed by each existing director."

358 Vgl. s. 439 (5) Companies Act 2006: „No entitlement of a person to remuneration is made conditional on the resolution being passed by reason only of the provision made by this section."

359 Zum viel zitierten Beschluss der Hauptversammlung von GlaxoSmithKline im Mai 2003, die den Vergütungsbericht medienwirksam ablehnte, siehe ebenfalls Fleischer/Bedkowski, AG 2009, 677 (678).

360 Vgl. E. Vetter, ZIP 2009, 2136 (2137).

fügung dieses neuen Absatzes in § 120 AktG vorgeschlagen.[361] Die Legislativorgane sind dem Vorschlag sodann gefolgt.

§ 120 Abs. 4 AktG sieht dabei Folgendes vor:

> *[1]Die Hauptversammlung der börsennotierten Gesellschaft kann über die Billigung des Systems zur Vergütung der Vorstandsmitglieder beschließen. [2]Der Beschluss begründet weder Rechte noch Pflichten; insbesondere lässt er die Verpflichtungen des Aufsichtsrats nach § 87 [AktG] unberührt. [3]Der Beschluss ist nicht nach § 243 [AktG] anfechtbar.*

Bei einem Vergleich der deutschen Norm mit dem englischen Modell sind einige Parallelen auffällig. Der Beschluss wird hier wie dort nur in börsennotierten Aktiengesellschaften eingeführt. Und in beiden Fällen handelt es sich um einen beratenden Hauptversammlungsbeschluss, der keine Rechte und Pflichten begründet, also auch keine unmittelbare Wirkung hinsichtlich der Vereinbarungen aus dem Vorstandsanstellungsvertrag zeitigt. Die deutsche Regelung verlangt dagegen keine jährliche Befassung der Hauptversammlung mit dieser Thematik; auch sind keine Sanktionen wie Bußgelder an die Nichtvorlage geknüpft. Vielmehr bleibt die Entscheidungsprärogative beim Vorstand und Aufsichtsrat, ob eine Beschlussfassung nach § 120 Abs. 4 AktG auf die Tagesordnung der Hauptversammlung gesetzt wird oder nicht, wenn nicht ein entsprechendes Minderheitsverlangen gemäß § 122 Abs. 2 AktG vorliegt.

2. Zielsetzung des VorstAG mit Blick auf den Billigungsbeschluss

Wie bereits zu Anfang in den einleitenden Gedanken dargestellt, stand der Gesetzgeber bei Einführung der neuen bzw. modifizierten Regelungen durch das VorstAG noch immer unter dem Eindruck der weltweiten Finanzmarktkrise, deren Auslöser unter anderem in Vergütungssystemen von Vorständen ausgemacht wurden, da diese durch Setzung falscher Anreize zur Eingehung unverhältnismäßiger Risiken motiviert haben sollen und die nur auf kurzfristigen Unternehmenserfolg ausgerichtet gewesen sein sollen.[362] Deswegen sah sich der Gesetz-

361 Vgl. die Fassung mit den Vorschlägen des Rechtsausschusses (BT-Drs. 16/13433) im Vergleich zu dem ursprünglichen Gesetzentwurf (BT-Drs. 16/12278).

362 Dieser eher pauschalierende Ansatz wird nicht ganz zu Unrecht von Kempter in seiner Stellungnahme zum VorstAG (Anhörung vor dem Rechtsausschuss des BT zum Entwurf eines VorstAG, S. 2) kritisiert. Krisenauslöser seien nur einige wenige Einzelfälle aus derzeitigen oder ehemaligen DAX-Unternehmen gewesen. Durch den Einbezug aller Aktiengesellschaften, also auch Familienaktiengesellschaften und kleine Aktiengesellschaften gehe der Gesetzesentwurf über das Ziel hinaus. Allerdings gelten die Vorschriften zur nachhaltigen Vergütungsstruktur (§ 87 Abs. 1 S. 2 und 3 AktG) für nichtbörsennotierte Gesellschaften nicht unmittelbar, auch wenn der Gesetzgeber in der Ge-

geber veranlasst, Regelungen zum Anreizsystem zu schaffen, die den Nachhaltigkeitsgedanken in den Vordergrund stellen.[363]

Ferner hatte der Rechtsausschuss, auf dessen Initiative hin der neue § 120 Abs. 4 AktG überhaupt erst in den Gesetzesentwurf aufgenommen wurde[364], zum einen die vorgenannten Empfehlungen der EU-Kommission im Sinn, deren Einhaltung er mit dieser neuen Norm erfüllt sah.[365] Zum anderen dient sie auch der Erreichung des allgemeinen Ziels, die Verantwortlichkeit des Aufsichtsrats für die Ausgestaltung der Vorstandsvergütung zu stärken und zu konkretisieren.[366] Denn aufgrund der auch vom Gesetzgeber erwarteten Öffentlichkeitswirksamkeit des Billigungsbeschlusses, insbesondere eines ablehnenden, sollte die Gewissenhaftigkeit der Aufsichtsratstätigkeit hinsichtlich der Vorstandsvergütung gefördert werden.[367]

Nicht zuletzt war außerdem beabsichtigt, die Transparenz der Vorstandsvergütung gegenüber den Aktionären und der Öffentlichkeit zu verbessern, was den Gesetzgeber veranlasst hat, das Vergütungsvotum nach § 120 Abs. 4 AktG zu statuieren.[368]

IV. Erfahrungswerte aus dem ersten Jahr der Einführung

Gemäß § 23 Abs. 3 EGAktG konnte der Billigungsbeschluss nach § 120 Abs. 4 AktG erstmals in Hauptversammlungen gefasst werden, die nach dem 5. August 2009 einberufen wurden. Anfangs herrschte teils noch Zurückhaltung hinsichtlich der Erwartungen darauf, ob von diesem Instrument in der Praxis tatsächlich Gebrauch gemacht würde.[369] Immerhin besteht anders als nach dem englischen Modell für deutsche Aktiengesellschaften keine Verpflichtung, diesen Beschlussgegenstand auf die Tagesordnung der Hauptversammlung zu setzen.

---

setzesbegründung zum VorstAG deren Einhaltung bei allen Aktiengesellschaften empfiehlt (vgl. BT-Drs. 16/13433, S. 10).

363 Vgl. BT-Drs. 16/13433, S. 1.

364 Vgl. die Beschlussempfehlung des Rechtsausschusses, BT-Drs. 16/13433, mit dem ursprünglichen Gesetzesentwurf der Fraktionen der CDU/CSU und SPD, BT-Drs. 16/12278.

365 Vgl. BT-Drs. 16/13433, S. 12.

366 Vgl. BT-Drs. 16/13433, S. 1.

367 Vgl. BT-Drs. 16/13433, S. 12.

368 Vgl. BT-Drs. 16/13433, S. 1.

369 Vgl. z. B. Lingemann, BB 2009, 1918 (1923).

Die Erfahrungswerte aus dem ersten Jahr der Einführung[370] zeigen ein differenziertes Bild in der Landschaft der börsennotierten Aktiengesellschaften, für die allein ein Vergütungsvotum in Betracht kommt. Bei den DAX-30-Unternehmen wurde der Billigungsbeschluss fast durchgehend in die Tagesordnung aufgenommen; lediglich drei Unternehmen ließen die Hauptversammlung nicht über das Vergütungssystem des Vorstands abstimmen. Diese Werte reduzieren sich jedoch von Stufe zu Stufe. Die Unternehmen des M-DAX verhielten sich zurückhaltender; nur zirka zwei Drittel der Unternehmen legten der Hauptversammlung diesen Gegenstand zur Beschlussfassung vor. Noch geringeren Gebrauch machten die Unternehmen des TEC-DAX und des S-DAX von dem Vergütungsvotum; weniger als die Hälfte der dort gelisteten Unternehmen entschieden sich zu einer Beschlussvorlage an die Hauptversammlung. Insofern lässt sich zumindest nach dem ersten Jahr feststellen, dass die Akzeptanz für diesen Beschluss schwindet, je weniger bedeutend das Unternehmen auf dem Börsenmarkt ist.

Interessante Erkenntnisse zeigen sich bei einer Betrachtung der Abstimmungsergebnisse der Billigungsbeschlüsse. Auffälligerweise stoßen die Vergütungssysteme der Vorstände der börsennotierten Unternehmen, die die Hauptversammlung konsultiert haben, auf große Zustimmung. In der überwiegenden Zahl der Unternehmen konnte eine Billigung des Vergütungssystems mit über 90 % der Stimmen der Aktionäre verzeichnet werden. Einige Unternehmen erreichten sogar eine fast 100-%-ige Zustimmung.[371] Wenn auch bei wenigen Unternehmen die Zustimmung deutlich geringer ausfiel[372], missbilligte dennoch die Hauptversammlung lediglich eines Unternehmens das zur Abstimmung gestellte Vergütungssystem.[373]

Entgegen den Erwartungen, die sich aus der allgemein negativen Meinung bezüglich der Vorstandsvergütung hätte ableiten lassen können, nämlich dass die Vergütungssysteme der Aktiengesellschaften auf wenig Akzeptanz bei den

370 Zum Ganzen: v.Falkenhausen/Kocher, AG 2010, 623 ff., die eine empirische Auswertung vorgenommen und eine detaillierte Übersicht zur Abstimmung der Hauptversammlungen deutscher börsennotierter Aktiengesellschaften angefertigt haben; ferner: Wilm, DB 2010, 1686 (1687); siehe auch FAZ vom 26.06.2010.

371 Stellvertretend Beispiele aus dem DAX-30: Beiersdorf AG mit 99,12 %; Fresenius Medical Care AG & Co. KGaA mit 99,26 %; Fresenius SE mit 99,51 %; Henkel AG & Co. KGaA mit 99,93 %; ThyssenKrupp AG mit 99,55 %; Volkswagen AG mit 99,44 %; für weitere Ergebnisse siehe Übersicht bei v.Falkenhausen/Kocher, AG 2010, 623 ff.

372 Z. B. Deutsche Bank AG mit 58,06 %; Deutsche Börse AG mit 52,77 %; Gerresheimer AG mit 63,72 %; TUI AG mit 69,32 %.

373 Die Hauptversammlung der HeidelbergCement AG lehnte die Billigung des Vergütungssystems mit 54,18 % der Stimmen ab.

Aktionären stoßen würden, hielten die meisten Aktionäre die „deutsche[n] Vorstandsgehälter für angemessen".[374]

B. Beschlussgegenstand: Billigung des Vergütungssystems der Vorstände

Die Hauptversammlung kann nach § 120 Abs. 4 AktG über die Billigung des Systems zur Vergütung der Vorstandsmitglieder beschließen. Gegenstand des Beschlusses ist damit das System der Vergütung der Vorstandsmitglieder. Die Entscheidungsalternativen der Hauptversammlung erschöpfen sich hierbei in der Billigung oder – bei Ablehnung – in der Missbilligung dieses ihr vorgelegten Systems.

I. Vergütungssystem der Vorstandsmitglieder

Soweit der Beschlussgegenstand in dem Vergütungssystem der Vorstandsmitglieder zu sehen ist, ergeben sich klärungsbedürftige Fragen, nämlich was inhaltlich unter dem Vergütungssystem zu verstehen ist, ob damit die Pflicht zur Einrichtung eines Vergütungssystems normimmanent einhergeht und schließlich inwieweit sich dieser Beschlussgegenstand mit der Kompetenzordnung in der Aktiengesellschaft in Einklang bringen lässt.

1. Vergütungssystem

Der Gesetzgeber hat mit dem Begriff des Systems der Vergütung der Vorstandsmitglieder einen neuen Begriff ins Aktiengesetz eingefügt, ohne ihn näher zu konkretisieren. Er ist allerdings nicht aus sich heraus selbsterklärend und erschließt sich mangels fester Konturen nicht ohne Weiteres.[375] Daher ist für dessen Auslegung insbesondere auf die Gesetzesmaterialien zurückzugreifen, die wesentliche Anhaltspunkte für dessen Erklärung bieten.

a. Inhalt

Der Gesetzgeber hat richtigerweise nicht die Vergütung als solche, oder gar die Vergütung jedes einzelnen Vorstandsmitglieds, zur Abstimmung gestellt, son-

---

374 So die Überschrift des Artikels in der FAZ vom 26.06.2010, wenngleich nicht die Vorstandsgehälter, sondern die Vergütungssysteme zur Billigung standen.

375 Vgl. Hohenstatt, ZIP 2009, 1349 (1356); Bosse, BB 2009, 1650 (1653); E. Vetter, ZIP 2009, 2136 (2137).

dern hat sich auf das Vergütungssystem beschränkt. Zum einen wäre bei ersterem Fall eine Unsachlichkeit in der Abstimmung zu befürchten gewesen, die außer Relation zu den erhofften positiven Impulsen gestanden hätten. Zum anderen bestand dafür von der Gesetzeshistorie her gesehen keine Notwendigkeit. Wie auch die Gesetzesbegründung zeigt[376], rekurriert der Gesetzgeber auf die bereits erwähnten Empfehlungen der EU-Kommission. Nach Ziffer 4.2 der Empfehlung vom 29. Dezember 2004 (2004/913/EG) sollte die in den Ziffer 3.1 bis 3.4 dieser Empfehlung beschriebene Vergütungserklärung der Hauptversammlung zur Abstimmung vorgelegt werden. Nach der Ziffer 3.3 der Empfehlung soll dieser Vergütungsbericht einen Mindestinformationsgehalt aufweisen. Enthalten sein sollen Erläuterungen zum relativen Gewicht der variable und der fixen Komponenten der Vergütung, ausreichende Informationen über die Erfolgskriterien, an die Aktienoptionen, Aktien und variable Vergütungskomponenten geknüpft sind, ausreichende Informationen über die Erfolgsbindung der Vergütung, die wichtigsten Parameter und die Begründung etwaiger jährlicher Bonusregelungen und anderer unbarer Leistungen sowie die Beschreibung der wichtigsten Merkmale der betrieblichen Altersversorgungs- und Vorruhestandsreglungen für die Mitglieder der Unternehmensleitung. Schließlich bezieht sich der Gesetzgeber[377] darüber hinaus ausdrücklich auf die Empfehlungen (Ziffern 4.2.3 und 4.2.5) des Deutschen Corporate Governance Kodex, wonach der Aufsichtsratsvorsitzende die Hauptversammlung in einem Vergütungsbericht über die Grundzüge des Vergütungssystems der Vorstandsmitglieder und deren Veränderungen informieren soll.

Daneben kannte und kennt das Handelsrecht in den Bestimmungen zum Jahresabschluss bereits den Begriff des Vergütungssystems. Denn gemäß § 289 Abs. 2 Nr. 5 HGB ist im Lagebericht auch auf die Grundzüge des Vergütungssystems der Gesellschaft (sog. Vergütungsbericht[378]) einzugehen. Gleiches gilt gemäß § 315 Abs. 2 Nr. 4 HGB für den Konzernlagebericht. Die dazu entwickelten Erkenntnisse können aufgrund der Sachnähe und der inhaltlichen Übereinstimmung für die Auslegung des § 120 Abs. 4 AktG fruchtbar gemacht werden. So wird im Rahmen dieser Vorschriften als zu den Grundzügen des Vergütungssystem gehörend angesehen: Ein Überblick über die Vergütungspolitik und das allgemeine Konzept für die Gestaltung der Organverträge sowie die Erläuterung von Form, Struktur und Höhe der Vergütung, die Zusammensetzung nach den drei in § 285 S. 1 Nr. 9 lit. a S. 5 HGB genannten Komponenten und ihr

376 Vgl. BT-Drs. 16/13433, S. 12.

377 Vgl. BT-Drs. 16/13433, S. 12.

378 Vgl. Lange in MüKo, HGB, § 289, Rn 123; Wiedmann in Ebenroth/Boujong/Joost/Strohn, HGB, § 289, Rn 37.

Verhältnis zueinander, langfristig angelegte Anreizsysteme mit ihren Voraussetzungen, Angaben zu Bezügen von dritter Seite sowie das System der Versorgungs-, Vorruhestands- und Ruhegehaltsleistungen.[379]

Mit der Formulierung des Gesetzgebers, dass das *System* der Vergütung der Vorstandsmitglieder zum Gegenstand eines Beschlusses gemacht werden kann, hat er unter Beachtung der vorgenannten Hintergründe zum Ausdruck gebracht, dass ihm damit eine Metaebene vor Augen lag, das heißt, eine abstrakt-generelle Aussage und Darstellung hinsichtlich der Vorstandsvergütung, wie sie sich auch dem Aufsichtsrat zeigen muss, bevor er zur Festlegung der konkreten Vergütung für ein Vorstandsmitglied übergeht. Es geht also um das Zusammenspiel und Ineinandergreifen der Einzelkomponenten und -parameter, die zusammen das Gesamtkonzept bilden, wonach sich der Aufsichtsrat bei der konkreten Vorstandsvergütung ausrichtet.[380]

Mit System im Sinne des § 120 Abs. 4 AktG ist daher allein das abstrakte und generelle Gesamtkonzept gemeint, von dem sich der Aufsichtsrat bei Festlegung der konkreten und individuellen Vergütung der Vorstandsmitglieder leiten lässt.[381] Dazu sind zu zählen[382]: Vergütungspolitik des Aufsichtsrats; das allgemeine Konzept der Anstellungsverträge; Form der Vergütung (Geldleistungen, Sachbezüge) und Struktur (fest und variabel); die Gewichtung der verschiedenen Vergütungsbestandteile und die damit verbundene Inzentivierung der Vorstandsmitglieder; Parameter zur Beachtung der Üblichkeit der Vorstandsvergütung; der Erläuterung zu den anreizorientierten Vergütungszusagen, ihrer mehrjährigen Bemessungsgrundlage und ihren Auswirkungen auf die nachhaltige Unternehmensentwicklung; Voraussetzungen und Struktur der Altersversorgung; Grundzüge der Sondervergütung bei vorzeitiger Beendigung der Vorstandstätigkeit.[383]

379 Vgl. Lange in MüKo, HGB, § 289, Rn 126; Wiedmann in Ebenroth/Boujong/Joost/Strohn, HGB, § 289, Rn 38.

380 Vgl. Hohenstatt, ZIP 2009, 1349 (1356).

381 Vgl. Fleischer/Bedkowski, AG 2009, 677 (682); Drinhausen/Keinath, BB 2010, 3 (8); Deilmann/Otte, DB 2010, 545 (546).

382 Vgl. Fleischer/Bedkowski, AG 2009, 677 (682); Döll, WM 2010, 103 (109); Fleischer, NZG 2009, 801 (805); E. Vetter, ZIP 2009, 2136 (2138); Kramarsch, ZHR 169 (2005), 112 (114).

383 In neuerer Zeit wurde eine Definition des Begriffs „Vergütungssystem" in der Instituts-Vergütungsverordnung sowie der Versicherungs-Vergütungsverordnung aufgenommen (siehe oben Fn 347). Darin wird Vergütungssystem definiert als „alle instituts-/unternehmensinternen Regelungen zur Vergütung sowie deren tatsächliche Umsetzung und Anwendung durch das Unternehmen", § 2 Nr. 2 InstitutsVergV bzw. § 2 Nr. 3 VersVergV. So umfassend diese Definition auch sein mag und damit die beschriebene abstrakt-generelle Ebene bestätigt, so wenig griffig ist sie gleichfalls. Denn Aussage-

Indem § 120 Abs. 4 AktG nur die Beschlussfassung über die Billigung des Vergütungssystems zulässt, findet auch eine Negativabgrenzung dergestalt statt, dass andere Themenkomplexe bezüglich der Vorstandsvergütung gerade nicht zur Entscheidung gestellt sind. Dies betrifft namentlich die Vergütungshöhe, die Billigung einzelner Vergütungselemente oder die Vorgabe bestimmter oder geänderter Vergütungselemente oder einer geänderten Vergütungsstruktur.[384]

b. *Pflicht zur Etablierung eines Vergütungssystems*

Ist nun das Vergütungssystem als eine übergeordnete Stufe zu der konkret ausgehandelten Vergütung des einzelnen Vorstandsmitglieds zu verstehen, an der sich der Aufsichtsrat orientieren oder gar – intern – festhalten lassen soll, und ist es nunmehr durch § 120 Abs. 4 AktG vorgesehen, dass die Aktionäre in der Hauptversammlung über dieses Vergütungssystem zwecks Billigung oder Missbilligung abstimmen können, bedarf es der Klärung, ob der Aufsichtsrat generell dazu verpflichtet ist, ein Vergütungssystem zu kreieren oder ob ihm das freisteht.

Grundsätzlich müsste zunächst von Letzterem auszugehen sein. Die Kompetenz hinsichtlich der Vergütungsfragen hat das Aktiengesetz gemäß § 87 AktG dem Aufsichtsrat zugewiesen. Damit geht auch die Entscheidung für oder gegen die Einführung eines Gesamtkonzepts bezüglich der Vergütung aller Vorstandsmitglieder einher. *Thüsing* hat bereits im Gesetzgebungsverfahren in seiner Stellungnahme[385] darauf hingewiesen, dass der Gesetzeswortlaut zu eng sei, weil es keine Verpflichtung des Aufsichtsrates gebe, ein „Vergütungssystem für die Vorstandsmitglieder" einzurichten; es sei durchaus zulässig, die Vergütung für jedes Vorstandsmitglied individuell festzulegen. Diese Auffassung ist allgemein auf Zustimmung gestoßen.[386] Nichtsdestotrotz muss sich ein Aufsichtsrat, der auf diese Weise vorgeht, dann aber fragen lassen, ob er damit die Grundsätze einer guten Unternehmensführung als erfüllt ansieht.

In der Tat hat der Gesetzgeber an keiner Stelle des Aktiengesetzes für den Aufsichtsrat die Pflicht normiert, er müsse für die Vorstandsvergütung ein System etablieren. Gleichwohl kann an dieser Stelle noch nicht stehen geblieben werden, sondern es ist im Sinne einer Gesamtbetrachtung der Normen zur Vor-

---

kraft bezüglich des Inhalts eines Systems erlangt sie ebenfalls erst durch Hinzuziehung weiterer Überlegungen.

384 Vgl. Annuß/Theusinger, BB 2009, 2434 (2439); Fleischer/Bedkowski, AG 2009, 677 (682).

385 Stellungnahme zum Entwurf eines Gesetzes zur Angemessenheit der Vorstandsvergütung (VorstAG) (BT-Drs. 16/12278), S. 20; auch Thüsing, AG 2009, 517 (525).

386 Vgl. Annuß/Theusinger, BB 2009, 2434 (2439); Hüffer, AktG, § 120, Rn 20.

standsvergütung zu hinterfragen, ob aufgrund der gesetzlichen Regelungen diese Auffassung zu überdenken ist und von einer faktisch bestehenden Verpflichtung gesprochen werden kann.

Ausgangspunkt bildet dabei § 87 Abs. 1 AktG, die Grundnorm, die die Grundsätze für die Bezüge der Vorstandsmitglieder an den Aufsichtsrat adressiert. Diese Vorschrift richtet das Augenmerk nach deren Satz 1 allerdings auf das einzelne Vorstandsmitglied, wenn es darin verkürzt heißt, der Aufsichtsrat habe bei der Festsetzung der Gesamtbezüge des *einzelnen Vorstandsmitglieds* auf die Angemessenheit der Vergütung zu achten. Aussagen bezüglich eines dem Ganzen zugrunde liegenden Systems, an dem sich der Aufsichtsrat dabei orientieren müsste, werden nicht getroffen. Bei börsennotierten Gesellschaften geht das Gesetz jedoch noch weiter und verlangt zusätzlich, dass die Vergütungsstruktur auf eine nachhaltige Unternehmensentwicklung auszurichten ist (§ 87 Abs. 1 S. 2 AktG), und deswegen sollen variable Vergütungsbestandteile auf eine mehrjährige Bemessungsgrundlage gestellt werden (§ 87 Abs. 1 S. 3 Hs. 1 AktG). Interessant ist in diesem Zusammenhang, ob und inwieweit sich die Vergütungsstruktur im Sinne von § 87 Abs. 1 S. 2 AktG und das Vergütungssystem im Sinne von § 120 Abs. 4 AktG voneinander unterscheiden. Beide Passagen sind durch das VorstAG eingefügt worden. Aus den Gesetzgebungsmaterialien lässt sich allerdings nicht entnehmen, wie der Gesetzgeber das Verhältnis der beiden Ausdrücke zueinander sieht. Die gleichzeitige Einführung beider Regelungen spricht jedoch dafür, dass der Gesetzgeber bewusst zwei unterschiedliche Begrifflichkeiten gewählt hat, um auch zwei inhaltlich verschiedene Komplexe zu beschreiben. Wie sich aus dem Zusammenspiel der Sätze 2 und 3 des § 87 AktG zeigt, bezieht sich die Vergütungs*struktur* vornehmlich auf die einzelnen Vergütungsbestandteile und ihr Verhältnis zueinander, namentlich das Verhältnis von fixen und variablen Vergütungselementen. Daraus ist zu erkennen, dass die Vergütungsstruktur nur eine Teilmenge des Vergütungssystems ist. „Vergütungssystem" ist in diesem Zusammenhang folglich als der übergeordnete Begriff aufzufassen.

Aus dem Kontext der Sätze 2 und 3 des § 87 AktG zu Satz 1 kann zunächst geschlussfolgert werden, dass der Gesetzgeber in § 87 AktG in erster Linie die Vergütung des einzelnen Vorstandsmitglieds im Blickpunkt hatte. Die Vorstandsvergütung soll angemessen sein, was für börsennotierte Gesellschaften eine Orientierung der Vergütung an der Nachhaltigkeit des Unternehmenserfolgs bedeutet; dafür soll der Aufsichtsrat gemäß § 116 AktG ausdrücklich einstehen. Dennoch hat der Gesetzgeber eine offenere Formulierung verwendet und textlich nicht nur auf die Vergütungsstruktur des einzelnen Vorstandsmitglieds referiert, sondern § 87 Abs. 1 S. 2 AktG spricht von der „Vergütungsstruktur [...] bei börsennotierten Gesellschaften". Es kann also nicht bei dem einzelnen

Vorstandsmitglied Halt gemacht werden, vielmehr muss die Vergütungsstruktur insgesamt – also aller Vorstandsmitglieder einer börsennotierten Aktiengesellschaft – auf Nachhaltigkeit ausgerichtet sein. Der Aufsichtsrat muss sich also bei der Festsetzung der Vergütung eines Vorstandsmitglieds im Vorfeld darüber im Klaren sein, wie er die Vergütungsstruktur des gesamten Vorstands auf eine nachhaltige Unternehmensentwicklung ausrichtet, um überhaupt darauf aufbauend die Einzelvergütung betrachten zu können. Der Aufsichtsrat kommt damit nicht umhin, eine einheitliche Vergütungsstruktur festzulegen und zu etablieren. Dies ist die Folge, die sich aus den durch das VorstAG eingeführten Neuerungen in § 87 AktG ergibt.

Nunmehr ist nach diesem ersten Zwischenschritt § 120 Abs. 4 AktG hinzuzuziehen. Diese Vorschrift ihrerseits enthält keinen ausdrücklichen Handlungsauftrag an den Aufsichtsrat, ein Vergütungssystem zu entwickeln. Er weist der Hauptversammlung nur die Kompetenz zu, über die Billigung des Vergütungssystems Beschluss zu fassen. Wie gesehen hat der Aufsichtsrat einer börsennotierten Aktiengesellschaft eine allgemeingültige Vergütungsstruktur zu schaffen. Die Vergütungsstruktur ist ein Teilbereich des Vergütungssystems, folglich muss jede börsennotierte Aktiengesellschaft als Minimum des Vergütungssystems eine solche etablierte Vergütungsstruktur vorweisen können. Diese ist als kleinster möglicher Vorlagegegenstand im Sinne des § 120 Abs. 4 AktG zu verstehen.

Der Gesetzgeber wollte mit der Einführung des Vergütungsvotums zur internen Kontrolle und zur Steigerung der verantwortungsbewussten Corporate Governance beitragen.[387] Dieses Ziel kann indes nur dann erreicht werden, wenn der Aufsichtsrat dem – wenn auch indirekten – Handlungsauftrag aus § 120 Abs. 4 AktG aufgreift und für die Etablierung eines Vergütungssystems, also eines Mehr als der bloßen Vergütungsstruktur, sorgt. Der Gesetzgeber hat sich durch diese Norm dazu entschlossen, der Hauptversammlung eine Kompetenz in Bezug auf Vergütungsangelegenheiten einzuräumen.[388] Er möchte, dass die Hauptversammlung sich hierbei aktiv einbringen kann, und bezieht sich dabei expressis verbis auf die Empfehlungen der EU-Kommission, die in der Empfehlung von 2009 ein verstärktes Engagement der institutionellen Anleger anregt. Schließlich ging es ihm bei den Änderungen durch das VorstAG um eine weitere und stete Erhöhung der Transparenz auf dem Gebiet der Vorstandsvergütung.[389] All das kann nur dann erreicht werden, wenn der Aufsichtsrat dazu verpflichtet ist, für die (börsennotierte) Aktiengesellschaft ein Vergütungssystem zu

387 Vgl. BT-Drs. 16/13433, S. 12.
388 Vgl. BT-Drs. 16/13433, S. 12.
389 Vgl. BT-Drs. 16/13433, S. 1.

installieren, das als solches der Hauptversammlung zur Billigung vorgelegt werden kann. Andernfalls hätte es der Aufsichtsrat selbst in der Hand, den von gesetzgeberischer Seite gewünschten Einbezug der Hauptversammlung zum Vergütungs*system* zu vereiteln, indem er sich weigert, ein solches System aufzustellen.

Als Ergebnis ist daher nach alldem festzuhalten, dass der Aufsichtsrat einer börsennotierten Aktiengesellschaft[390] aufgrund der Neuregelungen des VorstAG zur Einrichtung eines Vergütungssystems[391] verpflichtet ist.[392]

2. Durchbrechung der Zuständigkeitsverteilung in der Aktiengesellschaft

a. Originäre Aufsichtsratszuständigkeit

An mehreren Stellen wurde bereits zum Ausdruck gebracht, dass die Festsetzung der Vorstandsvergütung in den Zuständigkeitsbereich des Aufsichtsrats fällt. Es ist die ureigene und originäre Aufgabe des Aufsichtsrats, die Bestellung der Vorstandsmitglieder der Aktiengesellschaft vorzunehmen, § 84 Abs. 1 S. 1 AktG. Neben diesem organschaftlichen Akt ist es die weitere Aufgabe des Aufsichtsrats, die Aktiengesellschaft bei Abschluss des schuldrechtlichen Anstellungsvertrags mit dem jeweiligen Vorstandsmitglied zu vertreten, §§ 84 Abs. 1 S. 5 i.V.m. S. 1, 112 AktG. Schon daraus ergäbe sich, dass der Aufsichtsrat die Kompetenz in Bezug auf die Vergütungsvereinbarung mit den Vorstandsmitgliedern innehat, da die Vergütungsabrede gemäß § 612 BGB einen wesentlichen Bestandteil (essentialium negotii) des Anstellungs-/Dienstvertrags[393] darstellt.

---

390 Die Neuregelungen in diesen Fragen betreffen zunächst nur die börsennotierten Aktiengesellschaften. Sowohl § 87 Abs. 1 S. 2 und 3 AktG als auch § 120 Abs. 4 AktG wendet sich ausweislich des Wortlauts ausschließlich an börsennotierte Gesellschaften. Das hat zur Konsequenz, dass eine derartige Verpflichtung für nichtbörsennotierte Aktiengesellschaften nicht besteht. Gleichwohl appelliert der Gesetzgeber mit den Neuerungen auch an nichtbörsennotierte Gesellschaften, denn in der Gesetzesbegründung empfiehlt er hinsichtlich des Nachhaltigkeitsgedankens auch eine Berücksichtigung bei solchen kleinen Aktiengesellschaften.

391 Interessanterweise spricht auch der Deutsche Corporate Governance Kodex in Ziffer 4.2.2 die Empfehlung aus, dass der Aufsichtsrat das Vergütungssystem (singular!) beschließen und regelmäßig überprüfen soll.

392 Im Ergebnis ebenso, aber ohne nähere Begründung: Döll, WM 2010, 103 (108); wohl auch Schöppen, ZIP 2010, 905 (907).

393 Vgl. Weidenkaff in Palandt, BGB, Einf v § 611, Rn 1.

Das Aktienrecht geht jedoch einen Schritt weiter und greift die Frage der Vorstandsvergütung an einer weiteren Stelle noch einmal explizit auf. In § 87 AktG wendet sich das Aktiengesetz nochmals in direkter Weise an den Aufsichtsrat und überantwortet ihm die Aufgabe, die Gesamtbezüge eines Vorstandsmitglieds festzusetzen und dabei auf Angemessenheit sowie bei börsennotierten Aktiengesellschaften auf die Nachhaltigkeit zu achten. Durch die Einfügung des § 116 S. 3 AktG durch das VorstAG, der – wenn auch mit nur rein deklaratorischem Gehalt – eine Schadensersatzpflicht des Aufsichtsrats bei Fehlleistungen mit Bezug zur Vorstandsvergütung normiert, wird diese originäre Aufgabenzuständigkeit des Aufsichtsrats noch einmal betont.[394]

b. Mitspracherecht der Anteilseigner

Durch § 120 Abs. 4 AktG beschreitet der Gesetzgeber nun aber neue Wege. Er entfernt sich von der Alleinzuständigkeit des Aufsichtsrats in Sachen der Vorstandsvergütung und überträgt den Anteilseignern ein begrenztes Mitspracherecht. Es ist zweifelhaft, ob hierzu die Frage berechtigterweise erhoben werden kann, ob damit ein Verstoß gegen das Kompetenzgefüge in der Aktiengesellschaft einhergeht. Denn die Kompetenzordnung folgt schließlich erst aus der gesetzgeberischen Festsetzung und Zuweisung der Zuständigkeiten an die Organe der Aktiengesellschaft. Darin liegt nicht zuletzt seine aus Art. 9 Abs. 1 GG entspringende Verpflichtung, für ausreichende Rahmenbedingungen zur Wahrnehmung der Vereinigungsfreiheit zu sorgen.[395] Insofern kann hierzu lediglich hinterfragt werden, ob eine solche Neuverteilung der Kompetenzen sinnvoll ist oder nicht und ob sie insgesamt zu einem stimmigen System der Zuständigkeiten in der Aktiengesellschaft führt.

Begrenzt ist dieses Mitspracherecht in zweierlei Hinsicht. Zum einen darf die Hauptversammlung nach § 120 Abs. 4 AktG nur über die Billigung des Systems zur Vergütung der Vorstandsmitglieder entscheiden. Ihr stehen also nicht dieselben Handlungsspielräume zur Verfügung wie dem Aufsichtsrat noch kann sie sich mit einzelnen Vergütungselementen oder der Höhe der Gesamtbezüge auseinandersetzen. Zum anderen hat der Gesetzgeber dieses Vergütungsvotum der Hauptversammlung nur als beratenden Hauptversammlungsbeschluss ausgestaltet, der keinerlei Rechte und Pflichten begründet und insbesondere die Tätigkeit des Aufsichtsrats nicht berührt, § 120 Abs. 4 S. 2 AktG. Es ist also nur ein Mitspracherecht „light“.

An sich ist das Vorhandensein von Doppelkompetenzen dem Aktienrecht nicht fremd. Nach § 172 AktG kann die Feststellung des Jahresabschlusses

394 Vgl. E. Vetter, ZIP 2009, 2136 (2137); Marsch-Barner, FS Röhricht, S. 401 (413).

395 Siehe dazu bereits oben § 5 B. IV. 3.

durch Vorstand und Aufsichtsrat erfolgen, indem der Aufsichtsrat den vom Vorstand gemäß § 170 Abs. 1 AktG vorgelegten Jahresabschluss billigt. Nach § 173 Abs. 1 S. 1 AktG kann jedoch auch die Hauptversammlung zur Billigung des Jahresabschlusses herangezogen werden, wenn entweder Vorstand und Aufsichtsrat dies gemeinsam beschließen oder der Aufsichtsrat den vorgelegten Jahresabschluss selbst nicht gebilligt hat. Ferner hat die Satzung oder der Aufsichtsrat (z. B. durch eine Geschäftsordnung für den Vorstand) gemäß § 111 Abs. 4 S. 2 AktG zu bestimmen, dass bestimmte Arten von Geschäften nur mit Zustimmung des Aufsichtsrats vorgenommen werden dürfen. Gemäß § 111 Abs. 4 S. 3 AktG kann der Vorstand die Angelegenheit aber auch der Hauptversammlung zur Zustimmung vorlegen, wenn der Aufsichtsrat seine Zustimmung verweigert hat; erforderlich ist dann ein Beschluss mit einer Mehrheit von drei Vierteln der abgegebenen Stimmen, § 111 Abs. 4 S. 4 AktG. Schließlich ist der Vorstand gemäß §§ 76, 77 AktG für die Geschäftsleitung und –führung zuständig. Allerdings kann er gemäß § 119 Abs. 2 AktG die Hauptversammlung zu Fragen zur Geschäftsführung entscheiden lassen und ist sodann an deren Entscheidung gebunden. In diesen drei Beispielen kennt das Aktiengesetz also bereits die Mehrfachzuständigkeit verschiedener Organe. Auffälligerweise zeichnen sich diese Fälle jedoch von einem Rangverhältnis im Sinne einer Subsidiarität aus. Die Hauptversammlung kann immer erst dann eingeschaltet werden, wenn das zunächst zuständige Organ keine bzw. eine ablehnende Entscheidung getroffen hat. Eine Parallelität im Sinne einer gleichzeitigen Befassung mehrerer Organe mit derselben Thematik ist damit aber nicht verbunden.

Mit § 120 Abs. 4 AktG führt der Gesetzgeber also eine neuartige Kompetenzüberlappung ein.[396] Sowohl der Aufsichtsrat als auch die Hauptversammlung können sich mit dem Vergütungssystem der Vorstandsmitglieder befassen. Den dadurch zwangsläufig entstehenden Problemen ist im Gesetz dadurch begegnet worden, dass das Vergütungsvotum als unverbindlicher beratender Hauptversammlungsbeschluss ausgestaltet wurde. Die Hauptversammlung kann dem Aufsichtsrat also auch weiterhin keinerlei Weisungen in Bezug auf das Vorstandsvergütungssystem erteilen.[397] Nur so konnte der Gesetzgeber vermeiden, dass eine echte Abgrenzung zwischen beiden Organen vorgenommen werden muss. Dass daraus dennoch Unklarheiten resultieren, überließ er den Beteiligten, der Wissenschaft und der Rechtsprechung zur Klärung.

Im Hinblick auf die bisher bestehende klare Struktur der Zuständigkeiten der drei Organe der Aktiengesellschaft ist das Vorgehen des Gesetzgebers, eine

396 Vgl. auch E. Vetter, ZIP 2009, 2136 (2137), spricht von „Novum“ bzw. „Neuland“, das der Gesetzgeber mit dieser Regelung betritt.

397 Vgl. E. Vetter, ZIP 2009, 2136 (2137).

überlappende Kompetenz zu schaffen, kritisch zu sehen. Zwar gewinnt die Hauptversammlung damit hinsichtlich der Vergütungsthematik an Bedeutung, allerdings wird mit einer derartigen Regelung die zwingende Organisationsstruktur der Aktiengesellschaft aufgeweicht und – im Ansatz zumindest – in ihrem Wesen verändert.[398] Die mit der neuen Regelung verfolgten Ziele, insbesondere auf die Empfehlung der EU-Kommission einzugehen, vermögen nicht zu rechtfertigen, das in Deutschland bestehende System einem unreflektierten Wandel zu unterziehen. Zwar versucht der Gesetzgeber selbst, mit dem VorstAG „systemimmanent beim Aufsichtsrat" anzusetzen, wenn es um die Behandlung der Vorstandsvergütung geht.[399] Gleichwohl zeigt § 120 Abs. 4 AktG, der zu eben erwähnter Kompetenzüberlappung führt, dass dem Gesetzgeber der rein systemimmanente Lösungsansatz nicht gelungen ist, was unter anderem auch damit zusammenhängen mag, dass einige Ansatzpunkte der deutschen Regelung sich an dem englischen Modell orientieren, also an einem System, in dem eine Dreiteilung der Kompetenzen wie im deutschen Aktienrecht nicht erfolgt, sondern das monistisch aufgebaut ist und damit die Aufgabenteilung zwischen Aufsichtsrat, Vorstand und Hauptversammlung nicht kennt.[400] Daraus folgt eine Unstimmigkeit in der Kompetenzordnung deutscher börsennotierter Aktiengesellschaften, weshalb die gesetzliche Umsetzung des Vergütungsvotums in § 120 Abs. 4 AktG als nicht geglückt einzustufen und daher abzulehnen ist.

c. *Mitspracherecht des Vorstands*

Ein Mitspracherecht des Vorstands bei Fragen der Vorstandsvergütung ergibt sich selbstredend aus dem Umstand, dass der Anstellungsvertrag mitsamt der Vergütungsabrede ein zweiseitiger Vertrag ist und nur von beiden Parteien übereinstimmend geschlossen werden kann. Die Festsetzung der Vergütung der Vorstandsmitglieder im Sinne des § 87 Abs. 1 AktG erfolgt also nicht als einseitiger Rechtsakt.

Durch das VorstAG hat der Vorstand als Organ indes ein Mitspracherecht in Bezug auf die Vorstandsvergütung erhalten, das zu einer weiteren Vermengung der Zuständigkeiten in der Kompetenzordnung der börsennotierten Aktiengesellschaft führt. Gemäß § 87 Abs. 1 S. 2 AktG muss die Vergütungsstruktur bei börsennotierten Aktiengesellschaften auf eine nachhaltige Unternehmensentwicklung ausgerichtet sein. Die Unternehmensplanung und –entwicklung stellt ihrerseits einen Teilbereich der Geschäftsführung des Vorstands der Gesellschaft

398 Vgl. E. Vetter, ZIP 2009, 2136 (2140).

399 Vgl. BT-Drs. 16/12278, S. 5.

400 Vgl. Hohenstatt, ZIP 2009, 1349 (1356); siehe auch BDI, Stellungnahme zur öffentlichen Anhörung, S. 15.

im Sinne von §§ 76, 77 AktG dar. Das heißt, der Vorstand selbst muss als Organ einen Teil zur Vergütungsstruktur beisteuern, indem er festlegt, welche Unternehmensentwicklung ihm für die Zukunft vor Augen schwebt. Erst daran kann der Aufsichtsrat als Nächstes eine Vergütungsstruktur entwickeln[401], die diesen Zielen in der Unternehmensentwicklung Rechnung trägt und mittels der variablen Vergütung zu einer Anreizwirkung im Sinne der Nachhaltigkeit führt.[402]

Da die Vergütungsstruktur nun allerdings ein Teil des Vergütungssystems ist, kann schließlich neben Vorstand und Aufsichtsrat auch die Hauptversammlung über den Vergütungsbeschluss nach § 120 Abs. 4 AktG in die Behandlung der Vorstandsvergütung eingebunden werden.[403] Mithin sind damit alle drei Organe kompetenzmäßig in die Thematik der Vorstandsvergütung einbezogen, wobei der Schwerpunkt bei dem Aufsichtsrat verbleibt. Er haftet auch weiterhin nach § 116 AktG für die Angemessenheit der Vorstandsvergütung.

Eine derartige Vermengung in den Kompetenzen[404] ist im System der Aktiengesellschaft bisher einzigartig und sollte tunlichst wieder beseitigt werden. Ob sich der Gesetzgeber bei der Ausarbeitung des VorstAG dieser Konsequenzen bewusst war, bleibt offen, ist aber sehr zu bezweifeln, da ein systemimmanenter Ansatz angestrebt war.[405] Jedenfalls konterkariert eine derartige Regelung den weiteren Gesetzeszweck, nämlich für eine Erhöhung der Transparenz zu sorgen.

---

401 Dieser Zusammenhang wird in der Instituts-Vergütungsverordnung und der Versicherungs-Vergütungsverord-nung ausdrücklich angesprochen. Nach § 3 Abs. 1 S. 3 Hs. 1 InstitutsVergV bzw. § 3 Abs. 1 S. 2 Nr. 1 VersVergV wird gefordert, dass die Vergütungssysteme so ausgestaltet werden, dass sie auf die Erreichung der in den Strategien des Unternehmens niedergelegten Zielen ausgerichtet sind.

402 Vgl. Dauner-Lieb/von Preen/Simon, DB 2010, 377 (381); Wagner (AG 2010, 774 (778 f.)) sieht die Lösung des Problems der Kompetenzvermengung zwischen Aufsichtsrat und Vorstand darin, es dem Aufsichtsrat zu untersagen, auf die Unternehmensstrategie über den Weg der Vorstandsvergütung Einfluss zu nehmen. Dieses Problem stellt sich allerdings nur dann, wenn es dem Aufsichtsrat über die Vorstandsvergütung möglich wäre, Unternehmensziele zu definieren. Diese Kompetenz verbleibt jedoch auch nach den Regelungen des VorstAG weiterhin beim Vorstand als Kernkompetenz.

403 Vgl. Dauner-Lieb/von Preen/Simon, DB 2010, 377 (381).

404 Nikolay (NJW 2009, 2640 (2645)) spricht von einer Durchlöcherung des bisherigen Systems der Kompetenzen in der dreigliedrigen Organisation der Aktiengesellschaft.

405 Vgl. Dauner-Lieb/von Preen/Simon, DB 2010, 377 (381): „Letztlich ist damit das Kompetenzgefüge zwischen Vorstand (§ 76 Abs. 1 AktG), Aufsichtsrat (§ 111 AktG) und Hauptversammlung (§ 119 AktG) für den essenziellen Bereich nicht nur der Vorstandsvergütung, sondern insbesondere der Unternehmensstrategie durch das VorstAG grundsätzlich neu vermessen worden, ohne dass dies aber einer bewussten rechtspolitisch gewollten Entscheidung entspringt."

Durch den Einbezug von immer mehr Personengruppen[406] in die Frage der Vorstandsvergütung verliert sich die Transparenz in der schwierig vorzunehmenden Abgrenzung der einzelnen Kompetenzgebiete.

II. Beschlussantrag

Die Entscheidungsoptionen, die der Hauptversammlung in Bezug auf das System der Vergütung der Vorstandsmitglieder zuerkannt wird, begrenzen sich in der Billigung oder in der Nicht-Billigung – besser: Missbilligung – des vorgelegten Vergütungssystems. Terminologisch folgt das Vergütungsvotum damit dem Entlastungsbeschluss, bei dem die Hauptversammlung die Verwaltung der Aktiengesellschaft durch die Mitglieder des Vorstands und des Aufsichtsrats billigt. Die Hauptversammlung bringt damit im Wege des Beschlusses ihre Befürwortung oder ihre Ablehnung in Bezug auf den Beschlussgegenstand zum Ausdruck. Grundvoraussetzung hierfür ist die Vorlage eines Beschlussantrags durch den vorlageberechtigten Personenkreis.

1. Vorlageberechtigter Personenkreis

Die Gesetzesbegründung selbst gibt Aufschluss über den vorlageberechtigten Personenkreis, wenn dort ausgeführt wird, dass die Hauptversammlung bei börsennotierten Gesellschaften auf Verlangen von Aktionären nach § 122 Abs. 2 AktG oder auf Vorschlag der Verwaltung über das System zur Vergütung der Vorstandsmitglieder beschließen kann.[407] Insofern ergeben sich folglich keine Abweichungen zu anderen Beschlussgegenständen.

Aus der gesetzlichen Formulierung, dass die Hauptversammlung über diesen Beschlussgegenstand entscheiden *kann*, folgt zugleich, dass hierzu keine Verpflichtung besteht.[408] Weder den Vorstand noch den Aufsichtsrat trifft die Pflicht, dafür Sorge zu tragen, dass in der Hauptversammlung ein Vergütungsvotum eingeholt wird. Vielmehr gelten auch hier die allgemeinen aktienrechtlichen Bestimmungen, sodass allenfalls einmal „zum Wohle der Gesellschaft“

---

406 Aufgrund des VorstAG muss sich nunmehr der Gesamt-Aufsichtsrat mit der Vorstandsvergütung befassen; Ausschüsse können nur noch beratende Vorarbeit leisten, § 107 Abs. 3 S. 3 AktG. Vorher konnte der ganze Themenkomplex der Vorstandsvergütung auf einen Ausschuss übertragen werden.

407 Vgl. BT-Drs. 16/13433, S. 12.

408 So auch ausdrücklich in der Gesetzesbegründung, BT-Drs. 16/13433, S. 12.

eine Verpflichtung entstehen könnte, diesen Punkt auf die Tagesordnung zu setzen, wenngleich derartige Fälle kaum denkbar sind.[409]

Für ein Verlangen der Aktionäre nach § 122 Abs. 2 AktG ist ein Antrag von einem oder mehreren Aktionären erforderlich, deren Anteile zusammen den zwanzigsten Teil des Grundkapitals oder den anteiligen Betrag von 500.000 Euro erreichen. In Bezug auf die Vorlageberechtigung der Verwaltung der Aktiengesellschaft hat keine eindeutige Zuordnung stattgefunden, ob dies durch Vorstand und Aufsichtsrat gemeinschaftlich oder durch eines der Organe allein zu geschehen hat. Namentlich dreht sich die dahinterstehende Frage um § 124 Abs. 3 S. 1 AktG, also darum, ob der Vorschlag für das Vergütungsvotum gemeinsam von Vorstand und Aufsichtsrat zu stammen hat. Da die Vorstandsvergütung in den originären Aufgaben- und Zuständigkeitsbereich des Aufsichtsrats fällt und der Vorstand für das Vergütungssystem unzuständig im Sinne der aktienrechtlichen Kompetenzordnung ist, ist zu erwägen, ob die Initiative zur Vorlage allein vom Aufsichtsrat auszugehen hat. Rechtstechnisch kommt dafür eine Analogie zu § 124 Abs. 3 S. 1 Hs. 2 AktG in Betracht.[410] Die dafür erforderliche planwidrige Regelungslücke liegt hier jedoch nicht vor. Der Gesetzgeber hat in der Gesetzesbegründung die Verwaltung der Aktiengesellschaft, also Vorstand und Aufsichtsrat gemeinsam, als vorschlagsberechtigt benannt und damit auf die Regel des § 124 Abs. 3 S. 1 Hs. 1 AktG rekurriert. Ihm erschien es nicht für notwendig, eine Ausnahme im Sinne von § 124 Abs. 3 S. 1 Hs. 2 AktG anzunehmen. Selbst wenn man unterstellte, der Gesetzgeber habe bei der Benennung der Verwaltung unreflektiert Bestandteile des englischen Vorbilds eines Board-Systems ohne direkte Unterscheidung zwischen Vorstand und Aufsichtsrat übernommen, so müsste für eine Analogie des Weiteren eine vergleichbare Interessenlage angenommen werden können. Das ist hier aber nicht der Fall. Die Ausnahmen des § 124 Abs. 3 S. 1 AktG liegen darin begründet, dass verhindert werden soll, dass der Vorstand Einfluss auf die Auswahl der Personen nimmt,

---

409 Vgl. Fleischer/Bedkowski, AG 2009, 677 (680 f.); Döll (WM 2010, 103 (107)) sieht in der Entscheidung, ob das Votum eingeholt wird, eine Maßnahme der Geschäftsführung. Sie soll daher am Unternehmensinteresse zu messen sein. Überzeugender erscheint es jedoch, der Verwaltung diesbezüglich ein freies Ermessen hinsichtlich des Einbezugs der Hauptversammlung zu gewähren. Von Seiten des Gesetzgebers ist das Vergütungsvotum als beratender Beschluss ausgestaltet, der keinerlei Rechte und Pflichten nach sich zieht, sondern seine Wirkung im Faktischen haben soll. Es ist nicht ersichtlich, warum das Ermessen der Verwaltung dann in der Frage nicht ein freies sein sollte, ob sie die Hauptversammlung über die Billigung entscheiden lässt.

410 So die Auffassung von Bosse, BB 2009, 1650 (1653); Bosse, Hdb. Vorstandsvergütung, Rn 55.

die seine Tätigkeit überwachen und prüfen.[411] Eine damit vergleichbare Situation liegt jedoch in Bezug auf das Vergütungsvotum nicht vor.

Vorlage- und vorschlagsberechtig sind damit neben den Aktionären nach § 122 Abs. 2 AktG der Vorstand und der Aufsichtsrat gemeinschaftlich, § 124 Abs. 3 S. 1 Hs. 1 AktG.[412]

2. Positiver und negativer Beschlussantrag

Ausweislich des Gesetzestextes kann von Seiten der Hauptversammlung über die Billigung des Systems zur Vergütung der Vorstandsmitglieder entschieden werden. Es ist damit in erster Linie eine Beschlussfassung in Aussicht genommen, die auf einen positiven Beschlussantrag folgt. Der Antrag ist dabei folglich so ausgestaltet, dass die Hauptversammlung bei der Stimmabgabe durch die Abgabe der Ja-Stimme sich für die Billigung des Vergütungssystems ausspricht.

Aufgrund dessen erscheint es prima facie unzulässig zu sein, den Beschlussantrag in einer negativen Fassung zur Abstimmung zu bringen, also dergestalt, dass der Hauptversammlung das System zur Vergütung der Vorstandsmitglieder vorgelegt wird, verbunden mit der inhaltlichen Aussage, dieses zu missbilligen. Mit der Abgabe der Ja-Stimmen würde dann bei entsprechendem Erfolg die Missbilligung beschlossen, nicht dagegen die Billigung. Eine derartige Antragstellung ist unter dem Gesichtspunkt, dass auch Aktionäre mit entsprechendem Quorum gemäß § 122 Abs. 2 AktG die Beschlussfassung auf die Tagesordnung der Hauptversammlung bringen können, nicht von vornherein ausgeschlossen, auch wenn bei einer entsprechenden Vorlage durch die Verwaltung grundsätzlich ein positiver Beschlussantrag verwendet werden wird.[413] Darüber hinaus besteht auch die Möglichkeit, dass ein Aktionär als Gegenantrag zu einem positiv formulierten Beschlussantrag einen negativ formulierten Beschlussantrag stellt, entweder im Sinne des § 126 Abs. 1 S. 1 AktG im Vorfeld der Hauptversammlung oder auch noch während der Hauptversammlung. Würde es sich bei dem Missbilligungsantrag um einen gesetzeswidrigen Antrag handeln, so dürfte

---

411 Vgl. Rieckers in Spindler/Stilz, AktG, § 124, Rn 28; Ziemons in K. Schmidt/Lutter, AktG, § 124, Rn 22; Kubis in MüKo, AktG, § 124, Rn 46; Hüffer, AktG, § 124, Rn 13; Reger in Bürgers/Körber, AktG, § 124, Rn 18; Werner in Großkommentar, AktG, § 124, Rn 73.

412 Vgl. ebenso Fleischer/Bedkowski, AG 2009, 677 (680, insb. Fn 38); Grobecker, NZG 2010, 165 (169); Drinhausen in Hölters, AktG, § 120, Rn 42; im Ergebnis auch Bosse, Hdb. Vorstandsvergütung, Rn 55; auch Döll, WM 2010, 103 (107), der allerdings den Vorstand als im Regelfall zuständig ansieht.

413 Zur Frage des vorlageberechtigten Personenkreises siehe bereits oben unter § 6 B. II. 1.

er nicht von der Hauptversammlung gefasst werden und der Vorstand könnte ihn also bei einem entsprechenden Aktionärsverlangen zurückweisen.

Eine derartige Betrachtungsweise ist jedoch zurückzuweisen. Zwar spiegelt der Gesetzestext in der Tat vornehmlich den positiven Beschlussantrag wider. Letztlich wird in der überwiegenden Zahl der Fälle der Beschlussantrag auch in dieser Weise vorgelegt werden. Dennoch ist jedem positiv formulierten Beschlussantrag zugleich der negative Bestandteil immanent. Hat die Hauptversammlung sich bezüglich der Billigung zu positionieren, muss sie sich denknotwendigerweise ebenso zur Missbilligung positionieren, denn jeder Ausspruch der Befürwortung ist zugleich eine Zurückweisung der Ablehnung und umgekehrt. Somit wird auch bei negativ gefasstem Beschlussantrag in der Sache über die Billigung des Vergütungssystems entschieden, nur unter veränderten Vorzeichen.

Für das Vergütungsvotum sind sowohl positive als auch negative Beschlussanträge zulässig.

3. Inhaltliche Anforderungen an den Beschlussantrag

Nach Ziffer 4.2 der Empfehlung der EU-Kommission vom 29. Dezember 2004 (2004/913/EG) sollte der Jahreshauptversammlung die Vergütungserklärung im Sinne der Ziffern 3.1 bis 3.4 zur Abstimmung vorgelegt werden. Da diese Vergütungserklärung im gegenständlichen Bereich existieren und Eingang in den Jahresabschluss, den Lagebericht oder den Anhang finden sollte, besteht über den Gegenstand der Abstimmung auslegungstechnisch keine Unsicherheit. Würde die Vergütungserklärung im Sinne des deutschen Gesetzestextes „gebilligt", wäre für Beteiligte und Außenstehende keine Unsicherheit geschaffen, da damit grundsätzlich nur der in diesen Geschäftsberichten enthaltene Vergütungsbericht gemeint sein kann.

Die Regelung im deutschen Aktienrecht ist in dieser Hinsicht jedoch unklarer. Wie erläutert ist Gegenstand der Beschlussfassung das System zur Vergütung der Vorstandsmitglieder. Nun ist das „System" aber nichts Gegenständliches dergestalt, dass es sich ohne Weiteres eindeutig zuordnen lässt oder als solches zumindest an einer expliziten Stelle fixiert ist. Der deutsche Gesetzgeber hat es nämlich unterlassen, in Umsetzung der vorgenannten Empfehlung eine Berichtspflicht in den Geschäftsberichten über das *Vergütungssystem als Ganzes* einzuführen. In § 289 Abs. 2 Nr. 5 (bzw. § 315 Abs. 2 Nr. 4) HGB wird lediglich die Forderung aufgestellt, dass die *Grundzüge* des Vergütungssystems der Vorstandsmitglieder im Lagebericht aufgenommen sein sollen.

Für börsennotierte Gesellschaften spricht wenigstens der Deutsche Corporate Governance Kodex in Ziffer 4.2.5 die Empfehlung aus, dass Teil des Corporate Goverance Berichts ein Vergütungsbericht sein soll, der auch das Vergütungssystem für die Vorstandsmitglieder in allgemein verständlicher Form erläutert. Soweit dieser Empfehlung gefolgt wird, findet sich das Vergütungssystem zumindest in diesem Corporate Governance Bericht in kodifizierter Form, sodass das Vergütungssystem nicht nur als abstrakt existierendes Gebilde zum Beschlussgegenstand gemacht wird, sondern als konkret vorzufindende Ausführungen.

Ausgehend hiervon stellt sich die Frage, ob und inwieweit in dem Beschlussantrag selbst auf diese „Fundstelle" des Vergütungssystems eingegangen bzw. verwiesen werden muss oder ob sie gar zum Bestandteil des Antrags zu machen ist.[414] Mit dem Verweis darauf, dass der Beschluss aus sich heraus verständlich und hinreichend konkret gefasst sein muss, wird zum Teil vertreten, im eigentlichen Beschlusstext selbst müsse der Vergütungsbericht in Bezug genommen werden, in dem das zu billigende Vergütungssystem dargestellt werde.[415] Dagegen wird eingewendet, auch bei den Entlastungsbeschlüssen sei eine nähere Konkretisierung auf Personen nicht erforderlich; ferner diene der Vergütungsbericht lediglich Informationszwecken und könne nicht den Inhalt des Beschlusses bestimmen; schließlich habe der Gesetzgeber nicht den Inhalt des Vergütungsberichts zur Abstimmung gestellt, sondern das Vergütungssystem.[416]

Es trifft zu, dass der deutsche Gesetzgeber davon abgesehen hat, entsprechend der Empfehlung der EU-Kommission die Hauptversammlung über die Vergütungserklärung abstimmen zu lassen; der Vergütungsbericht als solches kann also nicht zum Abstimmungsbestandteil gemacht werden. Andererseits ist erstgenannter Meinung beizupflichten, dass der Beschlussantrag, auf dem der später zu fassende Beschluss basiert, hinreichend konkret gefasst sein muss. Dies wäre aber zu bezweifeln, wenn lediglich über „das System zur Vergütung der Vorstandsmitglieder" beschlossen würde. Immerhin erkennen auch *v.Falkenhausen/Kocher* an, dass „das System als Beschlussgegenstand schon nach der gesetzlichen Konzeption recht diffus ist".[417] Allerdings würde sich auch der Gewinn in der Konkretisierung durch die von *Deilmann/Otte* vorgeschlagene Bezugnahme auf den Vergütungsbericht nur dann durchschlagen, wenn die börsennotierte Gesellschaft der Empfehlung des Deutschen Corporate Governance Kodex nachkommt und einen solchen Vergütungsbericht mitsamt einer Beschreibung des Vergütungssystems erstellt; das ist aber weder zwingend vorgeschrieben noch gibt es vordefinierte Standards, die die Erläuterung des Vergü-

---

414 Bejahend: Deilmann/Otte, DB 2010, 545 (546); verneinend: v.Falkenhausen/Kocher, AG 2010, 623 (625 f.).

415 Vgl. Deilmann/Otte, DB 2010, 545 (546).

416 Vgl. v.Falkenhausen/Kocher, AG 2010, 623 (626).

417 AG 2010, 623 (626).

tungssystems im Vergütungsbericht erfüllen müssten. Aus denselben Erwägungen muss es auch ausscheiden, auf die Darstellung der Grundzüge des Vorstandsvergütungssystems durch den Aufsichtsratsvorsitzenden in der Hauptversammlung, wie es Ziffer 4.2.3 des Deutschen Corporate Governance Kodex empfiehlt, zu verweisen, wollte man einen solchen Verweis überhaupt zulassen. Auch dies ist eine Empfehlung, zu deren Befolgung die Aktiengesellschaft nicht verpflichtet ist.

Dem Problem könnte damit begegnet werden, dass in analoger Anwendung des § 124 Abs. 2 S. 2 AktG zu fordern ist, dass der wesentliche Inhalt des Vergütungssystems in der Hauptversammlungseinladung bekannt zu machen ist. Für eine derartige Analogie bedürfte es indes einer planwidrigen Regelungslücke. Hier ist aber bereits das Vorliegen einer Regelungslücke zu verneinen. Die Informationen nach § 124 Abs. 2 S. 2 AktG sind nur deshalb in besonderer Weise bekannt zu machen, da sich die Hauptversammlung nicht auf anderem Wege darüber informieren könnte, für die Beschlussfassung aber eine ausreichende Informationsgrundlage gelegt sein muss. Der wesentliche Inhalt des Vergütungssystems steht dem Aktionär jedoch durch den Lagebericht der Gesellschaft zur Kenntnisnahme offen, indem darin die Grundzüge des Vergütungssystems erklärt werden. Die Notwendigkeit und Zulässigkeit einer Analogie zu § 124 Abs. 2 S. 2 AktG besteht mithin nicht. Die Aufnahme von Erklärungen und Darstellungen des Vergütungssystems in der Einladung zur Hauptversammlung sind daher abzulehnen.

Nichtsdestotrotz bleibt aber das Bedürfnis nach einer Konkretisierung bestehen. Denn anders als beispielsweise der Entlastungsbeschluss ist das Votum zum Vergütungssystem kein Tagesordnungspunkt, der jährlich in der Hauptversammlung zur Abstimmung gebracht werden muss. Vielmehr handelt es sich um einen fakultativen Beschluss, der auch in unregelmäßigen Abständen behandelt werden kann. Ein Beschlussantrag ohne jegliche Bezugnahme stünde damit in luftleerem Raum. Es müssten mehrere äußere Umstände hinzugezogen werden, um den Inhalt des Beschlusses, das Vergütungssystem der Vorstandsmitglieder, zu eruieren.

Der einzige, gesetzlich vorgesehene Fixpunkt in Bezug auf die Vorstandsvergütung ist daher in § 289 Abs. 2 Nr. 5 (bzw. § 315 Abs. 2 Nr. 4) HGB zu sehen. Im Lagebericht (bzw. Konzernlagebericht) muss eine Passage enthalten sein, in der die Grundzüge des Vergütungssystems der Vorstandsmitglieder erläutert werden. Dieser Lagebericht (Konzernlagebericht) wird jährlich verfasst, weswegen hiervon zu jeder Hauptversammlung eine aktuelle Version vorliegt.

Im Hinblick auf eine klare, hinreichend konkrete Beschlussfassung ist daher zu fordern, dass der Beschlussantrag in der Weise gestellt wird, dass darin auf die Darstellung der Grundzüge des Vergütungssystems der Vorstandsmitglieder

Bezug genommen wird, die in dem aktuellen (Konzern-)Lagebericht beschrieben werden. Gegenstand der Billigung bleibt zwar dennoch das *ganze* Vergütungssystem, nicht nur dessen Grundzüge gemäß der Beschreibung im (Konzern-)Lagebericht. Ebenso wenig findet eine Billigung der Darstellung der Grundzüge des Vergütungssystems im (Konzern-)Lagebericht statt. Allerdings wird durch die Inbezugnahme dieser obligatorisch anzufertigenden Ausführungen[418] dem ansonsten diffusen Begriff des Vergütungssystems Kontur verliehen und der Beschluss an sich inhaltsreich angefüllt.[419]

Der Beschlussantrag ist also so zu stellen, dass das System zur Vergütung der Vorstandsmitglieder, dessen Grundzüge in dem (Konzern-)Lagebericht des Geschäftsjahres XXXX auf den Seiten XX dargestellt sind, gebilligt wird.

III. Informationsgrundlage

Damit die in der Hauptversammlung versammelten Aktionäre ihre Entscheidung – ob positiv oder negativ – zum System der Vergütung der Vorstandsmitglieder treffen können, bedarf es einer ausreichenden Informationsgrundlage. Ohne hinreichende Information kann die Hauptversammlung keinen Willen in Bezug auf das Vergütungssystem bilden, den sie in einem Beschluss zum Ausdruck bringen könnte.

1. (Konzern-)Lagebericht

An mehreren Stellen ist bereits angeklungen, dass die börsennotierte Aktiengesellschaften gemäß § 289 Abs. 2 Nr. 5 HGB (bzw. § 315 Abs. 2 Nr. 4 HGB) im Lagebericht (bzw. Konzernlagebericht) auch auf die Grundzüge des Vergütungssystems der Gesellschaft für die Gesamtbezüge der Vorstandsmitglieder im Sinne von § 285 S. 1 Nr. 9 HGB (bzw. § 314 Abs. 1 Nr. 6 HGB) eingegangen werden soll. Zwar ist diese gesetzliche Forderung lediglich in der „soll"-Form formuliert. Faktisch bedeutet dies jedoch für die Gesellschaft in aller Regel eine Berichtspflicht, wenn sie nicht von so untergeordneter Bedeutung ist, dass darauf verzichtet werden könnte.[420]

---

418 Anders als bei der Offenlegung der Vergütung von Vorständen börsennotierter Gesellschaften kann auf diese Ausführungen auch nicht durch einen entsprechenden Hauptversammlungsbeschluss verzichtet werden, §§ 285 Nr. 9 lit. a) S. 5–8, 286 Abs. 5 HGB.

419 Demgegenüber kritisch: Bosse, Hdb. Vorstandsvergütung, Rn 558.

420 Vgl. Merkt in Baumbach/Hopt, HGB, § 289, Rn 2; Fleischer/Bedkowski, AG 2009, 677 (682), verstehen sie jedoch eher als Empfehlung, indem sie sie in einem Zug mit der Empfehlung des Kodex (Ziffer 4.2.5) nennen, von der grundsätzlich abgewichen werden kann.

Diese faktische Berichtspflicht erstreckt sich allerdings lediglich auf die Grundzüge des Vorstandsvergütungssystems, was hinsichtlich des Billigungsbeschlusses nach § 120 Abs. 4 AktG insofern unbefriedigend sein kann, da nicht das gesamte System dort dargestellt und erklärt zu finden ist. Diese Informationsgrundlage ist daher, in Abhängigkeit davon, wie ausführlich die Gesellschaft die Erläuterung der Grundzüge des Vergütungssystems gestaltet, nur bedingt geeignet, dem Informationsbedürfnis des Aktionärs Genüge zu tun.

2. Vergütungsbericht nach Deutschem Corporate Governance Kodex

Weitere Erkenntnisse und Informationen können die Aktionäre dem Vergütungsbericht entnehmen, der nach Ziffer 4.2.5 des Deutschen Corporate Governance Kodex als Teil des Corporate Governance Berichts erscheinen soll. Darin soll in allgemein verständlicher Form das Vergütungssystem der Vorstandsmitglieder erläutert werden. Dieser Vergütungsbericht ist für die Aktionäre die beste und vornehmlichste Informationsgrundlage zur Vorbereitung auf einen als Tagesordnungspunkt aufgenommenen Vergütungsbeschluss nach § 120 Abs. 4 AktG, denn im Gegensatz zum Lagebericht beschränkt sich die Kodex-Empfehlung nicht auf die Darstellung der Grundzüge, sondern erstreckt sich auf das ganze System zur Vergütung der Vorstandsmitglieder.

Dennoch ist dieser Empfehlung in zweierlei Hinsicht die umfassende Geeignetheit, als Informationsgrundlage der Aktionäre aller börsennotierten Aktiengesellschaften zu dienen, abzusprechen. Zum einen trifft die Gesellschaft keine Pflicht, einen solchen Vergütungsbericht zu erstellen und als Teil des Corporate Governance Berichts zu veröffentlichen. Der Deutsche Corporate Governance Kodex besitzt keine Gesetzeskraft und kann daher nur Empfehlungen aussprechen. Auch Ziffer 4.2.5 des Deutschen Corporate Governance Kodex ist lediglich eine Empfehlung – die börsennotierte Gesellschaft *soll* einen solchen Vergütungsbericht anfertigen. Wie der Deutsche Corporate Governance Kodex selbst in seiner Präambel erklärt, können die Gesellschaften von Empfehlungen abweichen. Als Folge resultiert daraus, dass diese Aktiengesellschaften in der jährlich zu veröffentlichenden Entsprechenserklärung nach § 161 Abs. 1 AktG darüber zu berichten haben, von welchen Empfehlungen abgewichen wurde und wird, und dafür eine Begründung angeben müssen. Anderweitige Sanktionen sind jedoch mit der Nichtbeachtung einer Kodex-Empfehlung nicht verbunden. Macht daher eine Aktiengesellschaft von dieser Möglichkeit Gebrauch und verzichtet auf die Beschreibung des Vergütungssystems im Corporate Governance

Bericht, fällt für die Aktionäre dieser Aktiengesellschaft eine wesentliche Informationsquelle weg.[421]

Zum anderen fehlt es in Bezug auf die Erstellung des Vergütungsberichts an einem verbindlichen Standard. Es ist weder durch den deutschen Gesetzgeber noch durch die Verfasser des Deutschen Corporate Governance Kodex näher definiert oder eingegrenzt worden, welchen (Mindest-)Inhalt der Vergütungsbericht bei der Beschreibung des Vergütungssystems aufweisen muss. Insofern lassen sich keine Aussagen finden, die der Ziffer 3.3 der Empfehlung der EU-Kommission vom 29. Dezember 2004 gleichwertig sind. Darin werden einzelne Elemente aufgeführt, die die in der Empfehlung angeregte Vergütungserklärung enthalten sollte.[422] Daher kann die Ausführlichkeit der Darstellung des Vergütungssystems von Gesellschaft zu Gesellschaft variieren, wenngleich beide die Empfehlung erfüllen, einen Vergütungsbericht zu erstellen.

Diese Informationsquelle ist daher ebenfalls nur bedingt geeignet, das Informationsbedürfnis der Aktionäre vor der Fassung eines Vergütungsbeschlusses gemäß § 120 Abs. 4 AktG ausreichend zu befriedigen.

3. Hauptversammlungsunterlagen

Weitere Unterlagen, die dem Aktionär vor bzw. während der Hauptversammlung zur Verfügung stehen, sind die allgemeinen Hauptversammlungsunterlagen. Dies sind die Einladung zur Hauptversammlung und die weiteren auszulegenden Unterlagen.

Die Hauptversammlung ist vom Vorstand einzuberufen, § 121 Abs. 2 S. 1 AktG. Die Einberufung (d. h. Einladung) zur Hauptversammlung hat dabei gesetzliche Mindestangaben zu enthalten. Nach § 121 Abs. 3 S. 1 und 2 AktG muss die Einberufung die Firma, den Sitz der Gesellschaft, Zeit und Ort der Hauptversammlung sowie die Tagesordnung enthalten. An die Hauptversammlungseinladung börsennotierter Gesellschaften stellt das Gesetz in § 121 Abs. 3 S. 3 AktG zudem weitere Anforderungen. Anzugeben sind namentlich die Vo-

421 Nach den statistischen Untersuchungen von v.Werder/Talaulicar (DB 2009, 689 (691)) kommen immerhin 91,1 % der börsennotierten Aktiengesellschaften dieser Empfehlung nach.

422 Enthalten sein sollen danach Erläuterungen zum relativen Gewicht der variablen und der fixen Komponenten der Vergütung, ausreichende Informationen über die Erfolgskriterien, an die Aktienoptionen, Aktien und variable Vergütungskomponenten geknüpft sind, ausreichende Informationen über die Erfolgsbindung der Vergütung, die wichtigsten Parameter und die Begründung etwaiger jährlicher Bonusregelungen und anderer unbarer Leistungen sowie die Beschreibung der wichtigsten Merkmale der betrieblichen Altersversorgungs- und Vorruhestandsregelungen für die Mitglieder der Unternehmensleitung.

raussetzungen für die Teilnahme an der Versammlung und die Ausübung des Stimmrechts sowie gegebenenfalls den Nachweisstichtag nach § 123 Abs. 3 S. 3 AktG und dessen Bedeutung; das Verfahren für die Stimmabgabe durch einen Bevollmächtigten unter Hinweis auf die Formulare, die für die Erteilung einer Stimmrechtsvollmacht zu verwenden sind, und auf die Art und Weise, wie der Gesellschaft ein Nachweis über die Bestellung eines Bevollmächtigten elektronisch übermittelt werden kann, sowie das Verfahren für die Stimmabgabe durch Briefwahl oder im Wege der elektronischen Kommunikation gemäß § 118 Abs. 1 S. 2 AktG, soweit die Satzung eine entsprechende Form der Stimmrechtsausübung vorsieht; die Rechte der Aktionäre nach §§ 122 Abs. 2, 126 Abs. 1, 127, 131 Abs. 1 AktG; schließlich die Internetseite der Gesellschaft, über die die Informationen nach § 124a AktG zugänglich sind. Das Aktiengesetz stellt allerdings keine Vorgaben in Bezug darauf auf, dass Angaben zum Vergütungssystem in der Einberufung enthalten sein sollen, wenn ein Beschluss nach § 120 Abs. 4 AktG in die Tagesordnung aufgenommen worden ist. Dies ist auch folgerichtig, da in der Einberufung ausschließlich Fragen zu Formalia zwingend anzugeben sind und das Vergütungssystem den Inhalt eines Tagesordnungspunktes beschreiben würde. Eingedenk der Tatsache, dass die Hauptversammlungseinladung zudem in den Geschäftsblättern[423] bekannt zu machen ist (§ 121 Abs. 4 S. 1 AktG), sind Angaben zum Vergütungssystem darin weder zwingend zu machen[424] noch ist zu erwarten, dass auf freiwilliger Basis dieses Medium genutzt wird, um Erklärungen zum Vergütungssystem abzugeben.

Von der Einberufung der Hauptversammlung an hat der Vorstand gemäß § 172 Abs. 2 AktG bestimmte Unterlagen in den Geschäftsräumen auszulegen und einem Aktionär, der dies verlangt, Abschriften davon zuzusenden oder alternativ sie über die Internetseite der Gesellschaft zugänglich zu machen. Insbesondere gehört dazu der Lagebericht, der eine Darstellung der Grundzüge des Vergütungssystems enthält. Nach § 176 Abs. 1 S. 1 AktG sind diese Unterlagen auch während der Hauptversammlung zugänglich zu machen. Damit ist seitens des Gesetzes sichergestellt, dass den Aktionären jedenfalls die elementaren Grundinformationen, nämlich die Grundzüge über das System zur Vergütung der Vorstandsmitglieder, ausreichende Zeit vor und auch während der Hauptversammlung zur Verfügung stehen, um darauf gestützt den Billigungsbeschluss zu fassen. Doch wie bereits gezeigt, ist diese Informationsgrundlage nur bedingt geeignet, den Aktionären als tatsächliche, abschließende Basis für das Vergütungsvotum nach § 120 Abs. 4 AktG zu dienen.

---

423 Das ist in der Regel der elektronische Bundesanzeiger.

424 Vgl. v.Falkenhausen/Kocher, AG 2010, 623 (626); Deilmann/Otte, DB 2010, 545 (546), sehen dies zumindest als Option für die Information der Aktionäre an.

Durch die Hauptversammlungsunterlagen wird für die Aktionäre in Bezug auf ihr Informationsbedürfnis zum Vergütungsbeschluss kein Mehrwert geschaffen.

4. Information durch den Aufsichtsratsvorsitzenden

Neben den vorgenannten schriftlichen Bezugspunkten zum Vorstandsvergütungssystem stehen den Aktionären mündliche Erläuterungen hierzu zur Verfügung. Diesbezüglich enthält der Deutsche Corporate Governance Kodex für börsennotierte Gesellschaften in Ziffer 4.2.3 die Empfehlung, dass der Vorsitzende des Aufsichtsrats die Hauptversammlung über die Grundzüge des Vergütungssystems der Vorstandsmitglieder informiert.

Wie bei dem vom Deutschen Corporate Govenance Kodex empfohlenen Vergütungsbericht steht es der Gesellschaft auch hier frei, von dieser Information durch den Aufsichtsratsvorsitzenden abzusehen und stattdessen eine Kodex-Abweichung zu erklären. Es mangelt also an der generellen Umsetzungspflicht. Darüber hinaus wird bei dieser Informationsgabe ebenfalls nur eine Darstellung der *Grundzüge* des Vergütungssystems erwartet, sodass der Informationsgehalt regelmäßig im Wesentlichen dem des Lageberichts entsprechen wird.

Auch diese vom Deutschen Corporate Governance Kodex empfohlene Informationsweitergabe durch den Aufsichtsratsvorsitzenden erscheint daher im Ergebnis nicht geeignet zu sein, dem Informationsverlangen der Aktionäre in vollem Umfang Abhilfe zu verschaffen.

5. Auskunftsrecht der Aktionäre gemäß § 131 AktG

Darüber hinaus stehen den Aktionären die regulären Hilfsmittel und Rechte zur Verfügung, die für jede Beschlussfassung anzuwenden sind. Gemäß § 131 Abs. 1 S. 1 AktG ist jedem Aktionär auf Verlangen in der Hauptversammlung vom Vorstand Auskunft über Angelegenheiten der Gesellschaft zu geben, soweit sie zur sachgemäßen Beurteilung des Gegenstandes der Tagesordnung erforderlich ist. Ein solcher Fall könnte insbesondere dann von Relevanz sein, wenn eine Gesellschaft keinen Vergütungsbericht im Sinne des Deutschen Corporate Governance Kodex verfasst und veröffentlicht, die Darstellung der Grundzüge des Vergütungssystems der Vorstandsmitglieder im (Konzern-)Lagebericht nicht ausreichende Informationen liefert und auch die Ausführungen des Aufsichtsratsvorsitzenden zum Vergütungssystem in der Hauptversammlung entsprechend der Empfehlung der Deutschen Corporate Governance Kodex entweder weggelassen werden oder nur einen ungenügenden Informationsgehalt aufweisen.[425]

Insofern ergeben sich zunächst keine Besonderheiten.[426] Wird das Vergütungssystem mittels des Vergütungsvotums zum Gegenstand der Hauptversammlung gemacht und soll darüber gemäß § 120 Abs. 4 AktG abgestimmt werden, so haben die Aktionäre ein umfassendes Auskunftsrecht bezüglich des Vergütungssystems nach § 131 AktG. Eine Erforderlichkeit zur sachgemäßen Beurteilung ist immer dann anzunehmen, wenn die dem Aktionär zur Verfügung stehenden Informationen zum Vorstandsvergütungssystem keinen umfassenden Überblick über das Vergütungssystem liefert. Dem Aktionär ist grundsätzlich das Auskunftsrecht mindestens bis zu dem Punkt zu gewähren, dass ihm die Informationen gegeben werden, die die Empfehlung der EU-Kommission vom 29. Dezember 2004 als Standard für eine Vergütungserklärung ansehen.[427] Soweit diese Angaben jedoch im (Konzern-)Lagebericht oder im Vergütungsbericht gemacht sind, besteht kein Auskunftsbedürfnis.

Der Auskunftsanspruch richtet sich nach § 131 Abs. 1 S. 1 AktG ausdrücklich gegen den Vorstand der Gesellschaft; richtigerweise ist dies so zu verstehen, dass sich der Auskunftsanspruch gegen die Gesellschaft richtet, die durch den Vorstand vertreten wird.[428] Dies ist insofern misslich, als der Aufsichtsrat für die Ausgestaltung des Systems zur Vorstandsvergütung verantwortlich ist und er damit der „richtigere“ Ansprechpartner bei Fragen zu diesem Tagesordnungspunkt wäre, wenngleich dem Vorstand das Vergütungssystem ebenso bekannt ist. Unabhängig davon, ob in der Praxis nicht ohnehin der Vorstand pragmatisch den Aufsichtsratsvorsitzenden um Beantwortung der Frage bitten wird[429], ist zu klären, ob sich diesbezüglich nicht ein direkter Auskunftsanspruch gegen den Aufsichtsrat anböte oder gar eine Analogie zu § 131 Abs. 1 S. 1 AktG angezeigt wäre.[430] Dem bedarf es aber nicht. Der Gesetzgeber hat den Auskunftsanspruch ausdrücklich nur gegen den Vorstand zugelassen; dies hat im Übrigen nicht nur

425 Vgl. auch E. Vetter, ZIP 2009, 2136 (2140); Drinhausen/Keinath, BB 2010, 3 (8); v.Falkenhausen/ Kocher, AG 2010, 623 (627).

426 Vgl. E. Vetter, ZIP 2009, 2136 (2140); Drinhausen/Keinath, BB 2010, 3 (8); v.Falkenhausen/Kocher, AG 2010, 623 (627).

427 Siehe dazu bereits oben unter § 6, B. I. 1. a.

428 Vgl. Kubis in MüKo, AktG, § 131, Rn 16; Siems in Spindler/Stilz, AktG, § 131, Rn 16.

429 Vgl. E. Vetter, ZIP 2009, 2136 (2140).

430 Bosse, BB 2009, 1650 (1653), spricht davon, man müsse annehmen, dass der Aufsichtsrat der Hauptversammlung zusätzliche Informationen zur Vergütung stellen müsse, soweit sich diese nicht bereits aus dem Lagebericht oder dem Vergütungsbericht ergeben. Ob dies als Forderung eines Direktanspruchs auf Auskunft gegen den Aufsichtsrat gemeint ist (so interpretiert von E. Vetter, ZIP 2009, 2136 (2140), Fn 41), ist jedoch fraglich.

Auswirkungen auf den Vergütungsbeschluss, sondern spielt in jeder Konstellation eine Rolle, in der Fragen vom Aufsichtsrat zu beantworten wären, beispielsweise wenn die Hauptversammlung beim Tagesordnungspunkt der Entlastung des Aufsichtsrats Auskunft über bestimmte Tätigkeiten des Aufsichtsrats verlangen. Auch hier besteht Einigkeit, dass nur der Vorstand gegenüber den Aktionären auskunftspflichtig ist.[431] Trotz dieser Rechtslage wurde im Rahmen des VorstAG speziell für das Vergütungsvotum kein neuer Auskunftsanspruch gegen den Aufsichtsrat geschaffen, obwohl dies nahegelegen hätte. Insofern scheidet eine Analogie bereits aus. Darüber hinaus dürfte gerade im Bereich des Vorstandsvergütungssystems kein akutes Bedürfnis danach bestehen, einen Direktanspruch gegen den Aufsichtsrat zu gewähren, da – das wurde bereits angeführt – der Vorstand ebenso gut über sein Vergütungssystem informiert sein sollte, um qualifiziert antworten zu können.

Auskunftsverweigerungsrechte gemäß § 131 Abs. 3 S. 1 AktG dürften bei Fragen zum Vorstandsvergütungssystem nur ganz ausnahmsweise erfüllt sein, sodass der Vorstand in aller Regel zur Auskunftsgewährung verpflichtet ist, § 131 Abs. 3 S. 2 AktG. Zu fragen ist aber dennoch, ob sich aus einem weiteren Umstand ein zusätzliches Auskunftsverweigerungsrecht des Vorstands ergeben könnte, insbesondere im Hinblick auf die Frage nach der Höhe der Vorstandsvergütung. Diese Frage ist in mehrerlei Hinsicht unzulässig. Zum einen gehört die Vergütungshöhe bereits nicht zum Vergütungssystem, sodass die Auskunft auf diese Frage zur Beurteilung des Beschlussgegenstandes schon nicht erforderlich im Sinne des § 131 Abs. 1 S. 1 AktG ist. Zum anderen ist die Höhe der Gesamtvergütung regelmäßig im Anhang veröffentlicht, § 285 Nr. 9 lit. a) S. 1 HGB. Gemäß § 285 Nr. 9 lit. a) S. 5 HGB hat bei börsennotierten Gesellschaften die Offenlegung sogar dergestalt stattzufinden, dass unter Nennung der Namen der Vorstandsmitglieder die Aufteilung in fixe, variable und mit Langzeitanreizkomponenten versehene Vergütungsbestandteile wiederzugeben ist – mithin also die Vergütungsstruktur, ein Teil des Vergütungssystems. Die Aktionäre hätten deswegen also grundsätzlich auch kein Informationsbedürfnis diesbezüglich. Nach § 286 Abs. 5 S. 1 HGB hat die Gesellschaft jedoch die Möglichkeit, letztgenannte Angaben zu unterlassen, wenn die Hauptversammlung das mit Dreiviertelmehrheit (§ 286 Abs. 5 S. 2 AktG) beschlossen hat (sog. opt-out-

431 Vgl. Siems in Spindler/Stilz, AktG, § 131, Rn 16 f.; Kubis in MüKo, AktG, § 131, Rn 20; Spindler in K. Schmidt/Lutter, AktG, § 131, Rn 16; Decher in Großkommentar, AktG, § 131, Rn 90 f.; Reger in Bürgers/Körber, AktG, § 131, Rn 5; Hüffer, AktG, § 131, Rn 6; Groß, AG 1997, 97 (99); OLG Stuttgart, AG 1995, 234 (235); BVerfG, AG 2000, 74 (75): jeweils die Verneinung der Auskunftspflicht des Aufsichtsrats bestätigend.

Lösung[432]). Der Beschluss kann für bis zu fünf Jahre gefasst werden. Liegt ein solcher Beschluss vor, könnte damit der Hauptversammlung zur Beurteilung des Vergütungssystems ein wesentliches Element, nämlich die Vergütungsstruktur, fehlen. Allerdings hätte sich die Hauptversammlung diesen Informationsmangel selbst zuzuschreiben. Stellt nun ein Aktionär dem Vorstand trotz Vorliegen eines solchen Beschlusses nach § 286 Abs. 5 S. 1 HGB eine Frage zum Vergütungssystem mit Bezug auf die Vergütungsstruktur, erscheint es erwägenswert, dem Vorstand ein Auskunftsverweigerungsrecht zu dieser Frage aus dem Gedanken des widersprüchlichen Verhaltens heraus zuzugestehen. Die Hauptversammlung kann nicht einerseits die eigene, wesentliche Informationsgrundlage derart verkürzen und andererseits vom Vorstand zu diesem Punkt Auskunft verlangen. Zieht man jedoch den Hintergrund dazu in Betracht, warum der Hauptversammlung die Möglichkeit eröffnet wird, durch einen solchen Beschluss die Veröffentlichung der Vergütungsstruktur zu verhindern, kann man ein solches Auskunftsverlangen nicht als widersprüchlich einstufen. Die Hauptversammlung soll zwar verhindern können, dass derartige Informationen allgemein bekannt und für jedermann zugänglich gemacht werden (Schutz der persönlichen Daten von Organmitgliedern[433]); nichtsdestotrotz hat sie selbst jedoch ein Anrecht auf die Erteilung dieser Informationen in Bezug auf das gesamte Vergütungssystem. Es steht ihr also auch nach einem solchen Nichtveröffentlichungsbeschluss weiterhin das Recht zu, Auskunft über diesen Gegenstand zu verlangen. Der Vorstand kann die Auskunft folglich nicht unter Berufung auf diesen Beschluss ablehnen.

6. Stellungnahme

Aus dieser Zusammenfassung zeigt sich, dass die Informationsmöglichkeiten der Aktionäre nicht in Gänze als ausreichend betrachtet werden können.[434] Der Gesetzgeber selbst scheint das in Kauf zu nehmen und setzt dabei auf die Macht des Faktischen. Denn wird die Hauptversammlung über das System zur Vergütung der Vorstandsmitglieder nicht ausreichend informiert, besteht stets die Gefahr, dass sich die Hauptversammlung mit einem ablehnenden Billigungsbeschluss zur Wehr setzt.[435] Vorstand und Aufsichtsrat werden daher schon aus Eigeninteresse dafür Sorge tragen, dass die Hauptversammlung mit ausreichenden Informationen versorgt wird.

---

432 Vgl. Lange in MüKo, HGB, § 286, Rn 63.

433 Vgl. Lange in MüKo, HGB, § 286, Rn 62; Wiedmann in Ebenroth/Boujong/Joost/Strohn, HGB, § 286, Rn 15.

434 A.A.: Drinhausen in Hölters, AktG, § 120, Rn 42.

435 So die Gesetzesbegründung: BT-Drs. 16/13433, S. 12.

Diese an sich nachvollziehbaren Überlegungen von Seiten des Gesetzgebers sollten jedoch nicht darüber hinwegtäuschen, dass er selbst es – in diesem Falle bewusst – unterlassen hat, klare Vorgaben zu normieren. Für die Verwaltung entsteht dadurch eine zwiespältige Situation. Einerseits sind ihr keine Mindeststandards gesetzt, sodass sie im Bestreben einer restriktiven Informationspreisgabe bezüglich der Vorstandsvergütung geneigt sein könnte, möglichst wenig über diesen Punkt publik zu machen. Andererseits droht ihr durch die Hauptversammlung eine – gegebenenfalls medienwirksame – Missbilligung des Vergütungssystems, wenn der Hauptversammlung nicht ausreichend Informationen gegeben werden, wobei in dieser Hinsicht von den Aktionären subjektiv wahrgenommen werden wird, was als ausreichend anzusehen ist. Im Zweifel könnte dies dazu führen, dass allzu großzügig über das Vorstandsvergütungssystem informiert wird. Unter dem Gesichtspunkt der allgemein geforderten Transparenz betreffend die Vorstandsvergütung mag dies im Auge mancher Aktionäre zwar erstrebenswert sein; es darf aber nicht vergessen werden, dass ein Vorstandsmitglied kein Gegenstand, sondern ein Mensch ist und als solcher den Schutz des allgemeinen Persönlichkeitsrechts, insbesondere in seiner Ausprägung als Recht auf informationelle Selbstbestimmung, gemäß Art. 2 Abs. 1 GG i.V.m. Art. 1 Abs. 1 GG genießt. Die Offenlegung der Vergütung eines Vorstandsmitglieds stellt einen Eingriff in dessen informationelles Selbstbestimmungsrecht dar. Aus diesem Grund hätte der Gesetzgeber, statt allein auf das Kräftemessen zwischen Aktionären und Verwaltung zu vertrauen, Regelungen zum Schutz der einzelnen Vorstandsmitglieder treffen sollen, inwieweit eine Offenlegung des Vorstandsvergütungssystems gegenüber der Hauptversammlung erfolgen soll, worauf dabei eingegangen werden muss oder wie weit das Auskunftsrecht der Aktionäre dabei reicht.

De lege ferenda wäre es empfehlenswert, die bereits bestehenden Ansatzpunkte aufzugreifen und zu erweitern. Namentlich sollten die Regelungen zum (Konzern-)Lagebericht gemäß § 289 Abs. 2 Nr. 5 HGB (bzw. § 314 Abs. 1 Nr. 6 HGB) in dem Sinne ergänzt werden, dass in Zukunft nicht nur auf die Grundzüge, sondern auf das Vorstandsvergütungssystem insgesamt eingegangen werden sollte. In Anlehnung an die in der Empfehlung der EU-Kommission vom 29. Dezember 2004 aufgeführte Vergütungserklärung würde in diese Vorschrift eine Aufzählung derjenigen Punkte aufgenommen, die beschrieben werden sollen. Eventuellen Besonderheiten einzelner Systeme wäre dabei Rechnung zu tragen. Der Vergütungsbericht im Sinne des Deutschen Corporate Governance Kodex würde dadurch ersetzt. Eine Detaillierung oder Begrenzung des Auskunftsrechts nach § 131 AktG ist dann nicht angezeigt. Der Großteil möglicher Fragen wäre durch die Festlegung des Mindeststandards bereits beantwortet, sodass keine Erforderlichkeit zur Beurteilung des Beschlussgegenstandes mehr anzunehmen sein würde. Für weitere Fragen bliebe es bei den allgemeinen Grundsätzen.

IV. Billigung

Die Hauptversammlung soll durch den Beschluss nach § 120 Abs. 4 AktG das System zur Vergütung der Vorstandsmitglieder billigen oder eine solche Billigung ablehnen können. Keine Aussage wird jedoch dazu getroffen, was diese Billigung inhaltlich wiedergeben soll, welchen Zeitraum sie umfasst und nach welchen Parametern die Hauptversammlung den Beschluss zu fassen hat.

1. Zeitlich-inhaltliche Aussage der Billigung

Hinsichtlich der zeitlich-inhaltlichen Aussage der Billigung des Vergütungssystems bieten sich mehrere Sichtweisen an: rein retrospektiv, rein prospektiv, reine Momentaufnahme oder eine Mischung aus dem Vorgenannten. Ausweislich der Gesetzesmaterialien soll die Hauptversammlung durch § 120 Abs. 4 AktG zulässigerweise darüber beschließen, „ob das bestehende System zur Vorstandsvergütung gebilligt wird oder nicht".[436] Es soll also das *bestehende* Vergütungssystem zum Abstimmungsgegenstand gemacht werden.

Indem der Gesetzgeber auf das bestehende Vergütungssystem in der Gesetzesbegründung verweist, hebt er den Gegenwartsbezug besonders hervor, sodass tendenziell von einer Momentaufnahme im Zeitpunkt der Billigung ausgegangen werden muss. Allerdings würde der Beschluss dadurch seiner Einordnung als beratender Hauptversammlungsbeschluss nur begrenzt gerecht. Beratung ist regelmäßig auf die Zukunft gerichtet, da durch die Beratung Hilfe bei der Bewältigung in Aussicht genommener Ziele erreicht werden soll. Dies korrespondiert mit dem Gedanken einer Kontrolle, die durch den Beschluss erreicht werden soll.[437] Kontrolle ist nicht nur retrospektiv, sondern zeigt gerade im präventiven Bereich besondere Wirkung. Insofern ist dem Beschluss auch eine prospektive Komponente zuzuschreiben.[438] Andererseits wohnt dem Beschluss zugleich eine retrospektive Beurteilung inne, da der Hauptversammlung ein bereits existentes, also in der Vergangenheit eingeführtes System vorgelegt wird und damit eine Entscheidung mit Vergangenheitsbezug erfolgt.[439] Diese Betrachtungsweise hat-

436 Vgl. BT-Drs. 16/13433, S. 12.
437 Vgl. BT-Drs. 16/13433, S. 12.
438 Vgl. Fleischer/Bedkowski, AG 2009, 677 (682).
439 Vgl. Fleischer/Bedkowski, AG 2009, 677 (681).

te auch der Gesetzgeber vornehmlich im Auge. In der Gesetzesbegründung heißt es auszugsweise[440]:

> „Müssen Vorstand und Aufsichtsrat damit rechnen, dass das bestehende Vergütungssystem möglicherweise durch die Hauptversammlung bewertet wird, werden sie hierdurch bei der Festlegung der Vorstandsvergütung gemäß § 87 AktG zu besonderer Gewissenhaftigkeit angehalten."

Der Gesetzgeber geht folglich davon aus, dass ein Vorstandsvergütungssystem von Vorstand und Aufsichtsrat eingerichtet wird, und erst danach kann sich die Hauptversammlung damit im Wege des Beschlusses nach § 120 Abs. 4 AktG befassen. Sie soll im Nachgang bewerten können, ob sie das von beiden Parteien errichtete Vergütungssystem billigen möchte oder nicht. Nur so ist die Anreizwirkung zur gesteigerten Gewissenhaftigkeit erfüllbar, indem die Akteure damit rechnen müssen, dass die Hauptversammlung in der Zukunft den einmal gefundenen Konsens missbilligen wird. Der Kerngehalt des Billigungsbeschlusses ist folglich als Momentaufnahme mit retrospektiven Elementen zu verstehen.

In diesem Zusammenhang stellt sich die unmittelbare Frage, ob es der Verwaltung erlaubt ist, der Hauptversammlung ein Vorstandsvergütungssystem zur Billigung vorzulegen, das noch nicht in Kraft ist, sondern dessen Installation erst noch beabsichtigt wird. Dadurch könnte von vornherein dem Votum der Hauptversammlung für die Zukunft Beachtung geschenkt werden. Mit Blick auf den eindeutigen Wortlaut und dem bereits dargestellten Hintergrund ist diese Möglichkeit jedoch zu verneinen. Nach § 120 Abs. 4 AktG kann die Hauptversammlung über „das System zur Vergütung der Vorstandsmitglieder" entscheiden, nicht über „(irgend-)ein System". Zulässiger Gegenstand kann also nur das vorhandene, bestehende Vergütungssystem sein, wie es auch in der Gesetzesbegründung zum Ausdruck kommt. Ein Votum zu einem zukünftigen System ist daher ausgeschlossen. Diese Gestaltungsweise mutet zunächst unbefriedigend an, da der Beschluss beratenden Charakter haben soll, wofür sich die Billigungsentscheidung bezüglich eines zukünftigen Systems besonders eignen würde. So könnte die Hauptversammlung gestaltend tätig werden. Gleichwohl ist gerade darin der Grund zu erblicken, warum der Gesetzgeber eine solche Beschlussvariante nicht zulassen wollte. Damit wäre ein noch tiefer gehender Eingriff in das Kompetenzgefüge zwischen den drei Organen einhergegangen. Dadurch, dass er nur eine nachträgliche Bewertung der Arbeit von Vorstand und insbesondere Aufsichtsrat zulässt, wird dem Aufsichtsrat durch das Vergütungsvotum keine Entscheidung, die er selbst zu verantworten hat, vorweggenom-

440 Vgl. BT-Drs. 16/13433, S. 12.

men.[441] Dies wiederum steht im Einklang mit der Regelung in § 120 Abs. 4 S. 2 Hs. 2 AktG; die Verpflichtungen des Aufsichtsrats in Verbindung mit § 87 AktG bleiben ungeachtet des Billigungsbeschlusses unverändert bestehen.

2. Entscheidungsspielraum der Hauptversammlung

Die Hauptversammlung kann über die Billigung des Systems zur Vergütung der Vorstandsmitglieder beschließen. Der Maßstab, den die Hauptversammlung dabei anlegen muss, oder der Entscheidungsspielraum, der der Hauptversammlung zur Verfügung steht, ist mit dem reinen Gesetzeswortlaut noch immer offen. Für den Begriff der Billigung kommen sowohl subjektive als auch objektive Ansatzpunkte in Betracht. Insofern ist zu hinterfragen, ob und welche Grenzen der Hauptversammlung bei der Beschlussfassung über die Billigung des Vergütungssystems gesetzt sind.

a. Reine Ermessensentscheidung

Eine Deutungsalternative, welcher Inhalt der Billigung zugesprochen werden muss, ist diejenige einer reinen Ermessensentscheidung. Die Hauptversammlung hätte es damit in der freien Hand, wie sie entscheidet. Parameter, anhand derer die Entscheidung erfolgen sollte, wären in diesem Fall nicht zu berücksichtigen. Vielmehr stünde es der Hauptversammlung zu, nach der freien Überzeugung – oder nach eigenem Gutdünken – die Entscheidung über Billigung oder Missbilligung des Vorstandsvergütungssystems zu fällen.

Argumente hierfür lassen sich darin finden, dass das Vergütungsvotum ein rein konsultativer Beschluss ist, der in erster Linie zur Wiedergabe des Meinungsbildes in der Hauptversammlung gedacht ist. Ein Meinungsbild ist stets subjektiv und von keinen objektiven Parametern abhängig. Der Gesetzgeber selbst spricht von einer Bewertung, die von der Hauptversammlung mittels dieses Beschlusses durchgeführt werden soll; auch bei Bewertungen spielen die subjektiven Einschätzungen eine wesentliche Rolle. Darüber hinaus zeitigt dieser Beschluss schon von Gesetzes wegen keine rechtlichen Konsequenzen; er begründet weder Rechte noch Pflicht noch wirkt er sich auf die Arbeit des Aufsichtsrats in Vergütungsfragen aus, § 120 Abs. 4 S. 2 und 3 AktG. Wenn an den Beschluss aber keinerlei rechtliche Wirkungen geknüpft sind, so kann durch die Billigung umso mehr eine rein subjektive Meinungswiedergabe ohne inhaltliche Grenzen erblickt werden. Schließlich würde damit der Öffentlichkeitswirksamkeit am meisten entsprochen, da Aktionäre ihren allgemeinen Unmut über das Vergütungssystem zum Ausdruck bringen könnten.

---

441 Vgl. Fleischer/Bedkowski, AG 2009, 677 (681).

b. *Gebundene Entscheidung*

Den Gegenpol dazu bildet die Annahme einer gebundenen Entscheidung, die von Seiten der Hauptversammlung beim Billigungsbeschluss gefällt werden muss. Das heißt, die Hauptversammlung wäre verpflichtet, bei Vorliegen der entsprechenden Voraussetzungen das Vergütungssystem zu billigen bzw. bei deren Nichtvorliegen einen ablehnenden Beschluss zu fassen.

Ein solches Verständnis käme dem in den Gesetzesmaterialen geäußerten Ziel der kontrollierenden Bewertung der Aufsichtsratstätigkeit entgegen. Der Vorteil wäre zudem, dass eine gebundene Entscheidung stets überprüfbar wäre, wenngleich eine gerichtliche Prüfung durch den Ausschluss der Anfechtbarkeit wohl nur als Theoretikum betrachtet werden dürfte. Dennoch entstünde für den Aufsichtsrat und seine Tätigkeit eine gewisse Prognosemöglichkeit, wie der Billigungsbeschluss ausfallen werde. Negativen öffentlichkeitswirksamen Entscheidungen der Hauptversammlung könnte damit von vornherein begegnet werden.

c. *Gesetzgeberische Intention*

Da der reine Wortlaut des Gesetzestextes wenig Aufschluss darüber gewährt, welcher Sinngehalt der Billigung zugestanden werden soll, bietet es sich an, die gesetzgeberische Intention anhand der Gesetzesmaterialien zu beleuchten.

Dem Gesetzgeber ging es im Wesentlichen um drei Punkte, die er mit dem Vergütungsvotum erreichen wollte.[442] Erstens war es sein Ziel, der Hauptversammlung respektive den Aktionären mit dieser ausdrücklichen neuen Kompetenz ein *Instrument zur Kontrolle* des bestehenden Vergütungssystems an die Hand zu geben. Zweitens soll der Hauptversammlung die Möglichkeit eröffnet werden, eine *Bewertung* über das bestehende Vergütungssystem abzugeben. Und drittens dient er dem Zweck, positive Rückwirkungen auf die Wahrnehmung der Aufsichtsratsverpflichtungen gemäß § 87 AktG zu zeitigen und zu *besonderer Gewissenhaftigkeit* bei der Festlegung der Vorstandsvergütung *zu animieren.*

Daraus ist die Schlussfolgerung zu ziehen, dass bei der Billigung mehrere Aspekte in Betracht gezogen werden müssen. Weder geht es dem Gesetzgeber um eine reine Ermessensentscheidung noch um eine gebundene Entscheidung. Vielmehr bringt er beides ins Spiel, indem er sowohl die Bewertung als auch die Kontrolle als Ziele aufführt und sich zusätzlich eine besondere Gewissenhaftigkeit beim Aufsichtsrat bei der Aufgabenwahrnehmung erwartet.

---

442 Vgl. BT-Drs. 16/13433, S. 12.

d. *Die Billigung beim Entlastungsbeschluss, § 120 Abs. 2 S. 1 AktG*

Auch bei dem Beschluss zur Entlastung der Vorstands- und Aufsichtsratsmitglieder spricht die Hauptversammlung ihre Billigung oder Missbilligung aus. Denn gemäß § 120 Abs. 2 S. 1 AktG billigt die Hauptversammlung durch die Entlastung die Verwaltung der Gesellschaft durch die Mitglieder des Vorstands und des Aufsichtsrats. Neben der vergangenheitsbezogenen Billigung enthält der Beschluss auch eine zukunftsorientierte Vertrauenserklärung dergestalt, dass die entlasteten Organe bzw. ihre Mitglieder weiterhin das Vertrauen der Hauptversammlung genießen.[443] Eine Billigung zukünftiger Tätigkeiten der Verwaltung wohnt ihr jedoch nicht inne; hier steht dem Vorstand allein § 119 Abs. 2 AktG zur Einbindung der Hauptversammlung zur Verfügung.[444]

Wenngleich der Entlastungsbeschluss schon seit langem einen wesentlichen Bestandteil der Hauptversammlungstätigkeit darstellt, besteht in Bezug auf den Inhalt dieser Billigung noch immer keine allgemeine Einigkeit.[445] Die umstrittene Frage ist dabei, inwieweit die Hauptversammlung bei ihrer Entlastungsentscheidung, also der Billigung, an inhaltliche Vorgaben und Kriterien gebunden ist. Auch hierbei geht es also im Kern darum, ob der Hauptversammlung die Fassung einer reinen Ermessensentscheidung zugebilligt wird oder ob sie dabei Beschränkungen unterliegt.

Die vertretenen Positionen zu dieser Frage lassen sich grob in zwei Lager aufteilen. Für die Vertreter der einen Seite[446] verbirgt sich hinter der Entlastungsentscheidung der Hauptversammlung eine reine Zweckmäßigkeitsentscheidung; der Hauptversammlung steht danach ein unbegrenztes Ermessen zu, sodass die Gesetzes- oder Satzungskonformität der zu beurteilenden Tätigkeit der Verwaltung nicht von Bedeutung ist.[447] Neben der – nach beiden Ansichten

443 Vgl. Hoffmann in Spindler/Stilz, AktG, § 120, Rn 26; Kubis in MüKo, AktG, § 120, Rn 15; Mülbert in Großkommentar, AktG, § 120, Rn 23; Spindler in K. Schmidt/Lutter, AktG, § 120, Rn 29; Hüffer, AktG, § 120, Rn 12; OLG München, NZG 2001, 616 (617).

444 Vgl. Mülbert in Großkommentar, AktG, § 120, Rn 26.

445 Kubis (MüKo, AktG, § 120, Rn 15) bezeichnet das Meinungsbild in Rechtsprechung und Literatur hierzu als „bemerkenswert heterogen."

446 Vgl. Kubis in MüKo, AktG, § 120, Rn 15; Spindler in K. Schmidt/Lutter, AktG, § 120, Rn 31; Mülbert in Großkommentar, AktG, § 120, Rn 25; Eckardt in Geßler/Hefermehl/Eckardt/Kropff, AktG, § 120, Rn 38; Heermann, NZG 2000, 1134; OLG Düsseldorf, WM 1996, 777 (781); OLG Hamburg, AG 2002, 460 (462); OLG München, AG 2002, 294 (295); OLG München, AG 2003, 452 (453).

447 Lediglich bei besonders schwerwiegende Verfehlungen (z. B. Verstöße gegen Kardinalpflichten oder bei kriminellen Handlungen) soll auch nach dieser Ansicht eine Ausnahme vom Grundsatz des freien Ermessens bei der Entlastungsentscheidung zu machen sein (vgl. OLG Hamburg, AG 2002, 460 (462)).

unstreitigen – zukunftsgerichteten Vertrauenskundgabe[448] bescheinigen die Aktionäre der Verwaltung mit der Billigung also, dass sie ihre unternehmerischen Entscheidungen zweckmäßig getroffen und bei der Führung des Unternehmens eine „glückliche Hand" bewiesen haben.[449] Hiernach kann die Hauptversammlung sogar einer pflichtvergessenen Verwaltung, der Gesetzes- oder Satzungsverstöße zur Last fielen, die Entlastung erteilen.[450]

Die Vertreter des anderen Lagers[451] sehen in der Entlastung über die reine Zweckmäßigkeitsbeurteilung hinaus zugleich eine Erklärung, dass sich die entlasteten Gremien im Großen und Ganzen gesetzes- und satzungskonform verhalten haben. Dies hat zum einen zur Folge, dass die Hauptversammlungen gewissen Restriktionen hinsichtlich ihrer Entscheidung unterworfen ist; zum anderen geht damit einher, dass der Entlastungsbeschluss angefochten werden kann, wenn er inhaltlich nicht diesen Vorgaben entspricht – wenn also beispielsweise durch die Entlastung einer „pflichtvergessenen Verwaltung" die Billigung erteilt würde.

Letztere Ansicht ist überzeugend. Zwar erscheint es zunächst unter dem Gesichtspunkt, dass an den Entlastungsbeschluss keine unmittelbaren rechtlichen Folgen geknüpft sind[452], der gemäß § 120 Abs. 2 S. 2 AktG insbesondere nicht zu einem Verzicht auf Ersatzansprüche gegen die Organmitglieder führt, denkbar, von einer reinen Ermessensentscheidung auszugehen und der Hauptver-

448 Dieser Billigungsbestandteil entfällt jedoch dann, wenn ein Vorstands- oder Aufsichtsratsmitglied endgültig aus der Gesellschaft ausgeschieden ist, ihm das Vertrauen für die Zukunft ausdrücklich entzogen wurde oder es sich um ein entsandtes Aufsichtsratsmitglied handelt, das für seine weitere Amtstätigkeit keiner Vertrauensbekundung der Hauptversammlung bedarf (vgl. Mülbert in Großkommentar, AktG, § 120, Rn 23 a.E.).

449 Vgl. Mülbert in Großkommentar, AktG, § 120, Rn 23; OLG München, AG 2003, 452 (453).

450 Vgl. OLG München, WM 1991, 1843 (1851); OLG Düsseldorf, WM 1996, 777 (781); OLG München, AG 2002, 294 (295); OLG München, AG 2003, 452 (453); Mülbert in Großkommentar, AktG, § 120, Rn 76; Eckardt in Geßler/Hefermehl/Eckardt/Kropff, AktG, § 120, Rn 38.

451 Vgl. BGH, NJW 2003, 1032 (1033); BGH, NJW 2005, 828; BGH, AG 2010, 79; OLG Stuttgart, NZG 2006, 472 (473 f.); OLG Karlsruhe, AG 2001, 93 (94); OLG Düsseldorf, AG 2000, 365 (366); Hüffer, AktG, § 120, Rn 12; Zöllner in Kölner Kommentar, AktG, § 120, Rn 47; Hoffmann in Spindler/Stilz, AktG, § 120, Rn 27; Sethe, ZIP 1996, 1321 (1326); Weitemeyer, ZGR 2005, 280 (292 ff.); Kiethe, NZG 2006, 888; Litzenberger, NZG 2010, 854 (856); von den Steinen, Verweigerte Organentlastung, Kap. 4 B. II. 3., S. 81 ff.; ähnlich, aber mit sehr weit verstandenem Ermessen der Hauptversammlung: OLG München, NZG 2001, 616 (617).

452 Vgl. hierzu noch ausführlich unter § 6 E. I. 2.

sammlung damit eine „psychologische Waffe“ gegen die Verwaltung[453] in die Hand zu geben sowie ihr eine politische Stellungnahme zur Amtwaltung der Verwaltung zu ermöglichen.[454] Auch der Hinweis, informierte Aktionäre müssen bei einer ordentlichen Berichterstattung frei über Erteilung oder Nichterteilung der Entlastung entscheiden können[455], besticht zunächst. Nichtsdestotrotz wäre es ein falsch motiviertes Freiheitszugeständnis an die Hauptversammlung, wenn sie nach eigenem Gutdünken ihr Urteil über die Verwaltung fällen könnte. Allerdings bedarf es an dieser Stelle einer Differenzierung: Die Entlastung teilt sich in die vergangenheitsbezogene Billigung und die zukunftsorientierten Vertrauensäußerung auf. Vertrauen ist indes nichts Messbares, nichts, was sich nach objektiven Kriterien bestimmt, sondern es spiegelt ein subjektives Empfinden und eine subjektive Einschätzung wider. Insofern muss es der Hauptversammlung auch weiterhin freistehen, ein verloren gegangenes Vertrauen in die Verwaltung durch einen missbilligenden Entlastungsbeschluss zum Ausdruck zu bringen, selbst wenn die Verwaltung sich im Übrigen gesetzes- und satzungstreu verhalten hat.[456] Andererseits muss der Hauptversammlung aber dort eine Grenze gesetzt werden, wo sie „sehenden Auges“ eine gesetzes- oder satzungswidrig handelnde Verwaltung durch die billigende Entlastung gutheißen würde. In der Tat ginge es zu weit, wenn man forderte, jeder Verstoß müsse zu einer Entlastungsverweigerung führen. Erstens wird der Hauptversammlung die für diese umfassende Beurteilung nötige Informationsgrundlage nicht (bzw. nicht immer) zur Verfügung stehen. Zweitens wird die Hauptversammlung regelmäßig nicht die Qualifikation aufweisen, um eine rechtliche Beurteilung der Gesetzes- und Satzungskonformität bis ins Einzelne vornehmen zu können. Und drittens stellt die Hauptversammlung keine Superkontrollinstanz der Aktiengesellschaft dar, die sowohl den Vorstand als auch den Aufsichtsrat zu überwachen und zu kontrollieren hätte. Liegt dagegen ein schwerwiegender Verstoß der Verwaltung vor, der der Hauptversammlung bekannt oder für sie erkennbar ist, so kann die Hauptversammlung einem solchen Verhalten nicht dadurch Vorschub leisten, dass sie die Verwaltung dann noch immer entlastet. Zwar soll die Hauptversammlung nicht zu der Überwachungsinstanz der Verwaltung mutieren, doch ist der Entlastungsentscheidung eine Motivations- und Anreizwirkung zuzuschreiben, in dem Sinne, dass die Verwaltung – auch – zu gesetzes- und satzungskonformen Verhalten angehalten werden soll, nicht nur, weil sie ansonsten rechtliche Konsequenzen von staatlicher Seite zu befürchten hätte, sondern auch, weil

453 Vgl. Hoffmann in Spindler/Stilz, AktG, § 120, Rn 1.
454 Vgl. Mülbert in Großkommentar, AktG, § 120, Rn 46.
455 Vgl. Spindler in K. Schmidt/Lutter, AktG, § 120, Rn 31 a.E.
456 Ähnlich: Hoffmann in Spindler/Stilz, AktG, § 120, Rn 27 a.E.

ihr die Hauptversammlung die Entlastung versagen könnte, was Ersterem an Öffentlichkeitswirksamkeit kaum nachstehen wird.[457]

Nur auf diese Weise lässt sich der Billigung im Rahmen des Entlastungsbeschlusses ein greifbarer und überprüfbarer Inhalt zuweisen. Die Überprüfbarkeit resultiert daraus, dass eine fehlerhaft erteilte Entlastung mittels der Anfechtungsklage angegangen werden kann. Das wäre bei einer reinen Ermessensentscheidung nicht möglich. Hiergegen wird von den Befürwortern des freien Ermessens eingewandt, die Anfechtungsklage gegen den Entlastungsbeschluss würde zu einer inzidenten Rechtmäßigkeitsprüfung des Verwaltungshandelns führen, was aber nach der gesetzlichen Ausgestaltung grundsätzlich an sich kein Gegenstand der Anfechtungsklage sein soll.[458] Zu Recht weist der BGH aber darauf hin, dass bei einer fehlenden gerichtlichen Überprüfbarkeit eine zur Billigung rechtsbrechenden Verhaltens entschlossene Mehrheit gegen den Widerstand einer gesetzes- und satzungstreuen Minderheit eine Entlastung der Verwaltung jederzeit durchsetzen könnte; das widerspräche nicht nur der Regelung des § 243 Abs. 1 AktG, sondern wäre auch mit dem Gesichtspunkt der Treuepflicht der Mehrheit gegenüber der Minderheit nicht vereinbar.[459] Dass dabei eine Überprüfung des Verwaltungshandelns inzident vorzunehmen ist, ist notwendige Konsequenz dieses gebotenen Schutzes. Im Übrigen wird durch die Beschränkung auf schwerwiegende Verstöße, die die Hauptversammlung zur Verweigerung der Entlastung verpflichten, ein nur begrenztes Überprüfungsgebiet in diesem Rahmen eröffnet.

Zusammenfassend ist daher festzuhalten, dass „Billigung“ im Rahmen des Beschlusses über die Entlastung der Mitglieder des Vorstands und des Aufsichtsrats bedeutet, dass die Aktionäre die Verwaltungstätigkeit als zweckmäßig beurteilen und die Verwaltung sich im Großen und Ganzen gesetzes- und satzungskonform verhalten hat.

e. *Die Rolle der Treuepflicht*

Der BGH hat in seiner Macrotron-Entscheidung, die zu einem Entlastungsbeschluss ergangen ist[460], einen weiteren wesentlichen Faktor hervorgehoben, der ebenfalls zu berücksichtigen ist, wenn nach der inhaltlichen Reichweite des Beschlusses über die Billigung des Systems zur Vergütung der Vorstandsmitglie-

---

457 Vgl. Weitemeyer, ZGR 2005, 280: „besonders publikumswirksam“.

458 Vgl. Mülbert in Großkommentar, AktG, § 120, Rn 76; Spindler in K. Schmidt/Lutter, AktG, § 120, Rn 31.

459 Vgl. BGH, NJW 2003, 1032 (1033).

460 Vgl. BGH, NJW 2003, 1032 ff.

der gesucht wird. Es handelt sich dabei um die zwischen den Aktionären bestehende Treuepflicht.[461]

In der Macrotron-Entscheidung hob der BGH insbesondere die Treuepflicht in der Ausprägung hervor, dass Aktionäre aufeinander Rücksicht nehmen müssen, vor allem Mehrheits- auf Minderheitsaktionäre.[462] Dieselben Überlegungen können auch im Rahmen des Vergütungsvotums fruchtbar gemacht und analog angewendet werden. Legt die Verwaltung der Hauptversammlung ein offensichtlich gesetzwidriges Vergütungssystem vor[463] oder leidet dieses an einem schwerwiegenden Verstoß gegen gesetzliche Vorgaben[464], muss es einem Mehrheitsaktionär verwehrt sein, ein derart pflichtvergessen eingerichtetes System gegen den Willen von gesetzestreuen Minderheitsaktionären zu billigen. Dies gilt beim Vergütungsvotum umso mehr, da sich ein Minderheitsaktionär anders als beim Entlastungsbeschluss nicht einmal mittels der Anfechtungsklage gegen den gefassten Vergütungsbeschluss zur Wehr setzen kann, da diese durch § 120 Abs. 4 S. 3 AktG von Gesetzes wegen ausgeschlossen ist.

Die Treuepflicht besteht aber nicht nur zwischen den einzelnen Aktionären, sondern auch zwischen Aktionär und Gesellschaft.[465] Wenn nun einerseits der Gesetzgeber durch die Schaffung dieses neuen Vergütungsvotums erreichen möchte, dass Vorstand und Aufsichtsrat bei der Gestaltung des Vergütungssystems besondere Gewissenhaftigkeit in Bezug auf die Vorgaben des § 87 AktG an den Tag legen, und andererseits der Aktionär einer Treuepflicht gegenüber der Gesellschaft unterliegt, so ist es auch aus diesem Gesichtspunkt heraus ausgeschlossen, dass die Hauptversammlung ein gesetzwidriges Vergütungssystem billigt.

---

461 Siehe bereits oben § 3 A. III. 3.

462 Vgl. BGH, NJW 2003, 1032 (1033) mit Verweis auf die Linotype-Entscheidung, BGHZ 103, 184.

463 Ein Beispiel dafür wäre, wenn das Vergütungssystem die Gewährung von Aktienoptionen vorsieht, ohne dass eine Beteiligung der Hauptversammlung gemäß §§ 192, 193 AktG vorgesehen ist.

464 Dies könnte zum Beispiel dann anzunehmen sein, wenn im Vergütungssystem zwar ein variabler Vergütungsbestandteil vorgesehen ist, dieser aber lediglich auf einen Einjahreszeitraum als Bemessungsgrundlage festgelegt ist, ohne dass dafür Gründe genannt werden oder erkennbar sind. Nach § 87 Abs. 1 S. 3 AktG sollen variable Vergütungsbestandteile aber grundsätzlich eine mehrjährige Bemessungsgrundlage haben. Der Gesetzesverstoß ist für die Hauptversammlung leicht zu erkennen.

465 Vgl. BGHZ 14, 25 (38).

f. Kein Anspruch auf Billigung

Den Gedanken der Treuepflicht fortführend, stellt sich als weitere Frage, ob es angesichts der vom Gesetzgeber durchaus gewünschten Öffentlichkeitswirksamkeit eines Missbilligungsbeschlusses ausgeschlossen sein muss, der Hauptversammlung die Möglichkeit zu eröffnen, einem gesetzeskonformen Vergütungssystem die Billigung zu versagen. Dies hätte zur Folge, dass die Hauptversammlung die Billigung erteilen müsste, wenn ein gesetzeskonformes Vergütungssystem vorgelegt würde; die Verwaltung hätte dann umgekehrt mithin einen Anspruch auf Billigung des Vergütungssystems.

Problematisch ist hierbei gleichwohl, dass nicht *ein* System einzig und allein gesetzeskonform sein kann, sondern dass innerhalb des gesetzlichen Rahmens verschiedene und mannigfach ausgestaltete Vergütungssysteme zulässig sind. Aber nicht jedes mag den Aktionären opportun oder genehm erscheinen. Im Rahmen des Entlastungsbeschlusses scheitert die Begründung eines Anspruchs auf Erteilung der Entlastung in jedem Fall bereits daran, dass die Billigung mit der Zweckmäßigkeitsbeurteilung ein Element enthält, das subjektiv determiniert und folglich nicht objektiv überprüfbar ist.

aa. Vertrauenskundgabe

Man könnte überlegen, dem Vergütungsvotum ebenfalls eine Vertrauenskundgabe beizumessen; es stellt sich jedoch dann die Frage, worauf hierbei vertraut würde. Da die Entlastungsentscheidung in jedem Fall jährlich durch die Hauptversammlung getroffen werden muss und diese bereits ein Vertrauenselement hinsichtlich der zukünftigen Geschäftstätigkeit der Verwaltung enthält, bliebe lediglich Raum für das Vertrauen, auch weiterhin ein billigenswertes Vergütungssystem in der Aktiengesellschaft errichtet zu haben.[466] Dieser Sinngehalt ist jedoch von vornherein zu verwerfen. Denn die Hauptversammlung entscheidet bereits über das bestehende Vergütungssystem; auf zukünftige Systeme kann und darf sie nicht Einfluss nehmen. Brächte die Hauptversammlung also durch eine Billigung des Systems gleichzeitig ihr Vertrauen darauf zum Ausdruck, auch weiterhin ein billigenswertes Vergütungssystem in der Gesellschaft errichtet zu haben, erschöpfte sich dieses Vertrauen darin, dass das bestehende System zukünftig beibehalten bliebe. Doch steht es dem Aufsichtsrat frei, das System zu ändern; er ist durch den Billigungsbeschluss nicht gebunden. Ein solches Vertrauen kann also schon vom Grundsatz her nicht bestehen. Im Übrigen ist das

466 Zur Frage, ob durch den Beschluss an sich ein Vertrauenstatbestand geschaffen wird, siehe im Folgenden unter § 6 D. IV.

allgemeine Vertrauen in die zukünftige Tätigkeit der Mitglieder von Vorstand und Aufsichtsrat über den Entlastungsbeschluss abgedeckt.

bb. Zweckmäßigkeitsbeurteilung

Der Billigung des Systems zur Vergütung der Vorstandsmitglieder durch die Hauptversammlung ist aber eine Zweckmäßigkeitsbeurteilung immanent. Wie auch beim Entlastungsbeschluss darf die Hauptversammlung bei der Billigung des Vergütungssystems in Erwägung ziehen, inwieweit sie das vorgelegte, gesetzeskonforme Vergütungssystem für zweckmäßig hält. Die Hauptversammlung soll keine bloße Überprüfung der Übereinstimmung mit den gesetzlichen Vorgaben vornehmen, sondern der Verwaltung im Sinne eines Feedbacks mitteilen, ob sie von der Zweckmäßigkeit dieses Systems ebenso überzeugt ist wie insbesondere der Aufsichtsrat selbst. Gerade darin liegt der eigentliche beratende Charakter des Vergütungsvotums.

Da Zweckmäßigkeitsgesichtspunkte in die Billigungsentscheidung einfließen und es für die Errichtung eines gesetzeskonformen Vergütungssystems mehrere Varianten gibt, ist ein Anspruch auf Erteilung der Billigung zum vorgelegten Vergütungssystem genauso wie bei der Entlastung[467] ausgeschlossen.

Um auf den Ausgangspunkt der Treuepflicht zurückzukommen: Das Ermessen bezüglich der Zweckmäßigkeitsbeurteilung ist zunächst ein freies Ermessen. Damit könnte eine Hauptversammlung jedes Vergütungssystem stets unter dem Gesichtspunkt ablehnen, dass es ihr unzweckmäßig erscheint, selbst wenn es gesetzeskonform ist. Da sie selbst keine Vorgaben für das System geben darf, könnte damit ein „ewiger Kreislauf“ in Gang gesetzt werden. Angesichts der Tatsache, dass sich der Gesetzgeber die Öffentlichkeitswirksamkeit einer missbilligenden Beschlussfassung als Sanktion vorstellt und diesen Aspekt bewusst zu Lasten der Gesellschaft und deren Verwaltung in Kauf nimmt, müssen sich alle Aktionäre vergegenwärtigen, dass sie mit ihrer Billigungsentscheidung die Gesellschaft in ihrem öffentlichen Ansehen schädigen können. Ein solches Verhalten kann jedoch dann die Grenze zur Treuwidrigkeit erreichen, wenn für die Missbilligung kein Grund vorliegt, die ablehnende Entscheidung mithin als Willkür oder Schikane[468] zu werten ist. Das freie Ermessen hinsichtlich der Zweckmäßigkeit wird daher durch die Treuepflicht begrenzt.

---

467 Vgl. Spindler in K. Schmidt/Lutter, AktG, § 120, Rn 48; Mülbert in Großkommentar, AktG, § 120, Rn 50; Kubis in MüKo, AktG, § 120, Rn 37 m.w.N.

468 Hier gilt der in § 226 BGB niedergelegte, allgemein gültige Grundsatz entsprechend, dass die Ausübung eines Rechts dann verboten ist, wenn sie allein dazu dienen soll, einem anderen Schaden zuzufügen.

cc. Ergebnis

Wenngleich in dem Billigungsbeschluss keine Vertrauenskundgabe enthalten ist, kann dennoch aufgrund des Elements der Zweckmäßigkeitsbeurteilung im Rahmen des dieses Beschlusses wie bei der Entlastungsentscheidung kein Anspruch auf die Billigung des Vergütungssystems entstehen.

g. Schlussfolgerung: Eingeschränkte Ermessensentscheidung

Zieht man nunmehr die vorangestellten Überlegunge in Betracht, stellt sich die Frage, was daraus für den Entscheidungsspielraum der Hauptversammlung geschlussfolgert werden kann.

Zum einen wird deutlich, dass es sich um eine Ermessensentscheidung handeln muss. Die Billigung kann daher nicht als gebundene Entscheidung der Hauptversammlung verstanden werden. Wenngleich dies der gesetzgeberseits intendierten Kontrollfunktion am nächsten käme, so sprechen dagegen mehrere Argumente: Der Gesetzgeber selbst möchte mit einer Beurteilung durch die Hauptversammlung etwas hervorrufen, was über das rein Objektive hinausgeht. Ferner spricht die sachliche Nähe zum Entlastungsbeschluss gegen eine Einordnung als gebundene Entscheidung. Genauso wie beim Entlastungsbeschluss beurteilt die Hauptversammlung bei der Billigung des Vergütungssystems auch die Zweckmäßigkeit des verwaltungsseitigen Verhaltens. Auch hierbei überwiegt die subjektive Komponente. Das korrespondiert mit der Feststellung, dass auf die Billigung von Seiten der Verwaltung kein Anspruch besteht.

Die Hauptversammlung hat bei der Entscheidung indes kein freies Ermessen. Zwar bestehen aus rechtlicher Sicht keine Gefahren, die von einem Billigungsentschluss ausgehen könnten, der nach freiem Ermessen gefasst wurde. Der Gesetzgeber hat in § 120 Abs. 4 S. 3 AktG klar formuliert, dass der Beschluss weder Rechte noch Pflichten begründet, also konsequenzenlos und rechtlich unverbindlich ist. Umso mehr könnte man bestrebt sein, der Hauptversammlung ein echtes Instrument der reinen Meinungskundgabe zur Verfügung zu stellen.[469] Allerdings wurde bereits gezeigt, dass das für die Hauptversammlung bestehende Ermessen aus der Treuepflicht heraus begrenzt sein muss. Beispielsweise kann es Mehrheitsaktionären nicht erlaubt sein, gegen den Willen der gesetzestreuen Minderheitsaktionäre ein gesetzwidriges Vergütungssystem zu billigen und so bewusst eine unrechte Sachlage zu bestätigen. Ebenso treuwidrig wäre es, wenn die Hauptversammlung nur um des Protestes willen und aus reiner Willkür oder Schikane ein an sich gesetzeskonformes Vergütungssystem missbilligen würde.

469 Eine Notwendigkeit hierfür besteht gerade nicht, siehe oben § 5 B. IV. 5.

Zudem ist noch einmal der gesetzgeberisch gewünschte Zweck des Vergütungsvotums hervorzuheben. Dem Gesetzgeber ging es darum, zwar nicht ausschließlich, jedoch zumindest auch für eine Kontrolle durch die Hauptversammlung zu sorgen. Durch diese nachträgliche Kontrolle mittels des Billigungsbeschlusses sollte eine Anreizwirkung für besonders gewissenhaftes Handeln der Verwaltung in Bezug auf das Vorstandsvergütungssystem erreicht werden.[470] Damit diese Kontrollwirkung, die der Hauptversammlung hier zugeschrieben werden soll, eintreten kann, darf es der Hauptversammlung nicht möglich sein, nach reinen Ermessensgesichtspunkten zu entscheiden. Vielmehr ist es vonnöten, dass die Hauptversammlung ihrerseits an Vorgaben gebunden ist. Diese Vorgaben können natürlich nicht dergestalt sein, dass die Hauptversammlung gar kein Ermessen mehr ausüben kann; dann läge eine gebundene Entscheidung vor. Die Vorgaben sind stattdessen als Rahmen zu verstehen, innerhalb dessen sich die Entscheidung der Hauptversammlung wiederfinden muss. Ohne Vorgaben wäre die Aussicht auf eine Kontrolle durch den Hauptversammlungsbeschluss sinnlos.

Analog des Entlastungsbeschlusses, bei dem es der Hauptversammlung verwehrt ist, die Billigung der Verwaltung auszusprechen, wenn deren Tätigkeit nicht im Großen und Ganzen gesetzes- oder satzungskonform war, insbesondere wenn eine schwerwiegende Verfehlung vorliegt, muss es für die Hauptversammlung ebenfalls unzulässig sein, ein gesetzwidriges Vergütungssystem zu billigen.[471] Dann wäre der Rahmen überschritten. Da andererseits von der Hauptversammlung nicht erwartet werden kann, über abschließende Kenntnisse zur zulässigen Gestaltung eines gesetzeskonformen Vorstandsvergütungssystems zu verfügen, ist auch hier einschränkend zu verlangen, dass die Hauptversammlung nur bei schwerwiegenden Verstößen – diese sollten für die Aktionäre erkennbar sein – von einer Billigung des Vergütungssystems absehen müssen.

Die Hauptversammlung trifft mithin also eine eingeschränkte Ermessensentscheidung. Mit der Billigung bringt sie zusammengefasst Folgendes zum Ausdruck: Sie ist mit dem bestehenden System zur Vergütung der Vorstandsmitglieder inhaltlich einverstanden, da sie es für zweckmäßig hält und darin keine schwerwiegenden Gesetzesverstöße sieht. Die Missbilligung würde andererseits bedeuten, dass die Hauptversammlung mit dem bestehenden System zur Vergütung der Vorstandsmitglieder inhaltlich nicht einverstanden ist, da sie es mit nachvollziehbaren Gründen für unzweckmäßig hält oder darin einen schwerwiegenden Gesetzesverstoß erblickt.

---

470 Vgl. BT-Drs. 16/13433, S. 12.

471 Vgl. im Ergebnis wohl ebenso: Pluta in Heidel, HK AktG, § 120, Rn 33.

3. Stimmrechtsausschluss gemäß § 136 Abs. 1 AktG

In vielen Aktiengesellschaften besteht der Aktionärskreis nicht lediglich aus dritten, unternehmensfremden Personen. Oftmals gehören zu den Aktionären neben Mitarbeitern der Gesellschaft auch die Mitglieder des Vorstands und des Aufsichtsrats. Gerade für Vorstandsmitglieder sind sog. Aktienoptionsprogramme, in denen Vorstandsmitglieder Aktien der Anstellungsgesellschaft erwerben, ein Element der Vergütung; dabei müssen die gesetzlichen Rahmenbedingungen nach §§ 192, 193 AktG eingehalten werden.[472]

Um zu vermeiden, dass Aktionäre, die gleichzeitig Mitglied eines Verwaltungsorgans der Gesellschaft sind, „Richter in eigener Sache spielen" müssten und damit einem Interessenkonflikt unterlägen[473], schreibt § 136 Abs. 1 S. 1 AktG vor, dass niemand für sich oder für einen anderen das Stimmrecht ausüben kann, wenn darüber Beschluss gefasst wird, ob er zu entlasten oder von einer Verbindlichkeit zu befreien ist oder ob die Gesellschaft gegen ihn einen Anspruch geltend machen soll. Für diese Personengruppe besteht also bei den genannten Beschlussgegenständen ein Stimmrechtsausschluss, um einen möglichst objektiven Beschluss zu erhalten.

Der Beschluss über das Vergütungssystem der Vorstandsmitglieder ist in § 136 Abs. 1 S. 1 AktG nicht aufgeführt. Allerdings ist angesichts der Interessenlage zu erwägen, hier eine analoge Anwendung des Stimmrechtsausschlusses auch für die Fälle vorzusehen, in denen die Hauptversammlung über das Vergütungssystem abstimmen soll und sich unter den Aktionären Mitglieder des Vorstands und des Aufsichtsrats befinden. Eine Regelungslücke ist insofern festzustellen, als § 136 Abs. 1 S. 1 AktG zum Vergütungsvotum schweigt. Auch die Planwidrigkeit dieser Lücke lässt sich bejahen. Der Gesetzgeber hat bei der Ausarbeitung des VorstAG dieses Folgeproblem nicht im Auge gehabt und folglich ist eine Regelung bzw. ein bewusstes Unterlassen einer Regelung unterblieben.[474] Veranlassung dazu hätte er in jedem Fall gehabt, da die Interessenlagen sich gleichen. Wie auch beim Entlastungsbeschluss muss die Hauptversammlung beim Vergütungsbeschluss eine Zweckmäßigkeitsentscheidung und eine Entscheidung darüber treffen, ob sich die Verwaltung im Großen und Ganzen gesetzeskonform bei der Ausgestaltung des Vergütungssystems verhalten hat. Es

---

472 Für Aufsichtsratsmitglieder sind Aktienoptionsprogramme nach dem Judikat des BGH (NZG 2004, 376 ff., MobilCom-Entscheidung) dagegen nicht zulässig; vgl. Hoffmann-Becking, ZHR 169 (2005), 155 (177); Kramarsch, ZHR 169 (2005), 112 (121); E. Vetter in Marsch-Barner, Hdb. börsennotierte AG, § 29, Rn 42.

473 Vgl. Hüffer, AktG, § 136, Rn 3; Spindler in K. Schmidt/Lutter, AktG, § 136, Rn 1; Schröer in MüKo, AktG, § 136, Rn 5; Rieckers in Spindler/Stilz, AktG, § 136, Rn 1.

474 In den Gesetzesmaterialien (Gesetzesbegründung sowie Stellungnahmen) finden sich keine Hinweise darauf, dass dieser Aspekt bedacht worden war.

findet also in beiden Fällen eine Bewertung durch die Aktionäre statt. Die Aktionäre, die zugleich Organmitglieder sind, würden daher ihre eigene Tätigkeit bewerten. Gerade das möchte § 136 Abs. 1 S. 1 AktG jedoch ausschließen. § 136 Abs. 1 AktG ist folglich hierauf analog anzuwenden. Dagegen spricht auch nicht, dass es sich bei § 136 Abs. 1 AktG grundsätzlich um das Ergebnis einer bewussten gesetzgeberischen Entscheidung bei der Festlegung der kasuistischen Fassung[475] handelt, was der Norm die Analogiefähigkeit[476] entziehen würde. Denn bei der Festlegung des bestehende § 136 Abs. 1 AktG war das Vergütungsvotum noch gar nicht existent. Der Gesetzgeber konnte dieses Votum also noch nicht bewusst außer Betracht lassen. Vielmehr hat er bei der Einführung des Vergütungsbeschlusses die Parallele zum Entlastungsbeschluss insofern übersehen, als keine Erweiterung des § 136 Abs. 1 AktG vorgenommen wurde.

Betroffen davon sind sowohl die Mitglieder des Vorstands als auch diejenigen des Aufsichtsrats. Zwar fällt die Vorstandsvergütung in den Zuständigkeitsbereich des Aufsichtsrats; er ist gemäß § 87 Abs. 1 AktG für die Festsetzung der Vergütung und damit auch für die systemische Aufstellung verantwortlich. Gleichwohl ist das Vergütungssystem ein Ergebnis von Verhandlungen zwischen Vorstand und Aufsichtsrat. Der Aufsichtsrat oktroyiert das Vergütungssystem dem Vorstand kaum jemals auf, sondern als Bestandteil des Anstellungsvertrags ist die Vergütungsvereinbarung, die auf dem Vergütungssystem fußt, ein zweiseitig zu schaffendes Konstrukt. Der Vorstand würde also, dürfte er bei der Beschlussfassung über das Vergütungssystem mitwirken, ebenfalls über sein eigenes Handeln abstimmen. Daher bezieht sich der Stimmrechtsausschluss in analoger Anwendung des § 136 Abs. 1 AktG auch auf die Mitglieder des Vorstands.

4. Teil-Billigung

Im Rahmen des Billigungsbeschlusses zum Vergütungssystem kann auf Seiten der Aktionäre der Wunsch entstehen, nur Teile des Vergütungssystems zu billigen, während sie zu anderen Teilen des Systems ihre Missbilligung aussprechen möchten. Dies könnte vor allem dann der Fall sein, wenn die Hauptversammlung mit einzelnen Elementen des Systems einverstanden sind, mit anderen dagegen nicht einig gehen wollen, weil sie sie zum Beispiel für unzweckmäßig halten.

---

475 Vgl. Hüffer, AktG, § 136, Rn 17 f.

476 Vgl. Spindler in K. Schmidt/Lutter, AktG, § 136, Rn 27 ff.; Rieckers in Spindler/Stilz, AktG, § 136, Rn 15 ff.

Es wird daher in der Literatur vertreten, dass die Hauptversammlung nicht nur darauf beschränkt ist, das System als Ganzes zu billigen, sondern dass es auch zulässig sei, das System nur teilweise zu billigen, z. B. unter Ausklammerung bestimmter Vergütungskomponenten wie beispielsweise der Altersversorgung.[477] Diese Auffassung lehnt sich an den Entlastungsbeschluss an. Da dort die Ausklammerung einzelner Komponenten möglich sei, könne bei dem Vergütungsbeschluss nichts anderes gelten.[478] Diese Argumentation greift jedoch zu kurz. Während nämlich der Entlastungsbeschluss eine Vielzahl von Geschäftsvorfällen umfasst, bei denen einzelne Komponenten ausgeklammert und gesondert beurteilt werden können, liegt die Sache beim Vergütungsvotum anders. Der Beschlussgegenstand an sich ist von Gesetzes wegen bereits eng vorgegeben. Es ist das System zur Vergütung der Vorstandsmitglieder, worüber die Hauptversammlung abzustimmen hat, nicht eine Vielzahl von Tätigkeitsbereichen. Schon deswegen lässt sich nicht ohne Weiteres auf den Entlastungsbeschluss rekurrieren. Ferner liegt die Unteilbarkeit des Beschlusses in dem Begriff des „Systems“ begründet. Ausweislich des Gesetzestextes kann die Hauptversammlung über die Billigung *des Systems* zur Vergütung der Vorstandsmitglieder beschließen, nicht über die Billigung *der Elemente* des Vergütungssystems. Das System stellt aber mehr dar als lediglich die Aneinanderreihung verschiedener Elemente des Vergütungssystems, mehr als die Summe der einzelnen Vergütungsbestandteile. Daher können sie nicht isoliert voneinander betrachtet werden.[479] Bei dem Vergütungssystem geht es gerade um das Zusammenspiel und Ineinandergreifen der Einzelkomponenten und der einzelnen Parameter, die erst zusammengefügt das Gesamtkonzept der Vorstandsvergütung bilden.[480] Wollte man daraus ein einzelnes Element extrahieren, würde man das System an sich verändern. Derartiges sollte zum einen nicht zum Kompetenzgegenstand der Hauptversammlung gemacht werden, zum anderen widerspräche es dem Gedanken, dass die Hauptversammlung ebenso wenig Vorgaben für das Vergütungssystem machen darf.

Der Hauptversammlung steht damit nur das Gesamtkonstrukt des Vorstandsvergütungssystems zur Billigung offen. Einzelne Elemente können nicht

477 Vgl. Thüsing, AG 2009, 517 (525); Döll, WM 2010, 103 (109); E. Vetter, ZIP 2009, 2136 (2139).

478 So insbesondere E. Vetter, ZIP 2009, 2136 (2139); ihm folgend: Döll, WM 2010, 103 (109).

479 Vgl. v.Falkenhausen/Kocher, AG 2010, 623 (627); ähnlich: Fleischer/Bedkowski, AG 2009, 677 (683).

480 Siehe bereits oben § 6 B. I. 1. a.

herausgelöst werden. Eine Teil-Billigung ist daher weder möglich noch zulässig.[481]

5. Einzelbilligungsbeschluss bei fehlendem Gesamt-Vergütungssystem

Der Aufsichtsrat ist aufgrund der Neuregelungen durch das VorstAG zur Einrichtung eines Vergütungssystems verpflichtet.[482] Kommt er dieser Pflicht jedoch nicht nach, sondern schafft für jedes Vorstandsmitglied ein eigenes Vergütungssystem, besteht die Gefahr, dass er auf diese Weise eine Befassung der Hauptversammlung umgehen könnte, weil kein allgemeines Vergütungssystem vorhanden ist, über das abgestimmt werden könnte. Um die Möglichkeit eines Vergütungsvotums gemäß § 120 Abs. 4 AktG in derartigen Fällen nicht leer laufen zu lassen, kann dadurch Abhilfe geschaffen werden, bei einem fehlenden Gesamt-Vergütungssystem die Hauptversammlung über die jeweiligen Vergütungssysteme der Vorstandsmitglieder im Wege von Einzelbilligungsbeschlüssen abstimmen zu lassen.

Der Wortlaut des § 120 Abs. 4 S. 1 AktG scheint dem zunächst entgegenzustehen, heißt es dort doch, dass die Hauptversammlung über die Billigung *des Systems* (singular) der Vergütung der Vorstandsmitglieder beschließen soll, nicht über *die Systeme* (plural) der Vergütung der *einzelnen* Vorstandsmitglieder. Das Gesetz geht allerdings auch davon aus, dass der Aufsichtsrat seiner Pflicht nachkommt und für die Einführung eines einheitlichen Vergütungssystems sorgt. Daher ist es nur folgerichtig, dass er die weitere Option gar nicht erst benennt, sondern vom gesetzeskonformen Verhalten des Aufsichtsrats ausgeht.

Der Hauptversammlung darf aber nicht durch ein einfaches Nichtbeachten der gesetzlichen Vorgaben durch den Aufsichtsrat die Möglichkeit genommen werden, einen Vergütungsbeschluss zu fassen und so ihr neu eingeräumtes Recht zu vereiteln. In derartigen Fällen wird regelmäßig auch nicht die Verwaltung das Vergütungsvotum auf die Tagesordnung der Hauptversammlung setzen, sondern sie wird vielmehr durch die Aktionäre gemäß § 122 Abs. 2 AktG Eingang in die Tagesordnung finden. Der Tagesordnungspunkt muss dann allerdings so gestaltet sein, dass die Hauptversammlung über die Vergütungssysteme *aller* Vorstandsmitglieder abstimmt. Da § 120 Abs. 4 AktG grundsätzlich das System aller Vorstandsmitglieder betrifft, kann die Hauptversammlung bei einem solchen Einzelbilligungsbeschluss sich nicht nur ein Vorstandsmitglied herausgreifen und über dessen System beschließen. Um eine Vergleichbarkeit

481 Vgl. ebenso v.Falkenhausen/Kocher, AG 2010, 623 (627).

482 Siehe oben § 6 B. I. 1. b.

mit dem ursprünglich gewollten Vergütungsvotum herbeizuführen, bedarf es daher einer Abstimmung über die Systeme aller Vorstandsmitglieder.

Gemäß § 120 Abs. 1 S. 2 AktG kann bei der Beschlussfassung über die Entlastung nur dann eine Einzelentlastung durchgeführt werden, wenn es eine Minderheit verlangt, deren Anteile zusammen den zehnten Teil des Grundkapitals oder den anteiligen Betrag von einer Million Euro erreichen. Für die Aufnahme eines Tagesordnungspunktes bedarf es nach § 122 Abs. 2 AktG nur einer Minderheit, deren Anteile zusammen den zwanzigsten Teil des Grundkapitals oder den anteiligen Betrag von 500.000 Euro erreichen. Zwar besteht eine gewisse Ähnlichkeit des Einzelbilligungsbeschlusses zum Einzelentlastungsbeschluss, allerdings kann in diesen Fällen nur die Schwelle des § 122 Abs. 2 AktG maßgeblich sein. Denn andernfalls würde der Hauptversammlung aus dem Fehlverhalten des Aufsichtsrats eine weitere Hürde entstehen, was ihre Rechtsausübung zusätzlich ungebührlich erschweren würde. Zudem stellt diese Art der Beschlussfassung lediglich einen Ersatz dafür dar, dass die Hauptversammlung nicht über das einheitliche System der Vorstandsvergütung abstimmen kann, das ebenfalls alle Vorstandsmitglieder betreffen würde. Für die Aufnahme dieses Beschlussgegenstandes in die Tagesordnung wäre in jedem Fall nur das Quorum nach § 122 Abs. 2 AktG maßgeblich.

C. Fachliche Eignung der Hauptversammlung

In Anbetracht der Anforderungen, die an den Beschluss über das System zur Vergütung der Vorstandsmitglieder und damit an dessen Beurteilung durch die Hauptversammlung zu stellen sind, ist die Frage aufzuwerfen, ob die Hauptversammlung tatsächlich das geeignete Organ ist, um eine Entscheidung über diese Angelegenheit zu treffen. In fachlicher Hinsicht sind für eine kompetente Entscheidung der Hauptversammlung jedenfalls Kenntnisse der rechtlichen Rahmenbedingungen notwendig. Namentlich ist hierbei § 87 Abs. 1 AktG zu nennen. Dabei genügt es jedoch nicht, lediglich den Buchstaben des Gesetzes zu kennen. Vielmehr müssten den Aktionären zumindest die grundlegenden Erkenntnisse der juristischen Auslegung dieser Vorschrift geläufig sein. Denn Bestandteil des Vergütungssystems ist die Vergütungsstruktur, die bei börsennotierten Aktiengesellschaften nach § 87 Abs. 1 S. 2 AktG auf eine nachhaltige Unternehmensentwicklung ausgerichtet sein muss. Variable Vergütungsbestandteile sollen daher eine mehrjährige Bemessungsgrundlage haben, § 87 Abs. 1 S. 3 AktG. Was bedeutet nun Nachhaltigkeit[483]? Wie lange ist „mehrjährig“ und

483 Vgl. für eine Annäherung an den Nachhaltigkeitsbegriff: Wagner, AG 2010, 774.

wie muss dabei die Bemessungsgrundlage ausgestaltet sein[484]? Welche Auswirkungen hat das auf Jahresboni, Mehrjahresboni oder das Verhältnis der beiden zueinander? Darf dem Vorstand auch weiterhin ein Fixgehalt gewährt werden? Welchen Einfluss haben Vergütungsbestandteile mit langfristiger Anreizwirkung, wie zum Beispiel Aktienoptionsprogramme, auf die variable Vergütung? Wie müssen Regelungen zu Ruhegehältern betrachtet werden? Diese und viele weitere Fragen beschäftigten und beschäftigen die juristische Literatur.[485] Zwar wurde mit der Neufassung des VorstAG eine größere Justiziabilität der Angemessenheit der Vorstandsvergütung geschaffen und damit einhergehend eine Überprüfbarkeit der Zulässigkeit der entworfenen Vergütungsstruktur;[486] andererseits aber sind die rechtlich zu beurteilenden Anforderungen an die Ausgestaltung der Vergütungsstruktur und damit auch des Vergütungssystem gestiegen, sodass die beurteilende Instanz über entsprechende fachliche Eignung verfügen muss.

I. Fachliche Eignung aus sich selbst heraus?

Betrachtet man den Katalog derjenigen Aufgaben und Kompetenzen, die der Hauptversammlung per Gesetz zugewiesen sind, regen sich Zweifel, ob überhaupt zulässigerweise die fachliche Eignung der Hauptversammlung zur Beurteilung des Systems zur Vergütung der Vorstandsmitglieder infrage gestellt werden darf. Um nur einige Punkte exemplarisch zu nennen: Nach § 119 Abs. 1 Nr. 5 AktG i.V.m. § 179 AktG entscheidet die Hauptversammlung über Satzungsänderungen. Hierfür sind Kenntnisse im Aktienrecht erforderlich. Da gemäß § 23 Abs. 5 AktG für die Aktiengesellschaft eine sog. Satzungsstrenge[487] gilt, mithin nur in begrenztem und gesetzlich zugelassenem Umfang Regelungen in der Satzung der Gesellschaft getroffen werden können, müssen die Aktionäre vor der Entscheidungsfindung zur Satzungsänderung darüber reflektieren, ob eine derartige Maßnahme gesetzlich zulässig ist. Nach § 119 Abs. 1 Nr. 6 AktG i.V.m. §§ 202 ff. AktG beschließt die Hauptversammlung ferner über Maßnahmen der Kapitalbeschaffung und der Kapitalherabsetzung. Auch hierbei sind gesetzliche Vorgaben zu beachten. Den Aktionären müssen daher ebenfalls die rechtlichen Rahmenbedingungen zur Beurteilung dieser Maßnahme bekannt

484 Vgl. für die Frage der Zulässigkeit einer retrospektiven oder prospektiven Betrachtungsweise Rieckhoff, AG 2010, 617, der zu Recht beide Varianten für gesetzeskonform hält.

485 Siehe auch oben die Anmerkungen und Quellen in Fn 6.

486 Vgl. Dauner-Lieb/von Preen/Simon, DB 2010, 377 (380).

487 Vgl. Hüffer, AktG, § 23, Rn 34 ff.

sein. Schließlich obliegt es der Hauptversammlung gemäß § 119 Abs. 1 Nr. 3 AktG i.V.m. § 120 Abs. 1 AktG, alljährlich über die Entlastung der Verwaltung der Vorstands- und Aufsichtsratsmitglieder zu entscheiden. Dabei haben die Aktionäre eine rechtliche Prüfung insofern vorzunehmen, als sie die Entlastung nur dann erteilen dürfen, wenn die Verwaltung im Großen und Ganzen gesetzes- und satzungskonform war – mithin wenn die Überprüfung durch die Aktionäre zu dem Schluss kommt, dass keine schwerwiegenden Verstöße von Seiten der Mitglieder von Vorstand und Aufsichtsrat begangen wurden.[488] Die Aktionäre kommen folglich nicht umhin, sich für die Wahrnehmung ihrer Aufgaben und Kompetenzen Erkenntnisse anzueignen, die ihnen ein ordnungsgemäßes Arbeiten und Erfüllen der Zuständigkeiten ermöglichen. Dies wird vom Gesetzgeber – stillschweigend – bei jedem vorausgesetzt, der sich dazu entschließt, die Rolle und damit auch die Verantwortung als Aktionär einer Aktiengesellschaft zu übernehmen, unabhängig davon, welchem Aktionärstyp er zuzuordnen ist.

II. Gesetzgeberische Tendenzen

In diesem Zusammenhang fällt eine weitere neue gesetzliche Vorschrift auf, die ebenfalls auf die Reglementierung der Vergütung abzielt. Durch das Gesetz über die aufsichtsrechtlichen Anforderungen an die Vergütungssysteme von Instituten und Versicherungen[489] vom 21.07.2010 wurde in das Versicherungsaufsichtsgesetz (VAG)[490] eine neue Vorschrift aufgenommen. Nach § 64b Abs. 1 VAG müssen die Vergütungssysteme für Geschäftsleiter, Mitarbeiter und Aufsichtsratsmitglieder von Versicherungsunternehmen angemessen, transparent und auf eine nachhaltige Entwicklung des Unternehmens ausgerichtet sein. Diese Verpflichtung gewinnt umso mehr an Bedeutung, wenn in Betracht gezogen wird, dass in Deutschland eine gewisse Anzahl von Versicherungsunternehmen in der Rechtsform der Aktiengesellschaft betrieben wird. In Bezug auf die Geschäftsleiter lässt sich dabei die Nähe bzw. Parallelität zu § 87 Abs. 1 S. 2 AktG erkennen, wonach die Vergütungsstruktur für Vorstandsmitglieder einer börsennotierten Aktiengesellschaft auf eine nachhaltige Unternehmensentwicklung auszurichten ist. Hier zeigt sich bereits, dass der Gesetzgeber den Nachhaltigkeitsgedanken nicht nur auf börsennotierte Aktiengesellschaften beschränkt wissen will, sondern wie hier geschehen auf weitere Unternehmen in genereller Weise ausweitet.[491]

488 Siehe dazu bereits § 6 B. IV. 2. d.

489 BGBl. I 2010, S. 950.

490 Volltitel: Gesetz über die Beaufsichtigung der Versicherungsunternehmen.

491 Bereits in der Gesetzesbegründung zum VorstAG (BT-Drs. 16/13433, S. 10) heißt es von Seiten des Gesetzgebers, der Nachhaltigkeitsgedanke sollte grundsätzlich auch von

Der weitaus größere Aufmerksamkeit verdienende Aspekt dieser neuen Vorschrift liegt jedoch in einem anderen Punk begründet, nämlich darin, dass auch das Vergütungssystem für die Aufsichtsratsmitglieder von Versicherungsunternehmen auf eine nachhaltige Unternehmensentwicklung ausgerichtet sein muss. Die Vergütung bzw. das Vergütungssystem der Aufsichtsratsmitglieder eines als Aktiengesellschaft organisierten Versicherungsunternehmens wird entsprechend der aktienrechtlichen Kompetenzzuweisung in § 113 AktG von der Hauptversammlung, entweder mittels Satzungsbestimmung oder mittels Beschluss, festgelegt. Folglich trägt die Hauptversammlung dieses Versicherungsunternehmens nach § 64b Abs. 1 VAG dafür die Verantwortung, für ein auf Nachhaltigkeitsgesichtspunkte ausgerichtetes Aufsichtsratsvergütungssystem zu sorgen. Aus den Gesetzgebungsmaterialien ist nicht ersichtlich, von welchen Vorstellungen der Gesetzgeber bei der Festlegung dieser Norm in Bezug auf die Aufsichtsratsmitglieder ausgegangen ist, außer dass er aufgrund der FSB-Standards[492] eine Notwendigkeit zur gesetzlichen Regelung gesehen hat. Man mag sogar bezweifeln, ob der Gesetzgeber sich von den richtigen Prämissen hat leiten lassen, als er dieses Vergütungsgesetz für Institute und Versicherungen erlassen hat. Denn durch dieses Gesetz wurde in § 81b VAG ein weiterer Absatz eingefügt. Nach § 81b Abs. 1b S. 1 VAG hat die Bundesanstalt für Finanzdienstleistungsaufsicht die Befugnis eingeräumt bekommen, die Auszahlung von variablen Vergütungsbestandteilen gegenüber den Versicherungsunternehmen zu untersagen oder zu beschränken, wenn die Eigenmittel des Versicherungsunternehmens geringer als die Solvabilitätsspanne sind oder zu werden drohen. Dem Versicherungsunternehmen gibt § 81b Abs. 1b S. 2 VAG nun auf, in entsprechenden vertraglichen Vereinbarungen mit den Geschäftsleitern, den Mitarbeitern und den Aufsichtsratsmitgliedern dieser Untersagungs- und Beschränkungsbefugnis Rechnung zu tragen. Dabei fällt auf, dass in der Vorschrift selbst von *vertraglichen Vereinbarungen mit Aufsichtsratsmitgliedern* die Rede ist, obwohl nach dem bisherigen Verständnis – zumindest im Aktienrecht – die Aufsichtsratsmitglieder in keinem vertraglichen, sondern einem organschaftlichen Verhältnis zur Gesellschaft stehen; es werden mithin keine derartigen vertraglichen Vereinbarungen getroffen. Diese hätte grundsätzlich auch dem Gesetzgeber bewusst sein müssen; trotzdem findet sich diese neue Vorschrift als Gesetzesrecht im VAG.

Angesichts dessen ist stark zu bezweifeln, dass aus den gesetzgeberischen Tendenzen tatsächliche Erkenntnisse hinsichtlich der Frage gewonnen werden

nichtbörsennotierten Gesellschaften berücksichtigt werden. Eine Regelung in § 87 AktG sei insbesondere deshalb auf die börsennotierten Gesellschaften beschränkt, um Fragen zum Verhältnis zur GmbH und den Personenhandelsgesellschaften vorzubeugen.

492 FSB steht für Financial Stability Board.

können, ob der Gesetzgeber selbst die Hauptversammlung als fachlich geeignetes Gremium zur Beurteilung von Vergütungssystemen ansieht. Inwieweit ihm die mit der Umsetzung dieser Vorgaben für die Hauptversammlung verbundenen Fragen und Schwierigkeiten bewusst waren, kann nicht beantwortet werden. Immerhin ist dem Gesetzgeber zugutezuhalten, dass für börsennotierte Aktiengesellschaften bereits der Deutsche Corporate Governance Kodex in Ziffer 5.4.6 Aspekte der Nachhaltigkeit aufgegriffen hatte, wenn er zum einen die Empfehlung ausspricht, dass die Mitglieder des Aufsichtsrats neben der festen auch eine erfolgsorientierte Vergütung erhalten sollen, und zum anderen die Anregung, dass die erfolgsorientierte Vergütung dann auch auf den langfristigen Unternehmenserfolg bezogene Bestandteile enthalten sollte.

Durch das Gesetz über die aufsichtsrechtlichen Anforderungen an die Vergütungssysteme von Instituten und Versicherungen hat der Gesetzgeber der Hauptversammlung jedenfalls in Bezug auf die Aufsichtsratsvergütung eine größere Verantwortung zugewiesen, indem nunmehr auch die Hauptversammlung kraft ihrer ureigenen Funktion aus § 113 AktG Nachhaltigkeitsgesichtspunkte von Gesetzes wegen berücksichtigen muss. Wenn die Hauptversammlung diese Fähigkeit schon bei der eigenen Tätigkeit unter Beweis stellen muss, so sollte ihr – so die logische Konsequenz – bezüglich der Beurteilung der Ausgestaltung der Vorstandsvergütungssysteme durch den Aufsichtsrat ebenfalls eine entsprechende fachliche Eignung zugesprochen werden können.

III. Zuziehung eines Aktionärsberaters in der Hauptversammlung?

Die grundsätzlichen Zweifel an der generellen Eignung der Hauptversammlung zur Beurteilung und inhaltlich ordnungsgemäßen Beschlussfassung über das Vergütungssystem der Vorstandsmitglieder könnten beseitigt oder jedenfalls minimiert werden, indem es den Aktionären gestattet wird, zu diesem Tagesordnungspunkt einen Aktionärsberater hinzuzuziehen. Während sich außerhalb der Hauptversammlung selbst – das heißt die Konstellation, dass ein Aktionär sich eigenständig in Vorbereitung auf die Hauptversammlung durch einen Berater in Bezug auf die angesetzten Tagesordnungspunkte beraten lässt – keine Bedenken bestehen, zumal jeder Aktionär sich vorab ausreichend mit den zur Beschlussfassung stehenden Tagesordnungspunkten zur gewissenhaften Wahrnehmung seiner Aktionärsrechte auseinandergesetzt haben sollte, ergeben sich zusätzliche Fragen, wenn der Aktionärsberater in der Hauptversammlung anwesend sein soll. Ein Bedürfnis danach könnte schon deswegen bestehen, da der Aufsichtsratsvorsitzende zum einen das Vergütungssystem nach dem Deutschen Corporate Governance Kodex in der Hauptversammlung darstellen soll und daraus gegebenenfalls zusätzliche Erkenntnisse gewonnen werden können. Zum anderen können die Aktionäre nur in der Hauptversammlung ihr Auskunftsrecht nach § 131 AktG wahrnehmen. Sollten dabei wesentliche, bisher unbekannte Aussagen hinsichtlich des Vergütungssystems zutage treten, müssten die Aktionäre unmittelbar reagieren können, wofür sie unter Umständen alsdann den Aktionärsberater bräuchten.

Die Frage nach dem Aktionärsberater in der Hauptversammlung ist in Verbindung damit zu sehen, ob derartige fremde Dritte – das heißt Nicht-Aktionäre – an der Hauptversammlung teilnehmen dürfen. Dies ist nicht ohne Weiteres der Fall, da die Hauptversammlung grundsätzlich keine öffentliche Veranstaltung ist, sondern nur einem bestimmten und begrenzten Personenkreis offen steht.[493] Dies schließt allerdings nicht kategorisch die Zulässigkeit der Teilnahme Dritter aus. Vielmehr bedarf sie – anders als etwa bei den Aktionären, denen das Teilnahmerecht nach § 118 Abs. 1 AktG als originäres Recht zusteht[494] – eines Erlaubnisgrundes. Ein derartiger Erlaubnistatbestand kann beispielsweise in die Satzung aufgenommen werden.[495] Sofern die Satzung hierüber allerdings schweigt, gehört die Zulassung von grundsätzlich nichtteilnahmeberechtigten Personen zur Hauptversammlung zur originären Entscheidungskompetenz des Versammlungsleiters.[496] Zu diesem zulassungsfähigen Personenkreis können beispielsweise Medienvertreter, Gäste oder Aktionärsbegleiter, aber auch Berater gehören.[497] Die Aktionäre könnten sich folglich von einem Aktionärsberater für Vergütungsfragen begleiten lassen, wenn deren Teilnahme gestattet wird. Dabei gilt zu beachten, dass gegenüber allen Aktionären der Gleichbehandlungsgrundsatz nach § 53a AktG gilt, sodass nicht nur einzelnen Aktionären selektiv die Möglichkeit zugestanden werden darf, einen solchen Berater in die Hauptversammlung mitzubringen, sondern jedem Aktionär gleichermaßen.[498]

Haben die Aktionäre keine Regelung hierzu in der Satzung getroffen, sondern überlassen diese Entscheidung dem Versammlungsleiter, entsteht für diesen, wenn es sich dabei wie gewöhnlich um den Aufsichtsratsvorsitzenden han-

---

493 Vgl. Hüffer, AktG, § 118, Rn 16; Kubis in MüKo, AktG, § 118, Rn 85; Drinhausen in Hölters, AktG, § 118, Rn 29; Pluta in Heidel, NK AktG, § 118, Rn 44; Stützle/Walgenbach, ZHR 155 (1991), 516 (526).

494 Siehe bereits oben unter § 3 A. II. 2.

495 Vgl. Kubis in MüKo, AktG, § 118, Rn 87.

496 Vgl. Hüffer, AktG, § 118, Rn 16; Kubis in MüKo, AktG, § 118, Rn 89; auch Drinhausen in Hölters, AktG, § 118, Rn 29; Pluta in Heidel, NK AktG, § 118, Rn 47.

497 Vgl. Kubis in MüKo, AktG, § 118, Rn 89; Drinhausen in Hölters, AktG, § 118, Rn 30; Hüffer, AktG, § 118, Rn 14.

498 Vgl. Kubis in MüKo, AktG, § 118, Rn 89.

delt[499], ein Interessenkonflikt. Ihm obläge es, zur Hauptversammlung diejenigen Personen zuzulassen, die die Aktionäre bei der Entscheidungsfindung zum Vergütungsbeschluss beraten sollen, mithin also einem Gegenstand, für dessen Ausgestaltung er als Mitglied des Aufsichtsrats mit die Verantwortung trägt. Um auszuschließen, dass solchen Aktionärsberatern von vornherein jedweder Zugang verwehrt wird, scheint es zunächst angebracht, den Aktionären ein Recht darauf zu gewähren, sich in der Hauptversammlung von einem Aktionärsberater begleiten zu lassen, damit sie ihre Rechte ordnungsgemäß wahrnehmen können.

Diese Forderung ist jedoch unnötig und mithin insgesamt abzulehnen. Eine Notwendigkeit besteht schon deshalb nicht, weil sich die Aktionäre in ausreichender Zeit vor der Hauptversammlung auf die einzelnen Tagesordnungspunkte vorbereiten können. Ist dabei die Abstimmung über das System zur Vergütung der Vorstandsmitglieder gemäß § 120 Abs. 4 AktG vorgesehen, so können sie sich ausreichend im Vorfeld über diese Thematik informieren sowie einen Berater oder Rechtsbeistand konsultieren, um eine geeignete Grundlage für eine gewissenhafte Entscheidung während der Hauptversammlung zu schaffen. Ins Einzelne gehende Kenntnisse der Materie der Vorstandsvergütung kann von den Aktionären ohnehin nicht erwartet werden und wäre auch eine Überanstrengung der Anforderungen an sie; die Billigung stellt keine rechtliche Prüfung dar, sondern darf nur dann nicht erteilt werden, wenn für die Hauptversammlung grobe Fehler erkennbar sind.[500] Die dafür erforderlichen Kenntnisse lassen sich jedoch auch erlangen, ohne dass hierfür die Begleitung durch einen Aktionärsberater in der Hauptversammlung vonnöten wäre.

Im Übrigen ließe sich unter Hinweis auf die gleichen Argumente ebenfalls fordern, ein Aktionärsberater wäre für die Beurteilung der Tätigkeit der Verwaltung im Rahmen des Entlastungsbeschlusses erforderlich, da auch hierbei die Gesetzes- und Satzungskonformität durch die Hauptversammlung überprüft werden müsse. Eine solche Forderung wird aber auch in diesem Zusammenhang – zu Recht – nicht aufgestellt.

IV. Fazit

Angesichts der vorstehenden Erörterungen ist nochmals die Frage aufzuwerfen, ob die Hauptversammlung tatsächlich das geeignete Organ ist, um eine Entscheidung über diese Angelegenheit zu treffen. Diese Frage aufzuwerfen heißt, sie auch zu verneinen. Mangels hinreichender fachlicher Eignung zur Beurteilung der Einzelheiten zur Gestaltung eines gesetzeskongruenten Vorstandsver-

499 Vgl. Kubis in MüKo, AktG, § 118, Rn 82.
500 Siehe oben unter § 6 B. IV. 2. g.

gütungssystems kann die Hauptversammlung nicht als geeignetes Organ betrachtet werden.[501]

Auch wenn der Gesetzgeber bei seiner Tätigkeit davon ausgehen mag, dass die Hauptversammlung eine fachliche Eignung ipso eo vorzuweisen hat, weswegen er es für angebracht hält, weitergehende Anforderungen an deren inhaltlichen Vorgänge zu stellen, wie es durch die erwähnte Regelung des § 64b Abs. 1 VAG geschehen ist, so lässt sich daraus keineswegs die fachliche Eignung auch im Tatsächlichen ableiten. Die Anforderungen an ein angemessenes, ausgewogenes und dabei stets gesetzeskonformes Vergütungssystem sind schwierig zu beurteilen. Selbst der Aufsichtsrat als kleines Gremium mag ob der mannigfachen gesetzlichen Vorgaben, die nicht zuletzt durch das VorstAG selbst erst in § 87 AktG installiert wurden, mit einer eindeutigen Beurteilung überfordert sein, weswegen er sich dabei von einem Berater unterstützen lassen muss.[502] Umso schwieriger wird der Hauptversammlung eine solche Beurteilung fallen.

Ein weiterer Grund, der an der fachlichen Eignung der Hauptversammlung Zweifel hegen lässt, liegt in den Aktionärstypen[503] verankert. Während Unternehmeraktionäre und institutionelle Anleger mit der Aktie ein unternehmerisches Interesse verfolgen und von ihnen daher ein größeres Engagement in Bezug auf die damit in Verbindung stehenden Aktionärsrechte erwartet werden kann, was sich darin äußern mag, dass sie sich mit den Anforderungen an Vorstandsvergütungssysteme adäquat für die Beschlussfassung auseinandergesetzt haben, sehen Kapitalanlegeraktionäre oder Spekulationsaktionäre hierfür kein sonderliches Bedürfnis, da für sie der durch den Aktienbesitz erwirtschaftete Ertrag von Bedeutung ist. Deshalb ist ohnehin zu befürchten, dass die Entscheidung zur Billigung des Vergütungssystems, obwohl nicht Gegenstand des Vergütungssystems selbst, von der Höhe der gewährten Vergütung an die Vorstandsmitglieder abhängen wird – ob diese in den Augen dieser Aktionäre als „iustum pretium" empfunden wird oder nicht.[504] Auch wenn der Gesetzgeber eine Entscheidung hierüber nicht eingeführt hat, lässt sich in der Praxis nicht vermeiden, dass derartige Überlegungen Einfluss auf die Entscheidung nehmen werden und sie damit gleichzeitig verfälschen.

---

501 Im Ergebnis ebenso Martens, ZHR 169 (2005), 124 (148 f.); Marsch-Barner, FS Röhricht, 401 (413); a.A.: Thüsing, AG 2009, 517 (525 f.).

502 Nach Ziffer 4.2.2 Abs. 3 des Deutschen Corporate Governance Kodex wird für diesen Fall die Empfehlung ausgesprochen: „Soweit vom Aufsichtsrat zur Beurteilung der Angemessenheit der Vergütung ein externer Vergütungsexperte hinzugezogen wird, soll auf dessen Unabhängigkeit vom Vorstand bzw. vom Unternehmen geachtet werden."

503 Siehe oben insbesondere unter § 3 B. II.

504 Vgl. Fleischer/Bedkowski, AG 2009, 677 (682); E. Vetter, ZIP 2009, 2136 (2141); Pluta in Heidel, NK AktG, § 120, Rn 31.

Angesichts dessen ist der gesetzgeberische Vorstoß, die Hauptversammlung in den Rahmen des Vorstandsvergütungssystems zu integrieren, zwar an sich ein Gewinn für die Aktionäre, um deren Rechtsposition – vermeintlich – zu stärken, zugleich aber hinsichtlich des verfolgten Zieles und dessen Erreichung mehr als zweifelhaft.

D. Rechtsfolgenlosigkeit des Billigungsbeschlusses

Der Billigungsbeschluss kennzeichnet sich durch seine Rechtsfolgenlosigkeit aus.

I. Gesetzliche Konzeption

Nach der gesetzlichen Konzeption heißt es in § 120 Abs. 4 S. 2 AktG ausdrücklich: „Der Beschluss begründet weder Rechte noch Pflichten." Anders als beim Entlastungsbeschluss hat sich der Gesetzgeber also nicht damit begnügt, dem Billigungsbeschluss rein tatsächlich keine rechtlichen Wirkungen zukommen zu lassen, sondern hat zu einer Normierung dieser Sachlage gegriffen. Vergleichend stellt er jedoch in der Begründung auf § 120 Abs. 2 S. 2 AktG beim Entlastungsbeschluss ab.[505]

Der Gesetzgeber verlässt sich beim Billigungsbeschluss nach § 120 Abs. 4 AktG auf die rein tatsächlichen Wirkungen. Eine missbilligende Entscheidung der Hauptversammlung würde erhebliche Öffentlichkeitswirksamkeit erzeugen.[506] Diese betrachtet der Gesetzgeber als angemessen und ausreichend, um die von ihm angestrebte wirksame Kontrolle[507] des bestehenden Vergütungssystems durch die Hauptversammlung zu gewährleisten; einer irgendwie gearteten rechtlichen Bindungswirkung bedürfe es darüber hinaus nicht.[508] Diese Betrachtungsweise ist in der Tat nicht von der Hand zu weisen. Aufgrund der Medienpräsenz des Themas Vorstandsvergütung im Allgemeinen würde eine ablehnende Entscheidung der Hauptversammlung großes Interesse bei den Medienvertretern finden, fühlten sich dadurch doch deren Leser in ihrer subjektiven Auffassung, dass die Vorstandsvergütung unangemessen sei, bestätigt.[509] Dass Vor-

505 Vgl. BT-Drs. 16/13433, S. 12.

506 Vgl. BT-Drs. 16/13433, S. 12.

507 Siehe hierzu bereits oben § 6 B. IV. 2. c.

508 Vgl. BT-Drs. 16/13433, S. 12.

509 Die Gesetzesbegründung verweist auf die Geschehnisse in Großbritannien. Vornehmlich dürfte ihm die Entscheidung der Hauptversammlung bei GlaxoSmithKline im Mai 2003 vor Augen gewesen sein; vgl. hierzu und zu weiteren Beispielsfällen aus Großbri-

stand und Aufsichtsrat eine solche negative Berichterstattung über die Gesellschaft aufs Tunlichste vermeiden möchten, liegt auf der Hand. Ob es deswegen allerdings tatsächlich einer Reduktion dieses Beschlusses auf die Ebene der faktischen Wirkungen bedurft hätte, erscheint zweifelhaft und im Ergebnis abzulehnen. Dieselben faktischen Wirkungen hätten nämlich ebenso gut erzielt werden können, wenn der Beschluss nicht ausdrücklich für rechtsfolgenlos erklärt worden wäre oder daran zumindest andere Folgen geknüpft worden wären.[510]

Als weiteres Argument sieht der Gesetzgeber ferner den Minderheitenschutz. Da gemäß § 120 Abs. 4 S. 2 Hs. 2 AktG klargestellt ist, dass insbesondere die Verpflichtungen des Aufsichtsrats nach § 87 AktG durch den Beschluss unberührt bleiben, wird verhindert, dass sich die Verwaltung mittelbar von den Verpflichtungen des § 87 AktG durch einen wohlmeinenden Hauptversammlungsbeschluss entbinden und vielleicht sogar enthaften lässt.[511] Hieraus lässt sich die Parallelität zu § 120 Abs. 2 S. 2 AktG am besten erkennen, sodass es insgesamt wünschenswert gewesen wäre, wenn der Gesetzgeber auch § 120 Abs. 4 AktG insgesamt parallel zum Entlastungsbeschluss aufgebaut hätte.

II. Rechtsnatur des Billigungsbeschlusses

Aufgrund dieser gesetzlichen Regelung der Rechtsfolgenlosigkeit muss die ebenfalls gesetzlich vorgesehene Einordnung als Hauptversammlungsbeschluss allerdings infrage gestellt werden.[512] Ein Hauptversammlungsbeschluss stellt ein mehrseitiges Rechtsgeschäft eigener Art[513] dar, das sich aus den in den Stimmabgaben liegenden empfangsbedürftigen Willenserklärungen zusammensetzt, das neben den Verträgen und den einseitigen Rechtsgeschäften seinen Platz hat und auf kollektive, rechtsverbindliche Willensbildung gerichtet ist.[514] Als Rechtsgeschäft (eigener Art) zeichnet er sich dadurch aus, dass er final auf die Begründung, Änderung oder Aufhebung von Rechtsverhältnissen durch das Setzen einer Regelung gerichtet ist.[515]

---

tannien: Fleischer/Bedkowski, AG 2009, 677 (678) sowie Thüsing, AG 2009, 517 (524).

510 Daher etwas spöttisch Noack, BB 2009, M 1: „Außer einer heftigen Debatte ist nichts zu erwarten, sagt doch das Gesetz: „Der Beschluss begründet weder Rechte noch Pflichten“, und eine Anfechtung gibt es auch nicht.“

511 Vgl. BT-Drs. 16/13433, S. 12.

512 Vgl. Begemann/Laue, BB 2009, 2442 (2444).

513 Siehe hierzu bereits oben § 4 A. II.

514 Vgl. Volhard in MüKo, § 133 AktG, Rn 3; K. Schmidt, Gesellschaftsrecht, § 15 I. 2. a).

515 Vgl. Flume, Das Rechtsgeschäft, § 2, 2; Ellenberger in Palandt, BGB, Überbl v § 104, Rn 2; Palm in Erman, BGB, Einl § 104, Rn 2 ff.

Ein Beschluss zeichnet sich gerade durch seine Bindungswirkung aus, also durch den Willen der Beteiligten, eine die Gesellschaft betreffende Angelegenheit mit bindender Wirkung zu regeln.[516] Diese einem Rechtsgeschäft wesentliche Finalität wird dem Billigungsbeschluss nach § 120 Abs. 4 S. 2 AktG ausdrücklich von Gesetzes wegen genommen, indem die Begründung jeglicher Rechte und Pflichten kategorisch ausgeschlossen wird. Fehlt dem Rechtsgeschäft (Beschluss) aber das für das Rechtsgeschäft charakteristische Merkmal (Finalität), so kann es nicht mehr als ein solches angesehen werden. Folglich kann der Billigungsbeschluss nicht als ein Beschluss im herkömmlichen Sinne des Aktienrechts verstanden werden, da es ihm an diesem wesentlichen Charakteristikum mangelt.[517]

Ob sich der Gesetzgeber dessen bewusst war und deshalb in der Überschrift die Formulierung „Votum zum Vergütungssystem" statt „Beschluss zum Vergütungssystem" verwendet hat[518], ist zu bezweifeln, zumal in § 120 Abs. 4 AktG durchgehend von „Beschluss" gesprochen wird.[519] Im Übrigen sind „Beschluss" und „Votum" ohnehin Synonyme. Vielmehr ist sogar zu unterstellen, dass diesen rechtstheoretischen Überlegungen im Gesetzgebungsprozess keine weitere Aufmerksamkeit geschenkt wurde, weswegen auch in der Begründung hierauf nicht eingegangen wurde. Im Vordergrund stand vielmehr das angestrebte Ziel; die Dogmatik musste daher zurücktreten. Umso misslicher ist es, dass er diese „Spezies der juristischen Fauna von Willensbekundungen"[520] dennoch als Beschluss bezeichnet und damit eine Überschneidung zu den herkömmlichen Beschlüssen mit Rechtsgeschäftscharakter geschaffen hat.

---

516 Vgl. Begemann/Laue, BB 2009, 2442 (2444).

517 Zurückhaltender: Begemann/Laue, BB 2009, 2442 (2444): „... kann mit Fug und Recht bezweifelt werden, dass das Votum ... einen Beschluss im aktienrechtlichen Sinne darstellt."; a.A.: Döll, WM 2009, 103 (111), der den Billigungsbeschluss dennoch als Rechtsgeschäft eigener Art ansieht, da im Beschluss in rechtlicher Form der Wille der Hauptversammlung und damit des Verbandes gebildet wird; auch Spindler in K. Schmidt/Lutter, AktG, § 120, Rn 65, der auf die mittelbaren Auswirkungen auf die dem Aufsichtsrat abzuverlangende Prüfung und Erörterung der Vergütung abstellt und darin sehr wohl mittelbar rechtliche Wirkungen sieht; ferner Fleischer, AG 2010, 681 (683 f.), der darauf abstellt, dass das Vergütungsvotum kein rechtliches Nullum sei, sondern eine verbindliche Willensfestlegung der Hauptversammlung (organinterne Bindung) begründe, die über eine bloße Meinungsäußerung oder Probeabstimmung der versammelten Aktionäre hinausgehe, und der darüber hinaus rechtsvergleichende Überlegungen heranzieht.

518 Vgl. entsprechende Überlegungen bei Begemann/Laue, BB 2009, 2442 (2444).

519 Vgl. auch Fleischer, AG 2010, 681 (683).

520 So die Bezeichnung bei Begemann/Laue, BB 2009, 2442, (2446).

Die Titulierungen zu diesem „Beschluss“ reichten von „Soft Law“[521] über „zahnloser Tiger“[522] und „kraftloser Hauptversammlungsbeschluss“[523] bis hin zu „platonischer Vertrauenskundgebung“[524], ohne ihn jedoch näher zu charakterisieren. Zum Teil wird er als rechtlich unverbindliches Meinungsbild der Aktionäre verstanden.[525] Allerdings wird diese Einordnung dem Billigungsbeschluss in der Sache nicht gerecht, zumal er die zu treffende Entscheidung der Hauptversammlung einer allgemeinen Meinungsumfrage unter den Aktionären gleichsetzen und diese damit in ihrem Wirkungskreis degradieren würde. Eingedenk der gesetzgeberischen Intentionen bei der Einführung des Vergütungsvotums kann Derartiges nicht angenommen werden. Vielmehr muss man sich vergegenwärtigen, dass für den Billigungsbeschluss nach § 120 Abs. 4 AktG dieselben Anforderungen gelten wie für alle anderen „echten“ Beschlüsse.[526] Der Beschlussgegenstand ist auf die Tagesordnung der Hauptversammlung zu setzen; er ist den Aktionären in der Einladung zur Hauptversammlung ordnungsgemäß bekannt zu machen; in der Hauptversammlung stehen den Aktionären die Auskunftsrechte nach § 131 AktG zu; für die Beschlussfassung und die Abstimmungsmodalitäten ist § 133 AktG maßgeblich. Einzig die fehlende Finalität unterscheidet das Vergütungsvotum von anderen Beschlüssen.

Die Ähnlichkeit beider Institute ist daher augenfällig. Es ist daher angebracht, den Vergütungsbeschluss zwar nicht als Rechtsgeschäft (eigener Art), wohl aber als rechtsgeschäftsähnliche Handlung (eigener Art) zu qualifizieren. Dies kommt dem Inhalt, dem gesetzgeberischen Willen, dem Entscheidungsmodus, der dennoch erfolgten Bezeichnung als Beschluss, der Stellung der Aktionäre und der Tatsache, dass mit dem Beschluss zwar ein Novum[527], aber kein rechtliches Nullum entsteht[528], am nächsten, lässt aber zugleich nicht außer Betracht, dass es sich gerade nicht in Gänze um ein Rechtsgeschäft handelt.

Die Existenz rechtsgeschäftsähnlicher Handlungen ist im allgemeinen Zivilrecht hinlänglich anerkannt. Es handelt sich dabei um eine Kategorie von Handlungen, die sich zwischen den Realakten und den Rechtsgeschäften befindet.[529] Rechtsgeschäftsähnliche Handlungen sind auf einen tatsächlichen Erfolg gerich-

521 Vgl. Hanau, NJW 2009, 1652 (1653).
522 Vgl. Begemann/Laue, BB 2009, 2442.
523 Vgl. E. Vetter, ZIP 2009, 2136.
524 Vgl. Fleischer, NZG 2009, 801 (805); Fleischer/Bedkowski, AG 2009, 677 (684).
525 Vgl. etwa Fleischer/Bedkowski, AG 2009, 677 (684).
526 Vgl. auch Fleischer, AG 2010, 681 (684).
527 Vgl. E. Vetter, ZIP 2009, 2136 (2137).
528 Vgl. auch Döll, WM 2009, 103 (111).
529 Vgl. Schiemann in Staudinger, Eckpfeiler des Zivilrechts, C., Rn 11.

tete Erklärungen, deren Rechtsfolgen kraft Gesetzes eintreten.[530] Mit den Realakten haben sie gemeinsam, dass die Rechtsfolge durch das Gesetz unabhängig von einem vom Handelnden gerade darauf gerichteten Willen angeordnet wird; wie bei Rechtsgeschäften liegt bei den rechtsgeschäftsähnlichen Handlungen aber eine Erklärung, also ein willentliches Verhalten vor.[531] Als Beispiele für rechtsgeschäftsähnliche Handlungen[532] lassen sich nennen: die Wohnsitzbegründung gemäß § 7 BGB[533]; die Fristsetzungen gemäß §§ 281, 323 BGB[534]; die Mahnung gemäß § 286 BGB[535]; die Abtretungsanzeige gemäß § 409 BGB[536]; die Abmahnungen gemäß § 541 BGB[537] und § 543 BGB[538]; die Abnahme gemäß § 640 BGB[539]; oder auch die Mängelrüge gemäß § 377 HGB[540]. Folge der Einordnung als rechtsgeschäftsähnliche Handlung ist, dass die Vorschriften über die Rechtsgeschäfte weitgehend analog angewendet werden, wobei für die Reichweite stets der Einzelfall in Betracht zu ziehen ist.[541]

Eine Übertragung dieser Grundprinzipien der Rechtsgeschäftslehre auf Sachverhalte im Aktienrecht ist daher generell in Betracht zu ziehen, insbesondere auf den Vergütungsbeschluss im Sinne von § 120 Abs. 4 AktG. Das Vergütungsvotum stellt sich als eine auf einen tatsächlichen Erfolg gerichtete Erklärung der Hauptversammlung der Aktionär dar. Allerdings scheint die Definition der rechtsgeschäftlichen Handlungen selbst gegen eine solche Einteilung zu sprechen, da es sich um eine Erklärung handeln muss, deren Rechtsfolgen kraft Gesetzes eintreten. Der Billigungsbeschluss soll gerade keine Rechtsfolgen mit

---

530 Vgl. Ellenberger in Palandt, BGB, Überbl v § 104, Rn 6; Ulrici, NJW 2003, 2053.

531 Vgl. Schiemann in Staudinger, Eckpfeiler des Zivilrechts, C., Rn 11.

532 Siehe auch Übersicht bei Ellenberger in Palandt, BGB, Überbl v § 104, Rn 6.

533 Vgl. Schmitt in MüKo, BGB, § 7, Rn 18; Weick in Staudinger, BGB, § 7, Rn 3; Fahse in Soergel, BGB, § 7, Rn 7; H.P. Westermann in Erman, BGB, § 7, Rn 4; Bamberger in Bamberger/Roth, BGB, § 7, Rn 18.

534 Vgl. Schiemann in Staudinger, Eckpfeiler des Zivilrechts, C., Rn 11; Grüneberg in Palandt, BGB, § 281, Rn 9; Grüneberg in Palandt, BGB, § 323, Rn 11 (i.V.m. § 281, Rn 9).

535 Vgl. Grüneberg in Palandt, BGB, § 286, Rn 16.

536 Vgl. Stürner in Jauernig, BGB, § 409, Rn 1; Grüneberg in Palandt, BGB, § 409, Rn 3; Busche in Staudinger, BGB, § 409, Rn 8.

537 Vgl. Weidenkaff in Palandt, BGB, § 541, Rn 8; Schilling in MüKo, BGB, § 541, Rn 12; Emmerich in Staudinger, BGB, § 541, Rn 5; Teichmann in Jauernig, § 541, Rn 2.

538 Vgl. Emmerich in Staudinger, BGB, § 543, Rn 78.

539 Vgl. Schwenker in Erman, BGB, § 640, Rn 6; Peters/Jacoby in Staudinger, BGB, § 640, Rn 10.

540 Vgl. Hopt in Baumbach/Hopt, HGB, § 377, Rn 32.

541 Vgl. Schiemann in Staudinger, Eckpfeiler des Zivilrechts, C., Rn 11; Ellenberger in Palandt, BGB, Überbl v § 104, Rn 7.

sich bringen; es treten also offensichtlich keine Rechtsfolgen kraft Gesetzes ein, die an das Vergütungsvotum gebunden sind. Dies allein kann aber als Argument nicht ausreichen, dem Billigungsbeschluss den rechtsgeschäftsähnlichen Charakter zu verwehren.[542] Wenn qua definitionem eine rechtsgeschäftsähnliche Handlung eine auf einen tatsächlichen Erfolg gerichtete Erklärung sein soll, deren Rechtsfolgen kraft Gesetzes eintreten, setzt dies selbstverständlich voraus, dass der Gesetzgeber überhaupt an diese Handlung eine Rechtsfolge geknüpft hat; nur dann kann sie begriffsnotwendigerweise eintreten. Beim Billigungsbeschluss hat es der Gesetzgeber allerdings bewusst und gewollt unterlassen, mit dieser Erklärung von Seiten der Aktionäre eine Rechtsfolge zu verbinden. Dennoch hat er diese Handlung nicht als bloßen Realakt oder als reine Meinungskundgabe der Aktionäre konstituiert, sondern sie organisationsrechtlich den Regeln der Beschlüsse unterworfen, und er will sie auch als einen solchen verstehen. Aus diesem Grund hat er die Regelung der Rechtsfolgenlosigkeit überhaupt erst in § 120 Abs. 4 S. 2 AktG aufgenommen. Letztlich muss es dem Gesetzgeber vorbehalten bleiben, ob und welche Rechtsfolgen er für angebracht hält. Ferner zeigt auch die Aufnahme des Ausschlusses der Anfechtungsklage gegen den Billigungsbeschluss in § 120 Abs. 4 S. 3 AktG, dass der Gesetzgeber den Beschluss an und für sich für anfechtbar hielt. Anfechtbar können aber nur echte Beschlüsse im Sinne des Aktienrechts sein, die Rechtsgeschäfte eigener Art sind, oder gerade Beschlüsse mit rechtsgeschäftsähnlichem Charakter. Denn genauso, wie die bereits erwähnten rechtsgeschäftsähnlichen Handlungen regelmäßig gemäß §§ 119 ff. BGB angefochten werden können, könnte ein rechtsgeschäftsähnlicher Beschluss in entsprechender Anwendung des § 243 AktG angefochten werden. Für den Vergütungsbeschluss ist dies aber gesetzlich ausgeschlossen worden.

Der Beschluss über das System zur Vergütung der Vorstandsmitglieder nach § 120 Abs. 4 AktG ist damit nach alledem nicht als korporatives Rechtsgeschäft, sondern als *korporative rechtsgeschäftsähnliche Handlung* zu qualifizieren.

III. Auswirkungen auf die Aufsichtsratstätigkeit

Die Frage nach den Auswirkungen auf die Aufsichtsratstätigkeit des Billigungs- oder Missbilligungsbeschlusses der Hauptversammlung zum Vorstandsvergütungssystem lässt sich im Grunde schnell beantworten, heißt es doch im Gesetzestext ausdrücklich, der Beschluss begründe keine Rechte und Pflichten und lasse insbesondere die Verantwortung des Aufsichtsrats nach § 87 AktG unbe-

542 A.A. wohl Ulrici, NJW 2003, 2053, der eine Kausalität zwischen Eintritt der Rechtsfolge und deren gesetzlicher Anordnung annimmt.

rührt. Nach dem Gesetzeswortlaut soll der Beschluss folglich keinerlei rechtliche Auswirkungen auf die Aufsichtsratstätigkeit zeitigen. Andererseits erhofft sich der Gesetzgeber jedoch gleichwohl Konsequenzen auf die Wahrnehmung der Aufgaben als Aufsichtsrat, indem er den Beschluss – oder besser: die Angst vor einem missbilligenden Beschluss – als Mittel ansieht, den Aufsichtsrat zu besonderer Gewissenhaftigkeit bei der Festlegung der Vorstandsvergütung gemäß § 87 AktG zu animieren.[543] Die Auswirkungen verlagern sich also auf das Faktische.

1. Keine Erleichterung für § 87 AktG

Der Gesetzgeber hat große Anstrengungen darauf verwendet, klarzustellen, dass dem Aufsichtsrat durch den Billigungsbeschluss keine Erleichterung für seine Aufgabenerledigung gemäß § 87 AktG entsteht. Nach § 87 Abs. 1 S. 1 AktG hat der Aufsichtsrat bei der Festsetzung der Gesamtbezüge eines Vorstandsmitglieds (sowie Ruhegehalt, Hinterbliebenenbezüge und Leistungen verwandter Art, § 87 Abs. 1 S. 4 AktG) auf die Angemessenheit der Vergütung zu achten. Tut er dies nicht, stellt § 116 S. 3 AktG – mittlerweile ausdrücklich[544] – klar, dass sich der Aufsichtsrat sorgfaltspflichtwidrig verhält und sich daher gegenüber der Gesellschaft schadensersatzpflichtig machen kann. Da die Angemessenheit der Vorstandsvergütung, und hierbei insbesondere die Höhe der Vergütung, die in einem angemessenen Verhältnis zu den Aufgaben und Leistungen des Vorstandsmitglieds sowie zur Lage der Gesellschaft stehen soll und die übliche Vergütung nicht ohne besondere Gründe übersteigen darf, indes nicht zu dem *System der Vorstandsvergütung* gehört[545], könnte der Billigungsbeschluss diesen Bereich der Verantwortlichkeit ohnehin nicht berühren, da durch das Vergütungsvotum der Hauptversammlung hierüber keine inhaltliche Aussage getroffen wird. Die Hauptversammlung könnte also dem Aufsichtsrat mithin nicht „bestätigen", er habe eine angemessene Vorstandsvergütung festgesetzt. Die Klarstellung in § 120 Abs. 4 S. 2 Hs. 2 AktG läuft insoweit folglich ins Leere.

Gleiches gilt für die Bezugnahme auf § 87 Abs. 2 und 3 AktG. Nach § 87 Abs. 2 AktG kann der Aufsichtsrat die einmal festgesetzten Gesamtbezüge auf eine angemessene Höhe herabsetzen, wenn sich nach der Festsetzung eine Verschlechterung der Lage der Gesellschaft einstellt, die eine Weiterzahlung der

543 Vgl. BT-Drs. 16/13433, S. 12.

544 Diese im Grunde redundante, da selbstverständliche Klarstellung wurde durch Art. 1 Nr. 5 b) VorstAG in dieser Form in das Aktiengesetz eingefügt.

545 Zur inhaltlichen Bestimmung des Vergütungssystems siehe oben: § 6 B. I. 1. a.

höheren Bezüge als unbillig erscheinen ließe.[546] Hier geht es ebenfalls um die Höhe der Vergütung und deren Angemessenheit bezogen auf die spezielle Lage der Gesellschaft. Mangels Bestandteils des Vergütungssystems könnte die Hauptversammlung durch das Vergütungsvotum folglich wiederum keine inhaltliche Aussage zu diesem Gegenstand treffen. § 87 Abs. 3 AktG schließlich betrifft den Fall der Eröffnung des Insolvenzverfahrens über das Vermögen der Gesellschaft und der daran anschließenden Kündigung des Vorstandsanstellungsvertrags durch den Insolvenzverwalter; mithin handelt es sich um Konstellationen, die mit dem Vergütungssystem nichts zu tun haben. Das heißt, auch darüber fällt die Hauptversammlung durch den Billigungsbeschluss keine Entscheidung.

Der eigentliche Anwendungsbereich für die Klarstellung, dass trotz des Hauptversammlungsbeschlusses zum Vergütungssystem die Verantwortlichkeit des Aufsichtsrats unberührt bleibt, bezieht sich auf § 87 Abs. 1 S. 2 und 3 AktG. Denn dort werden Regelungen zur Vergütungsstruktur börsennotierter Aktiengesellschaften dergestalt normiert, dass diese auf eine nachhaltige Unternehmensentwicklung ausgerichtet sein muss und variable Vergütungsbestandteile eine mehrjährige Bemessungsgrundlage haben sollen. Die Vergütungsstruktur, also das Verhältnis fixer und variabler Vergütungsbestandteile zueinander, ist ein Teilelement des Vergütungssystems[547]; folglich trifft die Hauptversammlung durch die Abgabe ihres Vergütungsvotums hierüber eine inhaltliche Aussage. Sie billigt oder missbilligt auch die Vergütungsstruktur, bringt also zum Ausdruck, dass sie sie für im Großen und Ganzen gesetzeskonform und darüber hinaus für zweckmäßig hält. Wegen § 120 Abs. 4 S. 2 AktG kann sich der Aufsichtsrat, sollte er gemäß §§ 116 Abs. 3, 93, 87 Abs. 1 AktG in Regress genommen werden, nicht darauf berufen, die Hauptversammlung habe das Vergütungssystem – und damit auch die Vergütungsstruktur – gebilligt, weswegen ihm, dem Aufsichtsrat, kein pflichtwidriges Verhalten mehr vorgeworfen werden könnte.[548] Ebenso wenig könnte sich die Gesellschaft auf einen Missbilligungsbeschluss der Hauptversammlung berufen, um die Sorgfaltspflichtwidrigkeit des Aufsichtsrats zu untermauern.[549] Andererseits verpflichtet ein missbilligender Hauptversammlungsbeschluss den Aufsichtsrat in rechtlicher Hinsicht

546 Vgl. zur Neuregelung durch das VorstAG: Bauer/Arnold, AG 2009, 717 (724 ff.); Nikolay, NJW 2009, 2640 (2642 f.); Thüsing, AG 2009, 517 (522 f.); Hoffmann-Becking/Krieger, NZG-Beil. 2009, 1 (4 ff.); Fleischer, NZG 2009, 801 (803 f.); Annuß/Theusinger, BB 2009, 2434 (2437 f.); Hohenstatt, ZIP 2009, 1349 (1352 f.); Lingemann, BB 2009, 1918 (1920); Bosse, BB 2009, 1650 (1651).

547 Siehe dazu bereits unter § 6 B. I. 1. a.

548 Vgl. Döll, WM 2010, 103 (110).

549 Vgl. Seibert, WM 2009, 1489 (1491); Begemann/Laue, BB 2009, 2442 (2445).

nicht dazu, das bestehende Vergütungssystem den Vorstellungen der Hauptversammlung anzupassen.[550]

Der Aufsichtsrat bleibt weiterhin an die gesetzlichen Vorgaben des § 87 AktG gebunden und muss diesen Anforderungen unabhängig von der Entscheidung der Hauptversammlung sorgfältig Rechnung tragen.[551] Der Aufsichtsrat befindet sich daher in einer unliebsamen Lage, muss er doch im Zweifel sogar in Kauf nehmen, von der Hauptversammlung mit einer Missbilligung „abgestraft" zu werden, wenn nur auf diese Weise die gesetzlichen Rahmenbedingungen nach § 87 AktG eingehalten werden können und die Hauptversammlung dafür kein Verständnis aufbringen mag. Mangels Anfechtbarkeit der (Miss-)Billigung könnte er sich hiergegen nicht einmal zur Wehr setzen.[552]

2. Faktische Auswirkungen

Dem Gesetzgeber erschienen bei der Einführung des Vergütungsvotums die rein tatsächlichen Wirkungen angemessen und ausreichend zur Erreichung des verfolgten Zwecks, eine wirksame Kontrolle des bestehenden Vergütungssystems durch die Hauptversammlung zu gewährleisten.[553] Unter anderem deswegen hat er auf die Normierung rechtlicher Folgen verzichtet.

Die vom Gesetzgeber eigentlich angestrebte faktische Wirkung des Billigungsbeschluss ist diesem genau genommen vorgelagert. Der Gesetzgeber erwartet von der bloßen Möglichkeit der Hauptversammlung, ihre Beurteilung über das Vergütungssystem abzugeben, was mit der Einführung des § 120 Abs. 4 AktG geschaffen wurde, eine positive Rückwirkung auf die Wahrnehmung der Verpflichtungen des § 87 AktG.[554] Bereits bei der Aufstellung des Vergütungssystems muss dem Aufsichtsrat und dem Vorstand bewusst sein, dass eine weitere Instanz hierüber befinden darf und dass, wenn das Votum der Hauptversammlung über das dann bestehende Vergütungssystem negativ ausfallen sollte, mit erheblicher negativer Presse zu rechnen sein wird. Diese Angst, sich „Volkes Zorn" zuzuziehen, sich öffentlich zu „blamieren" oder zumindest in aller Öffentlichkeit rechtfertigen zu müssen, soll auf faktischer Ebene als Motivation für beide Organe wirken, mit besonderer Gewissenhaftigkeit an diese

550 Vgl. E. Vetter, ZIP 2009, 2136 (2142).

551 Vgl. Fleischer/Bedkowski, AG 2009, 677 (684); van Kann/Keiluweit, DStR 2009, 1587 (1588); Fleischer, NZG 2009, 801 (805).

552 Dazu noch ausführlich unter § 6 F.

553 Vgl. BT-Drs. 16/13433, S. 12.

554 Vgl. BT-Drs. 16/13433, S. 12.

Thematik heranzutreten.[555] Kurz gesagt erhofft sich der Gesetzgeber damit in erster Linie rein psychologische Wirkungen bei der Aufgabenbewältigung.[556]

Allerdings darf nicht bei diesen faktischen Wirkungen, die im Vorfeld des Beschlusses angesiedelt sind, stehen geblieben werden, wenngleich diese sicherlich Beachtung verdienen. Interessanter ist die Frage, welche faktischen Wirkungen ein Beschluss der Hauptversammlung mit sich bringt, obwohl von Gesetzes wegen keine rechtlichen Folgen damit verbunden sein sollen. Insbesondere stellt sich die Frage, wie Aufsichtsrat und Vorstand reagieren sollen oder reagieren werden, wenn die Hauptversammlung das bestehende Vergütungssystem missbilligend ablehnt. Es ist kaum zu erwarten, dass die Verwaltung, außer dieses Votum zur Kenntnis zu nehmen, daraufhin nicht aktiv wird. Ein sorgfältig und gewissenhaft arbeitender Aufsichtsrat muss sich im Gegenteil sogar veranlasst sehen, hierauf zu reagieren, indem er das bestehende Vergütungssystem einer rechtlichen Prüfung unterzieht, um daraus ableiten zu können, ob weiterer Handlungsbedarf besteht. Dieser Handlungsbedarf leitet sich dann nicht unmittelbar aus dem Hauptversammlungsbeschluss ab, sondern ist nur dessen mittelbare Folge. Die Pflicht zum Tätigwerden resultiert vielmehr daraus, dass der Aufsichtsrat erkennt, dass eine nicht gesetzeskonforme Sachlage vorliegt bzw. vorliegen könnte, die einer Korrektur durch den Aufsichtsrat kraft seiner aktienrechtlich zugewiesenen Kompetenzen erfordert.

Unabhängig von der rechtlichen Überprüfung wird sich der Aufsichtsrat veranlasst sehen müssen, seine bestehende Vergütungspolitik auf einen Prüfstand zu stellen.[557] Die Missbilligung des Vergütungssystems kann auch darauf beruhen, dass die Hauptversammlung das System zwar an sich für gesetzmäßig, aber insgesamt für unzweckmäßig hält. Dies mag unterschiedliche Gründe haben. Möglich wäre, dass das System nicht oder nicht mehr allgemein etablierten Standards entspricht, veraltet ist oder der Größe und Bedeutung des Unternehmens nicht gerecht wird. Auch wenn der Aufsichtsrat rechtlich nicht zu einer Veränderung des Vergütungssystems verpflichtet ist, kann diese Pflicht daraus abzuleiten sein, dass er seine Aufgaben in Verbindung mit der Vorstandsvergütung nicht ordnungsgemäß und sorgfältig wahrnimmt, §§ 116, 93, 87 AktG.

Die faktischen Auswirkungen dürfen jedoch nicht so weit gehen, dass sich der Aufsichtsrat veranlasst sieht, jeder Kritik und jeder Forderung der Hauptversammlung nachzukommen, nur um es ihr „recht zu machen" und damit einer möglichen Konfrontation aus dem Weg zu gehen. Zwar kann der Aufsichtsrat

---

555 Vgl. BT-Drs. 16/13433, S. 12.

556 Döll (WM 2010, 103 (109)) bezeichnet es als „Präventionsinstrument gegen unangemessene Vorstandsbezüge".

557 Vgl. E. Vetter, ZIP 2009, 2136 (2142); Döll, WM 2010, 103 (110).

geäußerte Kritik aufgreifen. Sie kann stets indes nur als Initiator für weitere, vom Aufsichtsrat selbst zu verantwortende Maßnahmen dienen. Er muss sie und gegebenenfalls geäußerte Verbesserungsvorschläge auf ihre rechtliche Zulässigkeit überprüfen sowie darauf, ob und wie sie in einem Vorstandsvergütungssystem umgesetzt werden können, das insgesamt den gesetzlichen Vorgaben[558] entspricht. Der Aufsichtsrat darf also nicht blind der Hauptversammlung hörig sein und so seine eigene Verantwortung aus der Hand geben. Die Zuständigkeit für das Vorstandsvergütungssystem verbleibt unabhängig vom Vergütungsvotum beim Aufsichtsrat.[559]

3. Implikationen des Billigungsbeschlusses auf die Haftung des Aufsichtsrats

Die Haftung des Aufsichtsrats in Bezug auf seine Handlungen als Organ der Aktiengesellschaft ergibt sich in erster Linie aus § 116 AktG.[560] Danach gilt § 93 AktG (mit Ausnahme des § 93 Abs. 2 S. 3 AktG) über die Sorgfaltspflicht und Verantwortlichkeit der Vorstandsmitglieder für die Sorgfaltspflicht und Verantwortlichkeit der Aufsichtsratsmitglieder sinngemäß. Aufsichtsratsmitglieder, die ihre Pflichten verletzen, sind demnach gemäß §§ 116 S. 1, 93 Abs. 2 S. 1 AktG der Gesellschaft zum Ersatz des daraus entstehenden Schadens verpflichtet.

Zu den dem Aufsichtsrat übertragenen Pflichten zählt es unter anderem, für das einzelne Vorstandsmitglied eine angemessene Vergütung im Sinne des § 87 Abs. 1 S. 1 AktG festzulegen. Dies wird nunmehr auch durch § 116 S. 3 AktG explizit gesetzlich hervorgehoben, indem auf die Schadensersatzpflicht des Aufsichtsrats bei Verletzung dieser Aufgabe eigens hingewiesen wird. Darüber hinaus obliegt es dem Aufsichtsrat einer börsennotierten Gesellschaft gleichfalls, die Vergütungsstruktur der Vorstandsmitglieder auf eine nachhaltige Unternehmensentwicklung auszurichten und daher bei variablen Vergütungsbestandteilen eine mehrjährige Bemessungsgrundlage heranzuziehen, § 87 Abs. 1 S. 2 und 3 AktG. Der Aufsichtsrat ist daher umfassend für die Ausgestaltung der Vergütung der Vorstandsmitglieder verantwortlich, mithin auch für das Vergütungssystem. Verletzt er folglich bei der Wahrnehmung dieser Aufgabe eine seiner Pflichten, beispielsweise dadurch dass er bei der Vergütungsstruktur als Teil des

558 Bei Banken und Versicherungen, die als Aktiengesellschaft organisiert sind, treten zu den Anforderungen nach § 87 AktG die aufsichtsrechtlichen Vorgaben hinzu, die im Wesentlichen in der Institut- und der Versicherungs-Vergütungsverordnung (vgl. hierzu bereits Fn 347) niedergelegt sind.

559 Vgl. Döll, WM 2010, 103 (110).

560 Daneben bestehen aber noch weitere Haftungsgrundlagen wie z. B. § 117 Abs. 2 AktG oder § 318 Abs. 2 AktG.

Vergütungssystems keine mehrjährige Bemessungsgrundlage für die Variablen vorsieht, und entsteht der Gesellschaft hieraus eine Schaden, haftet der Aufsichtsrat hierfür gemäß §§ 116 S. 1, 93 Abs. 2 S. 1 AktG i.V.m. § 87 Abs. 1 S. 2 und 3 AktG. Da gemäß § 107 Abs. 3 S. 3 AktG die Aufgabenerledigung des § 87 Abs. 1 AktG nicht auf einen Ausschuss übertragen werden kann[561], trifft die Verantwortung damit den Gesamtaufsichtsrat, was zur Folge hat, dass alle Aufsichtsratsmitglieder sich gesamtschuldnerisch wegen dieser Sorgfaltspflichtwidrigkeit schadensersatzpflichtig machen.

Hätte der Gesetzgeber in § 120 Abs. 4 S. 2 AktG nicht ausdrücklich die Rechtsfolgenlosigkeit des Vergütungsvotums angeordnet, stellte sich die Frage, welche Wirkung diesem Hauptversammlungsbeschluss hätte zukommen können. In Betracht kommt ein Haftungsausschluss gemäß §§ 116 S. 1, 93 Abs. 4 AktG, wenn die Handlung des Aufsichtsrats auf einem gesetzmäßigem Hauptversammlungsbeschluss beruht hätte. Vom Beschlussgegenstand her betrachtet wäre ein solcher Haftungsausschluss ohnehin nicht möglich gewesen. Die Hauptversammlung kann bei § 120 Abs. 4 AktG nur über das bereits bestehende Vergütungssystem entscheiden und wird daher regelmäßig tätig, nachdem der Aufsichtsrat das Vergütungssystem installiert hat. Dieses könnte konsequenterweise dann nicht auf dem Vergütungsvotum *beruhen*. Nimmt der Aufsichtsrat allerdings das Votum der Hauptversammlung zum Anlass, das Vergütungssystem im Sinne der Beschlussfassung der Hauptversammlung anzupassen, liegt ein Beruhen zwar vor, es fehlt gleichwohl an einem *gesetzmäßigen* Beschluss, da die Hauptversammlung für die Abgabe einer Entscheidung über zukünftige Vergütungssysteme nicht zuständig ist und im Rahmen des § 120 Abs. 4 AktG hierüber nicht Beschluss fassen kann. Auch ist es der Hauptversammlung über § 120 Abs. 4 AktG nicht möglich, dem Aufsichtsrat Handlungsanweisungen zu erteilen oder anstelle des Aufsichtsrats zu entscheiden.[562]

Der Wegfall der Haftung auf Grundlage eines das Vergütungssystem billigenden Hauptversammlungsbeschlusses käme wegen §§ 116 S. 1, 93 Abs. 4 S. 3 AktG nicht infrage. Ein Verzicht auf Schadensersatzansprüche gegen die Organmitglieder ist erst drei Jahre nach deren Entstehung möglich und könnte damit nicht in den Billigungsbeschluss hineingelesen werden. Dem würde im Übrigen auch die Wertung des § 120 Abs. 2 S. 2 AktG entgegenstehen, wonach klargestellt wird, dass der Entlastungsbeschluss im Aktienrecht anders als im Recht der GmbH[563] keine Verzichtswirkung enthält.

---

561 Diese Fassung hat § 107 Abs. 3 S. 3 AktG erst durch Art. 1 Nr. 4 VorstAG erhalten.

562 Zum Beschlussgegenstand des § 120 Abs. 4 AktG siehe bereits ausführlich unter § 6 B.

563 Vgl. zur Präklusionswirkung des Entlastungsbeschlusses bei der GmbH: Zöllner in Baumbach/Hueck, § 46 GmbHG, Rn 41; Römermann in Michalski, § 46 GmbHG, Rn 277 ff.; Hüffer in Ulmer/Habersack/Winter, § 46 GmbHG, Rn 65 ff.

Dem Billigungsbeschluss hätte man jedoch Haftungserleichterungen für den Aufsichtsrat beimessen können, dergestalt, dass sich die Beweislast zugunsten des Aufsichtsrats verschiebt. Billigte die Hauptversammlung das Vergütungssystem, wäre prima facie davon auszugehen, dass das Vergütungssystem gesetzeskonform ist und damit keine Pflichtverletzung des Aufsichtsrats vorliegt, bis dem Aufsichtsrat das Gegenteil nachgewiesen wurde.

Aufgrund der Regelung des § 120 Abs. 4 S. 2 AktG kann sich der Aufsichtsrat aber gerade nicht auf einen derartigen Billigungsbeschluss zu seiner Entlastung berufen, wenn er gemäß §§ 116 S. 3, 93, 87 Abs. 1 AktG auf Schadensersatz in Anspruch genommen werden sollte.[564] Das Vergütungsvotum muss zwar selbst bereits eine Aussage über die Rechtsmäßigkeit des Vergütungssystems im Groben treffen, hat jedoch keinerlei präjudizielle Wirkung auf einen Haftungsprozess gegen den Aufsichtsrat wegen Sorgfaltspflichtverletzungen. Erst darin würde entsprechend der allgemeinen Beweislastverteilung geklärt werden, ob sich der Aufsichtsrat sorgfaltspflichtwidrig verhalten hat oder nicht. Der Billigungsbeschluss ist hierbei ohne Bedeutung. Dem Aufsichtsrat kann es daher auch in keiner Weise erleichternd angerechnet werden, wenn er bei der Kreation eines neuen Vergütungssystems sich an einem missbilligenden Votum der Hauptversammlung zum vorhergehenden Vergütungssystem orientiert. Aus § 120 Abs. 4 S. 2 Hs. 2 AktG kommt der klare gesetzgeberische Wille zum Ausdruck, dass der Billigungsbeschluss den Aufsichtsrat zwar zu besonderer Gewissenhaftigkeit anhalten soll, dessen besondere Gewissenhaftigkeit man aber nicht mit einer Aktionärshörigkeit verwechseln darf. Entscheidend bleiben einzig und allein die gesetzlichen Vorgaben. Die Honorierung soll zu Recht nicht durch die Hauptversammlung stattfinden, deren Interessenlage nicht stets als objektiv betrachtet werden kann; die „Absolution" erhielte der Aufsichtsrat vielmehr erst durch eine gerichtliche Überprüfung.

Andererseits wird die Haftung des Aufsichtsrats nicht durch eine missbilligende Beschlussfassung der Hauptversammlung über das Vergütungssystem verschärft. Der Missbilligung kann keine tatsächliche Vermutung dahingehend beigemessen werden, der Aufsichtsrat habe sich bei der Einrichtung des Vergütungssystems pflichtwidrig verhalten. Der Gesellschaft ist es daher verwehrt, sich auf einen Missbilligungsbeschluss der Hauptversammlung zu berufen, um die Sorgfaltspflichtwidrigkeit des Aufsichtsrats zu untermauern.[565] Vielmehr verbleibt es auch hier bei den allgemeinen Beweislastregeln. Das Gericht darf sich daher durch den Hauptversammlungsbeschluss nicht beeinflussen lassen. Es tritt aber auch keine Haftungsverschärfung dergestalt ein, dass der Aufsichtsrat,

564 Vgl. Döll, WM 2010, 103 (110).

565 Vgl. Seibert, WM 2009, 1489 (1491); Begemann/Laue, BB 2009, 2442 (2445).

wenn ein Missbilligungsbeschluss vorliegt, innerhalb der Grenzen des gesetzlich Zulässigen das Vergütungssystem an die Wünsche der Hauptversammlung anpassen müsste, weil er sich andernfalls sorgfaltswidrig verhalten und schadensersatzpflichtig machen würde. Denn erstens ergibt sich der Sorgfaltsmaßstab rein aus dem Gesetz; der Beschluss hat hierauf keine Auswirkungen. Zweitens besteht für das Vergütungssystem eine Entscheidungsprärogative beim Aufsichtsrat als originär zuständigem Organ. Die Hauptversammlung kann nicht auf die Gestaltung einwirken und darf dies auch nicht über den Umweg der Haftung erreichen können. Und drittens wäre hier ohnehin kein Schaden für die Gesellschaft zu verzeichnen, da es grundsätzlich nicht das *eine* richtige Vergütungssystem gibt, vielmehr unterschiedliche Varianten zulässig und möglich sind.

Schließlich kann sich der Aufsichtsrat bei einem billigenden Vergütungsbeschluss nicht dergestalt in Sicherheit wiegen, dass er damit nicht mehr in Haftung genommen werden kann. Dadurch, dass der Beschluss keine Rechte und Pflichten begründen kann, kann die Gesellschaft den Aufsichtsrat auch trotz dieses Beschlusses in Anspruch nehmen. Darüber hinaus ist es der Hauptversammlung selbst nicht einmal verwehrt, nach § 147 Abs. 1 AktG über die Geltendmachung von Ersatzansprüchen gegen den Aufsichtsrat für die Gesellschaft verpflichtend zu beschließen. Zwar wird man in diesem Zusammenhang an ein widersprüchliches Verhalten der Hauptversammlung zu denken haben (venire contra factum proprium[566]). Dieses vermag allerdings den Anspruch an sich oder dessen Durchsetzung durch die Hauptversammlung nicht auszuschließen. Der Beschluss ist absolut rechtsfolgenlos. Weder spricht die Hauptversammlung eine verbindliche Bestätigung noch einen Verzicht aus.

Der Aufsichtsrat darf und muss sich daher ob dieser Regelungen in einem Dilemma sehen. Zum einen ist er den gesetzlichen Vorgaben verpflichtet, die auch nicht von der Hauptversammlung außer Kraft gesetzt werden können. Tut er dies nicht, steht er unabhängig davon, wie sich die Hauptversammlung zu dem Vergütungssystem positioniert, in der Haftung nach §§ 116, 93 AktG. Zum anderen darf er sich nicht ohne Weiteres den Interessen und Gedanken der Aktionäre verschließen. Tut er dies, wenn auch unter Hinweis auf sein gesetzeskonformes Verhalten, muss er damit rechnen, von den Aktionären durch einen Hauptversammlungsbeschluss abberufen zu werden, obliegt ihnen doch – abgesehen von den Arbeitnehmervertretern oder entsandten Aufsichtsratsmitgliedern – die Verantwortung über die Besetzung des Aufsichtsrats. Für die Abberufung wäre gemäß § 103 Abs. 1 S. 1 AktG nicht einmal ein wichtiger Grund erforderlich, dafür jedoch mindestens eine Dreiviertelmehrheit (§ 103 Abs. 1 S. 2 AktG),

566 Vgl. Grüneberg in Palandt, BGB, § 242, Rn 55 .

wenn die Satzung keine Erleichterung gemäß § 103 Abs. 1 S. 3 AktG[567] vorsieht. Schließlich sollte das Vergütungsvotum, auch und gerade wenn es von der Verwaltung eingeholt wird, nicht völlig ins Leere gehen.[568] Der Gesetzgeber hat es mit der Intention geschaffen, der Hauptversammlung ein Kontrollinstrument gegen die Verwaltung in die Hand zu geben.[569] Der Aufsichtsrat darf daher den Beschluss, insbesondere einen ablehnenden Beschluss, nicht unbeachtet lassen. Gleichzeitig muss er sich jedoch bewusst sein, dass seine Handlungsmaxime von den Gesetzesvorgaben geleitet sein muss. Letztlich wird auch seine Haftung allein danach beurteilt.

4. Konsequenzen für die Gestaltung der Vorstandsverträge

Bei der Betrachtung der möglichen Handlungs- und Reaktionspflichten oder der entsprechenden Obliegenheiten des Aufsichtsrats darf nicht unberücksichtigt bleiben, dass der Aufsichtsrat regelmäßig keine einseitige Änderung der bestehenden Vergütungssystems mit unmittelbarer Wirkung gegen die amtierenden Vorstandsmitglieder bewirken kann. Die Vergütung ist wesentlicher Bestandteil des Dienstvertrags zwischen den Vorstandsmitgliedern und der Gesellschaft. Diese zweiseitigen Verträge können nur einvernehmlich geändert werden. Möchte daher der Aufsichtsrat das bestehende und mit den Vorstandsmitgliedern vereinbarte Vergütungssystem, aus welchem Grund auch immer, ändern, benötigt er hierzu deren Mitwirkung. Soweit damit für die Vorstandmitglieder Verschlechterungen im Verhältnis zum Status quo einhergehen, wird eine Änderung nur schwer herbeizuführen sein. Eine Pflicht zur Änderung der Verträge besteht für die Vorstandsmitglieder nicht. Es könnte allerdings in ihrem eigenen Interesse sein, an der Anpassung mitzuwirken, nämlich dann, wenn ein gesetzeswidriges Vergütungssystem vorliegt und sich der Vorstand damit selbst pflichtwidrig im Verhältnis zur Gesellschaft verhält, wenn er einer Vertragsänderung nicht zustimmt. In solch einem Fall stehen auch gegen das sich weigernde Vorstandsmitglied Schadensersatzansprüche im Raum.[570]

Um derartige Auseinandersetzungen zu vermeiden, sollte sich der Aufsichtsrat vor Abschluss des Vorstandsdienstvertrags gedanklich damit befassen, wie er dem von vornherein begegnen kann und welche vertragsgestalterischen Möglichkeiten ihm offen stehen. Da das Vergütungsvotum stets erst nach der Errichtung des Vergütungssystems erfolgen kann, muss es sich um Mechanismen han-

567 Vgl. bereits oben Fn 203.

568 Vgl. Döll, WM 2010, 103 (110).

569 Vgl. BT-Drs. 16/13433, S. 12.

570 Nur ausnahmsweise wird man darin eine zur Abberufung berechtigende grobe Pflichtverletzung im Sinne von § 84 Abs. 3 S. 2 AktG sehen können.

deln, mit denen nachträglich als Reaktion auf den Vergütungsbeschluss auf den Vertragsinhalt eingewirkt werden kann.[571] Im Sinne der Privatautonomie sind derartige Vereinbarungen im Rahmen der allgemeinen zivilrechtlichen Grenzen zulässig.[572]

Zunächst kann in Betracht gezogen werden, eine Verknüpfung zwischen Vorstandsvertrag und Hauptversammlungsbeschluss durch die Vereinbarung einer Bedingung herzustellen.[573] Bedingungen können im Allgemeinen aufschiebend oder auflösend formuliert sein. Im Vorstandsvertrag könnte daher beispielsweise die Vereinbarung getroffen werden, dass die Vergütungsvereinbarung unter der aufschiebenden Bedingung steht, dass die Hauptversammlung das Vergütungssystem billigt. Eine solche Bedingung ist an sich nicht gesetzes- oder sittenwidrig und kann grundsätzlich vereinbart werden. Der Eintritt der Bedingung ist jedoch rechtlich unmöglich. Denn die Hauptversammlung kann im Wege des § 120 Abs. 4 AktG nur über ein bestehendes Vergütungssystem Beschluss fassen. Die Bedingung setzt aber an einem für die Hauptversammlung noch zukünftigen Vergütungssystem an, über das daher noch nicht beschlossen werden darf. Die Bedingung kann folglich nicht eintreten; eine solche Vereinbarung wäre folglich nutzlos.[574] Anders verhält es sich jedoch mit einer auflösenden Bedingung. Wird in den Vorstandsvertrag aufgenommen, dass ein bestimmtes Vergütungselement wegfallen oder sich verändern soll, wenn die Hauptversammlung das Vergütungssystem missbilligt, liegt hierin eine zulässige Vertragsgestaltung. Insbesondere wird der Hauptversammlung hierbei ein bestehendes System zur Billigung vorgelegt; die Veränderung tritt erst später und kraft der vertraglichen Regelung ein. Da diese Vereinbarung von Seiten des Aufsichtsrats herrührt und er sich bewusst für diesen Weg entschieden hat, kann ihm nicht vorgeworfen werden, er habe die Verantwortung einem anderen Organ überlassen.[575] Allerdings bedarf die Vereinbarung einer solchen auflösenden Bedingung einiger Vorsicht. Die Verantwortlichkeit des Aufsichtsrats gemäß § 87 Abs. 1 AktG, eine angemessene Vergütung mit dem Vorstandsmitglied zu vereinbaren, besteht unverändert fort. Es muss daher im Zeitpunkt der Vereinbarung feststehen, dass die Vergütung sowohl mit als auch ohne das der Bedingung unterstellte Vergütungselement mit § 87 Abs. 1 AktG insgesamt konform

571 Vgl. hierzu auch Döll, WM 2010, 103 (110).

572 Dazu zählen insbesondere §§ 134, 138 BGB. Bei Vorstandsdienstverträgen handelt es sich in aller Regel nicht um vorformulierte Vertragsbedingungen, sodass sie nicht dem Anwendungsbereich der §§ 305 ff. BGB unterfallen.

573 Vgl. Spindler in K. Schmidt/Lutter, AktG, § 120, Rn 66; Schüppen, ZIP 2010, 905 (910 f.).

574 A.A. wohl Spindler in K. Schmidt/Lutter, AktG, § 120, Rn 66.

575 Insofern zutreffend Spindler in K. Schmidt/Lutter, AktG, § 120, Rn 66.

geht. Andernfalls machte sich der Aufsichtsrat einer Sorgfaltspflichtverletzung schuldig.

Möglich wäre ferner die Vereinbarung einer Neuverhandlungsklausel dergestalt, dass sich Vorstand und Aufsichtsrat dazu verpflichten, die Vergütungspassage des Dienstvertrags neu zu verhandeln, wenn das dem Vertrag zugrunde liegende Vorstandsvergütungssystem von der Hauptversammlung missbilligt wird und der Aufsichtsrat daraufhin entscheidet, Änderungen am System vorzunehmen. Auch hierbei ist indes erforderlich, dass Vorstand und Aufsichtsrat einen Konsens hinsichtlich der neuen Vereinbarung finden. Geschieht das nicht, bleibt die bisherige Regelung zur Vergütung weiterhin Bestandteil des Dienstvertrags, in dem regelmäßig eine Festlaufzeit vereinbart wird.

Eine weitere Gestaltungsform, die dem Aufsichtsrat einen größeren einseitigen Handlungsspielraum verschafft, besteht darin, im Vorstandsvertrag zu vereinbaren, dass im Falle eines missbilligenden Vergütungsvotums mit anschließender, darauf beruhender Änderung des Vergütungssystems die bisherige Vergütungsvereinbarung wegfällt und der Aufsichtsrat dann berechtigt ist, gemäß § 315 BGB nach billigem Ermessen eine neue Vergütung auf Grundlage des neuen Vergütungssystems festzulegen.[576] Damit wird der Gesellschaft, gemäß § 112 AktG vertreten durch den Aufsichtsrat, ein einseitiges Leistungsbestimmungsrecht für einen konkreten Einzelfall zugewiesen, was im Rahmen von Individualvereinbarungen grundsätzlich keinen Bedenken begegnet. Im Rahmen der Ausübung des billigen Ermessens hat der Aufsichtsrat sodann zu berücksichtigen, dass er mit diesem Leistungsbestimmungsrecht in ein bestehendes Vertragsverhältnis eingreifen darf, wobei die Festlaufzeit des Vertrags grundsätzlich unberührt bleibt. Das Vorstandsmitglied hat – außer im Fall der außerordentlichen Kündigung aus wichtigem Grund – keine Möglichkeit, vorzeitig aus dem Vertrag auszuscheiden. Ferner kann der Aufsichtsrat in das ausgehandelte und als angemessen empfundene Austauschverhältnis von Leistung und Gegenleistung eingreifen, da mit der Änderung des Vergütungssystems regelmäßig auch Änderungen in der Vergütungshöhe herbeigeführt werden, selbst wenn diese für sich genommen kein Bestandteil des Vergütungssystems ist. Die einseitige Neufestsetzung des Vergütungssystems durch den Aufsichtsrat wird nur dann der Billigkeit entsprechen, wenn auch auf Seiten der Vergütungshöhe für das Vorstandsmitglied keine Unbilligkeit hinsichtlich des Austauschverhältnisses ent-

576 Das alleinige Vereinbaren eines Widerrufvorbehalts, wie von Döll (WM 2010, 103 (110)) vorgeschlagen, erscheint dagegen nicht zielführend. Dem Aufsichtsrat ist nicht damit geholfen, variable Vergütungsbestandteile zu widerrufen. Damit verbliebe eine reine Fixvergütung. Vielmehr muss er zu erreichen suchen, das neue Vergütungssystem in den bestehenden Vorstandsdienstvertrag zu integrieren. Dafür ist mehr nötig als der bloße Widerruf einzelner Vergütungsbestandteile.

steht. Die Angemessenheit der Vergütung, also deren Höhe, muss noch immer dem § 87 AktG entsprechen, mithin der horizontalen und vertikalen Vergleichbarkeit standhalten.

Angesichts der Tatsache, dass bei börsennotierten Gesellschaften grundsätzlich in jeder Hauptversammlung zu einem Vergütungsvotum kommen kann, ist von einem sorgfältig handelnden Aufsichtsrat zu erwarten, dass er sich auf diese Situation von vornherein einstellt und geeignete vertragliche Regelungen mit dem jeweiligen Vorstandsmitglied trifft, um seine Reaktionen auf den Vergütungsbeschluss der Hauptversammlung, wie zum Beispiel die Änderung des Vergütungssystems, effektiv umsetzen und an den Vorstand weiterreichen zu können.

IV. Schaffung eines Vertrauenstatbestands mittels Beschluss

In Anbetracht dieser umfassenden Rechtsfolgenlosigkeit des Vergütungsbeschlusses stellt sich die Frage, ob der Beschluss wenigstens dazu geeignet ist, für Vorstand und Aufsichtsrat einen Vertrauenstatbestand zu schaffen. Dabei kann die Entstehung eines Vertrauenstatbestands gar nur in Betracht gezogen werden, wenn die Hauptversammlung einen billigenden Beschluss fasst.

1. Für den Vorstand

Ein Vertrauenstatbestand auf Seiten der Vorstandsmitglieder ist jedoch nur schwer begründbar. Welchen Inhalt könnte das Vertrauen des Vorstands durch einen zustimmenden Hauptversammlungsbeschluss gewinnen? Das Vertrauen darauf, dass der Aufsichtsrat nicht in die vertragliche Grundlage des Dienstvertrags eingreift, folgt weniger aus dem Billigungsbeschluss als vielmehr aus dem Vertrag an sich. Da Vorstandsverträge regelmäßig als Dienstverträge mit einer festen Laufzeit abgeschlossen und damit nicht ordentlich kündbar sind, können sich die Vorstandsmitglieder abgesehen vom Fall der außerordentlichen Kündigung aus wichtigem Grunde stets darauf verlassen, dass die vertragliche Grundlage jedenfalls für die vereinbarte Vertragslaufzeit bestehen bleibt, es sei denn, der Aufsichtsrat hat bei Abschluss des Vertrags sich einseitige Eingriffsrechte in den Vertrag vorbehalten.[577] Hat er Letzteres getan, kann ein Vertrauen in das Bestehenbleiben des Status quo nicht entstehen. Ein Vertrauen darauf, dass der Aufsichtsrat auch weiterhin das bestehende, von der Hauptversammlung gebilligte Vorstandsvergütungssystem fortführen wird, kann ebenfalls nicht begrün-

577 Siehe oben § 6 D. III. 4.

det werden. Der Aufsichtsrat hat sich nicht an den Interessen der Hauptversammlung, sondern am Wohl der Gesellschaft zu orientieren. Wenn also bei einer Vertragsverlängerung oder einem Neuabschluss ein neues oder verändertes Vergütungssystem zugrunde gelegt wird, fällt das in die Entscheidungskompetenz des Aufsichtsrats, der insoweit in keiner Weise an die Hauptversammlungsentscheidung gebunden ist. Für den Vorstand entsteht mithin also kein Vertrauenstatbestand. Der Vorstand ist insofern allerdings auch nicht schutzbedürftig.

2. Für den Aufsichtsrat

Auch für den Aufsichtsrat besteht kaum Raum, um einen Vertrauenstatbestand mittels des Billigungsbeschlusses zu schaffen. Aufgrund der gesetzlichen Regelung muss sich der Aufsichtsrat bei der Festlegung des Vergütungssystems bewusst sein, dass ein wie auch immer gearteter Beschluss der Hauptversammlung keinerlei Rechte und Pflichten begründet und unabhängig vom Beschlussergebnis seine Verantwortlichkeit in Betreff der Vorgaben des § 87 AktG unberührt bleiben. Jeglichem Ansatzpunkt für das Entstehen eines Vertrauens in den Inhalt des Beschlusses wird daher von vornherein der Boden entzogen. Aufgrund dessen kann der Aufsichtsrat der Hauptversammlung zu keinem Zeitpunkt ein widersprüchliches Verhalten vorwerfen, sollte er trotz Billigung von der Gesellschaft auf Grundlage eines Hauptversammlungsbeschlusses nach § 147 Abs. 1 AktG in Anspruch genommen werden.[578]

3. Wiederholte Beschlussfassung der Hauptversammlung

In Verbindung mit der Frage nach der möglichen Schaffung eines wie auch immer gearteten Vertrauenstatbestands durch den billigenden Hauptversammlungsbeschluss käme als letzte Variante noch in Betracht, dass die Verwaltung darauf vertrauen darf, dass die Hauptversammlung ihre einmal ausgesprochene Billigung nicht im nächsten Jahr bei erneuter Beschlussfassung zurückzieht und sodann das Vergütungssystem missbilligt. Dies setzt zunächst voraus, dass die Hauptversammlung überhaupt ein weiteres Mal über das Vergütungssystem entscheiden darf und dass die Hauptversammlung an ihr einmal geäußertes Votum selbst gebunden ist.

a. Zulässigkeit der wiederholten Beschlussfassung

Eine wiederholte Beschlussfassung über das Vorstandsvergütungssystem ist in jedem Fall dann uneingeschränkt möglich, wenn beiden Beschlüssen ein unter-

578 Siehe bereits oben § 6 D. III. 3.

schiedliches Vergütungssystem zugrunde lag, mithin der Aufsichtsrat also vor der weiteren Beschlussfassung ein neues oder modifiziertes Vergütungssystem eingerichtet hat. Dann ergibt sich die Zulässigkeit bereits daraus, dass der Beschlussgegenstand schon gar nicht verbraucht sein kann, da es sich um unterschiedliche Vergütungssysteme handelt, über die die Hauptversammlung Beschluss fasst.

Nicht in gleicher Weise eindeutig sind jedoch diejenigen Fälle zu beurteilen, in denen das Vergütungssystem zum Zeitpunkt der wiederholenden Beschlussfassung identisch mit demjenigen einer Beschlussfassung aus dem Vorjahr (bzw. aus den Vorjahren) ist. Aus dem Gesetzestext lässt sich keine Einschränkung dahingehend herauslesen, über ein bestimmtes Vergütungssystem könne die Hauptversammlung nur ein einziges Mal abstimmen. Es heißt lediglich, die Hauptversammlung kann über die Billigung des Systems zur Vergütung der Vorstandsmitglieder beschließen. Zwar hat der Gesetzgeber absichtlich davon abgesehen, das Vergütungsvotum ebenso wie die Entlastung als einen jährlich zu fassenden Beschluss auszugestalten.[579] Es kann jedoch nicht davon ausgegangen werden, dass dies deswegen geschehen ist, um damit eine Mehrfachbeschlussfassung über identische Vergütungssysteme auszuschließen. Vielmehr sollte damit zum Ausdruck gebracht werden, dass für die Verwaltung keine generelle – und damit jährlich wiederkehrende – Pflicht besteht, das Vergütungsvotum auf die Tagesordnung der Hauptversammlung zu setzen.[580] Inhaltlich konsequent wollte der Gesetzgeber auch hier die „Macht des Faktischen“ sprechen lassen und machte die Regelung nicht unnötig starr. Zwar muss die Verwaltung diesen Punkt nicht mit auf die Tagesordnung nehmen. Tut sie es nicht, sind die Aktionäre zum einen nicht gehindert, bei Erreichen des erforderlichen Quorums gemäß § 122 Abs. 2 AktG eine Ergänzung der Tagesordnung zu verlangen; zum anderen wird sich die Verwaltung dann auch stets mit der Frage konfrontiert sehen, warum sie dies unterlassen hat. Um derartiges Unangenehmes zu vermeiden, würde die Verwaltung freiwillig der Option des § 120 Abs. 4 AktG nachkommen. Im Übrigen kann die Verwaltung gerade vor dem Hintergrund, dass sich das Vergütungssystem im Vergleich zu einem bereits gefassten Vergütungsvotum nicht geändert hat, nun davon absehen, den Punkt in die Hauptversammlung zu bringen, was bei einer verpflichtenden Ausgestaltung nicht möglich gewesen wäre.

Die wiederholte Beschlussfassung ist daher als zulässig anzusehen, selbst wenn dadurch mehrmals über ein identisches System zur Vergütung der Vorstandsmitglieder abgestimmt wird.

579 Vgl. BT-Drs. 16/13433, S. 12.
580 Vgl. BT-Drs. 16/13433, S. 12.

b. Selbstbindung der Hauptversammlung an Vorjahresentscheidung

Ist die Zulässigkeit der wiederholten Beschlussfassung somit zu bejahen, muss nach dem Entscheidungsrahmen gefragt werden, der der Hauptversammlung bei einem wiederholten Vergütungsbeschluss zur Verfügung steht. Grundsätzlich kann die Hauptversammlung sich eines eingeschränkten Ermessensspielraums bedienen.[581] Soll die Hauptversammlung aber ein weiteres Mal über das Vergütungssystem entscheiden, könnte eine zusätzliche Einschränkung zu fordern sein, wenn es sich um ein identisches System handelt, über das sie bereits Beschluss gefasst hat. Denn andernfalls müsste sie sich ein widersprüchliches Verhalten vorwerfen lassen.

Eine derartige Selbstbindung der Hauptversammlung an eine Vorjahresentscheidung zu einem identischen Vergütungssystem kommt in jedem Fall dann nicht infrage, wenn sich die Tatsachen- und Informationslage von einem zum nächsten Beschluss geändert hat, insbesondere wenn neue Fakten zutage getreten sind, die beim vorangehenden Beschluss noch unbekannt waren. Dann ergeht der Vergütungsbeschluss aufgrund einer neuen Sachlage. In einem solchen Fall kann die Hauptversammlung nicht an den unzureichenden vorhergehenden Beschluss gebunden sein. Aber auch im Übrigen kommt grundsätzlich eine Selbstbindung der Hauptversammlung nicht in Betracht. Dagegen spricht zunächst, dass sich die Zusammensetzung der Aktionäre von Hauptversammlung zu Hauptversammlung bei börsennotierten Gesellschaften – und nur für diese ist der Vergütungsbeschluss relevant – ändert. Selbst wenn es sich daher um dasselbe Vergütungssystem handeln sollte, das zur Abstimmung gestellt wird, und auch im Übrigen ceteris paribus angenommen werden kann, so handelt es sich gleichwohl nicht um dieselben Aktionäre, die darüber befinden müssen. Der Billigungsbeschluss spiegelt jedoch die Abstimmung der Aktionäre zu dem Vergütungssystem wider. Liegen allerdings unterschiedliche Aktionärsstrukturen vor, darf insbesondere den neu hinzugekommenen Aktionären nicht die Möglichkeit genommen werden, in vollem Umfang von dem ihnen zustehenden Ermessensspielraum Gebrauch zu machen, ohne dass sie an Entscheidungen aus Vorjahren gebunden sind, die sie nicht zu verantworten haben. Aber selbst den Altaktionären kann es grundsätzlich nicht auferlegt werden, dass sie, sollte ein identisches Vergütungssystem zum wiederholten Mal zur Abstimmung gestellt werden, stets dieselbe Stimmabgabe tätigen müssten. Der Billigungsbeschluss besteht inhaltlich auch aus einer Zweckmäßigkeitsbeurteilung. Die Zweckmäßigkeit hängt aber von mehreren Faktoren ab als nur von dem Vergütungssystem an sich. Es ist dessen Einbettung in das unternehmerische Umfeld, die Fortüne, die durch das Vergütungssystem bezüglich des Unternehmenser-

---

581 Siehe hierzu oben § 6 B. IV. 2. g.

folgs erzielt wird, oder auch die Beurteilung der Zeitgemäßheit des Systems verglichen mit den etablierten Standards. Auch dies gilt es von der Hauptversammlung in dem Vergütungsvotum zu bewerten. Ergibt sich hierbei eine Diskrepanz zum Vorjahr, muss es den Aktionären unbenommen bleiben, ohne jegliche Selbstbindung den Vergütungsbeschluss fassen zu können.

Es kommt damit nur ein einziger Fall in Betracht, in dem eine Selbstbindung der Hauptversammlung an die Vorjahresentscheidung entsteht, der aufgrund seiner Unwahrscheinlichkeit jedoch in der Praxis zu vernachlässigen sein dürfte: Eine Selbstbindung entsteht, wenn neben dem identischen Vergütungssystem auch dasselbe unternehmerische Umfeld für die Gesellschaft vorzufinden ist, dieselben Aktionäre zur Beschlussfassung berufen sind und sich im Verhältnis zur Vorentscheidung keine Veränderungen zur Sach- und Informationslage der Hauptversammlung ergeben haben. Dann kann sich die Hauptversammlung und der einzelne Aktionär nicht auf den normalen Umfang des Ermessens für den Billigungsbeschluss berufen, sondern ist an seine einmal getroffene Entscheidung gebunden. Jedes anders lautende Abstimmungsverhalten muss sich dem Vorwurf der Willkür ausgesetzt sehen und wäre damit unzulässig. Ähnlichkeit besteht insofern zu dem Themenkreis, ob und wann eine einmal erteilte Entlastung von der Hauptversammlung zurückgenommen, also widerrufen werden kann. Da die Verwaltung bezüglich der einmal beschlossenen Entlastung einen gewissen Vertrauensschutz genießt, ist die Hauptversammlung daran gehindert, willkürlich deren Widerruf zu beschließen.[582] Erforderlich ist vielmehr ein hinreichender Grund[583], wie zum Beispiel das nachträgliche Offenbarwerden neuer[584] Fakten, die zu einer Entlastungsverweigerung berechtigen,[585] Verletzung von Rechnungslegungs-, Rechenschafts- oder Auskunftspflichten[586] oder allgemein das Vorliegen von Anfechtungsgründen.[587] In Bezug auf das Vergütungsvotum bedarf es allerdings im Vergleich zum Widerruf des Entlastungsbeschlusses erhöhter Anforderungen, um Willkür annehmen zu können. Denn anders als bei der Entlastung, die für jedes Geschäftsjahr beschlossen wird und damit einen abgeschlossenen zeitlichen Rahmen betrifft, besteht das Vergütungssystem ge-

582 Vgl. Hoffmann in Spindler/Stilz, AktG, § 120, Rn 9.

583 Vgl. Kubis in MüKo, AktG, § 120, Rn 26; Hoffmann in Spindler/Stilz, AktG, § 120, Rn 9; Mülbert in Großkommentar, AktG, § 120, Rn 93; Zöllner in Kölner Kommentar, AktG, § 120, Rn 39; Spindler in K. Schmidt/Lutter, AktG, § 120, Rn 41.

584 Das heißt Fakten, die bei Erteilung der Entlastung weder bekannt noch für die Hauptversammlung erkennbar waren (vgl. Zöllner in Kölner Kommentar, AktG, § 120, Rn 39).

585 Vgl. Mülbert in Großkommentar, AktG, § 120, Rn 93.

586 Vgl. Kubis in MüKo, AktG, § 120, Rn 26.

587 Vgl. Hoffmann in Spindler/Stilz, AktG, § 120, Rn 9.

gebenenfalls über mehrere Geschäftsjahre hinweg. Damit ist es unternehmensinternen wie –externen Gegebenheiten ausgesetzt, muss sich in verschiedenen Situationen bewähren und unterliegt einem potenziellen Veraltungsprozess. Eingedenk dieser Faktoren kann von Willkür bei einer abweichenden wiederholten Beschlussfassung nur in äußersten Ausnahmefällen gesprochen werden.

In allen anderen Fällen als der vorbeschriebenen Konstellation entsteht keine Selbstbindung der Hauptversammlung. Als weiterer Ausdruck der Rechtsfolgenlosigkeit kann daher auch insoweit nicht einmal ein Vertrauenstatbestand für die Verwaltung in dem Sinne entstehen, dass dieselben Aktionäre auch gleich abstimmen müssten.

E. Das Verhältnis von Billigungsbeschluss zu Entlastungsbeschluss

Angesichts der Beschreibung, den inhaltlichen Anforderungen, die bereits mehrmals herangezogene Ähnlichkeit und der thematischen (und im Gesetz auch räumlichen) Nähe von Billigungs- und Entlastungsbeschluss kommt man nicht umhin, deren Verhältnis zueinander zu beleuchten. Auch der Gesetzgeber selbst hat Ähnlichkeiten beider Regelungen miteinander eingeräumt.[588] Letztlich sind hieraus ferner verschiedene Schlüsse zu ziehen. Zum einen wird zu betrachten sein, ob der Billigungsbeschluss im Verhältnis zum Entlastungsbeschluss ein aliud ist oder einen eigenständigen, aber extrahierten Teilbereich des Entlastungsbeschlusses darstellt.[589] Das könnte darauf Auswirkungen haben, ob der Antrag zur Beschlussfassung auch bekanntmachungsfrei möglich ist. Zum anderen ist zu untersuchen, wie in der Hauptversammlung mit der Thematik Vergütung umzugehen ist, auf deren Tagesordnung der Vergütungsbeschluss nicht zu finden ist, und auf solchen, die sowohl über Entlastung als auch über das Vergütungssystem beschließen lassen.

I. Der Entlastungsbeschluss

Vor der Betrachtung dieser Fragen im Einzelnen soll vorab auf Rechtsnatur, Inhalt und Wirkungen des Entlastungsbeschlusses eingegangen werden.

588 Vgl. BT-Drs. 16/13433, S. 12.

589 Vgl. Hoffmann-Becking, NZG-Beil. 2009, 1 (11); v.Falkenhausen/Kocher, AG 2010, 623 (626).

1. Rechtsnatur, Inhalt und Parameter

a. Rechtsnatur der Entlastung

Beim Rechtsinstitut der Entlastung handelt es sich um ein allgemeines, allen Gesellschaftsformen bekanntes Institut des Verbandsrechts.[590] Sie ist mithin kein Spezifikum der Aktiengesellschaft. Begrifflich lässt sich die Entlastung als erfolgte Billigung der Tätigkeit von Vorstands- und Aufsichtsratsmitgliedern in ihrer Eigenschaft als Organmitglieder kennzeichnen.[591] Die Frage nach der Rechtsnatur der Entlastung war lange geprägt von der präklusionsbestimmten Wirkung der Entlastung und ist bis heute nicht in Gänze abschließend geklärt.[592] Die Entlastung wurde verschiedentlich als Verzichtsvertrag nach § 397 Abs. 1 BGB oder als negatives Schuldanerkenntnis nach § 397 Abs. 2 BGB eingeordnet, als Quittung für die Rechnungslegung, als Genehmigung mit der Folge des Anspruchsausschlusses analog § 684 S. 2 BGB oder als Mittel zur Beweislastumkehr bei der Geltendmachung von Ersatzansprüchen gegen das entlastete Organmitglied.[593] Es geht im Wesentlichen darum, den Tatbestand zu erfassen, der den Verlust von Ersatzansprüchen als Rechtsfolge bewirkt. Da gemäß § 120 Abs. 2 S. 2 AktG allerdings seit der Fassung des Aktiengesetzes von 1965 bei der Aktiengesellschaft kein Rechtsverlust mit der Entlastung eintritt, ist diese Diskussion aktienrechtlich nicht mehr weiterführend.[594] Weitgehende Übereinkunft besteht inzwischen darüber, dass es sich bei der Entlastung um ein spezifisches gesellschaftsrechtliches Institut handelt, dessen materiell-rechtlicher Gehalt sich auf die Billigung der Geschäftsführung während der Entlastungsperiode und die Vertrauenskundgabe für künftiges Verwaltungshandeln beschränkt.[595]

b. Inhalt des Entlastungsbeschlusses

Nach § 120 Abs. 2 S. 1 AktG billigt die Hauptversammlung durch die Entlastung die Verwaltung der Gesellschaft durch die Mitglieder des Vorstands und

---

590 Vgl. Mülbert in Großkommentar, AktG, § 120, Rn 4.

591 Vgl. Mülbert in Großkommentar, AktG, § 120, Rn 4.

592 Vgl. Kubis in MüKo, AktG, § 120, Rn 14; Mülbert in Großkommentar, AktG, § 120, Rn 12; Hüffer, AktG, § 120, Rn 3.

593 Vgl. Kubis in MüKo, AktG, § 120, Rn 14 m.w.N. zu den einzelnen Auffassungen; K. Schmidt, ZGR 1978, 425 (429 f.) m.w.N.; Mülbert in Großkommentar, AktG, § 120, Rn 13 ff. m.w.N.; Hüffer, AktG, § 120, Rn 3 m.w.N; Weitemeyer, ZGR 2005, 280 (284 ff.) m.w.N.

594 Vgl. Hüffer, AktG, § 120, Rn 3; Hoffmann in Spindler/Stilz, AktG, § 120, Rn 24.

595 Vgl. Kubis in MüKo, AktG, § 120, Rn 14; Hüffer, AktG, § 120, Rn 3; Spindler in K. Schmidt/Lutter, AktG, § 120, Rn 29.

des Aufsichtsrats. Neben der vergangenheitsbezogenen Billigung enthält der Beschluss auch eine zukunftsorientierte Vertrauenserklärung dergestalt, dass die entlasteten Organe bzw. ihre Mitglieder weiterhin das Vertrauen der Hauptversammlung genießen.[596]

Bezüglich des Inhalts des Entlastungsbeschlusses besteht noch immer keine allgemeine Einigkeit. Die umstrittene Frage ist dabei, inwieweit die Hauptversammlung bei ihrer Entlastungsentscheidung, das heißt der Billigung, an inhaltliche Vorgaben und Kriterien gebunden ist. Wie bereits dargestellt[597] bestehen hierzu im Wesentlichen zwei vertretenen Positionen. Einerseits wird darin eine reine Zweckmäßigkeitsentscheidung gesehen.[598] Neben der – nach beiden Ansichten unstreitigen – zukunftsgerichteten Vertrauenskundgabe bescheinigen die Aktionäre der Verwaltung mit der Billigung also, dass sie ihre unternehmerischen Entscheidungen zweckmäßig getroffen und bei der Führung des Unternehmens eine „glückliche Hand" bewiesen haben.[599] Auf der anderen Seite wird die Entlastung über die reine Zweckmäßigkeitsbeurteilung hinaus zugleich als eine Erklärung dahingehend verstanden, dass sich die entlasteten Gremien im Großen und Ganzen gesetzes- und satzungskonform verhalten haben.[600] Folge daraus ist die grundsätzliche Anfechtbarkeit von Entlastungsbeschlüssen.

Darauf, dass letztere Ansicht überzeugend ist, wurde bereits eingegangen.[601] Eine in jeder Hinsicht freie Ermessensentscheidung kann den Aktionären nicht

---

596 Vgl. Hoffmann in Spindler/Stilz, AktG, § 120, Rn 26; Kubis in MüKo, AktG, § 120, Rn 15; Mülbert in Großkommentar, AktG, § 120, Rn 23; Spindler in K. Schmidt/Lutter, AktG, § 120, Rn 29; Hüffer, AktG, § 120, Rn 12; OLG München, NZG 2001, 616 (617).

597 Siehe zu diesem Punkt bereits ausführlicher unter § 6 B. IV. 2. d.

598 Vgl. Kubis in MüKo, AktG, § 120, Rn 15; Spindler in K. Schmidt/Lutter, AktG, § 120, Rn 31; Mülbert in Großkommentar, AktG, § 120, Rn 25; Eckardt in Geßler/Hefermehl/Eckardt/Kropff, AktG, § 120, Rn 38; Heermann, NZG 2000, 1134; OLG Düsseldorf, WM 1996, 777 (781); OLG Hamburg, AG 2002, 460 (462); OLG München, AG 2002, 294 (295); OLG München, AG 2003, 452 (453).

599 Vgl. Mülbert in Großkommentar, AktG, § 120, Rn 23; OLG München, AG 2003, 452 (453).

600 Vgl. BGH, NJW 2003, 1032 (1033);BGH, NJW 2005, 828; BGH, AG 2010, 79; OLG Stuttgart, NZG 2006, 472 (473 f.); OLG Karlsruhe, AG 2001, 93 (94); OLG Düsseldorf, AG 2000, 365 (366); Hüffer, AktG, § 120, Rn 12; Zöllner in Kölner Kommentar, AktG, § 120, Rn 47; Hoffmann in Spindler/Stilz, AktG, § 120, Rn 27; Sethe, ZIP 1996, 1321 (1326); Weitemeyer, ZGR 2005, 280 (292 ff.); Kiethe, NZG 2006, 888; Litzenberger, NZG 2010, 854 (856); von den Steinen, Verweigerte Organentlastung, Kap. 4 B. II. 3., S. 81 ff.; ähnlich, aber mit sehr weit verstandenem Ermessen der Hauptversammlung: OLG München, NZG 2001, 616 (617).

601 Siehe oben unter § 6 B. IV. 2. d.

zugestanden werden. Der Inhalt der Entlastung würde falsch verstanden, wenn die Hauptversammlung trotz schwerwiegender Verstöße der Verwaltung gegen Gesetz oder Satzung ihre Billigung zu diesem Verhalten aussprechen könnte. Nur auf diese Weise lässt sich der Billigung im Rahmen des Entlastungsbeschlusses ein greifbarer und durch die Anfechtungsklage überprüfbarer Inhalt zuweisen. Zu Recht weist der BGH darauf hin, dass bei einer fehlenden gerichtlichen Überprüfbarkeit eine zur Billigung rechtsbrechenden Verhaltens entschlossene Mehrheit gegen den Widerstand einer gesetzes- und satzungstreuen Minderheit eine Entlastung der Verwaltung jederzeit durchsetzen könnte; das widerspräche nicht nur der Regelung des § 243 Abs. 1 AktG, sondern wäre auch mit dem Gesichtspunkt der Treuepflicht der Mehrheit gegenüber der Minderheit nicht vereinbar.[602] Dass dabei eine Überprüfung des Verwaltungshandelns inzident vorzunehmen ist, ist notwendige Konsequenz dieses gebotenen Schutzes. Im Übrigen wird durch die Beschränkung auf schwerwiegende Verstöße, die die Hauptversammlung zur Verweigerung der Entlastung verpflichten, ein nur begrenztes Überprüfungsgebiet in diesem Rahmen eröffnet.

Die Billigung im Rahmen des Beschlusses über die Entlastung der Verwaltung der Mitglieder des Vorstands und des Aufsichtsrats hat daher den Inhalt, dass die Aktionäre die Verwaltungstätigkeit als zweckmäßig beurteilen und die Verwaltung sich im Großen und Ganzen gesetzes- und satzungskonform verhalten hat.

c. *Weitere Parameter für die Beschlussfassung*

aa. Vorlageberechtigter Personenkreis

Für den Entlastungsbeschluss bestehen hinsichtlich der Aufnahme in die Tagesordnung der Hauptversammlung keine Besonderheiten. Es bewendet bei § 124 Abs. 3 S. 1 AktG, wonach der Vorstand und der Aufsichtsrat in der Bekanntmachung Vorschläge zur Beschlussfassung machen. Dies gilt sowohl für die Entlastung der Vorstandsmitglieder als auch für die Entlastung der Aufsichtsratsmitglieder. Sollte die Verwaltung – was in der Praxis aufgrund des Eigeninteresses der Verwaltung an der Entlastung kaum jemals vorkommen wird – die Beschlussfassung über die Entlastung von Vorstand und Aufsichtsrat nicht mit in die Tagesordnung aufnehmen, können die Aktionäre gemäß § 122 Abs. 2 S. 1 AktG bei Erreichen des gesetzlichen Quorums (Aktionäre, deren Anteil zusammen den zwanzigsten Teil des Grundkapitals oder den anteiligen Betrag von

602 BGH, NJW 2003, 1032 (1033).

500.000 Euro erreichen) die Ergänzung der Tagesordnung um diese Beschlussgegenstände verlangen.[603]

bb. Zeitliche Vorgaben

Das Gesetz sieht für die Entlastungsbeschlüsse anders als bei anderen Beschlüssen eine zeitliche Vorgabe vor. Erstens heißt es in § 120 Abs. 1 S. 1 AktG, dass die Entlastungsbeschlüsse alljährlich zu fassen sind. Bei der Entlastung von Vorstand und Aufsichtsrat handelt es sich daher um einen regelmäßigen, jedes Jahr (mindestens) einmal wiederkehrenden Tagesordnungspunkt in der Hauptversammlung. Und zweitens stellt § 120 Abs. 1 S. 1 AktG die Vorgabe auf, dass über die Entlastung in den ersten acht Monaten des Geschäftsjahrs entschieden werden muss. Da die ordentliche Hauptversammlung einer Aktiengesellschaft gemäß § 175 Abs. 1 S. 2 AktG in den ersten acht Monaten des Geschäftsjahrs stattfinden soll, um den festgestellten Jahresabschluss entgegenzunehmen sowie über die Gewinnverwendung zu beschließen, und ferner gemäß § 120 Abs. 3 AktG die Verhandlung über die Entlastung mit derjenigen über die Gewinnverwendung verbunden werden soll, finden sich die Entlastungen in der Regel auf der Tagesordnung der alljährlichen ordentlichen Hauptversammlung wieder.[604]

Bei einer Verletzung dieser zeitlichen Vorgaben sieht das Aktiengesetz jedoch keine eigenständigen Sanktionen vor.[605] Später gefasste Entlastungen werden damit nicht anfechtbar. Zwar begehen Vorstand und Aufsichtsrat Pflichtverletzungen, da sie die gesetzlichen Anforderungen nicht einhalten, sodass sie aus § 93 AktG (i.V.m. § 116 AktG) gegenüber der Gesellschaft haften. Doch wird regelmäßig in solchen Fällen ein konkreter Schaden nicht entstanden sein.[606] Unter Umständen kann eine Abberufung aus wichtigem Grund gemäß § 84 Abs. 3 AktG in Betracht kommen.[607]

---

603 Vgl. Hoffmann in Spindler/Stilz, AktG, § 120, Rn 5.

604 Vgl. auch Mülbert in Großkommentar, AktG, § 120, Rn 55; Hoffmann in Spindler/Stilz, AktG, § 120, Rn 4.

605 Vgl. Hoffmann in Spindler/Stilz, AktG, § 120, Rn 5.

606 Ein Schaden kann der Gesellschaft jedoch dann entstehen, wenn aufgrund eines Aktionärsverlangens nach § 122 Abs. 1 AktG eine Hauptversammlung durchzuführen ist, um zur Herstellung rechtmäßiger Zustände über die Entlastung zu beschließen. Die der Gesellschaft daraus erwachsenden Kosten kann sie als Schaden gegenüber Vorstand und Aufsichtsrat geltend machen; vgl. Hoffmann in Spindler/Stilz, AktG, § 120, Rn 5.

607 Vgl. Mülbert in Großkommentar, AktG, § 120, Rn 57; Kubis in MüKo, AktG, § 120, Rn 5; Zöllner in Kölner Kommentar, AktG, § 120, Rn 5; a.A.: Hoffmann in Spindler/Stilz, AktG, § 120, Rn 5.

cc. Informationsgrundlage

Als Informationsgrundlage für die Aktionäre dient zunächst der Geschäftsbericht, der unter anderem den Jahresabschluss und den Lagebericht enthält. Den Anteilseignern werden damit nicht nur die nötigen Kennzahlen zum Verlauf des abgelaufenen Geschäftsjahrs geliefert, sondern auch Beschreibungen zur Unternehmensführung, die in der Erklärung zur Unternehmensführung gemäß § 289a HGB in den Lagebericht aufzunehmen ist und darüber hinaus auch im Corporate Governance Bericht, soweit die Gesellschaft sich an diese Empfehlung in Ziffer 3.10 des Deutschen Corporate Governance Kodex hält, dargelegt ist. Ferner stehen den Aktionären die Erläuterungen zur Verfügung, die während der Hauptversammlung von Seiten der Verwaltung getätigt werden, sowie weitere Hauptversammlungsunterlagen. Schließlich verbleibt ihnen in jedem Fall das Auskunftsrecht nach § 131 AktG, wonach jedem Aktionär auf Verlangen in der Hauptversammlung vom Vorstand Auskunft über Angelegenheiten der Gesellschaft zu geben ist, soweit sie zur sachgemäßen Beurteilung des Gegenstandes der Tagesordnung erforderlich ist. Auch insoweit bestehen keine Besonderheiten.

dd. Stimmrechtsausschluss

Eine Besonderheit besteht jedoch für die Ausübung des Stimmrechts. Grundsätzlich sind die Aktionäre bei Entscheidungen in der Hauptversammlung kraft ihrer Eigenschaft als Aktionär stimmberechtigt, abgesehen von den Besitzern stimmrechtsloser Aktien. Nach § 136 Abs. 1 AktG kann jedoch niemand für sich oder für einen anderen das Stimmrecht ausüben, wenn unter anderem darüber Beschluss gefasst wird, ob er zu entlasten ist. Vorstandsmitglieder oder Aufsichtsratsmitglieder, die zugleich Aktionäre der Gesellschaft sind, dürfen daher bei der Beschlussfassung über die Entlastung des Vorstands respektive des Aufsichtsrats ihr Stimmrecht nicht ausüben.[608]

608 Dies gilt jedenfalls, wenn der Beschluss über die Entlastung für das jeweilige Gesamtorgan getroffen wird. Erfolgt eine Einzelentlastung, sind die jeweils nicht persönlich betroffenen Mitglieder des Vorstands oder des Aufsichtsrats als Aktionäre auch bei der Entlastungsentscheidung der anderen Organmitglieder stimmberechtigt; vgl. Hoffmann in Spindler/Stilz, AktG, § 120, Rn 20.

ee. Einzelentlastung

Im Regelfall erfolgt die Entlastungsentscheidung als Gesamtentlastung.[609] Es gibt jedoch auch Fallvarianten, in denen den Mitgliedern des Vorstands bzw. des Aufsichtsrats einzeln die Entlastung erteilt wird. Die Einzelentlastung erfolgt dann personenbezogen und knüpft an die individuellen Tätigkeits- und Verantwortungsbeiträge der einzelnen Verwaltungsmitglieder an.[610]

Gemäß § 120 Abs. 1 S. 2 AktG ist zwingend[611] über die Entlastung eines einzelnen Mitglieds gesondert abzustimmen, wenn die Hauptversammlung es beschließt oder eine Minderheit es verlangt, deren Anteil zusammen den zehnten Teil des Grundkapitals oder den anteiligen Betrag von einer Million Euro erreichen. Darüber hinaus wird von der h.M. vertreten, dass auch der Versammlungsleiter im Rahmen seiner Leitungsbefugnis eine solche Anordnung zur Einzelentlastung treffen kann.[612] Da damit keine Verkürzung der Aktionärsrechte einhergeht, inhaltlich keine Änderung in der Sache und stattdessen lediglich eine Streckung des Hauptversammlungsverlaufs bewirkt wird, ist dem beizupflichten. Nicht zuletzt sprechen dafür auch Gründe der Zweckmäßigkeit.

2. Rechtsfolgen(-losigkeit) des Entlastungsbeschlusses

Als Nächstes gilt es, einen Blick auf die mit dem Entlastungsbeschluss in Verbindung stehenden direkten und indirekten Wirkungen zu werfen und sodann die Rechtsnatur des Entlastungsbeschlusses zu hinterfragen.

a. Wirkungen des Entlastungsbeschlusses

Entlastungsbeschlüsse können für die Verwaltung entweder positiv oder negativ sein, die Entlastung also erteilt oder verweigert werden. Entsprechend sind die Wirkungen beider Varianten gesondert zu betrachten.

---

609 Vgl. OLG München, NJW-RR 1996, 159 (160); Hoffmann in Spindler/Stilz, AktG, § 120, Rn 13; Mülbert in Großkommentar, AktG, § 120, Rn 97; v.Godin/Wilhelmi, AktG, § 120, Anm. 4.

610 Vgl. Mülbert in Großkommentar, AktG, § 120, Rn 98.

611 Vgl. Mülbert in Großkommentar, AktG, § 120, Rn 98.

612 Vgl. Kubis in MüKo, AktG, § 120, Rn 12; Hoffmann in Spindler/Stilz, AktG, § 120, Rn 15; Mülbert in Großkommentar, AktG, § 120, Rn 106; Hüffer, AktG, § 120, Rn 10; Zöllner in Kölner Kommentar, AktG, § 120, Rn 17; Semler in Münchener Hdb. AG, § 34, Rn 24; a.A.: v.Godin/Wilhelmi, AktG, § 120, Anm. 4; Eckardt in Geßler/Hefermehl/Eckardt/Kropff, AktG, § 120, Rn 19;.

aa. Wirkungen der erteilten Entlastung

Die Wirkungen der erteilten Entlastung erschöpfen sich weitestgehend in der rein tatsächlichen Billigung der Verwaltung der Mitglieder des Vorstands und des Aufsichtsrats. Zentrale Normen für den Umstand, dass dem die Entlastung erteilenden Hauptversammlungsbeschluss keine rechtlichen Wirkungen zugeschrieben werden können, sind § 120 Abs. 2 S. 2 AktG und § 93 Abs. 4 S. 3 AktG.

§ 120 Abs. 2 S. 2 AktG stellt unmissverständlich klar, dass der Entlastung keine Verzichtswirkung zukommt. Die Entlastung enthält keinen Verzicht der Gesellschaft auf etwaige Ersatzansprüche gegen Vorstands- und Aufsichtsratsmitglieder wegen eines zumindest objektiv pflichtwidrigen Verwaltungshandelns.[613] Parallel dazu normiert § 93 Abs. 4 S. 3 AktG, dass die Gesellschaft erst drei Jahre nach Entstehung eines Schadensersatzanspruchs und nur dann auf Ersatzansprüche verzichten oder sich hierüber vergleichen kann, wenn die Hauptversammlung zustimmt und nicht eine Minderheit, deren Anteil zusammen den zehnten Teil des Grundkapitals erreichen, zur Niederschrift Widerspruch erhebt. Im Aktienrecht ermangelt es dem Entlastungsbeschluss daher insgesamt an der sonst anzutreffenden Präklusionswirkung.

Infolgedessen kann die Gesellschaft, selbst wenn die Hauptversammlung die Entlastung erteilt hat, alle Schadensersatzansprüche gegen die Verwaltungsmitglieder geltend machen, wenn sie bei Ausübung ihrer Organtätigkeit Sorgfaltspflichtverletzungen begangen haben, die zu einem Schaden der Gesellschaft geführt haben; Gleiches gilt selbstverständlich auch für Ansprüche aus anderen Rechtsgrundlagen.[614] Die erteilte Entlastung kann ebenso wenig dahingehend interpretiert werden, sie enthalte vorgreiflich eine Zusage, dass die Hauptversammlung nach Ablauf der dreijährigen Sperrfrist des § 93 Abs. 4 S. 3 AktG der Geltendmachung von Ersatzansprüchen nicht zustimmen werde.[615]

Aufgrund der in §§ 93 Abs. 4 S. 3, 120 Abs. 2 S. 2 AktG zum Ausdruck kommenden Wertungen vermag die Erteilung der Entlastung fernerhin auch nicht das objektive Vorliegen eines wichtigen Grundes zur Abberufung von Verwaltungsmitgliedern zu beseitigen. Deswegen kann die Abberufung von Vorstands- und Aufsichtsratsmitgliedern trotz erteilter Entlastung weiterhin auf solche wichtigen Gründe gestützt werden, die von der Entlastung umfasst

---

613 Vgl. Mülbert in Großkommentar, AktG, § 120, Rn 31; Spindler in K. Schmidt/Lutter, AktG, § 120, Rn 42.

614 Vgl. Hoffmann in Spindler/Stilz, AktG, § 120, Rn 28; Mülbert in Großkommentar, AktG, § 120, Rn 33.

615 Vgl. Mülbert in Großkommentar, AktG, § 120, Rn 38.

sind.[616] Gleiches ist für die Kündigung des Vorstandsanstellungsvertrages aus wichtigem Grund anzunehmen.

Die einzige rechtliche Wirkung, die dem positiven Entlastungsbeschluss zugesprochen werden kann, liegt darin, dass es der Hauptversammlung grundsätzlich nicht gestattet ist, dem Vorstand im Sinne von § 84 Abs. 3 S. 2 AktG wegen Vorkommnissen aus der Entlastungsperiode das Vertrauen zu entziehen.[617] Ein solches Vorgehen käme dem Widerruf einer einmal erteilten Entlastung gleich, wofür zur Vermeidung von Willkürentscheidungen das Vorliegen eines hinreichenden Grundes erforderlich ist.[618] Indes handelt es sich im Grunde nicht um eine rechtliche Wirkung des Entlastungsbeschlusses im eigentlichen Sinne; vielmehr ist diese Wirkung aus dem Grundsatz des widersprüchlichen Verhaltens abzuleiten (venire contra factum proprium). Da der Entlastungsbeschluss ebenfalls ein Vertrauenselement enthält, kann man das Vertrauen – ceteris paribus – nicht zum einen durch die Entlastung aussprechen, zum anderen aber das Vertrauen entziehen wollen.[619] Werden allerdings nachträglich neue Umstände bekannt, die für sich den Widerruf der Entlastung rechtfertigen, ist auch ein Vertrauensentzug nach § 84 Abs. 3 S. 2 AktG nicht ausgeschlossen.[620]

bb. Wirkungen der verweigerten Entlastung

Auch die rechtlichen Folgen, die an einen der Verwaltung die Entlastung versagenden Hauptversammlungsbeschluss geknüpft werden, sind mithin nicht vorhanden. Sie beschränken sich stattdessen auf den faktischen Bereich.

Die Verweigerung der Entlastung in Bezug auf die Mitglieder des Vorstands hat weder Auswirkungen auf deren Organstellung noch auf den Bestand des Dienstvertrags mit der Gesellschaft, da hierfür der Hauptversammlung von vornherein bereits die Zuständigkeit fehlt.[621] Der entlastungsverweigernde Beschluss kann jedoch darüber hinaus in keinem Fall als ein Vertrauensentzug durch die Hauptversammlung im Sinne von § 84 Abs. 3 S. 2 AktG gewertet werden, unabhängig davon, mit welcher Stimmenmehrheit der Beschluss zustande gekommen ist.[622] Dies verbietet sich aus zwei Erwägungen: Zum einen

616 Vgl. Spindler in K. Schmidt/Lutter, AktG, § 120, Rn 46 f.; Hoffmann in Spindler/Stilz, AktG, § 120, Rn 29 f.; Mülbert in Großkommentar, AktG, § 120, Rn 40.

617 Vgl. Mülbert in Großkommentar, AktG, § 120, Rn 43.

618 Siehe dazu bereits oben § 6 D. IV. 3. b.

619 Ähnlich, aber weitergehend: Hoffmann in Spindler/Stilz, AktG, § 120, Rn 29.

620 Vgl. Mülbert in Großkommentar, AktG, § 120, Rn 43.

621 Vgl. Mülbert in Großkommentar, AktG, § 120, Rn 45.

622 Vgl. Hoffmann in Spindler/Stilz, AktG, § 120, Rn 32; Mülbert in Großkommentar, AktG, § 120, Rn 45; Spindler in K. Schmidt/Lutter, AktG, § 120, Rn 44; Zöllner in Kölner Kommentar, AktG, § 120, Rn 42; a.A.: Eckardt in Geßler/Hefer-

sind die beiden Beschlüsse inhaltlich nicht identisch, eine Überschneidung besteht nur in einem Teilbereich.[623] Daher kann die Hauptversammlung, auch wenn sie mit der Verwaltung in einem Geschäftsjahr nicht einverstanden war und ihr daher die Entlastung hierfür verweigert hat, dennoch weiterhin für die Zukunft auf eine gute Führung des Unternehmens durch den Vorstand vertrauen, ohne dass man ihr widersprüchliches Verhalten vorwerfen könnte. Ferner muss sich die Hauptversammlung auch darüber bewusst sein, welche Entscheidung sie trifft.[624] Verweigert sie die Entlastung, kann ihr nicht zugleich der Wille unterstellt werden, sie wolle dem Vorstand auch das Vertrauen entziehen. Ein entsprechender Wille müsste sich bereits in der eindeutigen Formulierung des Beschlussantrags widerspiegeln.[625] Zum anderen scheitert eine derartige Auslegung der Entlastungsverweigerung an § 124 Abs. 4 AktG. Da es sich um zwei verschiedene Beschlussgegenstände handelt, müssen beide Entscheidungspunkte ordnungsgemäß in der Einladung zur Hauptversammlung als Tagesordnungspunkte bekannt gemacht werden; andernfalls kann darüber kein wirksamer Beschluss gefasst werden, § 124 Abs. 4 S. 1 AktG. Diese Vorgabe kann nicht im Wege der Auslegung der Entlastungsverweigerung als Vertrauensentzug umgangen werden.[626]

Auch für die Vorstandsmitglieder selbst bedeutet die verweigerte Entlastung für sich genommen noch nicht, dass hierauf eine Amtsniederlegung aus wichtigem Grund sowie eine fristlose Kündigung des Dienstvertrags gestützt werden kann; ein solches Zusammenspiel kann nur ausnahmsweise angenommen werden, wenn keinerlei nachvollziehbare Gründe für die Entlastungsverweigerung vorliegen, die Vorstandsmitglieder sich also einer Willkürentscheidung der Hauptversammlung ausgesetzt sehen.[627] Wer sich dazu bereit erklärt, das Amt eines Vorstands einer Aktiengesellschaft anzunehmen, muss sich von vornherein bewusst sein, dass die Aktionäre jährlich eine Bewertung der Verwaltung mittels des Entlastungsbeschlusses vornehmen, in dem sie nicht nur die im Großen und

---

mehl/Eckardt/Kropff, AktG, § 120, Rn 45; v.Godin/Wilhelmi, AktG, § 120, Anm. 5; Säcker, FS G. Müller 1981, 745 (752 f.); Hüffer, AktG, § 84, Rn 30 und § 120, Rn 16.

623 Vgl. auch Mülbert in Großkommentar, AktG, § 120, Rn 45.

624 Vgl. Hoffmann in Spindler/Stilz, AktG, § 120, Rn 32.

625 Vgl. Spindler in K. Schmidt/Lutter, AktG, § 120, Rn 44; Hüffer, AktG, § 120, Rn 16; Kubis in MüKo, AktG, § 120, Rn 35; Zöllner in Kölner Kommentar, AktG, § 120, Rn 41.

626 Vgl. Hoffmann in Spindler/Stilz, AktG, § 120, Rn 32; Kubis in MüKo, AktG, § 120, 35.

627 Vgl. Mülbert in Großkommentar, AktG, § 120, Rn 46; Hüffer, AktG, § 120, Rn 16; Zöllner in Kölner Kommentar, AktG, § 120, Rn 44; a.A. (Entlastungsverweigerung berechtigt stets zur Amtsniederlegung und Kündigung aus wichtigem Grund): Spindler in K. Schmidt/Lutter, AktG, § 120, Rn 4; v.Godin/Wilhelmi, AktG, § 120, Rn 4; Kubis in MüKo, AktG, § 120, Rn 35; Hefermehl/Spindler in MüKo, AktG, § 84, Rn 124.

Ganzen bestehende Gesetz- und Satzungsmäßigkeit des Vorstandshandelns und das Vertrauen in die zukünftige Tätigkeit berücksichtigen, sondern auch die Zweckmäßigkeit des Verwaltungshandeln. War Letzteres für die Aktionäre nicht ausreichend zufriedenstellend, muss sich der Vorstand die Kritik von Seiten der Aktionäre mittels der Entlastungsverweigerung gefallen lassen und als Anlass sehen, seine eigene Tätigkeit zu überprüfen. Eine Flucht aus der übernommenen Verantwortung dadurch, dass jede Entlastungsverweigerung zu einer Amtsniederlegung aus wichtigem Grunde berechtigte, ist daher abzulehnen und auf tatsächlich begründete Fälle zu beschränken. Diese Wirkung resultiert allerdings nicht originär aus der verweigerten Entlastung, sondern wird durch diese nur mittelbar bedingt. Die Amtsniederlegung oder außerordentliche Kündigung stützt sich nicht auf die verweigerte Entlastung, sondern vielmehr auf die dahinterstehenden tatsächlichen Gründe.

Die Verweigerung der Entlastung in Bezug auf die Mitglieder des Aufsichtsrats hat ebenfalls keine unmittelbaren Auswirkungen auf deren Organstellung. Der die Entlastung versagende Beschluss der Hauptversammlung kann nicht zugleich als Abberufung der Aufsichtsratsmitglieder verstanden werden.[628] Auch in diesem Fall gilt wie bei dem Vorstand: Die Beschlussgegenstände divergieren, sodass der Entlastungsverweigerung der Wille der Hauptversammlung weder direkt noch indirekt entnommen werden kann, sie wolle damit auch den Aufsichtsrat abberufen, selbst wenn die nach § 103 Abs. 1 AktG erforderliche Dreiviertelmehrheit zustande käme.[629] Und auch hier bedürfte es einer entsprechenden Bekanntmachung in der Einladung zur Hauptversammlung, da andernfalls eine Beschlussfassung an § 124 Abs. 4 AktG scheitern würde.[630] Auch für den Aufsichtsrat ist festzuhalten, dass eine Amtsniederlegung aus wichtigem Grund infolge der verweigerten Entlastung nur dann in Betracht kommt, wenn dies ohne jeden nachvollziehbaren Grund, mithin also als reine Willkürentscheidung geschehen ist.[631]

cc. Zusammenfassung

Zusammenfassend bleibt also festzustellen, dass der Beschluss über die Entlastung der Verwaltung der Vorstands- und der Aufsichtsratsmitglieder im Grunde

---

628 Vgl. Spindler in K. Schmidt/Lutter, AktG, § 120, Rn 43; Mülbert in Großkommentar, AktG, § 120, Rn 47; Hoffmann in Spindler/Stilz, AktG, § 120, Rn 33; v.Godin/Wilhelmi, AktG, § 120, Anm. 5.

629 Vgl. Mülbert in Großkommentar, AktG, § 120, Rn 47; Spindler in K. Schmidt/Lutter, AktG, § 120, Rn 47.

630 Vgl. Hoffmann in Spindler/Stilz, AktG, § 120, Rn 33 i.V.m. Rn 32.

631 Vgl. Mülbert in Großkommentar, AktG, § 120, Rn 48.

keine Rechtsfolgen zeitigt. Die Wirkungen liegen im faktischen Bereich, insbesondere in der negativen Öffentlichkeitswirksamkeit einer verweigerten Entlastung.[632] Die Entlastung ist daher als unverbindlicher, weil keine Rechtsfolgen auslösender Beschluss der Hauptversammlung zu werten.[633]

b. Rechtsnatur des Entlastungsbeschlusses

Angesichts der Tatsache, dass sich der Entlastungsbeschluss durch Rechtsfolgenlosigkeit auszeichnet, muss auch dessen Rechtsnatur als Beschluss im aktienrechtlichen Sinne infrage gestellt werden.[634] Ein Hauptversammlungsbeschluss stellt ein mehrseitiges Rechtsgeschäft eigener Art[635] dar, das sich aus den in den Stimmabgaben liegenden empfangsbedürftigen Willenserklärungen zusammensetzt, das neben den Verträgen und den einseitigen Rechtsgeschäften seinen Platz hat und auf kollektive, rechtsverbindliche Willensbildung gerichtet ist.[636] Als Rechtsgeschäft (eigener Art) zeichnet er sich dadurch aus, dass er final auf die Begründung, Änderung oder Aufhebung von Rechtsverhältnissen durch das Setzen einer Regelung gerichtet ist.[637] Da weder die erteilte noch die verweigerte Entlastung Rechte und Pflichten zu begründen vermag, kann deren Inhalt nicht final auf die Begründung, Änderung oder Aufhebung von Rechtsverhältnissen gerichtet sein.

Weitemeyer[638] leitet die Eigenschaft als vollwertigen Beschluss, mithin als echtes Rechtsgeschäft (eigener Art) aus der Tatsache ab, dass durch die gültige Beschlussfassung der Wille der mehreren Aktionäre zugleich rechtsverbindlich festgelegt werde und der Beschluss damit das Ergebnis eines besonderen Verfahrens zur Willensbildung in organisierten Verbänden darstelle, der im Gegensatz zu der Willensbildung außerhalb dieses formalisierten Verfahrens eine Bindung unter den Beteiligten auslöse. Dadurch werde eine Rechtslage geschaffen, auf die sich die Beteiligten berufen könnten, und damit eine Rechtsfolge gesetzt. Dieser Gedankengang überzeugt jedoch nicht vollends. Zwar ist zuzustimmen, dass durch die gültige Beschlussfassung der mehrheitliche Wille der Aktionäre zum Ausdruck kommt und nach außen hin festgelegt wird. Dies hat jedoch noch nichts mit der Finalität des Beschlusses an sich zu tun. Die Manifestation der

---

632 Vgl. Weitemeyer, ZGR 2005, 280; Hoffmann in Spindler/Stilz, AktG, § 120, Rn 1.

633 Vgl. Mülbert in Großkommentar, AktG, § 120, Rn 46; Weitemeyer, ZGR 2005, 280 (288).

634 Zum Vergütungsbeschluss siehe bereits oben § 6 D. II.

635 Siehe hierzu bereits oben § 4 A. II.

636 Vgl. Volhard in MüKo, § 133 AktG, Rn 3; K. Schmidt, Gesellschaftsrecht, § 15 I. 2. a).

637 Vgl. Flume, Das Rechtsgeschäft, § 2, 2; Ellenberger in Palandt, BGB, Überbl v § 104, Rn 2.

638 ZGR 2005, 280 (288 f.).

Mehrheitsentscheidung in dem Beschluss resultiert in seiner Finalität aus den einzelnen Willenserklärungen, die von den Aktionären für die Beschlussfassung abgegeben werden. Darin zeigt sich der Wille, eine verbindliche Feststellung in einem Beschluss zu schaffen. Mithin ist diese Finalität mit der Konstitution des mehrheitlichen Willens im Beschluss jedoch verbraucht und kann folglich nicht mehr für die Begründung des Rechtsgeschäftscharakters des Entlastungsbeschlusses an sich herangezogen werden. Auch das Auslösen einer Bindung unter den an der Beschlussfassung Mitwirkenden allein kann den Rechtsgeschäftscharakter nicht plausibel begründen. Hier kann ebenfalls nicht angenommen werden, der Beschluss werde unter den Aktionären gefasst, um eine Bindung dieser Art hervorzurufen, zumal ohnehin zu beleuchten wäre, von welcher rechtlichen Qualität diese Bindung sein sollte.

Es bleibt daher dabei, dass dem Entlastungsbeschluss die Finalität fehlt. Im Übrigen sind für ihn jedoch alle sonstigen Anforderungen an Beschlüsse zu erfüllen. So ist der Beschlussgegenstand auf die Tagesordnung der Hauptversammlung zu setzen; er ist den Aktionären in der Einladung zur Hauptversammlung ordnungsgemäß bekannt zu machen; in der Hauptversammlung stehen den Aktionären die Auskunftsrechte nach § 131 AktG zu; für die Beschlussfassung und die Abstimmungsmodalitäten ist § 133 AktG maßgeblich. Wie beim Vergütungsvotum erscheint es daher angebracht, den Entlastungsbeschluss zwar nicht als Rechtsgeschäft (eigener Art), wohl aber als rechtsgeschäftsähnliche Handlung (eigener Art) zu qualifizieren.

Rechtsgeschäftsähnliche Handlungen sind auf einen tatsächlichen Erfolg gerichtete Erklärungen, deren Rechtsfolgen kraft Gesetzes eintreten.[639] Folge der Einordnung als rechtsgeschäftsähnliche Handlung ist, dass die Vorschriften über die Rechtsgeschäfte weitgehend analog angewendet werden, wobei für die Reichweite stets der Einzelfall in Betracht zu ziehen ist.[640] Eine Übertragung dieser Grundprinzipien der Rechtsgeschäftslehre auf Sachverhalte im Aktienrecht ist daher generell in Betracht zu ziehen.[641] Der Entlastungsbeschluss stellt sich, wie gesehen, als eine auf einen tatsächlichen Erfolg gerichtete Erklärung der Hauptversammlung der Aktionäre dar. Zwar werden von Gesetzes wegen an diese Erklärung keine Rechtsfolgen geknüpft. Doch gilt auch hier: Wenn definitionsgemäß eine rechtsgeschäftsähnliche Handlung eine auf einen tatsächlichen Erfolg gerichtete Erklärung sein soll, deren Rechtsfolgen kraft Gesetzes eintreten, setzt dies selbstverständlich voraus, dass der Gesetzgeber überhaupt an die-

---

639 Vgl. Ellenberger in Palandt, BGB, Überbl v § 104, Rn 6.

640 Vgl. Schiemann in Staudinger, Eckpfeiler des Zivilrechts, C., Rn 11; Ellenberger in Palandt, BGB, Überbl v § 104, Rn 7.

641 Siehe bereits oben § 6 D. II.

se Handlung eine Rechtsfolge geknüpft hat; nur dann kann sie begriffsnotwendigerweise eintreten. Beim Entlastungsbeschluss hat sich der Gesetzgeber allerdings bewusst gegen eine Wirkung ausgesprochen, indem er mit den §§ 93 Abs. 4 S. 3, 120 Abs. 2 S. 2 AktG Regelungen festgelegt hat, die die Präklusionswirkung verhindern. Dennoch hat er diese Handlung nicht als bloßen Realakt oder als reine Meinungskundgabe der Aktionäre betrachtet, sondern sie organisationsrechtlich den Regeln der Beschlüsse unterworfen und will sie auch als einen solchen verstehen. Deswegen sind Entlastungsbeschlüsse auch mittels der Anfechtungsklage nach § 243 AktG anfechtbar.

Dieses Verständnis der Entlastung hilft darüber hinaus zu begründen, weswegen die Präklusionswirkung im Aktienrecht ausgeschlossen sein kann, während sie bei anderen Gesellschaftstypen vorzufinden ist. Die Entlastung ist eine Erklärung der Anteilseigner; die Rechtsfolgen treten kraft Gesetzes ein. Für das Aktienrecht hat der Gesetzgeber ausdrücklich von der Präklusionswirkung abgesehen. Bei anderen Gesellschaftstypen tritt dagegen diese Rechtsfolge von Gesetzes wegen ein, abgeleitet aus dem Verbot des widersprüchlichen Verhaltens gemäß § 242 BGB.[642]

Daher ist es richtig, die Entlastung als organschaftliche Erklärung eigener Art anzusehen.[643] Als solche handelt es sich nicht um ein Rechtsgeschäft, sondern um eine *rechtsgeschäftsähnliche Handlung eigener Art.*

II. Billigungsbeschluss als Teilbereich des Entlastungsbeschlusses

Der Billigungsbeschluss als solcher stellt ein Novum im deutschen Aktienrecht dar. Der Hauptversammlung einer börsennotierten Gesellschaft wird es damit ermöglicht, über einen weiteren Gegenstand Beschluss zu fassen. Zweifelhaft ist dabei jedoch, ob damit im Tatsächlichen auch eine Kompetenzerweiterung für die Hauptversammlung stattgefunden hat oder ob nicht viel eher von einem nur vermeintlichen Novum gesprochen werden müsste.

1. Inhaltliche Nähe zwischen Billigungs- und Entlastungsbeschluss

Die bisherige Betrachtung lässt die inhaltliche Nähe zwischen dem Billigungs- und dem Entlastungsentschluss trotz kleinerer Unterschiede offen zutage treten.

---

642 Vgl. Mülbert in Großkommentar, AktG, § 120, Rn 20.

643 Vgl. Kubis in MüKo, AktG, § 120, Rn 14; Mülbert in Großkommentar, AktG, § 120, Rn 20; Weitemeyer, ZGR 2005, 280 (287 f.); Hoffmann in Spindler/Stilz, AktG, § 120, Rn 24; Hüffer, AktG, § 120, Rn 3; K. Schmidt, ZGR 1978, 425 (432 f.).

Dies trifft nicht nur auf die vornehmlich formalen Aspekte zu. So müssen beide Beschlussgegenstände ordnungsgemäß zur Beschlussfassung in der Tagesordnung für die Hauptversammlung bekannt gemacht werden, da andernfalls eine Abstimmung nach § 124 Abs. 4 AktG nicht möglich wäre. Für beide Beschlussgegenstände haben Vorstand und Aufsichtsrat gemeinsam die Pflicht gemäß § 124 Abs. 3 S. 1 AktG, der Hauptversammlung einen Vorschlag zur Beschlussfassung zu unterbreiten. Auch die Informationsgrundlagen sind in beiden Fällen weitgehend identisch, wenn auch aufgrund der spezifischeren Thematik des Billigungsbeschlusses nicht in demselben Umfang.

Gemeinsam ist den zwei Beschlüssen fernerhin, dass durch die Entscheidung der Hauptversammlung eine Billigung ausgesprochen wird. Im einen Fall wird das bestehende Vergütungssystem ge- oder missbilligt, im anderen Fall wird die Verwaltung der Mitglieder des Vorstands und des Aufsichtsrats ge- oder missbilligt. Die Abstimmungen bedürfen jeweils nur der einfachen Mehrheit der abgegebenen Stimmen gemäß § 133 Abs. 1 AktG, wobei in beiden Fällen der Stimmrechtsausschluss gemäß § 136 Abs. 1 AktG bei persönlicher Betroffenheit greift.

Auch hinsichtlich der Rechtsfolgen ist augenfällig, dass beide Beschlüsse charakteristischerweise rechtlich unverbindlich sind. Ihre Rechtsfolgenlosigkeit zeichnet sie ebenso aus wie das Bestreben, dass durch die mit einer negativen Entscheidung der Hauptversammlung einhergehenden öffentlichkeitswirksamen Reaktionen der gewünschte Erfolg – eine rechtskonforme Verhaltensweise der Mitglieder der Verwaltung der Aktiengesellschaft – effektiv erreicht wird. Dadurch erhalten beide Beschlüsse eine besondere Eigenart; sie unterscheiden sich von anderen Beschlüssen dadurch, dass sie nicht als Rechtsgeschäft, sondern als rechtsgeschäftsähnliche Handlung zu klassifizieren sind, auf die jedoch die übrigen Anforderungen für Beschlüsse entsprechend angewendet werden (z. B. Beschlussfassungsmodalitäten oder Anfechtungsregeln, soweit nicht kraft Gesetzes ausgeschlossen).

2. Vergütungssystem als Teil der Verwaltungstätigkeit des Aufsichtsrats

Darüber hinaus zeigt sich die Nähe beider Beschlussgegenstände aber auf noch andere Art und Weise. Die Rechte und Pflichten des Aufsichtsrats als Organ der Aktiengesellschaft wurden bereits dargestellt.[644] Wichtigste Aufgabenbereiche sind die Überwachung des Vorstands gemäß § 111 AktG sowie die damit in Verbindung stehende präventiv gerichtete Beratung und die Personalpolitik hin-

644 Siehe oben § 2 C.

sichtlich des Vorstands gemäß § 84 AktG. Hinzu treten noch weitere Tätigkeiten, die vom Aufsichtsrat übernommen werden müssen. Zusammengenommen bilden sie die Verwaltungstätigkeit des Aufsichtsrats der Aktiengesellschaft.

Es wurde bereits mehrfach auf § 87 Abs. 1 S. 1 AktG rekurriert, der – um ihn noch einmal zu wiederholen – bestimmt, dass der Aufsichtsrat bei der Festsetzung der Gesamtbezüge des einzelnen Vorstandsmitglieds dafür zu sorgen hat, dass diese in einem angemessenen Verhältnis zu den Aufgaben und Leistungen des Vorstandsmitglieds sowie zur Lage der Gesellschaft stehen und die übliche Vergütung nicht ohne besondere Gründe übersteigt. Als logische Konsequenz der Zuständigkeit des Aufsichtsrats für die Bestellung sowie die zivilrechtliche Anstellung des einzelnen Vorstandsmitglieds gemäß § 84 Abs. 1 S. 1 und S. 5 AktG trifft auch ihn die Verantwortlichkeit bezüglich der Angemessenheit der Vorstandsvergütung, mithin der Vergütungsvereinbarung mit dem Vorstandsmitglied, die einen Teilbereich des Dienstvertragsverhältnisses betrifft. § 87 Abs. 1 S. 2 und S. 3 AktG legen sodann fest, dass die Vergütungsstruktur bei börsennotieren Aktiengesellschaften auf eine nachhaltige Unternehmensentwicklung ausgerichtet sein muss; variable Vergütungsbestandteile sollen daher eine mehrjährige Bemessungsgrundlage haben. Bezeichnenderweise wird an dieser Stelle im Gesetz nicht festgelegt, wer sich für die Einhaltung dieser Verpflichtungen verantwortlich zu zeigen hat – ob Vorstand, Aufsichtsrat oder, was selbstredend fernliegend ist, die Hauptversammlung. Es kann jedoch kein Zweifel daran bestehen, dass die Verantwortung für die Festlegung der Vergütungsstruktur (und im Größeren somit auch des Vergütungssystems) beim Aufsichtsrat anzusiedeln ist. Der Interessenkonflikt, in dem sich das Vorstandsmitglied befände, müsste es die eigene Vergütungsstruktur festlegen, ist offensichtlich. Zudem kann nur auf diese Weise sichergestellt werden, dass eine effektive Kontrolle von Seiten des Aufsichtsrats in dieser Angelegenheit von Anfang an eingesetzt wird. Schließlich zeigt sich die Notwendigkeit der Zuweisung an den Aufsichtsrat darin, dass, wenn er schon die Angemessenheit der Vorstandsvergütung festzulegen und zu verantworten hat, er doch erst recht die dieser Angemessenheit zugrunde liegende Parameterstruktur mitbestimmen und mit verantworten muss. Ersteres baut auf Letzterem auf. Eine Trennung beider Punkte müsste man als unnatürliche Trennung zusammengehörender Verantwortungsbereiche erachten. Die Angemessenheit wird sich oftmals nur über ein entsprechendes Vergütungssystem erreichen lassen, sodass notwendigerweise beide Punkte in eine Hand zu fallen haben. Letztlich bringt der Gesetzgeber zumindest in § 116 S. 3 AktG zum Ausdruck, dass der Aufsichtsrat zuständig ist, wenn dort auf § 87 Abs. 1 AktG insgesamt Bezug genommen wird, wenngleich ausweislich des Wortlauts nur die angemessene Vergütung angesprochen wird.

Wenn nun die Vorstandsvergütung und damit auch die Ausarbeitung und Schaffung des Vorstandsvergütungssystems vom Aufsichtsrat zu übernehmen ist, so ist hiermit dessen Aufgaben- und Pflichtenkreis offensichtlich betroffen. Teil seiner Aufgaben ist es gerade, auf die Gesetzeskonformität in diesem Bereich zu achten und mit den Vorstandsmitgliedern entsprechende Vereinbarungen zu treffen. Diese Aufgabe ist nicht etwa neu. Die Verpflichtung zur Festlegung einer angemessenen Vergütung bestand bereits zuvor. Auch wenn durch das VorstAG die Anforderungen hinsichtlich des Vergütungssystems erhöht wurden, so ist doch die grundlegende Annahme, der Vorstandsvergütung liege ein adäquates Vergütungssystem oder jedenfalls eine durchdachte Vergütungsstruktur zugrunde, seit jeher vom Aufsichtsrat zu erfüllen, da sie notwendigerweise mit der Festlegung der Vergütung zusammenhängt. Auch ohne die ausdrückliche Bezugnahme auf die Vergütungsstruktur müsste sich der Aufsichtsrat also dafür verantworten. All das unterfällt dem Oberbegriff der Verwaltung durch die Mitglieder des Aufsichtsrats.

Da dem so ist, ist die mit dem Vergütungssystem in Verbindung stehende Aufgabenerledigung als ein Teilbereich der Verwaltung anzusehen.

3. Exklusivitätsverhältnis

Ausgehend von dieser Feststellung ergibt sich die Frage, wie sich die beiden Beschlüsse zueinander verhalten, wie die Beschlussgegenstände gegeneinander abgegrenzt werden können und welche Konsequenzen sodann aus der gesetzlichen Neuregelung zu ziehen sind.

a. Abgrenzung der Beschlussgegenstände

Schwierigkeiten können sich zunächst bezüglich der Abgrenzung beider Beschlussgegenstände ergeben. Bei der Entlastung spricht die Hauptversammlung ihre Billigung der Tätigkeit der Aufsichtsratsmitglieder als im Großen und Ganzen gesetzes- und satzungskonform verbunden mit einem in die Zukunft gerichteten Vertrauensbekenntnis zu den Aufsichtsratsmitgliedern aus. Beim Vergütungsvotum billigt die Hauptversammlung das Vergütungssystem als im Großen und Ganzen gesetzeskonform. Steht daher auf der Tagesordnung der Hauptversammlung einer börsennotierten Aktiengesellschaft sowohl die Entlastung als auch der Vergütungsbeschluss zur Entscheidung an, ergäbe sich die Frage, ob damit über einen Teilbereich in zweifacher Hinsicht abgestimmt würde bzw. wie damit umzugehen ist.

aa. Vergütungsvotum, Teilentlastung und Entlastung für Einzelmaßnahme

Es drängt sich damit die Frage auf, ob das Vergütungsvotum als gesetzlich angeordneten Fall der Teilentlastung angesehen werden kann oder ob sie eine Entlastung für eine Einzelmaßnahme darstellt.

Es ist allgemeine Meinung, dass jedenfalls die Entlastung für einzelne Angelegenheiten nicht möglich ist; die Entlastung kann in zeitlicher und sachlicher Hinsicht grundsätzlich nur einheitlich erteilt werden.[645] Es widerspräche dem Gedanken der Gesamtentscheidung über den zu beurteilenden Bezugszeitraum, wenn nur einzelne Maßnahmen zur Entlastung stünden.[646] Die Entlastung als pauschale Billigung der gesamten Tätigkeit während der Entlastungsperiode umfasst alle Einzelmaßnahmen.[647] Ferner ergäben sich dadurch Kollisionen mit der Genehmigung von Einzelmaßnahmen im Sinne von § 119 Abs. 2 AktG.[648] Auch die Zulässigkeit der Teilentlastung an sich ist nicht unumstritten. Als zulässig wird es von der h.M. erachtet, wenn eine Teilentlastung dergestalt vorgenommen wird, dass die Entlastung unter Ausklammerung einzelner Vorgänge der Verwaltungstätigkeit vorgenommen wird, sofern diese klar abgrenzbar sind und den Kernbereich der Amtsführung nicht betreffen.[649]

Das Vergütungsvotum kann jedenfalls nicht als Fall der Teilentlastung verstanden werden. Zieht man die von der h.M. als zulässig erachtete Variante einer Teilentlastung für das Vergütungsvotum heran, wird zwar erkennbar, dass über einen Teilbereich der Verwaltung entschieden wird. Die ausgeklammerten Vorgänge überwiegen jedoch im Vergleich zu den Aufgaben zum Vergütungssystem, noch dazu würden wichtige und wesentliche Kernbereiche der Amtsführung, nämlich die Kontrolltätigkeit, ausgeklammert werden, was nicht möglich wäre. Allerdings liegt der Schwachpunkt dieses Erklärungsversuchs bereits an anderer Stelle. Teilentlastung will den Fall beschreiben, dass die Hauptversammlung grundsätzlich gewillt ist, dem Verwaltungsorgan die Entlastung zu erteilen, jedoch für einen kleinen abgrenzbaren; eher unbedeutenden Bereich will sie die Entlastung nicht erteilen, sie also verweigern. Unter diesen Prämis-

---

645 Vgl. Hüffer, AktG, § 120, Rn 12; Hoffmann in Spindler/Stilz, AktG, § 120, Rn 7; Zöllner in Kölner Kommentar, AktG, § 120, Rn 37; Mülbert in Großkommentar, AktG, § 120, Rn 89; Kubis in MüKo, AktG, § 120, Rn 21.

646 Vgl. Hoffmann in Spindler/Stilz, AktG, § 120, Rn 7.

647 Vgl. Mülbert in Großkommentar, AktG, § 120, Rn 89.

648 Vgl. Kubis in MüKo, AktG, § 120, Rn 21.

649 Vgl. Spindler in K. Schmidt/Lutter, AktG, § 120, Rn 38; Hüffer, AktG, § 120, Rn 12; Mülbert in Großkommentar, AktG, § 120, Rn 87; Kubis in MüKo, AktG, § 120, Rn 22; Sethe, ZIP 1996, 1321; OLG Düsseldorf, AG 1996, 273 (274 f.); a.A. Zöllner in Kölner Kommentar, AktG, § 120, Rn 37; Hoffmann in Spindler/Stilz, AktG, § 120, Rn 7; Schüppen, ZIP 2010, 905 (907).

sen wäre es nie möglich, sowohl die Entlastung zu erteilen also auch das Vergütungssystem zu billigen. Dies würde sich gegenseitig ausschließen.

Diese Parallelität in der Entscheidungsmöglichkeit eröffnet sich nur, wenn man das Vergütungsvotum als einen extrahierten Teilbereich der Entlastungsentscheidung versteht. Der Hauptversammlung wird damit ein einzelner Bereich aus der gesamten Verwaltungstätigkeit zur gesonderten Beurteilung und Billigung zugewiesen, wobei die Restmenge der Verwaltung zur Entlastungsentscheidung weiterhin bei ihr verbleibt.[650] Aufgrund der inhaltlichen Nähe der Beschlüsse zielen sie jedoch in dieselbe Richtung. Der Vergütungsbeschluss ist daher als ein gesetzlich normierter Fall der ansonsten unzulässigen Entlastung für eine Einzelmaßnahme (Erstellung/Festlegung eines gesetzeskonformen, zweckmäßigen Vorstandsvergütungssystems) aufzufassen. Im Grunde erlaubt das Aktiengesetz damit einen gesplitteten Entlastungsbeschluss in dem besonderen Fall des Vorstandsvergütungssystems. Ohne diesen gesonderten Beschluss würde dieser Aspekt der Aufsichtsratstätigkeit zu hundert Prozent in die Bewertung der gesamten Verwaltungstätigkeiten des Aufsichtsrats im Rahmen der Entlastungsentscheidung einfließen.

bb. Keine Doppelberücksichtigung

Diese Einordnung des Vergütungsbeschlusses als einen extrahierten Teilbereich der Entlastungsentscheidung bringt jedoch für die Abgrenzung und die Behandlung der beiden Beschlussgegenstände Folgefragen mit sich, mit denen sich eine börsennotierte Aktiengesellschaft förderhin konfrontiert sehen muss.

(1) Entlastungs- und Vergütungsbeschluss stehen auf der Tagesordnung

Die erste Konstellation betrifft den Fall, dass die börsennotierte Aktiengesellschaft in ihrer Hauptversammlung sowohl über die Entlastung als auch über die Billigung des Vorstandsvergütungssystems entscheiden lässt. Es handelt sich hierbei um zwei getrennte Beschlussfassungen. Schwierig gestaltet sich jedoch die inhaltliche Trennung beider Gegenstände im Tatsächlichen. Da über den Vergütungsbeschluss bereits ein Teilbereich der Verwaltung abgedeckt ist und hierüber auch eine Billigung ausgesprochen wird, erscheint es nur denklogisch richtig, diesen Bereich bei der Entlastung außen vor zu lassen. Würde die Vergütungspolitik und die Erstellung des Vergütungssystems auch im Rahmen des Entlastungsbeschlusses berücksichtigt werden, entschiede die Hauptversammlung im Grunde über eine Thematik doppelt. Dafür besteht weder ein Bedürfnis, noch lässt sich dies anderweitig rechtfertigen.

---

650 Vgl. auch Bosse, BB 2009, 1650 (1653).

Der Hauptversammlung obliegt es folglich, bei der Entscheidung über die Entlastung den Teilbereich „Vergütungssystem“ auszuklammern. Dieser darf in die Bewertung des Verwaltungshandelns für die Entlastung nicht mit einbezogen werden. Eine Doppelberücksichtigung dieser Tatsachen ist nicht zulässig. Der Teilbereich „Vergütungssystem“ ist vielmehr einheitlich im Rahmen des Vergütungsvotums zu beurteilen. Umgekehrt dürfen hierbei jedoch andere Erwägungen aus der Verwaltungstätigkeit des Aufsichtsrats nicht mit einbezogen werden, es sei denn, es handelt sich um solche Tätigkeiten, die auf das Verhalten des Aufsichtsrats bei der Erledigung der Aufgabe „Vergütungssystem“ ausstrahlen und deswegen direkten Bezug auch hierauf haben.

(2) Nur der Entlastungsbeschluss steht zur Entscheidung

Die zweite Konstellation beschreibt den Fall, dass die börsennotierte Aktiengesellschaft ihrer Hauptversammlung allein die Entlastung zur Entscheidung vorlegt. Der Vergütungsbeschluss wird weder von der Verwaltung noch von einem entsprechenden Aktionärsquorum nach § 122 Abs. 2 AktG auf die Tagesordnung gesetzt. Darf in einem derartigen Fall die Hauptversammlung bei der Beschlussfassung über die Entlastung nunmehr wieder vollumfänglich das Verwaltungshandeln beurteilen, womit auch die Tätigkeiten des Aufsichtsrats in Bezug auf die Vorstandsvergütung inbegriffen wären? Oder muss auch in einem solchen Fall gelten, dass die Hauptversammlung den letztgenannten Bereich außen vor lassen muss, die Entlastungsentscheidung also nur exklusive „Vergütungssystem“ treffen kann?

Dafür, dass in einer solchen Konstellation die Hauptversammlung im Rahmen der Entlastungsentscheidung wieder das gesamte Verwaltungshandeln einbeziehen darf, spricht zunächst, dass andernfalls ein Vakuum entstehen könnte, da sie sich nicht über jede Verwaltungstätigkeit generalausgesprochen hat, wie es in der Regel bei der Entlastung stattzufinden hat. Zweifel bestehen ferner dahingehend, ob der Gesetzgeber diesen Schritt der Exklusivität tatsächlich mit der Einführung des Vergütungsvotums in § 120 Abs. 4 AktG gehen wollte. Immerhin heißt es in dieser Norm lediglich, die Hauptversammlung könne über die Billigung des Systems zur Vergütung der Vorstandsmitglieder beschließen. Eine Verpflichtung dazu besteht nicht. Folglich kann argumentiert werden, dass der Hauptversammlung dann, wenn von § 120 Abs. 4 AktG kein Gebrauch gemacht wird, wofür gerade keine Notwendigkeit besteht, wieder die Möglichkeit offen steht, in der Entlastungsentscheidung auch das Vergütungssystem zu berücksichtigen. Eine Sperrwirkung gehe daher von § 120 Abs. 4 AktG nur dann aus, wenn beide Beschlussgegenstände auf der Tagesordnung stünden.

Dies überzeugt jedoch nicht vollends. Es ist zwar eine unbestreitbare Tatsache, dass das Vergütungsvotum nicht verpflichtend durchgeführt werden muss. Der Gesetzeswortlaut ist insofern eindeutig als „kann"-Vorschrift gefasst; allenfalls in Ausnahmesituationen kann der Vorstand gemäß § 121 Abs. 1 AktG bzw. der Aufsichtsrat nach § 111 Abs. 3 S. 1 AktG dazu verpflichtet sein, der Hauptversammlung diesen Gegenstand vorzulegen.[651] Dies sagt aber noch nichts dazu aus, welche Themengebiete über die Entlastung abgedeckt sind. Die Aufteilung der Verwaltungstätigkeit des Aufsichtsrats einer börsennotierten Gesellschaft in die allgemeine Verwaltungstätigkeit gemäß § 120 Abs. 1 AktG sowie die Verwaltungstätigkeit in Verbindung mit dem Vorstandsvergütungssystem gemäß § 120 Abs. 4 AktG legt den Schluss nahe, dass auch generell eine Trennung beider Gegenstände vorgenommen werden muss. Mit dem Vergütungsvotum hat die Verwaltung ebenso wie die Aktionäre ein Instrument an die Hand bekommen, mit dem sie speziell einen Punkt der Aufsichtsratsverwaltung beurteilen kann. Insbesondere liegt es gerade regelmäßig in der Hand der Verwaltung, das Vergütungsvotum in die Tagesordnung der Hauptversammlung aufzunehmen und über diesen Teilbereich die Hauptversammlung billigend entscheiden zu lassen. Das „kann" in § 120 Abs. 4 AktG ist daher dahingehend zu verstehen, dass es der Verwaltung freisteht, diesen Beschlussgegenstand der Hauptversammlung vorzulegen. Tut sie es nicht, muss sie sich aber auch der Konsequenz bewusst sein, dass dem Aufsichtsrat in Bezug auf das Vorstandsvergütungssystem keine Billigung zuteilwerden kann. Insofern liegt es im Ermessen der Verwaltung, ob sie dies möchte oder nicht. Diese Entscheidung kann ihr nicht dadurch abgenommen werden, dass sie darauf bewusst verzichtet, um sich die Billigung mittels des Entlastungsbeschlusses erteilen zu lassen. Damit würde § 120 Abs. 4 AktG ad absurdum geführt.

Auch zeigt sich die Notwendigkeit der Trennung beider Beschlussgegenstände daran, dass andernfalls unklar wäre, wie zu verfahren wäre, wenn in einem Jahr die Hauptversammlung ihre Missbilligung zum Vorstandsvergütungssystem zum Ausdruck bringt, im Folgejahr jedoch ohne Veränderung des Vergütungssystems lediglich die Entlastung zur Beschlussfassung steht und erteilt wird. Wird damit dann auch die Vergütungspolitik gebilligt? Bedeutet diese Entlastungsentscheidung zugleich den Widerruf der im Vorjahr geäußerten Missbilligung des Vergütungssystems? Dies kann nicht richtig sein, wollte man den Gesetzeszweck nicht unterlaufen.

Nähme man an, die Hauptversammlung könne bei der Entlastung auch über das Vergütungssystem entscheiden, könnte sie ferner versuchen, lediglich eine Teilentlastung – also eine Entlastung unter Ausschluss der Vergütungsthematik

651 Vgl. Spindler in K. Schmidt/Lutter, AktG, § 120, Rn 58.

– zu erwirken. Allerdings würde es damit zu einer – unbewussten – Verstärkung der Aktionärsrechte kommen. Schlagen Vorstand und Aufsichtsrat der Hauptversammlung als Tagesordnungspunkt vor, den Mitgliedern des Aufsichtsrats die (volle) Entlastung zu erteilen, könnte gemäß § 126 Abs. 1 AktG bereits ein einzelner Aktionär erreichen, dass als Gegenantrag aufgenommen wird, dem Aufsichtsrats die Entlastung unter Ausschluss der Tätigkeiten in Verbindung mit der Vorstandsvergütung zu erteilen. Eine derartige Entlastungsentscheidung hätte die faktische Wirkung, dass die Entlastung – also die Billigung der Verwaltungstätigkeit hinsichtlich der Vorstandsvergütung – über das Vergütungssystem nicht erteilt wird. Das heißt nichts anderes, als dass die Hauptversammlung das Vorstandsvergütungssystem nicht billigt. Wollten dagegen die Aktionäre dasselbe Ziel erreichen, indem sie beantragen, dass das Vergütungsvotum in die Tagesordnung der Hauptversammlung mit aufgenommen wird, da es von der Verwaltung nicht berücksichtigt wurde, bedürfte es gemäß § 122 Abs. 2 S. 1 AktG eines Quorums von Aktionären, deren Anteile zusammen den zwanzigsten Teil des Grundkapitals oder den anteiligen Betrag von 500.000 Euro erreichen. Die Wertung, dass Aktionäre nur bei Erreichen eines Quorums über einen Beschlussgegenstand des Aktienrechts entscheiden können, ist allgemeingültig und darf folglich nicht umgangen werden. Diese Kollision lässt sich nur sinnvoll dergestalt lösen, dass durch die Fassung eines Beschlusses nicht zugleich ein anderer möglicher Beschlussgegenstand – wenn auch nur faktisch – mitentschieden wird. Verschiedene Beschlussgegenstände sind eindeutig voneinander zu trennen, sowohl formal als auch inhaltlich.[652]

b. *Schlussfolgerungen*

Im Rahmen der Entlastungsentscheidung darf daher das Vorstandsvergütungssystem keine Berücksichtigung finden. Dafür ist einzig der Weg über das Vergütungsvotum zulässig.[653] Umgekehrt darf das Vergütungsvotum nicht durch Umstände der Verwaltungstätigkeit beeinflusst werden, die nicht in unmittelbarem Zusammenhang mit dieser speziellen Tätigkeit stehen. Allerdings gilt diese Einschränkung nur für börsennotierte Aktiengesellschaften, da gemäß § 120 Abs. 4 AktG nur ihnen der Weg offen steht, einen Vergütungsbeschluss fassen zu lassen. Nur für diesen Kreis von Gesellschaften gibt es zwei Beschlussgegenstände; für alle anderen Aktiengesellschaften bewendet es bei der „normalen" Entlastung.

652 Vgl. auch v.Falkenhausen/Kocher, AG 2010, 623 (626); a.A. wohl: Döll, WM 2010, 103 (105).

653 Tendenziell ähnlich, aber nicht eindeutig: Spindler in K. Schmidt/Lutter, AktG, § 120, Rn 58 a.E.

Aus dieser Erkenntnis folgt ein Weiteres. Handelt es sich bei der Entlastung und dem Vergütungsvotum um zwei unterschiedliche und voneinander zu trennende Beschlussgegenstände, so kann der Vergütungsbeschluss in keinem Fall bekanntmachungsfrei erst in der Hauptversammlung ad hoc gefasst werden.[654] Gemäß § 124 Abs. 4 S. 1 AktG muss der Vergütungsbeschluss stets ordnungsgemäß auf der Tagesordnung der Hauptversammlung stehen, weil andernfalls nicht darüber entschieden werden könnte.

Der Entlastungsbeschluss und das Vergütungsvotum stehen mithin in einem Exklusivitätsverhältnis.

F. Unanfechtbarkeit des Billigungsbeschlusses

Ein Charakteristikum, das den Billigungsbeschluss nach § 120 Abs. 4 AktG von allen anderen Hauptversammlungsbeschlüssen unterscheidet, ist dessen Unanfechtbarkeit gemäß § 120 Abs. 4 S. 3 AktG.

I. Ausschluss der Anfechtungsklage

1. Gesetzliche Systematik und gesetzgeberische Entscheidung

Nach §§ 241 ff. AktG können von der Hauptversammlung gefasste Beschlüsse anfechtbar oder nichtig sein. Die Nichtigkeitsgründe sind überwiegend in § 241 AktG aufgeführt, ergänzt durch §§ 250, 253, 256 AktG.[655] Nach § 243 Abs. 1 AktG kann ein Beschluss der Hauptversammlung ferner wegen Verletzung des Gesetzes oder der Satzung angefochten werden. Die Erhebung der Anfechtungsklage ist jedoch, anders als die Nichtigkeitsklage, nur innerhalb eines Monats nach der Beschlussfassung möglich, § 246 Abs. 1 AktG. Dabei handelt es sich um eine materiell-rechtliche Ausschlussfrist.[656] Ferner muss der Kläger gemäß § 245 AktG anfechtungsbefugt sein. Hat die Anfechtungsklage Erfolg, spricht das Gericht gemäß § 248 Abs. 1 AktG die Nichtigkeit des Beschlusses mit Wirkung für und gegen alle Aktionäre und alle Vorstands- und Aufsichtsratsmitglieder aus.

---

654 Vgl. Hoffmann-Becking/Krieger, NZG-Beil. 2009, 1 (11); E. Vetter, ZIP 2009, 2136 (2138).

655 Vgl. Hüffer, AktG, § 241, Rn 1.

656 Vgl. Hüffer, AktG, § 246, Rn 20 f.; Göz in Bürgers/Körber, AktG, § 246, Rn 7; Dörr in Spindler/Stilz, § 246, Rn 12; Hüffer in MüKo, AktG, § 246, Rn 36 f.

Diese gesetzliche Systematik traf bisher auf alle Beschlüsse zu, die von der Hauptversammlung gefasst wurden. Selbst die Entlastungsbeschlüsse, die keine rechtlichen Folgen nach sich ziehen, können aufgrund ihres Inhalts mittels der Anfechtungsklage angegangen werden. Für das Vergütungsvotum hat der Gesetzgeber jedoch mit dieser allgemeinen Systematik gebrochen. Nach § 120 Abs. 4 S. 3 AktG ist ausdrücklich gesetzlich festgelegt worden, dass der Billigungsbeschluss generell nicht nach § 243 AktG angefochten werden kann. Eine Differenzierung hinsichtlich der verschiedenen möglichen Anfechtungsgründe wurde dabei nicht gemacht, sodass selbst verfahrensrechtliche Mängel, die bereits das Zustandekommen des Beschlusses betreffen, außer Betracht bleiben.[657]

2. Ausschluss im Lichte des Art. 19 Abs. 4 GG

Bedenken gegen die Regelung des § 120 Abs. 4 S. 3 AktG könnten sich zunächst insofern ergeben, als sie der Rechtsweggarantie des Art. 19 Abs. 4 GG entgegenstehen könnte.[658] Art. 19 Abs. 4 S. 1 GG enthält ein subjektives Recht sowie eine Grundsatznorm für die gesamte Rechtsordnung. In dieser Vorschrift liegt eine Strukturentscheidung zugunsten des Individualrechtsschutzes.[659] Ebendieser scheint hier jedoch beeinträchtigt zu werden, indem der Rechtsweg zur Überprüfung der Vergütungsvoten verschlossen wird.

Damit allerdings von einer Beeinträchtigung des Art. 19 Abs. 4 GG gesprochen werden kann, muss zunächst dessen Schutzbereich eröffnet sein. Art. 19 Abs. 4 S. 1 GG hat die Fälle im Auge, dass jemand *in seinen Rechten* durch die öffentliche Gewalt verletzt wird. Art. 19 Abs. 4 S. 1 GG kommt nur dort zum Tragen, wo die einschlägigen Normen dem Betroffenen ein subjektives Recht des öffentlichen oder privaten Rechts und nicht bloße, rechtlich nicht geschützte Interessen einräumen.[660] Die Anfechtungsbefugnis der Aktionäre gemäß § 245 AktG wird gemeinhin als subjektives Recht erfasst.[661] Subjektive Rechte entstehen jedoch erst durch die gesetzliche Normierung; Art. 19 Abs. 4 S. 1 GG setzt diese als gegeben voraus, begründet sie also nicht selbst.[662] Als der Gesetzgeber durch das VorstAG den Aktionären einer börsennotierten Aktiengesellschaft die

657 Vgl. Spindler in K. Schmidt/Lutter, AktG, § 120, Rn 65.

658 Unentschlossen: Hirte, Stellungnahme zum VorstAG, S. 11.

659 Vgl. P.H. Huber in v.Mangoldt/Klein/Starck, GG, Art. 19, Rn 344; Jarass in Jarass/Pieroth, GG, Art. 19, Rn 32.

660 Vgl. Jarass in Jarass/Pieroth, GG, Art. 19, Rn 36; P.H. Huber in v.Mangoldt/Klein/Starck, GG, Art. 19, Rn 385 ff.; Sachs in Sachs, GG, Art. 19, Rn 126 f.

661 Vgl. Hüffer, AktG, § 245, Rn 2; Dörr in Spindler/Stilz, AktG, § 245, Rn 4 f.

662 Vgl. Jarass in Jarass/Pieroth, GG, Art. 19, Rn 36; Sachs in Sachs, GG, Art. 19, Rn 130; P.H. Huber in v.Mangoldt/Klein/Starck, GG, Art. 19, Rn 386; Schulze-Fielitz in Dreier, GG, Art. 19, Rn 61.

Möglichkeit eingeräumt hat, über die Billigung des Vergütungssystems der Vorstandsmitglieder einen Beschluss zu fassen, hat er im gleichen Atemzug geregelt, dass dieser Beschluss keine Rechte und Pflichten begründen und darüber hinaus auch nicht mittels der Anfechtungsklage angegangen werden kann. Er hat damit von vornherein klar zum Ausdruck gebracht, dass insofern für die Aktionäre keine subjektiv-rechtliche, schutzwürdige Rechtsposition aufgebaut und begründet werden kann, für die die Rechtsweggarantie greifen könnte. Deswegen kann in dem Ausschluss der Anfechtungsmöglichkeit kein Verstoß gegen Art. 19 Abs. 4 GG angenommen werden.

3. Ausschluss im Lichte der Aktionärsrechte

Ferner erscheint die Zulässigkeit des generellen Ausschlusses der Anfechtbarkeit des Vergütungsbeschlusses im Hinblick auf die Rechte der Aktionäre zweifelhaft. Zu den mit der Mitgliedschaft in der Aktiengesellschaft verbundenen Rechten der Aktionäre gehört auch das Recht, Hauptversammlungsbeschlüsse mittels der Anfechtungsklage gerichtlich überprüfen zu lassen.[663] Dies ist ein Ausfluss des Kontrollrechts der Hauptversammlung.[664] Indem dieses subjektive Recht[665] für den Billigungsbeschluss von Gesetzes wegen ausgeschlossen wird, wird folglich in die Aktionärsrechte eingegriffen.

Eine solche Beschränkung der Aktionärsrechte ist allerdings nicht von vornherein ausgeschlossen. Zwar könnte die Aktiengesellschaft selbst beispielsweise keine Beschränkung des Anfechtungsrechts in der Satzung konstituieren, da § 245 AktG zwingendes Recht ist und folglich einer Satzungsregelung § 23 Abs. 5 AktG entgegensteht.[666] Mit § 120 Abs. 4 S. 3 AktG wurde jedoch von Seiten des Gesetzgebers eine Veränderung in den Aktionärsrechten vorgenommen. Dies steht ihm, da er gemäß Art. 9 GG für die Ausgestaltung der Rahmenbedingungen für eine Personenvereinigung verantwortlich ist, innerhalb der Grenzen des Art. 14 GG frei. Durch den Ausschluss der Anfechtungsmöglichkeit wird dem Aktionär keine vermögenswerte Position entzogen, die im Rahmen des Art. 14 GG geschützt ist. Dem Aktionär verbleiben auch weiterhin sein Anspruch auf den Bilanzgewinn, sein Recht zum Bezug neuer Aktien bei Kapitalerhöhungen sowie auf Teilnahme an dem Liquidationserlös. Diese vermögensrechtlichen Werte bleiben dem Aktionär unverändert erhalten. Ebenso wenig erhält sein Stimmrecht eine Einschränkung durch den Ausschluss der Anfechtungsklage, sodass auch aus Sicht der Mitverwaltungsrechte kein tief grei-

663 Siehe bereits oben § 3 A. II. 3.

664 Vgl. Hüffer, AktG, § 245, Rn 3.

665 Vgl. Dörr in Spindler/Stilz, AktG, § 245, Rn 2.

666 Vgl. Dörr in Spindler/Stilz, AktG, § 245, Rn 3.

fender Einschnitt vorgenommen wird. Lediglich ein kleiner Teilbereich der Kontrollrechte wird beschnitten, was jedoch einer Rechtfertigung zugänglich ist. Zum einen war es das Bestreben des Gesetzgebers, den sog. räuberischen Aktionären – also Aktionären, die gegen Hauptversammlungsbeschlüsse einzig zu dem Zweck die Anfechtungsklage erheben, um sich von der Gesellschaft den Lästigkeitswert abkaufen zu lassen – kein weiteres Betätigungsfeld zu liefern.[667] Bereits durch mehrere Gesetze wurde in der Vergangenheit und wird auch in neuerer Zeit der Vorstoß unternommen, missbräuchliche Aktionärsklagen einzudämmen.[668] Da zu befürchten war, dass auch das Vergütungsvotum zu einem beliebten Anfechtungsgegenstand mutieren könnte, wurde zur Vermeidung möglicher missbräuchlicher Klagen das Recht, Anfechtungsklage gegen diesen Beschluss zu erheben, insgesamt ausgeschlossen. Zum anderen ist der Ausschluss der Anfechtungsklage zumindest teilweise im § 120 Abs. 4 AktG bereits angelegt. Dadurch, dass der Billigungsbeschluss gemäß § 120 Abs. 4 S. 2 AktG ohnehin keine Rechte und Pflichten begründet, besteht keine dringend gebotene Notwendigkeit, ihn mittels einer gerichtlichen Prüfung für nichtig erklären zu lassen und so zu beseitigen. Der Beschluss zeitigt keinerlei Wirkungen rechtlicher Art. Er ist nicht einmal geeignet, einen Vertrauenstatbestand zu begründen. Daher verfängt hierfür auch nicht das Argument, es müsse wenigstens der Rechtsschein beseitigt werden. Teilweise wird die Regelung zum Ausschluss der Anfechtungsklage sogar für überflüssig gehalten, da selbst ohne diese ausdrückliche Normierung einer Anfechtungsklage das Rechtsschutzbedürfnis fehlen würde.[669] Dies begegnet gleichwohl Zweifeln, denn auch der Entlastungsbeschluss begründet für sich genommen keine unmittelbaren Wirkungen, wird jedoch dennoch dem Regime der Klagen gegen Hauptversammlungsbeschlüsse gemäß §§ 241 ff. AktG unterworfen.[670] Nichts anderes hätte für das Vergütungs-

667 Vgl. BT-Drs. 16/13433, S. 12.; E. Vetter, ZIP 2009, 2136 (2140); Seibert, WM 2009, 1489 (1491).

668 Beispielsweise durch das Gesetz zur Unternehmensintegrität und Modernisierung des Anfechtungsrechts (UMAG) vom 22.09.2005 (BGBl. I 2005, 2802) oder das Gesetz zur Umsetzung der Aktionärsrechterichtlinie (ARUG) vom 30.07.2009 (BGBl. I 2009, 2479). Ein weiterer Vorstoß aus jüngster Zeit ist die Aktienrechtsnovelle von 2011; siehe auch die Ausführungen bei Baums/Drinhausen, ZIP 2008, 145.

669 Vgl. Hohenstatt, ZIP 2009, 1349 (1356); Hoffmann in Spindler/Stilz, AktG, § 120, Rn 55.

670 Dies hängt unmittelbar mit der Frage zusammen, ob der Hauptversammlung bei der Entlastungsentscheidung ein freies Ermessen zusteht oder ob die Hauptversammlung weitere Kriterien zu beachten hat. Der BGH fordert nunmehr, dass die Entlastung nicht erteilt werden dürfe, wenn der Verwaltung schwerwiegende Verfehlungen zur Last fallen. Daran anknüpfend sieht er auch die Anfechtbarkeit der Entlastung begründet. Die Vertreter des freien Ermessens kommen (bis auf wenige Ausnahmen) zu dem Ergebnis,

votum gelten müssen, sodass § 120 Abs. 4 S. 3 AktG nicht als rein deklaratorisch betrachtet werden kann.[671]

Im Lichte der Aktionärsrechte ist der Eingriff in die Aktionärsrechte daher als gering einzuschätzen. Den Aktionären gehen keine wesentlichen Rechte verloren. Vermögenswerte Positionen sind nicht betroffen. Da der Beschluss insgesamt rechtsfolgenlos ausgestaltet ist, besteht umso weniger Notwendigkeit einer zwingenden Aufrechterhaltung der Anfechtungsmöglichkeit. Der Gesetzgeber konnte daher mithin eine Inhalt- und Schrankenbestimmung gemäß Art. 14 Abs. 1 S. 2 GG dergestalt vornehmen, dass für den Billigungsbeschluss die Anfechtungsklage ausgeschlossen ist.

4. Ausschluss aus Sicht von Vorstand und Aufsichtsrat

Mehr noch als die Aktionäre hätten bei dem Vergütungsbeschluss sicherlich der Vorstand und der Aufsichtsrat ein Interesse daran gehabt, diese Hauptversammlungsvoten einer gerichtlichen Überprüfung unterziehen zu können, insbesondere wenn die Hauptversammlung eine Missbilligung ausgesprochen hat.

Gemäß § 245 Nr. 4 AktG ist der Vorstand als Gremium[672] anfechtungsbefugt sowie nach § 245 Nr. 5 AktG jedes Mitglied des Vorstands und des Aufsichtsrats, wenn durch die Ausführung des Beschlusses Mitglieder des Vorstands oder des Aufsichtsrats eine strafbare Handlung oder eine Ordnungswidrigkeit begehen oder wenn sie ersatzpflichtig werden würden. Daraus zeigt sich, dass eine Anfechtung nur für den Vorstand als Gremium in Betracht gekommen wäre, da das Vergütungsvotum rechtlich unverbindlich ist und folglich keine verbindliche Ausführung nach sich ziehen kann. Wenn sich der Vorstand oder Aufsichtsrat danach gerichtet hätte, wäre das eigenverantwortlich und auf eigenes Risiko geschehen. Verblieben wäre daher das Anfechtungsrecht des Vorstands, was Ausfluss der Leitungsfunktion des Vorstands ist, weswegen er die Verantwortung für die Rechtmäßigkeit der Beschlüsse der Hauptversammlung trägt.[673]

Durch den Ausschluss der Anfechtungsmöglichkeit gegen den Billigungsbeschluss ist daher auch der Handlungsspielraum des Vorstands begrenzt worden, wodurch er seine Aufgaben nicht mehr in jeder Hinsicht zum Wohle der Gesellschaft wahrnehmen kann, obwohl er hierzu gemäß § 76 Abs. 1 AktG verpflichtet ist. Das Wohl der Gesellschaft kann jedoch gerade unter dem Vergütungsvotum in Mitleidenschaft gezogen werden. Der Gesetzgeber wollte bewusst, dass durch

dass auch die Entlastungsentscheidung keiner gerichtlichen Überprüfung mittels der Anfechtungsklage zugänglich ist; siehe dazu bereits oben § 6 B. IV. 2. d.

671 Vgl. auch Hüffer, AktG, § 120, Rn 21; Döll, WM 2010, 103 (111).

672 Vgl. Hüffer, AktG, § 245, Rn 28.

673 Vgl. Dörr in Spindler/Stilz, AktG, § 245, Rn 41.

den Billigungsbeschluss eine gewisse Öffentlichkeitswirksamkeit erzeugt wird und somit davon *positive* Rückschlüsse auf die Verwaltungstätigkeit ausgehen. Nutzt die Hauptversammlung den Vergütungsbeschluss jedoch nur, um ihren Unmut zum Ausdruck zu bringen, und handelt damit pflichtvergessen und willkürlich, könnte dies der Gesellschaft insgesamt schaden. Diesen Schaden hätte der Vorstand mit der Anfechtungsklage abwenden können, da dann der pflichtvergessene Beschluss für nichtig erklärt worden wäre, § 249 Abs. 1 AktG. Diese Möglichkeit steht ihm wegen § 120 Abs. 4 S. 3 AktG nicht offen. Stattdessen muss er den missbilligenden Beschluss mitsamt der daraus resultierenden Publicity hinnehmen.

Diese Konsequenz wurde in den Gesetzesmaterialien jedoch nicht thematisiert. Der Fokus lag stattdessen auf der reinen *Rechtsfolgen*losigkeit.[674] Dass gleichzeitig die vom Gesetzgeber selbst ins Spiel gebrachten *tatsächlichen* Folgen jedoch ebenso einer Abwendung von der Gesellschaft bedürfen könnten – diese Schlussfolgerung ist nicht gezogen worden. Daher erscheint es angebracht, im Wege der teleologischen Reduktion, § 120 Abs. 4 S. 3 AktG dahingehend auszulegen, dass er für solche Hauptversammlungsbeschlüsse über das Vergütungssystem nicht gilt, die willkürlich gefasst wurden und deren tatsächliche Folgen eine Schädigung für die Gesellschaft bedeuten, die der Vorstand kraft seiner Organstellung abzuwenden hat.[675] In diesem Fall muss dem Vorstand eine Anfechtung des Vergütungsbeschlusses nach § 243 AktG ermöglicht werden. Für dieses Ergebnis spricht ferner, dass die Aktionäre mit einer derartigen Entscheidung eine schwerwiegende Treuepflichtverletzung gegenüber der eigenen Gesellschaft begehen. Es bedarf einer Möglichkeit, diesen Zustand effektiv zu beseitigen, was nur über die vorbeschriebene Anfechtungsvariante gewährleistet erscheint.

5. Prozessuale Behandlung einer Anfechtungsklage

Allgemein stellt sich hier die Frage, wie mit einer Anfechtungsklage verfahren werden muss, die einen Vergütungsbeschluss zum Gegenstand hat. § 120 Abs. 4 S. 3 AktG besagt lediglich, dass der Beschluss nicht nach § 243 AktG anfechtbar ist. Darüber, welche prozessualen Konsequenzen daraus zu ziehen sind, gibt er keine Auskunft. Die Klage kann zum einen mangels Zulässigkeit als Prozessurteil abgewiesen werden oder mangels Begründetheit als Sachurteil.

Für die Zurückweisung einer trotz der eindeutigen Regelung des § 120 Abs. 4 S. 3 AktG erhobenen Anfechtungsklage gegen ein Vergütungsvotum als

674 Vgl. BT-Drs. 16/13433, S. 12.
675 Hierzu noch unentschieden Hüffer, AktG, § 120, Rn 21 a.E.

unzulässig[676] im Wege des Prozessurteils spricht vornehmlich, dass der Beschluss keine Rechte und Pflichten begründet. Der Ausgang des Prozesses würde für den Kläger folglich weder Vorteile noch Nachteile mit sich bringen, da sich an der materiellen Rechtslage nichts ändern würde. Einer Klage fehlt damit das nötige Rechtsschutzbedürfnis.[677] Mithin ist diese Argumentation daher von dem Gedanken geprägt, dass § 120 Abs. 4 S. 3 AktG in engem Zusammenhang mit dem Rechtsschutzbedürfnis zu sehen ist, also eine positivrechtliche Normierung des fehlenden Rechtsschutzbedürfnisses darstellt.

Diese Betrachtungsweise überzeugt allerdings nicht in jeder Hinsicht. Dass § 120 Abs. 4 S. 3 AktG nicht als rein deklaratorisch betrachtet werden kann, wurde bereits erwähnt.[678] Aber auch wenn man ihm einen weiteren Regelungsinhalt zusprechen mag, kann dieser nicht auf das fehlende Rechtsschutzbedürfnis für eine Anfechtungsklage reduziert werden. Das Recht zur Erhebung einer Anfechtungsklage gegen die Hauptversammlungsbeschlüsse – auch das wurde bereits erwähnt[679] – ist ein subjektives Recht. Die Anfechtungsbefugnis nach § 245 AktG hat daher materiell-rechtlichen Charakter, weswegen ihr Fehlen zur Abweisung der Klage wegen Unbegründetheit führt, nicht wegen Unzulässigkeit.[680] Der materiell-rechtliche Charakter resultiert daraus, dass Aktionären gegen den Verband ein Anspruch auf gesetzes- und satzungsmäßige Beschlussfassung zusteht und sie daher die Beseitigung gesetzes- oder satzungswidriger Beschlüsse gegen die Gesellschaft, der die Beschlüsse zugerechnet werden, geltend machen kann.[681] Diese Überlegungen können im Grundsatz auch auf den Vergütungsbeschluss übertragen werden. Grundsätzlich hat der Aktionär den Anspruch darauf, dass die Hauptversammlung auch im Hinblick auf den Billigungsbeschluss gesetzesmäßig beschließt, und könnte eine Beseitigung des gesetzeswidrigen Beschlusses verlangen. Ausnahmsweise hat der Gesetzgeber hier jedoch eine Sonderregelung in § 120 Abs. 4 S. 3 AktG geschaffen, die diesen Grundsatz für das Vergütungsvotum außer Kraft setzt. Der Gesetzgeber lässt eine Anfechtungsklage nicht zu. Nichtsdestotrotz bleibt weiterhin das subjektive

676 Vgl. Hüffer, AktG, § 120, Rn 21.

677 Vgl. Hoffmann in Spindler/Stilz, AktG, § 120, Rn 55; Hohenstatt, ZIP 2099, 1349 (1356).

678 Siehe oben § 6 F. I. 3.

679 Siehe oben § 6 F. I. 2.

680 So h.M.: Hüffer in MüKo, AktG, § 245, Rn 2; Dörr in Spindler/Stilz, AktG, § 245, Rn 4; Hüffer, AktG, § 245, Rn 2; Zöllner in Kölner Kommentar, § 245, Rn 2; OLG Karlsruhe, WM 1987, 533 (536); BGH, AG 2007, 863; a.A.: K. Schmidt in Großkommentar, AktG, § 245, Rn 5 f.; Schwab in K. Schmidt/Lutter, AktG, § 245, Rn 2.

681 Siehe die zusammenfassenden Ausführungen bei Schwab in K. Schmidt/Lutter, AktG, § 245, Rn 1 mit umfangreichen weiteren Nachweisen.

Recht des Aktionärs auf gerichtliche Überprüfung Anknüpfungspunkt in dieser Angelegenheit. Hieran hat der Gesetzgeber Veränderungen bzw. Einschränkungen vorgenommen. Daher ist § 120 Abs. 4. S. 3 AktG als eine Regelung betreffend die Anfechtungsbefugnis im Sinne des § 245 AktG zu begreifen.

Dies hat zur Folge, dass eine Anfechtungsklage gegen das Vergütungsvotum nicht als unzulässig, sondern als unbegründet zurückgewiesen werden muss. Die Klage ist zulässig, insbesondere fehlt ihr nicht das nötige Rechtsschutzbedürfnis, da die Aktionäre einen generellen Anspruch auf gesetzmäßige Beschlüsse haben; sie ist aber – mit Ausnahme des oben beschriebenen Falls, der eine teleologische Reduktion erfordert – unbegründet, da gemäß § 120 Abs. 4 S. 3 AktG die Anfechtungsbefugnis fehlt.

II. Möglichkeit der Nichtigkeitsklage gegen den Billigungsbeschluss

Wenn der Gesetzgeber bereits die Anfechtungsklage ausdrücklich ausgeschlossen hat, muss die Möglichkeit der Erhebung einer Nichtigkeitsklage gegen den Billigungsbeschluss untersucht werden. Im Ergebnis ist die Erhebung der Nichtigkeitsklage gegen das Vergütungsvotum zulässig.[682] In dieser Hinsicht ist der Wortlaut des § 120 Abs. 4 S. 3 AktG eindeutig. Allein eine Anfechtung nach § 243 AktG kommt gegen den Billigungsbeschluss nicht in Betracht. Andernfalls hätte eine Bezugnahme auf Anfechtungs- und Nichtigkeitsklage erfolgen müssen.

Die Schlussfolgerung, dass die Nichtigkeitsklage weiterhin uneingeschränkt zulässig sein muss, ergibt sich auch aus dem Verständnis, dass § 120 Abs. 4 S. 3 AktG in Zusammenhang mit der Anfechtungsbefugnis gemäß § 245 AktG steht. Es ist die Anfechtungsbefugnis, die ausgeschlossen wird. Für die Erhebung der Nichtigkeitsklage ist indes keine Anfechtungsbefugnis erforderlich. Daher bleibt es den Aktionären oder der Verwaltung unbenommen, gegen den Vergütungsbeschluss mittels der Nichtigkeitsklage vorzugehen.

Dafür müssen selbstredend die allgemeinen Voraussetzungen für die Zulässigkeit und Begründetheit der Nichtigkeitsklage vorliegen. Gegen die Zulässigkeit der Nichtigkeitsklage wird ins Feld geführt, ihr fehle das für eine Feststellungsklage im Allgemeinen erforderliche Feststellungsinteresse, da mangels einer vom Votum ausgehenden Rechtswirkung ein rechtliches Interesse an der

682 So h.M.: Spindler in K. Schmidt/Lutter, AktG, § 120, Rn 65; E. Vetter, ZIP 2009, 2136 (2140); Fleischer/Bedkowski, AG 2009, 677 (685); v.Falkenhausen/Kocher, AG 2010, 623 (628); Fleischer, NZG 2009, 801 (805); a.A.: Begemann/Laue, BB 2009, 2442 (2445); Hüffer, AktG, § 120, Rn 21; wohl auch Hohenstatt, ZIP 2009, 1349 (1356).

Feststellung der Nichtigkeit zu verneinen sei.[683] Hieran ist richtig, dass auch für die Nichtigkeitsklage nach § 241 AktG als besonderer Form der Feststellungsklage[684] ein Feststellungsinteresse gemäß § 256 ZPO notwendig ist.[685] § 256 Abs. 1 ZPO verlangt hier ein rechtliches Interesse, das gegeben ist, wenn dem Recht oder der Rechtslage des Klägers eine gegenwärtige Gefahr der Unsicherheit droht und das Feststellungsurteil geeignet ist, diese Gefahr zu beseitigen.[686] Ein rein wirtschaftliches, wissenschaftliches, verwandtschaftliches oder sonstiges ideelles Interesse genügt dagegen nicht.[687] Das fehlende Feststellungsinteresse allein mit der Rechtsfolgenlosigkeit begründen zu wollen greift jedoch zu kurz. Das rechtliche Interesse des Aktionärs folgt schon aus seiner Mitgliedschaft, dasjenige des Vorstands und der einzelnen Verwaltungsmitglieder aus der korporationsrechtlichen Beziehung zur Aktiengesellschaft.[688] Deswegen kann auch ein rechtliches Interesse für diese Personengruppe daran bestehen, einen nichtigen Vergütungsbeschluss durch die Nichtigkeitsklage zu beseitigen. Freilich muss unabhängig von dieser generellen Möglichkeit des Vorliegens eines rechtlichen Interesses auch weiterhin der Einzelfall auf diese Prozessvoraussetzung hin überprüft werden.[689]

Kann die Zulässigkeit der Nichtigkeitsklage bejaht werden, muss für deren Begründetheit mindestens ein Nichtigkeitsgrund im Sinne von § 241 AktG vorliegen.[690] So kann die Nichtigkeit des Beschlusses deswegen anzunehmen sein, weil er in einer Hauptversammlung gefasst worden ist, die unter Verstoß gegen § 121 Abs. 2 und 3 S. 1 oder Abs. 4 AktG einberufen war (§ 241 Nr. 1 AktG), oder weil er nicht nach § 130 Abs. 1, 2 S. 1 und Abs. 4 AktG beurkundet ist (§ 241 Nr. 2 AktG). Diese prozeduralen Nichtigkeitsgründe können unzweifelhaft auch beim Vergütungsvotum auftreten.[691] Nur in äußersten Ausnahmefällen wird eine Nichtigkeit nach § 241 Nr. 4 AktG anzunehmen sein, wenn der Vergü-

683 Vgl. Begemann/Laue, BB 2009, 2442 (2445).

684 So die ganz h.M.: Hüffer, AktG, § 249, Rn 10; Zöllner in Kölner Kommentar, AktG, § 249, Rn 25; Hüffer in MüKo, AktG, § 249, Rn 4; Dörr in Spindler/Stilz, AktG, § 249, Rn 2 ff.

685 Vgl. Hüffer, AktG, § 249, Rn 11.

686 Vgl. Foerste in Musielak, ZPO, § 256, Rn 8; Becker-Eberhard in MüKo, ZPO, § 256, Rn 37; Greger in Zöller, ZPO, § 256, Rn 7.

687 Vgl. Becker-Eberhard in MüKo, ZPO, § 256, Rn 37; Reichold in Thomas/Putzo, ZPO, § 256, Rn 13; Foerste in Musielak, ZPO, § 256, Rn 8;

688 Vgl. Hüffer, AktG, § 249, Rn 11.

689 Zur Frage des rechtlichen Interesses bei ablehnenden Hauptversammlungsbeschlüssen siehe allgemein: Zöllner in Kölner Kommentar, AktG, § 249, Rn 21 mit § 246, Rn 27.

690 Die weiteren, speziellen Nichtigkeitsgründe nach §§ 250, 253, 256 AktG können hier vernachlässigt werden.

691 Vgl. Fleischer/Bedkowski, AG 2009, 677 (685).

tungsbeschluss durch seinen Inhalt gegen die guten Sitten verstößt. Ein Anwendungsfall könnte allenfalls dann angenommen werden, wenn das Vergütungssystem an sich bereits sittenwidrig ist und damit die Hauptversammlung durch einen billigenden Beschluss der Sittenwidrigkeit beitritt, sie sich also gleichsam zu eigen macht. Einen ebenso geringen Anwendungsbereich wird der Nichtigkeitsgrund nach § 241 Nr. 3 AktG im Rahmen des Billigungsbeschlusses finden.[692] Danach ist ein Hauptversammlungsbeschluss nichtig, wenn er mit dem Wesen der Aktiengesellschaft nicht zu vereinbaren ist oder durch seinen Inhalt Vorschriften verletzt, die ausschließlich oder überwiegend zum Schutze der Gläubiger der Gesellschaft oder sonst im öffentlichen Interesse sind. Die Vorschriften über die Errichtung bzw. Ausgestaltung des Vorstandvergütungssystems zielen weder an sich noch schwerpunktmäßig auf einen Gläubigerschutz ab; vielmehr dienen sie der Aktiengesellschaft selbst und der Umschreibung des Handlungsrahmens des Aufsichtsrats. Zwar mag das Vorstandsvergütungssystem in dem Sinne im öffentlichen Interesse stehen, dass die Öffentlichkeit ein reges Interesse an der Vorstandsvergütung zeigt;[693] das ist jedoch in § 241 Nr. 3 AktG nicht gemeint. Es geht darum, dass der Beschluss durch seinen Inhalt Vorschriften verletzt, die ausschließlich oder schwerpunktmäßig im öffentlichen Interesse gegeben sind.[694] Doch auch hier gilt: Die Vorschriften über die Vorstandsvergütung bestehen allgemein nicht im öffentlichen Interesse, sondern im Gesellschaftsinteresse.[695] Ähnlich wie bei den Entlastungsbeschlüssen werden

692 Vgl. Fleischer/Bedkowski, AG 2009, 677 (685).

693 Vgl. auch Begemann/Laue, BB 2009, 2442 (2445).

694 Vgl. Hüffer, AktG, § 241, Rn 18.

695 Zu überlegen ist, ob die besonderen Vorschriften für Banken und Versicherungen hinsichtlich der Ausgestaltung der Vergütungssysteme (Instituts- und Versicherungs-Vergütungsverordnung) als im öffentlichen Interesse bestehend angesehen werden können. Angesichts des Zwecks ihrer Einführung, nämlich die Setzung von Fehlanreizen in den Vergütungssystemen zu unterbinden, um einer weiteren Finanzmarktkrise vorzubeugen, wird man diesen Normen zusprechen müssen, dass sie im öffentlichen Interesse bestehen. Es geht nicht nur darum, die einzelne Gesellschaft zu schützen, sondern durch diese Vorschriften einem möglichen Zusammenbruch im Banken- oder Versicherungsbereich entgegenzuwirken. Bei als Aktiengesellschaften organisierten Banken oder Versicherungen besteht daher ein Nichtigkeitsgrund nach § 241 Nr. 3 AktG, wenn die Hauptversammlung ihre Billigung zu einem Vergütungssystem erteilt, dass offensichtlich – dieser Einschränkung bedarf es, da den Aktionären keine übermäßigen Kenntnisse überbürdet werden dürfen – gegen die im öffentlichen Interesse bestehenden Normen verstößt und so dem Rechtsverstoß durch den Beschluss beitritt, mithin sich ihn gleichsam zu eigen macht.

daher die Nichtigkeitsgründe nach § 241 Nr. 3 und Nr. 4 AktG beim Vergütungsvotum nahezu keine Rolle spielen.[696]

III. Rechtsschutzmöglichkeiten

Die Rechtsschutzmöglichkeiten gegen das Vergütungsvotum sind nach alledem sehr gering. Dabei macht es kaum einen Unterschied, ob es sich um einen das Vergütungssystem billigenden oder missbilligenden Beschluss handelt. Durch den Ausschluss der Anfechtbarkeit des Vergütungsvotums ist die hauptsächliche Überprüfungsmöglichkeit weggefallen. Zu untersuchen ist daher, ob Alternativen zur Anfechtungsklage zu Verfügung stehen.

1. Positive Beschlussfeststellungsklage

Anfechtungs- wie auch Nichtigkeitsklagen haben negatorischen Charakter und zielen auf die Beseitigung eines Hauptversammlungsbeschlusses ab.[697] Dadurch entstehen allerdings unter Umständen Lücken im Rechtsschutz. Stellt der Hauptversammlungsleiter zu Unrecht einen ablehnenden Beschluss fest, ist der Anfechtungskläger nicht hinreichend geschützt, denn die Anfechtung bewirkt nur, dass der Beschluss beseitigt wird, nicht jedoch, wie er richtigerweise hätte festgestellt werden müssen. Für diese Fälle wird von der h.M. das Institut der sog. positiven Beschlussfeststellungsklage herangezogen.[698] Der Anfechtungskläger kann verbunden mit der Anfechtungsklage[699] beantragen, dass festgestellt wird, dass der vermeintlich abgelehnte Beschlussantrag von der Hauptversammlung angenommen worden ist.[700] Inhaltlich erfasst die positive Beschlussfeststellungsklage daher die Fälle der unrichtigen Beschlussfeststellung nach § 130 Abs. 2 AktG.[701]

---

696 Vgl. Hoffmann in Spindler/Stilz, AktG, § 120, Rn 43; Kubis in MüKo, AktG, § 120, Rn 45; Spindler in K. Schmidt/Lutter, AktG, § 120, Rn 57; Fleischer/Bedkowski, AG 2009, 677 (685).

697 Vgl. Zöllner in Kölner Kommentar, AktG, § 246, Rn 87; Dörr in Spindler/Stilz, AktG, § 246, Rn 57.

698 Vgl. BGHZ 76, 191 (197 ff.); BGHZ 88, 320 (329); BGH, NJW 1986, 2051 (2052); Hüffer in MüKo, AktG, § 246, Rn 84 f.; Dörr in Spindler/Stilz, AktG, § 246, Rn 57; Zöllner in Kölner Kommentar, AktG, § 246, Rn 87.

699 Vgl. Zöllner in Kölner Kommentar, AktG, § 246, Rn 87; Dörr in Spindler/Stilz, AktG, § 246, Rn 58.

700 Vgl. Hüffer in MüKo, AktG, § 246, Rn 84 a.E.

701 Vgl. Dörr in Spindler/Stilz, AktG, § 246, Rn 58.

Aufgrund der notwendigen Verbundenheit zwischen Anfechtungsklage und positiver Beschlussfeststellungsklage zeigt sich bereits, dass diese im Rahmen des Vergütungsvotums von vornherein nicht in Betracht kommen kann, da gemäß § 120 Abs. 4 S. 3 AktG die Anfechtungsklage ausgeschlossen ist. Dem Aktionär steht damit keine Möglichkeit der Überprüfung und Rechtverschaffung zur Seite, wenn der Billigungsbeschluss zwar angenommen wurde, aber fälschlicherweise als abgelehnt festgestellt wurde.

2. Allgemeine Feststellungsklage

a. Ersatz für Anfechtungsklage

Der Ausschluss der Anfechtungsklage könnte dadurch kompensiert werden, dass statt der Anfechtungsklage zumindest die allgemeine Feststellungsklage statthaft ist. Klageziel könnte die Feststellung der Gesetzeswidrigkeit des Hauptversammlungsbeschlusses sein. Dafür mag zunächst sprechen, dass die Anfechtungsklage selbst eine Gestaltungsklage ist[702] und damit anders als die Nichtigkeitsklage keine Feststellungsklage. Daher greift zumindest der Einwand nicht, dass die speziellere Form desselben Klagetyps den Vorrang hat und die allgemeinere Variante ausschließt.[703] Grundsätzlich tritt zwar die allgemeine Feststellungsklage hinter der Anfechtungsklage zurück. Denn das Rechtsschutzziel lässt sich mit der Anfechtungsklage als spezieller Klageform erreichen, sodass der allgemeinen Feststellungsklage das Rechtsschutzbedürfnis fehlen würde. Für den Billigungsbeschluss besteht jedoch die Sonderkonstellation, dass die Anfechtungsklage durch § 120 Abs. 4 S. 3 AktG ausgeschlossen ist. Insofern könnte an einen Rückgriff auf die allgemeine Feststellungsklage als Ersatz gedacht werden.

Dem kann jedoch schon von vornherein nicht gefolgt werden. Aus prozessualer Sicht spricht dagegen, dass die Anfechtungsklage gegen den Vergütungsbeschluss an sich noch zulässig ist, jedoch wegen Unbegründetheit abgewiesen werden muss. Folglich steht der allgemeinen Feststellungsklage im Grundsatz noch die Anfechtungsklage entgegen, die sie unzulässig macht. Darüber hinaus muss auch die gesetzgeberische Intention beachtet werden. Durch den Ausschluss der Anfechtungsklage gemäß § 120 Abs. 4 S. 3 AktG sollte bewirkt werden, dass der Vergütungsbeschluss insgesamt keiner gerichtlichen Überprüfung zugeführt werden kann. Wenn der Gesetzgeber daher schon die

702 Vgl. Hüffer, AktG, § 246, Rn 8.

703 So bei der Nichtigkeitsklage im Verhältnis zur allgemeinen Feststellungsklage: vgl. Hüffer, AktG, § 249, Rn 12.

speziellere Rechtsschutzmöglichkeit ausgeschlossen hat, dann muss umso mehr auch die allgemeine Form ausgeschlossen sein.

Die allgemeine Feststellungsklage mit dem Ziel, die Gesetzeswidrigkeit des Vergütungsvotums feststellen zu lassen, kann daher nicht als Ersatz für die Anfechtungsklage fungieren.

b. „Vergütungssystem ist gesetzeskonform“

Es bleibt indes zu überlegen, ob nicht wenigstens der Verwaltung die Möglichkeit gegeben werden sollte, eine allgemeine Feststellungsklage zu erheben, mit dem Ziel, feststellen zu lassen, dass das Vergütungssystem gesetzeskonform ist. Ein Bedürfnis danach könnte insbesondere dann bestehen, wenn die Hauptversammlung einen missbilligenden Beschluss über das Vorstandsvergütungssystem gefasst hat. Es wurde bereits gezeigt, dass jedenfalls in der Konstellation, dass die Hauptversammlung willkürlich entschieden hat und die tatsächlichen Folgen zu einer Unternehmensschädigung führen, dem Vorstand die Anfechtungsklage gegen das Vergütungsvotum offen steht.[704] In darüber hinausgehenden Fällen könnte eine allgemeine Feststellungsklage der vorbeschriebenen Art infrage kommen.

Allerdings begegnet eine solche Annahme erheblichen Bedenken. Zum einen würde auf diese Weise ein Vehikel konstruiert, die Gerichte zumindest indirekt mit den Vergütungsbeschlüssen zu beschäftigen, obwohl das vom Gesetzgeber nicht gewollt war. Prozesse hierüber sollten nicht stattfinden. Zum anderen ist in diesem Fall in der Tat fraglich, ob für eine solche Feststellungsklage das Feststellungsinteresse angenommen werden kann. Stimmt die Hauptversammlung billigend über das Vergütungssystem ab, so besteht schon kein rechtliches Interesse an der Feststellung der Gesetzeskonformität. Sie hätte reinen ideellen Wert für Vorstand und Aufsichtsrat. Missbilligt die Hauptversammlung stattdessen das Vergütungssystem, spricht zunächst einiges dafür, eine solche gerichtliche Überprüfung anstrengen zu können. Gleichwohl muss bedacht werden, dass die Missbilligung auch daher rühren kann, dass das System zwar gesetzeskonform ist, die Hauptversammlung es aber für unzweckmäßig hält. In letzterem Fall würde die Feststellungsklage also keine Veränderung mit sich bringen, da zwar eine Bestätigung durch das Gericht, nicht aber der Hauptversammlung vorläge. Ein wirklich eigenes rechtliches Interesse der Verwaltung daran, festzustellen, dass das Vergütungssystem gesetzeskonform ist, besteht im Grunde erst im Fall der Inanspruchnahme wegen einer Sorgfaltspflichtverletzung. Dann bedarf es der gerichtlichen Feststellung, dass das System gesetzeskonform ist und die Verwaltung keinen Fehler begangen hat. Dafür stehen je-

704 Siehe oben § 6 F. I. 4.

doch die Leistungsprozesse zur Verfügung, in denen der Anspruch klagweise durchgesetzt wird. Dabei wird dann überprüft, ob das Vergütungssystem gesetzeskonform war. Auch das spricht gegen die Notwendigkeit sowie gegen die Zulässigkeit einer allgemeinen Feststellungsklage mit dem Ziel der Feststellung der Gesetzeskonformität des Vergütungssystems.

3. Schadensersatz für Reputationsschäden

Der Gesetzgeber hat bei der Schaffung des § 120 Abs. 4 AktG ganz bewusst in Kauf genommen, dass durch die Billigung oder Missbilligung des Vergütungssystems der Vorstandsmitglieder eine gewisse Öffentlichkeitswirksamkeit erzeugt wird. Er hat diese Öffentlichkeitswirksamkeit des Vergütungsvotums nachgerade als besonderen Anreiz für die Verwaltung herangezogen, besondere Gewissenhaftigkeit bei der Erledigung der Verpflichtungen rund um die Vorstandsvergütung walten zu lassen.[705] Denn mangelnde Gewissenhaftigkeit würde im Regelfall zu einem missbilligenden Hauptversammlungsbeschluss führen. Dass es hierfür erforderlich ist, der Hauptversammlung kein uneingeschränktes Ermessen zuzugestehen, um dieser verantwortungsvollen Aufgabe nachzukommen, wurde bereits an anderer Stelle gezeigt.[706]

In diesem Zusammenhang muss im Rahmen der Untersuchung der Rechtsschutzmöglichkeiten auch die Frage beleuchtet werden, ob eine Haftung der Verwaltung oder der Hauptversammlung besteht, wenn der vom Gesetzgeber in Aussicht genommen Fall eintritt, die Hauptversammlung ein Vergütungssystem missbilligt, dies in der Öffentlichkeit starke negative Wirkungen zeigt und dadurch ein – mess- und bezifferbarer – Reputationsschaden für die betroffene Aktiengesellschaft entsteht. Zu unterscheiden sind dabei zwei Fälle: Erstens kann die Missbilligung darauf zurückzuführen sein, dass das Vergütungssystem gesetzeswidrig ist und damit die Hauptversammlung berechtigterweise das System abgelehnt hat. Und zweitens kann sie darauf beruhen, dass das Vergütungssystem zwar gesetzmäßig ist, die Hauptversammlung es aber für unzweckmäßig hält.

a. Bei gesetzwidrigem Vergütungssystem

Liegt ein gesetzwidriges System vor, hat die Hauptversammlung das Recht und, wenn sie es als solches erkannt hat, die Pflicht, das Vergütungssystem abzulehnen und einen missbilligenden Beschluss zu fassen. Der Hauptversammlung

705 Vgl. BT-Drs. 16/13433, S. 12.

706 Siehe oben § 6 B. IV. 2. g.

kann insofern kein Vorwurf zur Last gelegt werden. Der Vorwurf zielt stattdessen in Richtung Verwaltung.

Die Verantwortlichkeit für die Ausgestaltung des Vorstandsvergütungssystems liegt beim Aufsichtsrat. Verhält er sich hierbei sorgfaltspflichtwidrig, macht er sich nach §§ 116, 93, 87 AktG schadensersatzpflichtig. Hat der Vorstand seinerseits hierbei eine Pflichtverletzung zuschulden kommen lassen, haftet er ebenfalls auf Schadensersatz, § 93 AktG. Der Reputationsschaden ist dabei im Sinne der conditio sine qua non und der Adäquanztheorie kausal auf die Pflichtverletzung zurückzuführen. Bei den Reputationsschäden handelt es sich allerdings um nur indirekte Schäden aus dieser Pflichtverletzung. Dazu tritt ferner ein wesentlicher Gesichtspunkt hinzu, nämlich dass als zentraler Zwischenschritt zwischen Pflichtverletzung und Schaden der Hauptversammlungsbeschluss liegt, also die eigenverantwortliche Entscheidung der Aktionäre. Da die Entscheidung der Aktionäre durch den Hauptversammlungsbeschluss der Gesellschaft zugerechnet wird[707], läge gleichsam ein Fall der eigenverantwortlichen Selbstschädigung vor, die grundsätzlich zu einer Unterbrechung des Zurechnungszusammenhangs führen würde. Durch die Missbilligung hat sich die Gesellschaft einen eigenen Reputationsschaden zugefügt. Gleichwohl ist es in der Schadenersatzlehre anerkannt, dass dann keine Unterbrechung des Zurechnungszusammenhangs angenommen werden kann, wenn sich der Dritte zu der betreffenden selbstschädigenden Handlung herausgefordert fühlen durfte.[708] Übertragen auf die vorgebrachte Konstellation bedeutet das: Die Aktionäre durften sich, da es sich um ein gesetzwidriges Vorstandsvergütungssystem handelt, dazu herausgefordert fühlen, einen missbilligenden Beschluss zu fassen, der der Gesellschaft als eigener Wille zugerechnet wird. Entstehen daraus Reputationsschäden, werden diese mittelbaren Schäden der pflichtverletzenden Handlung des Verwaltungsorgans zugerechnet. Der Aufsichtsrat und gegebenenfalls der Vorstand haben daher für diese Reputationsschäden einzustehen.

b. Bei gesetzmäßigem, aber für unzweckmäßig gehaltenem Vergütungssystem

Anders ist dagegen der Fall zu beurteilen, dass das Vergütungssystem an sich gesetzmäßig ist, die Hauptversammlung es aber für unzweckmäßig erachtet und deshalb ablehnt. Hierbei kann der Verwaltung nicht von vornherein ein pflichtwidriges Verhalten unterstellt werden, das zu einer Haftung auf Schadensersatz nach §§ 116, 93, 87 AktG bzw. § 93 AktG führen würde. In den Grenzen des

---

707 Siehe oben unter § 4 B. II.

708 Vgl. BGHZ 57, 25 (31); Medicus/Petersen, Bürgerliches Recht, Rn 653 ff. m.w.N.; Grüneberg in Palandt, BGB, Vorb v § 249, Rn 41 ff.

unternehmerischen Ermessensspielraums sind hier die Verwaltungsorgane grundsätzlich frei. Eine Ausnahme kann höchstens dann angenommen werden, wenn die Unzweckmäßigkeit offensichtlich ist. Dann gelten obige Ausführungen entsprechend; die Hauptversammlung darf sich dann dazu herausgefordert sehen, die Missbilligung auszusprechen und so Reputationsschäden hervorzurufen.

Andererseits liegt es indes auch im freien „unternehmerischen“ Ermessen der Hauptversammlung, ob sie ein Vergütungssystem für zweckmäßig hält oder nicht. Die Zweckmäßigkeit enthält versubjektivierte Bestandteile, sodass sie kaum objektiv überprüfbar ist. Allerdings stößt auch sie an Grenzen, wenn die Zweckmäßigkeit aus willkürlichen Gründen für nicht gegeben gehalten wird. In diesem Fall überschreitet die Hauptversammlung ihre Entscheidungsmöglichkeit, sodass über haftungsbegründende Momente nachgedacht werden kann. Gleichwohl kommt auch hier wiederum die bereits oben angeschnittene Besonderheit zum Zuge, dass der Hauptversammlungsbeschluss der Gesellschaft als eigener Wille zugerechnet wird. Führt also die willkürliche Hauptversammlungsentscheidung zu einem Reputationsschaden, ist es im Grunde die Aktiengesellschaft, die sich selbst geschädigt hat, da der Beschluss ihr als eigener Wille zugerechnet wird. Wollte die Gesellschaft nunmehr den Schaden ersetzt verlangen, müsste sie gegen sich selbst Ansprüche geltend machen. Dies ist aber bereits von vornherein ausgeschlossen. Die Aktionäre begehen zwar durch diesen Beschluss eine schwerwiegende Treuepflichtverletzung gegenüber ihrer Gesellschaft. Diese führt jedoch mangels Haftungstatbestand nicht zu einer Haftungsbegründung für Reputationsschäden. Vielmehr kann dieser Umstand nur in Verbindung mit der Begründung der Anfechtbarkeit derartiger willkürlicher Beschlüsse durch den Vorstand der Aktiengesellschaft herangezogen werden.[709] Allerdings genügt diese Vorgehensweise im Ergebnis auch, um den Schaden abzuwenden, da damit die Willkür beseitigt wird. Den Schaden muss die Gesellschaft selbst verantworten.

G. Erforderlichkeit der Regelung des § 120 Abs. 4 AktG

Die Notwendigkeit für die Regelung des § 120 Abs. 4 AktG wird infrage gestellt, seitdem diese Norm im Aktienrecht integriert ist. Machne Autoren bezeichnen die Regelung als bloßes „Soft Law“.[710] Andere sehen dahinter lediglich

709 Siehe oben § 6 F. I. 4.

710 Vgl. Hanau, NJW 2009, 1652 (1653).

einen „zahnlose[n] Tiger“[711] oder einen „kraftlose[n] Hauptversammlungsbeschluss“.[712] Auch eine Charakterisierung als „platonische Vertrauenskundgebung“[713] oder als rechtlich unverbindliches Meinungsbild der Aktionäre wird vorgebracht.[714]

I. Die im Gesetzgebungsverfahren vorgebrachte Kritik

Während des Gesetzgebungsverfahrens wurde von verschiedenen Seiten Stellungnahmen zum VorstAG eingeholt, sowohl von Interessenvertretergruppen als auch von juristischen Experten. Die Beurteilung des Vergütungsvotums fiel dabei unterschiedlich aus. Einige Stimmen äußerten sich ablehnend, während für andere die Regelung nicht weit genug geht.

Klare Ablehnung erfuhr die Regelung des § 120 Abs. 4 AktG von Seiten des *Deutschen Gewerkschaftsbundes* (DGB).[715] Zum einen hält er die Hauptversammlung für überfordert, eine derartige Beurteilung vorzunehmen. Zum anderen sieht auch er einen Eingriff in die Kernaufgaben des Aufsichtsrats. Der Kompetenzzuwachs der Hauptversammlung sei unnötig und inkonsistent gegenüber den anderen Vorschlägen, er wäre eindeutig eine Schwächung des Aufsichtsorgans und ein Systembruch. Der Einfluss institutioneller Anleger würde gestärkt. Zudem würden die Gewichte der Kapitalvertreter im mitbestimmten Aufsichtsrat gestärkt und der Einfluss der demokratisch gewählten Arbeitnehmervertreter geschwächt. Statt der Regelung des § 120 Abs. 4 AktG solle eine Verpflichtung für den Aufsichtsrat geschaffen werden, die Angemessenheit der Vorstandsvergütung schriftlich zu begründen.

Der *Bundesverband der Deutschen Industrie e.V.* (BDI)[716] brachte zudem vor, die Beschlussfassung der Hauptversammlung würde zu emotionalen und uferlosen Debatten und damit zu einer zeitlichen Ausdehnung der Hauptversammlungen führen. Dies stünde konträr zu dem Bestreben einer Begrenzung der Hauptversammlungsdauer auf vier bis sechs Stunden. Auch widerspräche es der Aufgabenverteilung zwischen Aufsichtsrat und Hauptversammlung. Die Hauptversammlung sei kein geeignetes Forum für die Vergütungsfragen; die Interessen der Aktionäre werden vielmehr auch in Vergütungsfragen vom Aufsichtsrat vertreten. In Deutschland fehle es an einem Bedürfnis nach einer zu-

711 Vgl. Begemann/Laue, BB 2009, 2442.
712 Vgl. E. Vetter, ZIP 2009, 2136.
713 Vgl. Fleischer, NZG 2009, 801 (805); Fleischer/Bedkowski, AG 2009, 677 (684).
714 Vgl. etwa Fleischer/Bedkowski, AG 2009, 677 (684).
715 Stellungnahme des DGB, S. 2, 12 f.
716 Stellungnahme zur öffentlichen Anhörung, S. 14 f.

sätzlichen Mitwirkungsinstanz auf Aktionärsebene. Zudem könne die Vergütungspolitik bereits im Rahmen der Entlastung thematisiert und diskutiert werden.

Größere Zurückhaltung zeigte demgegenüber der *Gesamtverband der Deutschen Versicherungswirtschaft e.V.* (GDV).[717] Auch er bezweifelt die Notwendigkeit der Regelung, da bereits bisher die Möglichkeit bestanden habe, im Rahmen der Entlastung des Aufsichtsrates die Angemessenheit der Vorstandsvergütung zu thematisieren und durch entsprechendes Abstimmungsverhalten dem Aufsichtsrat ein zustimmendes oder ablehnendes Signal zu geben. Auch sah er eine Beeinträchtigung der Unabhängigkeit des Aufsichtsrats. Zudem befürchtete er, dass der Tagesordnungspunkt von bekannten Opponenten für eigennützige Zwecke benutzt und zu nicht repräsentativen Diskussionsbeiträge einladen würde.

Kritik äußerte auch *Kempter*.[718] Weil schon jetzt die Empfehlungen des Deutschen Corporate Governance Kodex von mehr als 90 % der börsennotierten Unternehmen eingehalten werden, erscheine es nicht notwendig, dass der Gesetzgeber hier zwingend in ein funktionierendes System eingreife, zumal das Gesetz nicht mehr bewirke als die Information.

Goette[719] dagegen sieht es, da die Aktionäre die Mitglieder des Vorstands aus ihrem Vermögen zu honorieren haben, als deren selbstverständliches Recht an, über diese Gegenstände informiert zu werden und darüber Beschluss zu fassen, ob sie mit den für sie durch den hierzu berufenen Aufsichtsrat getroffenen Entscheidungen einverstanden sind.

Grundsätzliche Befürwortung findet § 120 Abs. 4 AktG auch von Seiten *Hirtes*.[720] Er bemängelt stattdessen, dass die Entscheidung nur auf Antrag einer recht hohen Minderheit der Aktionäre möglich und auf börsennotierte Aktiengesellschaften beschränkt ist. Ebenso wenig überzeugend sei seiner Ansicht nach der Ausschluss der Anfechtbarkeit.

Zustimmung erfährt das Vergütungsvotum nach § 120 Abs. 4 AktG auch von *Thüsing*, der es für ein probates Mittel hält, um die Angemessenheit von Vorstandsvergütungen jedenfalls aus Aktionärssicht sicherzustellen.[721] Allerdings spricht sich *Thüsing* ebenfalls für eine Erweiterung im Vergleich zur bestehenden Regelung aus.

Lutter hält die Regelung des § 120 Abs. 4 AktG dagegen für viel zu allgemein, als dass sie einen begrenzenden Einfluss auf die Höhe der Vergütung ha-

---

717 GDV, Ergänzende Stellungnahme, S. 5.

718 Kempter, Anhörung vor dem Rechtsausschuss, S. 17.

719 Goette, Stellungnahme zum VorstAG, S. 9.

720 Hirte, Stellungnahme zum VorstAG, S. 10 f.

721 Thüsing, Stellungnahme zum VorstAG, S. 19 ff.

ben könnte.[722] Zwar solle eine zwingende Lösung vermieden werden; andererseits sollten Aussagen der Hauptversammlung, wenn sie denn gemacht werden, auch verbindlich sein. Vor allem aber sei die Hauptversammlung ganz außerstande, Details festzulegen; sie sollte also auf holzschnittartige Entscheidungen beschränkt werden. *Lutter* schlägt deshalb vor, zu normieren, dass die Hauptversammlung die Möglichkeit haben soll, eine Obergrenze der Vergütung verbindlich festzulegen.

Das Meinungsbild war also bereits im Vorfeld sehr gespalten. Auffällig ist jedoch dabei, dass die Erforderlichkeit und Notwendigkeit dieses Vergütungsvotums insbesondere von Seiten der Praktiker infrage gestellt wurde, wohingegen von der eher akademischen Seite überwiegend Zustimmung zu erkennen war. Allerdings findet sich dabei kein abschließend überzeugendes Argument dafür, dass statt dieses systemfremden Hauptversammlungsbeschlusses kein anderes, ebenso effektives Mittel zur Verfügung stand. Vielmehr ist das Vorbringen des BDI überzeugend, der klarstellt, dass die Interessen der Aktionäre auch in Vergütungsfragen vom Aufsichtsrat vertreten werden.[723] Diese Methode hat sich bisher bewehrt und ist ausreichend, insbesondere da eine Aussprache bezüglich der Vorstandsvergütung zweifellos im Tagesordnungspunkt „Entlastung" hätte erfolgen können. Die Erforderlichkeit ist daher zu verneinen, wenngleich die Regelung dennoch gesetzlich normiert wurde.

II. Kompetenzrechtliche Erforderlichkeit

Die Untersuchung der kompetenzrechtlichen Erforderlichkeit muss in zweierlei Richtungen erfolgen. Erstens muss die Frage beleuchtet werden, ob es die kompetenzrechtliche Verteilung des Aktienrechts erforderlich machte, eine Regelung wie § 120 Abs. 4 AktG einzuführen. Und zweitens – darauf aufbauend – ist die Frage aufzuwerfen, ob es aus Sicht der Kompetenzverteilung erforderlich war, das Vergütungsvotum ins Aktienrecht aufzunehmen.

1. Kompetenzrechtliches Erfordernis

Die erste Frage ist schnell beantwortet. Das Aktiengesetz vor dem VorstAG sah in Bezug auf das Vorstandsvergütungssystem keine ausdrückliche Beschlussfassung durch die Hauptversammlung vor. Eine entsprechende Berechtigungsnorm bestand nicht. Thematisiert werden konnte es im Rahmen der Entlastungsentscheidung. Eine Beschlussfassung hierüber war in diesem Zusammenhang zu-

722 Lutter, Stellungnahme, S. 7.

723 Vgl. auch van Kann/Keiluweit, DStR 2009, 1587 (1589).

mindest dann möglich, wenn man der Hauptversammlung – entgegen der hier vertretenen Auffassung – das Recht zugebilligt hat, eine rechtlich unverbindliche Meinungskundgabe zu einer konkreten Maßnahme[724] darzutun. Eine Beschlussvorlage des Aufsichtsrats gemäß § 119 Abs. 2 AktG analog war nicht möglich.[725] Aufgrund dessen war es für den Gesetzgeber erforderlich, eine Norm zu schaffen, die es der Hauptversammlung überhaupt erst ermöglichte, sich mittels eines Beschlusses mit dem Vorstandsvergütungssystem zu befassen. Insofern bestand folglich ein kompetenzrechtliches Erfordernis.

2. Erforderlichkeit der Kompetenzerweiterung

War es also von Seiten des Gesetzgebers erforderlich, diese Regelung einzuführen, um der Hauptversammlung die Beschlussfassung zu ermöglichen, muss darauf aufbauend die Erforderlichkeit dieser Kompetenzerweiterung hinterfragt werden. In diesem Zusammenhang kann mit Recht auf das Bestreben des Gesetzgebers verwiesen werden, die Empfehlungen der EU-Kommission in deutsches Recht umsetzen zu wollen.[726] Dies war ein legitimer Zweck. Darüber hinaus zielte der Gesetzgeber mit dem VorstAG darauf ab, die Zahlung überhöhter Managergehälter zu vermeiden und zu unterbinden, die als mitursächlich für die Finanzmarktkrise ausgemacht wurden. Ein Baustein zu dieser Zielerreichung war dabei der neue § 120 Abs. 4 AktG. Durch ihn sollte den Aktionären ein Instrument zur Kontrolle des bestehenden Vergütungssystems an die Hand gegeben werden.[727] Auch dieser Zweck der Regelung ist zweifelsohne legitim. Schon die Geeignetheit des Vergütungsvotums, als Kontrollinstrument zu dienen, ist jedoch infrage zu stellen. Denn aufgrund der rechtsfolgenlosen Ausgestaltung des Billigungsbeschlusses tritt die tatsächliche Kontrolle in den Hintergrund und erschöpft sich in der Öffentlichkeitswirksamkeit, zumal für keine erhöhten Anforderungen hinsichtlich der Darstellung und Veröffentlichung des Vergütungssystems gesorgt wurde.

Auch die Möglichkeit der Teilentlastung[728] lässt Zweifel an der Erforderlichkeit der Regelung des § 120 Abs. 4 AktG aufkommen. Sind die Aktionäre sowohl mit der Verwaltung allgemein als auch mit dem Vergütungssystem im Speziellen einverstanden und halten beides für im Großen und Ganzen gesetz- bzw. satzungs- sowie zweckmäßig, kann das in einem einheitlichen Entlas-

---

724 Vgl. z.B. die Beurteilung im Rahmen des Entlastungsbeschlusses: Semler in Münchener Hdb. GesR, Band 4 AG, § 34, Rn 27.

725 A.A.: Schüppen, ZIP 2010, 905 (909).

726 Siehe hierzu oben § 6 A. I.

727 Vgl. BT-Drs. 16/13433, S. 1, 12.

728 Siehe dazu bereits oben § 6 E. II. 3. a. aa.

tungsbeschluss zum Ausdruck gebracht werden. Wurde während der Debatte zu diesem Tagesordnungspunkt die Frage der Vorstandsvergütung thematisiert und anschließend die Entlastung erteilt, kann dem Entlastungsbeschluss dieser Inhalt ohne Weiteres entnommen werden. Sind die Aktionäre umgekehrt dagegen weder mit den Verwaltungstätigkeiten des Aufsichtsrats im Allgemeinen noch speziell mit der Tätigkeit in Bezug auf das Vorstandsvergütungssystem einverstanden, kann dies ebenfalls ohne größeres Aufhebens mittels einer Verweigerung der Entlastung kundgetan werden. Als weitere Variante ist der Fall zu nennen, dass die Hauptversammlung die Verwaltung des Aufsichtsrats im Allgemeinen zwar billigen will, mit der Behandlung der Vorstandsvergütung und des Vergütungssystems aber unzufrieden ist. In einem solchen Fall blieb es der Hauptversammlung vor dem VorstAG unbenommen, die Entlastung unter Ausklammerung der Vergütungsthematik zu erteilen (Teilentlastungsbeschluss). Ein rechtes dringliches Erfordernis nach der Einführung des § 120 Abs. 4 AktG vermag sich aufgrund dessen nicht einzustellen, insbesondere da die wesentlichen Fälle schon nach der bisherigen Gesetzessystematik abgedeckt waren. Einzig der Fall, dass die Hauptversammlung zwar die Entlastung im Allgemeinen nicht erteilen, aber das Vorstandsvergütungssystem als solches billigen wollte, konnte nicht gelöst werden, da die Entlastung bezüglich einzelner Geschäftsvorgänge keine zulässige Teilentlastung darstellen konnte. Diesen Fall wird man aber gemeinhin als unwahrscheinlich betrachten dürfen und daher vernachlässigen können, sodass es bei der Beurteilung bleibt, dass eine Erforderlichkeit nach der Kompetenzerweiterung nicht angenommen werden kann.

III. Schlechterstellung der börsennotierten Aktiengesellschaft durch § 120 Abs. 4 AktG

Es ist sogar der Schluss zu ziehen, dass börsennotierte Aktiengesellschaften durch § 120 Abs. 4 AktG im Vergleich zu nichtbörsennotierten Aktiengesellschaften schlechter gestellt werden. Das Vergütungsvotum kann ausdrücklich nur bei börsennotierten Aktiengesellschaften durchgeführt werden, § 120 Abs. 4 S. 1 AktG. Eine Übertragung auf nichtbörsennotierte Aktiengesellschaften kommt daher von vornherein nicht in Betracht.[729] Dies verstößt gegen § 23 Abs. 5 AktG. Der Gesetzgeber eröffnet nichtbörsennotierten Aktiengesellschaften hier keinen Gestaltungsspielraum. Wegen der Satzungsstrenge darf keine Satzungsregelung erfolgen. Diese Beschränkung auf börsennotierte Gesellschaften wurde verschiedentlich kritisiert, da insbesondere kein zwingend erforderli-

729 Vgl. nur Schüppen, ZIP 2010, 905 (911).

cher Grund für diese Ungleichbehandlung gesehen werden konnte.[730] Für den Gesetzgeber bestand bei geschlossenen Gesellschaften kein Bedarf nach so differenzierten Regelungen.[731] Dies vermag jedoch nicht zu überzeugen, da auch in geschlossenen Gesellschaften Aktionärsstrukturen wie in einer Publikumsgesellschaft gegeben sein können, die mit einer börsennotierten Aktiengesellschaft vergleichbar sind. Im Sinne der Einheitlichkeit und der Vermeidung von Abgrenzungsschwierigkeiten wäre es zu befürworten gewesen, das Vergütungsvotum jedenfalls auf alle Aktiengesellschaften zu erstrecken.

Für börsennotierte Gesellschaften resultieren aus der Regelung des § 120 Abs. 4 AktG mehrere Verschlechterungen im Vergleich zu sonstigen Aktiengesellschaften. Der Aufsichtsrat der börsennotierten Aktiengesellschaft ist zunächst verpflichtet, ein Vergütungssystem zu etablieren.[732] Eine derartige Verpflichtung ergibt sich für den Aufsichtsrat einer nichtbörsennotierten Gesellschaft nicht. Er darf vielmehr für jedes Vorstandsmitglied individuell die Vergütungssystematik aushandeln und festlegen. Anders als bei nichtbörsennotierten Gesellschaften ergibt sich für börsennotierte Aktiengesellschaften ferner die Problematik, dass über einen Teilbereich der Verwaltungstätigkeit des Aufsichtsrats nicht entschieden wird, wenn der Vergütungsbeschluss nicht zur Beschlussfassung auf die Tagesordnung der Hauptversammlung gesetzt wird. Da die Beschlussgegenstände von Entlastung und Vergütungsvotum in einem Exklusivitätsverhältnis stehen, kann der Entlastungsbeschluss nicht dahingehend ausgelegt werden, dass er die Vergütungsthematik mit umfasse, wenn kein Vergütungsvotum gefasst würde.[733] Eine börsennotierte Aktiengesellschaft tut daher gut daran, den Vergütungsbeschluss zumindest in regelmäßigen Abständen der Hauptversammlung zur Beschlussfassung vorzulegen, wenn auch eine jährliche Vorlage nicht erforderlich ist. Nur insofern kann dem Aufsichtsrat diese besondere Art der Entlastung zuteilwerden.

Auch die Aktionäre börsennotierter Aktiengesellschaften werden im Grunde schlechter gestellt. Ausgehend von vorgenannter Exklusivität der Beschlussgegenstände[734] muss ein Aktionär, will er die Abstimmung über das Vergütungssystem erreichen, jedenfalls dann aktiv werden, wenn die Verwaltung davon abgesehen hat, diesen Punkt auf die Tagesordnung der Hauptversammlung zu setzen. Erforderlich ist dann das Erreichen des Quorums nach § 122 Abs. 2 AktG. Bei nichtbörsennotierten Aktiengesellschaft ist dagegen die Vergütungsthematik stets im Rahmen der Entlastung inbegriffen. Sie kann daher von Seiten der Ver-

730 Vgl. Hirte, Stellungnahme zum VorstAG, S. 10 f.
731 Vgl. BT-Drs. 16/13433, S. 12.
732 Siehe hierzu oben unter § 6 B. I. 1. b.
733 Siehe hierzu oben unter § 6 E. II. 3. a. bb. (2).
734 Siehe hierzu ausführlich oben unter § 6 E. II. 3.

waltung nicht zunächst wegdefiniert werden. Will ein Aktionär hier erreichen, dass die Billigung des Vergütungssystems nicht erteilt wird, steht ihm dafür der Weg offen, einen Gegenantrag nach § 126 AktG im Vorfeld der Hauptversammlung oder auch noch während der Hauptversammlung zu stellen, für den kein Quorum notwendig ist. Die Aktionäre der börsennotierten Aktiengesellschaft sind jedoch noch in einer weiteren Hinsicht benachteiligt. Durch den Ausschluss der Anfechtungsklage gemäß § 120 Abs. 4 S. 3 AktG können sich die Aktionäre selbst dann nicht gegen den Billigungsbeschluss zur Wehr setzen, wenn er gegen gesetzliche Bestimmungen verstößt – sowohl formell als auch inhaltlich.[735] Sie müssen ihn vielmehr so hinnehmen, wie er ist. Bei nichtbörsennotierten Gesellschaften, die das Vergütungssystem im Rahmen der Entlastung behandeln können, können die Aktionäre den Entlastungsbeschluss insgesamt und damit immanent die (Miss-)Billigung des Vergütungssystems anfechten, mit der Begründung, es liege ein schwerwiegender Rechtsverstoß bei der Ausgestaltung des Vergütungssystems vor.

Angesichts dieser Erkenntnisse ist es fraglich, ob § 120 Abs. 4 AktG als ein Gewinn betrachtet werden kann. Im Ergebnis bedeutet das Vergütungsvotum für die börsennotierten Gesellschaften, die die Regelung im Sinn hat, ein Erschwernis, das mit dem Ziel der Stärkung der Position der Aktionäre kaum ausgeglichen werden kann.

H. Zwischenfazit

1. Mit Vergütungssystem im Sinne des § 120 Abs. 4 AktG ist das abstrakte und generelle Gesamtkonzept gemeint, von dem sich der Aufsichtsrat bei Festlegung der konkreten und individuellen Vergütung der Vorstandsmitglieder leiten lässt. Dazu sind zu zählen: Vergütungspolitik des Aufsichtsrats; das allgemeine Konzept der Anstellungsverträge; Form der Vergütung (Geldleistungen, Sachbezüge) und Struktur (fest und variabel); die Gewichtung der verschiedenen Vergütungsbestandteile und die damit verbundene Inzentivierung der Vorstandsmitglieder; Parameter zur Beachtung der Üblichkeit der Vorstandsvergütung; Erläuterung zu den anreizorientierten Vergütungszusagen, ihrer mehrjährigen Bemessungsgrundlage und ihren Auswirkungen auf die nachhaltige Unternehmensentwicklung; Voraussetzungen und Struktur der Altersversorgung; Grundzüge der Sondervergütung bei vorzeitiger Beendigung der Vorstandstätigkeit.

735 Siehe hierzu oben unter § 6 F. I.

2. Der Aufsichtsrat einer börsennotierten Aktiengesellschaft ist verpflichtet, für den Vorstand ein Vergütungssystem einzurichten.

3. Der Vergütungsbeschluss stellt eine systemfremde und höchst problematische Vermengung in den Kompetenzen der drei Organe der Aktiengesellschaft dar.

4. Der Beschlussantrag kann sowohl von Seiten der Verwaltung als auch auf Initiative der Aktionäre gestellt werden. Er kann positiv oder negativ gefasst sein. Inhaltlich ist er so zu stellen, dass das System zur Vergütung der Vorstandsmitglieder, dessen Grundzüge in dem (Konzern-)Lagebericht des Geschäftsjahres XXXX auf den Seiten XX dargestellt sind, gebilligt wird.

5. Als Informationsgrundlage dienen den Aktionären der (Konzern-)Lagebericht, der Vergütungsbericht nach dem Deutschen Corporate Governance Kodex, die Hauptversammlungsunterlagen, die Informationen durch den Aufsichtsratsvorsitzenden sowie das Auskunftsrecht nach § 131 AktG. Diese Informationsgrundlage erscheint allerdings nicht ausreichend. De lege ferenda ist daher zu empfehlen, die bereits bestehenden Ansatzpunkte aufzugreifen und zu erweitern. Namentlich sollten die Regelungen zum (Konzern-)Lagebericht in dem Sinne ergänzt werden, dass in Zukunft nicht nur auf die Grundzüge, sondern auf das Vorstandsvergütungssystem insgesamt eingegangen werden sollte. In Anlehnung an die in der Empfehlung der EU-Kommission vom 29. Dezember 2004 aufgeführte Vergütungserklärung würde in diese Vorschrift eine Aufzählung derjenigen Punkte aufgenommen, die beschrieben werden sollen. Eventuellen Besonderheiten einzelner Systeme wäre dabei Rechnung zu tragen. Der Vergütungsbericht im Sinne des Deutschen Corporate Governance Kodex würde dadurch ersetzt. Eine Detaillierung oder Begrenzung des Auskunftsrechts nach § 131 AktG ist dann nicht angezeigt. Der Großteil möglicher Fragen wäre durch die Festlegung des Mindeststandards bereits beantwortet, sodass keine Erforderlichkeit zur Beurteilung des Beschlussgegenstandes mehr anzunehmen sein würde. Für weitere Fragen bliebe es bei den allgemeinen Grundsätzen.

6. Die Hauptversammlung trifft eine eingeschränkte Ermessensentscheidung. Mit der Billigung bringt sie zum Ausdruck, dass sie mit dem bestehenden System zur Vergütung der Vorstandsmitglieder inhaltlich einverstanden ist, da sie es für zweckmäßig hält und darin keine schwerwiegenden Gesetzesverstöße sieht. Die Missbilligung würde andererseits bedeuten, dass die Hauptversammlung mit dem bestehenden System zur Vergütung der Vor-

standsmitglieder inhaltlich nicht einverstanden ist, da sie es mit nachvollziehbaren Gründen für unzweckmäßig hält oder darin einen schwerwiegenden Gesetzesverstoß erblickt.

7. Das Stimmrecht von Organmitgliedern, die zugleich Aktionäre der Gesellschaft sind, ist in analoger Anwendung des § 136 Abs. 1 AktG bei der Beschlussfassung über das Vorstandsvergütungssystem ausgeschlossen.

8. Der Hauptversammlung steht nur das Gesamtkonstrukt des Vorstandsvergütungssystems zur Billigung offen. Einzelne Elemente können nicht herausgelöst werden. Eine Teil-Billigung ist weder möglich noch zulässig.

9. Mangels hinreichender fachlicher Eignung zur Beurteilung der Einzelheiten zur Gestaltung eines gesetzeskongruenten Vorstandsvergütungssystems ist die Einordnung der Hauptversammlung als geeignetes Organ ernstlich infrage zu stellen.

10. Der Beschluss über das System zur Vergütung der Vorstandsmitglieder nach § 120 Abs. 4 AktG ist nicht als korporatives Rechtsgeschäft, sondern als korporative rechtsgeschäftsähnliche Handlung zu qualifizieren.

11. Der Billigungsbeschluss nach § 120 Abs. 4 AktG hat keinerlei Auswirkungen auf die Haftungssituation des Aufsichtsrats. Er ist darüber hinaus grundsätzlich nicht geeignet, einen Vertrauenstatbestand zu schaffen, weder beim Vorstand noch beim Aufsichtsrat. Nur im Ausnahmefall ist die Hauptversammlung an die eigene Entscheidung aus dem Vorjahr bzw. aus den Vorjahren gebunden.

12. Eine Verknüpfung zwischen Vergütungsvotum und Vergütungsvereinbarung im Vorstandsanstellungsvertrag ist im Wege einer auflösenden Bedingung oder einer Neufestsetzungsklausel möglich.

13. Der Billigungsbeschluss stellt einen extrahierten Teilbereich des Entlastungsbeschlusses dar. Zwischen beiden besteht ein Exklusivitätsverhältnis. Gesichtspunkte des Vergütungssystems dürfen daher im Rahmen der Entlastung nicht berücksichtigt werden. Fehlt ein Beschluss über das Vergütungssystem, kann dieser nicht als im Entlastungsbeschluss inbegriffen betrachtet werden.

14. Der Ausschluss der Anfechtungsklage ist rechtlich zulässig, wenn auch rechtspolitisch bedenklich. Im Fall einer willkürlichen Verweigerung der Billigung und dadurch hervorgerufener negativer Folgen für die Gesellschaft ist es dem Vorstand aufgrund einer teleologischen Reduktion des § 120 Abs. 4 S. 3 AktG möglich, Anfechtungsklage zu erheben.

15. Eine Anfechtungsklage gegen das Vergütungsvotum ist nicht unzulässig, sondern als unbegründet abzuweisen. Die Klage ist zulässig, insbesondere fehlt ihr nicht das nötige Rechtsschutzbedürfnis, da die Aktionäre einen generellen Anspruch auf gesetzmäßige Beschlüsse haben; sie ist aber unbegründet, da gemäß § 120 Abs. 4 S. 3 AktG die Anfechtungsbefugnis fehlt.

16. Gegen den Billigungsbeschluss kann die Nichtigkeitsklage erhoben werden. Weitere Klagemöglichkeiten stehen jedoch nicht offen.

17. Ein Erfordernis für die Regelung des § 120 Abs. 4 AktG lässt sich insgesamt nicht erkennen.

§ 7 Weitere Ansätze zur Befassung der Hauptversammlung mit der Vorstandsvergütung

Im Rahmen des VorstAG wurde eine Diskussion wieder aufgegriffen, die bereits zuvor verschiedentlich zu hören war. Es geht dabei um die generelle Frage, inwieweit sich die Hauptversammlung verbindlich zur Vergütung der Vorstandsmitglieder der Gesellschaft äußern kann.[736] Nicht gemeint ist die – grundsätzlich zulässige, nunmehr bei börsennotierten Gesellschaften aber nur noch eingeschränkt mögliche[737] – Behandlung der Vorstandsvergütung in Verbindung mit der Debatte über die Entlastung der Aufsichtsratsmitglieder, da dies von der Verwaltungstätigkeit des Aufsichtsrats ohne Weiteres umfasst ist.[738] Vielmehr betrifft es den Punkt, ob die Hauptversammlung mittels Beschluss oder insbesondere mittels einer Regelung in der Satzung der Aktiengesellschaft eine bindende Regelung hinsichtlich der Vorstandsvergütung statuieren kann.[739] Im Wesentlichen werden dazu zwei Ansätze verfolgt, die nachfolgend skizziert und sodann rechtlich bewertet werden.

A. Festlegung von Höchstbeträgen

Ein Ansatzstrang spricht sich dafür aus, durch Hauptversammlungsbeschluss bzw. in der Satzung Höchstbeträge für die Vorstandsvergütung festzulegen.[740] Als erster deutscher Börsenwert hat der TecDax-Konzern Solarworld AG einen von der Hauptversammlung beschlossenen Deckel für die Vorstandsvergütung auf das 20-Fache der durchschnittlichen Bruttogehälter bekommen.[741]

736 Vgl. Lutter, Stellungnahme, S. 7.

737 Siehe dazu oben § 6 E. II. 3.

738 Vgl. Martens, ZHR 169 (2005), 124 (149).

739 Im Rahmen des Gesetzgebungsprozesses zum VorstAG wurde dieser Ansatz ausdrücklich vom Gesetzgeber abgelehnt; vgl. Seibert, WM 2009, 1489.

740 Vgl. Lutter, ZIP 2003, 737 (740); Körner, NJW 2004, 2697 (2701); Spindler in MüKo, AktG, § 87, Rn 26.

741 Vgl. hierzu die Stellungnahme des Aufsichtsratsvorsitzenden der Solarworld AG: Reckenwald, AnwBl 2009, 532.

B. Festlegung von Vergütungsrichtlinien

Andere wollen zwar nicht zwingend die Deckelung der Vorstandsvergütung herbeiführen, sehen aber ihren Ansatzpunkt darin, in der Satzung oder durch Hauptversammlungsbeschluss verbindliche Vergütungsrichtlinien vorzugeben.[742]

C. Stellungnahme

Beide Ansätze versuchen, den Anteilseigner ein größeres Mitsprache- und Entscheidungsrecht in Bezug auf die Vorstandsvergütung einzuräumen. Auf der Suche nach dem „iustum pretium" – der gerechten und angemessenen Vorstandsvergütung – sollen die Aktionäre selbst konkrete Vorgaben mit der Zielrichtung Aufsichtsrat festlegen können. Die Vorgehensweise differiert dabei hinsichtlich des Anknüpfungspunkts. Zum einen soll die Angemessenheit mithilfe einer absoluten Obergrenze für die Vorstandsvergütung festgeschrieben werden. Zum anderen sucht man den systemischen Ansatz, indem Richtlinien für die Gestaltung der Vorstandsvergütung – also in Bezug auf das Vergütungssystem – statuiert werden, wobei die Höhe selbst nicht fixiert sein muss.

I. Beurteilung de lege lata

De lege lata sind beide Ansätze jedoch im Ergebnis nicht in Übereinstimmung mit den gesetzlichen Regelungen des Aktienrechts zu bringen. Sie können daher nach der geltenden gesetzlichen Lage nicht durchgeführt werden.[743]

---

742 Vgl. Feudner, NZG 2007, 779 (780 f.); Bürgers/Israel in Bürgers/Körber, AktG, 87, Rn 2; Hüffer, AktG, § 87, Rn 2 a.E.; Hoffmann, Der Aufsichtsrat, Rn 223; Overlack, ZHR 1977 (141), 125 (134); wohl auch Thüsing, ZGR 2003, 457 (491 f.); Thüsing, DB 2003, 1612 (1615).

743 So auch die h.M.: Kort in Großkommentar, AktG, § 87, Rn 19; Seibt in K. Schmidt/Lutter, AktG, § 87, Rn 3; Lutter/Krieger, Rechte und Pflichten des Aufsichtsrats, Rn 386; Hoffmann-Becking, NZG 2006, 127 (130); E. Vetter, ZIP 2009, 1307; Fleischer/Bedkowski, AG 2009, 677 (683); Annuß/Theusinger, BB 2009, 2434 (2439 f.); Martens, ZHR 169 (2005), 124 (148 f.); E. Vetter, ZIP 2009, 2136 (2143); v.Falkenhausen/Kocher, AG 2010, 623 (628); Marsch-Barner, FS Röhricht, 401 (413); offenlassend: Schüppen, ZIP 2010, 905 (911); diese Tatsache ebenfalls anerkennend: Spindler in MüKo, AktG, § 87, Rn 26 a.E.; Lutter, ZIP 2003, 737 (740); a.A.: Thüsing, AG 2009, 517 (526); Körner, NJW 2004, 2697 (2701); Feudner, NZG 2007, 779 (780 f.); Hoffmann, Der Aufsichtsrat, Rn 223; Overlack, ZHR 1977 (141), 125 (134); Hüffer,

Hiergegen spricht zum einen die zwingende Zuständigkeit des Aufsichtsrats für die Personalpolitik bei der Vorstandsbesetzung.[744] Das Aktienrecht weist dem Aufsichtsrat ausdrücklich die Verantwortung zu, die Bestellung sowie die zivilrechtliche Anstellung eines Vorstandsmitglieds für die Aktiengesellschaft vorzunehmen, § 84 Abs. 1 S. 1 und 5 AktG. Diese kann durch eine solche Vorgehensweise der Hauptversammlung beeinträchtigt sein[745], da dem Aufsichtsrat nicht mehr die komplette Bandbreite möglicher geeigneter Kandidaten für den Vorstandsposten zur Verfügung stehen, wenn diese auf die von der Hauptversammlung festgelegten Konditionen in Bezug auf die Vergütung nicht eingehen werden. Für sich allein genommen vermag das freilich noch nicht zu überzeugen. Denn auch wenn der Aufsichtsrat sich selbst auf ein bestimmtes Vergütungssystem festgelegt hat, zu dessen Etablierung er, wenn es sich um eine börsennotierte Aktiengesellschaft handelt, nunmehr verpflichtet ist[746], wird er bestimmte Kandidaten nicht weiter in Betracht ziehen können, da deren Vorstellungen nicht mit dem Vergütungssystem des Aufsichtsrats in Übereinstimmung gebracht werden können. Die Zuständigkeit des Aufsichtsrats für die Personalpolitik wäre daher erst dann tatsächlich durch ein Einschreiten der Hauptversammlung eingeschränkt, wenn deren Festlegungen absolut unüblich oder gar willkürlich sind, wobei für diese Beurteilung die Rechtsbegriffe des § 87 Abs. 1 AktG herangezogen werden müssten. Im Übrigen zieht das Gesetz durch § 87 AktG ohnehin der Personalpolitik bereits gewisse Grenzen.[747]

Zum anderen ist in einem solchen Beschluss der Hauptversammlung ein Verstoß gegen die Kompetenzordnung nach § 87 AktG zu sehen. Denn aus dieser Norm ergibt sich, dass der Aufsichtsrat – und zwar allein der Aufsichtsrat – für die Festlegung der Gesamtvergütung der Vorstandsmitglieder zuständig ist. Diese Zuständigkeit bezieht sich zum einen auf die Höhe; in § 87 Abs. 1 S. 1 AktG wird nämlich dem Aufsichtsrat die verantwortungsvolle Pflicht auferlegt, die Gesamtbezüge im Rahmen der Angemessenheit festzulegen. Mit gutem Grund stellt das Gesetz dabei selbst nur auf das Verhältnis zu Aufgaben und Leistungen sowie zur Lage der Gesellschaft und zur Üblichkeit ab, vermeidet also die Einführung einer absoluten Höchstgrenze. Jede Gesellschaft muss für sich betrachtet werden; kaum jemals werden zwei Gesellschaften die gleichen Rahmenbedingungen vorweisen können. Um einen sinnvollen Handlungs- und

AktG, § 87, Rn 2 a.E.; Bürgers/Israel in Bürgers/Körber, AktG, § 87, Rn 2; Thüsing, DB 2003, 1612 (1615).

744 Siehe hierzu oben § 2 C. II.

745 Vgl. Seibt in K. Schmidt/Lutter, AktG, § 87, Rn 3; Lutter/Krieger, Rechte und Pflichten des Aufsichtsrats, Rn 386.

746 Siehe hierzu oben § 6 B. I. 1. b.

747 Vgl. Lutter/Krieger, Rechte und Pflichten des Aufsichtsrats, Rn 386.

Entscheidungsrahmen zu schaffen, muss dem Aufsichtsrat hier Flexibilität belassen werden. Diese Entscheidung und Beurteilung der Angemessenheit der Vorstandsvergütung kann dem Aufsichtsrat durch einen Eingriff der Hauptversammlung nicht genommen werden. Das gilt in gleicher Weise für das Vergütungssystem. Die Aufstellung von Richtlinien durch die Hauptversammlung betreffend das Vergütungssystem würden § 87 Abs. 1 S. 2 und 3 AktG konterkarieren. Die Verantwortung liegt auch hierfür unzweifelhaft beim Aufsichtsrat.[748] Dies wird durch die Neuregelungen des VorstAG sogar noch verstärkt. Gerade die Einführung des § 120 Abs. 4 AktG, die für sich genommen bereits eine zweifelhafte Vermengung der Kompetenzordnung in der Aktiengesellschaft darstellt[749], liefert ein weiteres Argument gegen die Zulässigkeit einer weitergehenden Befassung der Hauptversammlung mit der Vorstandsvergütung.[750] Der Gesetzgeber wollte keine noch größere Erweiterung des Handlungsspielraums der Hauptversammlung. Die Vorschläge aus den Stellungnahmen insbesondere von *Lutter* und *Hirte* hat er nicht aufgegriffen.[751] § 120 Abs. 4 AktG gewährt der Hauptversammlung nur eine beschlussmäßige Befassung mit dem bestehenden Vergütungssystem. Bindende Vorgaben für die Zukunft oder zur Änderung des bereits eingeführten Vergütungssystems kann sie dagegen nicht aufstellen.[752] Dieser Bereich bleibt auch weiterhin dem Aufsichtsrat vorbehalten. Auch wenn er sich an der von der Hauptversammlung geäußerten Kritik orientieren kann, bleibt er dennoch vollumfänglich in der Verantwortung für die Wahrnehmung dieser Aufgabe bezüglich des Vorstandsvergütungssystems nach § 87 AktG.

In Verbindung damit könnte in Erwägung gezogen werden, danach zu differenzieren, ob es sich um eine börsennotierte oder um eine nichtbörsennotierte Gesellschaft handelt, da § 120 Abs. 4 AktG nur für die erstgenannten Anwendung findet. Bei kleinen nichtbörsennotierten Aktiengesellschaften, vielleicht reinen Familien-Aktiengesellschaften, könnte ein stärkeres Bedürfnis nach einer Satzungsregelung bestehen, da sie eine eher personalistische Struktur aufweist. Satzungsregelungen zur Vorstandsvergütung könnten hier zumindest als Richtlinie für den Aufsichtsrat aufgestellt werden.[753] Aber auch dieser Vorstoß einer satzungsmäßigen Regelung zur Höhe oder zu den Modalitäten der Vorstandsvergütung scheitert wie bei allen Aktiengesellschaften an § 23 Abs. 5 AktG, der besagt, dass die Satzung von den Vorschriften des Aktiengesetzes nur dann abweichen kann, wenn es ausdrücklich zugelassen ist, und dass ergänzende Be-

---

748 Siehe hierzu oben § 6 E. II. 2.

749 Siehe hierzu oben § 6 B. I. 2.

750 Vgl. Fleischer/Bedkowski, AG 2009, 677 (683).

751 Vgl. Lutter, Stellungnahme, S. 7; Hirte, Stellungnahme zum VorstAG, S. 10.

752 Siehe hierzu oben § 6 B. IV. 1.

753 Vgl. Seibt in K. Schmidt/Lutter, AktG, § 87, Rn 3 a.E.

stimmungen der Satzung nur dann zulässig sind, wenn das Aktiengesetz keine abschließende Regelung enthält (sog. Satzungsstrenge[754]).[755] Mit den Regelungen der §§ 84, 87 AktG enthält das Aktiengesetz allerdings gerade eine abschließende Regelung in Bezug auf die Kompetenzen zur Vorstandsvergütung.[756] Für Ergänzungen durch eine Satzungsregelung besteht daher kein Raum. Außerdem eröffnet das Aktiengesetz an keiner Stelle eine Möglichkeit für Satzungsregelungen in diesem Bereich.

Schließlich scheitert die Zulässigkeit solcher hauptversammlungsseitiger Vorgaben an einem Weiteren. Die Aufteilung der Kompetenzordnung in der Aktiengesellschaft unter den drei Organen Vorstand, Aufsichtsrat und Hauptversammlung[757] bringt es mit sich, dass alle drei Organe voneinander und untereinander grundsätzlich weisungsunabhängig sind. Das gilt auch für das Verhältnis zwischen der Hauptversammlung und dem Aufsichtsrat.[758] Könnte nun allerdings die Hauptversammlung Beschlüsse fassen oder eine Satzungsregelung vornehmen, die dazu führt, dass der Handlungsspielraum des Aufsichtsrats eingeengt wird, kommt das im Ergebnis der Erteilung einer Weisung gleich, denn der Aufsichtsrat müsste sich an die verbindlichen Vorgaben der Hauptversammlung, einen bestimmten Rahmen zu beachten, halten. Damit wäre indes die eigenverantwortliche, weisungsunabhängige Wahrnehmung der Aufsichtsratstätigkeiten durch die Aufsichtsratsmitglieder nicht mehr möglich. Auch insofern ergäbe sich daher ein nicht lösbarer Systembruch.

II. Beurteilung de lege ferenda

Hat sich nun gezeigt, dass de lege lata eine Regelung in der Satzung oder durch einen Hauptversammlungsbeschluss an der zwingenden Kompetenzordnung der Aktiengesellschaft scheitert, ist zu fragen, ob es de lege ferenda wünschenswert wäre, der Hauptversammlung eine derartige Kompetenz zuzuweisen. Insbesondere *Lutter* hat im Gesetzgebungsverfahren beim Deutschen Bundestag für die Einführung einer neuen Norm geworben, die der Hauptversammlung die Mög-

754 Vgl. Hüffer, AktG, § 23, Rn 34 ff.

755 Vgl. v.Falkenhausen/Kocher, AG 2010, 623 (628).

756 Vgl. v.Falkenhausen/Kocher, AG 2010, 623 (628); a.A.: Körner, NJW 2004, 2697 (2701).

757 Siehe hierzu ausführlich oben unter § 2.

758 Vgl. Habersack in MüKo, AktG, § 111, Rn 136 m.w.N.; Nikolay, NJW 2009, 2640 (2645).

lichkeit für eine Satzungsbestimmung eröffnen würde.[759] Durchgedrungen ist er damit indes nicht.

Der Gesetzgeber hat mithin völlig zu Recht diesen Vorschlag nicht weiter verfolgt. Es sollte auch weiterhin an der bestehenden gesetzlichen Konzeption festgehalten werden, dass die Verantwortlichkeit für die Festlegung der Vorstandsvergütung, sowohl in Bezug auf die Vergütungshöhe als auch in Bezug auf das Vergütungssystem, einzig beim Aufsichtsrat verbleibt. Eine noch über § 120 Abs. 4 AktG hinausgehende Aufweichung dieser strikten Zuständigkeitstrennung im System der Aktiengesellschaft sollte tunlichst vermieden werden.[760] Vielmehr muss auch weiterhin die Dreigliedrigkeit der Aktiengesellschaft mitsamt der dadurch im Zusammenhang stehenden Kompetenzverteilung aufrechterhalten bleiben. Auch das System der Weisungsfreiheit darf nicht durchbrochen werden.

Wie bereits herausgearbeitet ist die Hauptversammlung nicht das geeignete Gremium für die Befassung mit der Vorstandsvergütung.[761] Ziel der Diskussion um die Beteiligung der Hauptversammlung an der Entscheidung über die Vorstandsvergütung ist es, eine angemessene Vergütung zu schaffen – wobei offen bleiben muss, ob es sich hierbei um eine objektive Angemessenheit oder eine subjektive Angemessenheit bezogen auf den Aktionärskreis handeln soll. Diese Zielerreichung ist jedoch schon aufgrund ihrer eigenen Prämisse zum Scheitern verurteilt. Es gibt gerade nicht *die* angemessene Vorstandsvergütung. So intensiv man danach forschen mag, ein „iustum pretium" für die Tätigkeit von Vorstandsmitgliedern lässt sich nicht festlegen.[762] Eine Annäherung hieran lässt sich auch nicht dadurch bewerkstelligen, dass die Hauptversammlung in den Prozess mit eingebunden wird. Insoweit ist *Martens* beizupflichten, dass jeglicher Vergütungsentscheidung ein nicht auflösbarer Willküranteil immanent sei und deshalb von einem Hauptversammlungsbeschluss kein Gewinn an Richtigkeit oder Gerechtigkeit zu erwarten sei.[763] Allein dadurch, dass ein weiteres Gremium sich

759 Vgl. Lutter, Stellungnahme, S. 7 f.; er schlug dafür folgenden Wortlaut für einen möglichen neuen § 87 Abs. 4 AktG vor: „Die Hauptversammlung kann mit einfacher Mehrheit beschließen, dass für die Jahres-Gesamtbezüge der Vorstandsmitglieder im Sinne von Abs. 1 eine Obergrenze besteht, insbesondere dass sie ein Vielfaches des Durchschnittsgehalts aller Arbeitnehmer der Gesellschaft oder des Konzerns im betreffenden Geschäftsjahr nicht übersteigen dürfen."; siehe auch Schüppen, ZIP 2010, 905 (912), der folgenden Wortlaut für einen möglichen neuen § 87 Abs. 4 AktG vorschlägt: „Die Satzung kann abstrakte Regelungen zum Vergütungssystem, zur Vergütungsstruktur oder zur Vergütungshöhe treffen."

760 Siehe hierzu oben unter § 6 B. I. 2.

761 Siehe hierzu oben unter § 6 C. IV.

762 Siehe hierzu oben die einleitenden Worte zu § 6.

763 Martens, ZHR 169 (2005), 124 (149).

ebenfalls mit der Vorstandsvergütung auseinandersetzt und verbindliche Regelungen hierzu aufstellt, ist das eigentliche Problem, dass die Vorstandsvergütung in der Allgemeinheit als zu hoch *empfunden* wird, noch nicht gelöst, sondern allenfalls ein weiterer Rechtfertigungsansatz geschaffen, wenn die Hauptversammlung auch weiterhin hohe Gehälter zulässt. Die Lösung für diesen sozialpolitischen Diskussionsstoff wird nicht dadurch gefunden, dass die Hauptversammlungskompetenz erweitert wird. Im Übrigen muss man auch hier das Sprichwort bemühen: „Viele Köche verderben den Brei." Bereits im jetzigen Prozess muss sich der Aufsichtsrat mit dem Vorstandsmitglied hinsichtlich der Vorstandsvergütung einigen. Durch das VorstAG liegt die Zuständigkeit hierfür beim Aufsichtsrat als Gremium. Einem Ausschuss kann diese Tätigkeit nicht mehr zugewiesen werden; er kann nur noch vorbereitend tätig werden, § 107 Abs. 3 S. 3 AktG. Der Personenkreis ist damit bereits weit gefasst. Über die verschiedenen Vorstellungen muss Konsens erzielt werden. Käme nunmehr auch noch die Hauptversammlung hinzu, müssten auch deren Vorstellungen in die Verhandlungen Eingang finden. Über allem stehen schließlich die rechtlichen Rahmenbedingungen. Der Prozess gestaltet sich damit immer schwieriger und aufwendiger und es erscheint fraglich, ob alle Interessen miteinander in Einklang zu bringen sind. Diese Überfrachtung bezüglich der Vorstandsvergütung könnte die Einigung mit einem Kandidaten für das Amt eines Vorstandsmitglieds verzögern oder gar vereiteln und der Aktiengesellschaft Schaden zufügen. Ein Gewinn ist daher in einer Satzungsregelung nicht zu erblicken.

Es ist folglich an den bestehenden Regelungen festzuhalten. Eine Ausweitung der Kompetenz der Hauptversammlung, verbindliche Vorgaben in Bezug auf die Vorstandsvergütung durch Beschluss oder durch eine Satzungsregelung festzulegen, ist insgesamt abzulehnen.[764]

---

764 Vgl. auch die Ausführungen des BGH (BGHZ 159, 30 (39 f., 43 f.)) in Bezug auf die wohl austarierte Kompetenzverteilung in der Aktiengesellschaft in Betreff des erweiterten Einbezugs der Hauptversammlung durch ungeschriebene Hauptversammlungskompetenzen.

§ 8 Zusammenfassung

A. Anfängliche Problemstellung

Dieser Arbeit lag folgende Problemstellung zugrunde: Der Gesetzgeber führte durch das Gesetz zur Angemessenheit der Vorstandsvergütung eine neuartige Kompetenz für die Hauptversammlung ein. Durch § 120 Abs. 4 AktG ist es der Hauptversammlung einer börsennotierten Aktiengesellschaft nunmehr möglich, über die Billigung des Systems zur Vergütung der Vorstandsmitglieder zu beschließen.

Dieser Beschluss ist ein sog. beratender Hauptversammlungsbeschluss, da die Hauptversammlung keinen verbindlichen Beschluss fassen kann. Daher stellte sich zunächst die grundlegende Frage, was unter beratenden Hauptversammlungsbeschlüssen zu verstehen ist und wie sie im Kompetenzgefüge der Aktiengesellschaft zu beurteilen sind. Insbesondere war zu untersuchen, ob im bestehenden System des Aktienrechts derartige Beschlüsse – über die gesetzlich normierten Fälle hinaus – generell für zulässig zu erachten sind und worauf sich deren Zulässigkeit stützen könnte. Besondere Beachtung sollten dabei die grundrechtlichen Ausflüsse erfahren.

Als gesetzlich normierter Fall eines beratenden Hauptversammlungsbeschlusses lässt das Vergütungsvotum nach § 120 Abs. 4 AktG noch einige Fragen zur Beantwortung offen. Weder definierte der Gesetzgeber den Begriff des Vergütungssystems noch stellte er Vorgaben für den Inhalt der Billigungsentscheidung auf, sodass eine Auslegung der gesetzlichen Norm erforderlich war. Die Frage, ob die Errichtung eines Vergütungssystems verpflichtend ist, wurde gesetzlich nicht explizit geregelt. Ungeklärt war auch, wie sich § 120 Abs. 4 AktG in das Kompetenzgefüge der drei Organe der Aktiengesellschaft reibungsfrei einfügen soll, da das Vergütungsvotum eine Vermengung der Aufgaben aller drei Organe mit sich bringt. Aufgrund der gesetzlich vorgegebenen Rechtsfolgenlosigkeit des Beschlusses musste dessen Qualität als Hauptversammlungsbeschluss ebenfalls infrage gestellt und nach einer rechtsdogmatischen Erklärung gesucht werden. Ferner ließ sich der Gesetzgeber nicht zum Verhältnis von Entlastungsbeschluss zu Vergütungsvotum aus, ebenso wenig zu der Frage, wie zu verfahren ist, wenn mehrmals über ein Vergütungssystem beschlossen werden soll. Schließlich war zu hinterfragen, ob der Ausschluss der Anfechtungsklage in der Strenge, wie es § 120 Abs. 4 S. 3 AktG vorsieht, aufrechterhalten bleiben kann und wie mit einer möglicherweise dennoch erhobenen Anfechtungsklage umzugehen wäre.

Nach einigen Stimmen geht die gesetzliche Neuerung nicht weit genug; vielmehr solle die Hauptversammlung berechtigt sein, durch einen Hauptversammlungsbeschluss oder durch eine Satzungsregelung verbindliche Vorgaben in Bezug auf die Vorstandsvergütung festlegen zu dürfen. Auch diese Bestrebungen waren vor dem Hintergrund der Gesetzeslage de lege lata und de lege ferenda zu bewerten.

B. Ergebnisse

Aus der vorangehenden Betrachtung lassen sich zusammenfassend daher folgende Ergebnisse entnehmen:

1. Die aktienrechtliche Kompetenzordnung ist durch die Dreigliedrigkeit der Organe gekennzeichnet, namentlich dem Vorstand, dem Aufsichtsrat und der Hauptversammlung. Die Zuständigkeiten sind im Aktiengesetz geregelt. Nach den Grundsätzen der Holzmüller-/Gelatine-Urteile des BGH sind ungeschriebene Hauptversammlungskompetenzen anzuerkennen, deren Begründung vornehmlich aus § 119 Abs. 2 AktG herzuleiten ist, verbunden mit einer partiellen Analogie zu den Normen zu strukturändernden Maßnahmen, soweit eine Dreiviertelmehrheit für die Beschlussfassung erforderlich ist.

2. Die Aktionäre lassen sich in verschiedene Aktionärstypen einteilen. Kategorisiert nach der Quantität sind zu unterscheiden: Klein-/Großaktionäre, Minderheits-/Mehrheits-aktionäre sowie Aktionäre mit Sperrminorität. Bei einer Einteilung nach der Qualität ergeben sich folgende Kategorien: Unternehmeraktionär, Kapitalanlegeraktionär mit der Untergruppe des Spekulationsaktionärs, die institutionellen Anleger sowie die Belegschaftsaktionäre.

3. Hauptversammlungsbeschlüsse sind korporative Rechtsgeschäfte, d. h. Rechtsgeschäfte eigener Art. Sie zeichnen sich durch eine Willensbildungs- und Zurechnungsfunktion aus, ferner durch die Bindungsfunktion. Für sie gilt das Mehrheitsprinzip. Wesentliches Element ist schließlich das ihnen innewohnende Entscheidungsprinzip.

4. Die geplant beschlusslose Hauptversammlung stellt keinen Fall der beratenden Hauptversammlungsbeschlüsse dar. Als Hauptversammlung, die

rein informatorischen Zwecken dienen soll, ist sie allein in den gesetzlich vorgesehenen Fällen zulässig, im Übrigen aber abzulehnen.

5. Unter beratenden Hauptversammlungsbeschlüssen sind all diejenigen tatsächlich stattfindenden Beschlüsse der Hauptversammlung zu verstehen, die die Verwaltung nicht unmittelbar zur Umsetzung binden, sondern bei denen der Verwaltung entweder ein Befolgungsspielraum zur Verfügung steht oder an die ohnehin keine weiteren rechtlichen Konsequenzen gebunden sind, sie mithin als unverbindlich charakterisiert werden können, und deren Inhalt eine versubjektivierte Entscheidung der Hauptversammlung darstellt.

6. Es gibt drei gesetzlich geregelte Fälle von beratenden Hauptversammlungsbeschlüssen: der Vertrauensentzug gemäß § 84 Abs. 3 S. 2 AktG, die Entlastung gemäß § 120 Abs. 1 AktG und das Votum zum Vergütungssystem gemäß § 120 Abs. 4 AktG. Darüber hinaus sind keine weiteren beratenden Hauptversammlungsbeschlüsse anzuerkennen. Bei den der Hauptversammlung explizit zur Entscheidung zugewiesenen Beschlussgegenständen verbietet sich ein rein beratender Beschluss, da andernfalls keine Funktionsfähigkeit der Aktiengesellschaft gewährleistet werden kann.

7. Lediglich im Rahmen der Beschlussvorlagen im Sinne von § 119 Abs. 2 AktG bestünde für beratende Hauptversammlungsbeschlüsse theoretischer Spielraum. Allerdings kann deren Zulässigkeit weder aus einem Erst-recht-Schluss noch aus den Aktionärsbildern abgeleitet werden. Auch grundrechtliche Prinzipien begründen keine Notwendigkeit für die Anerkennung derartiger beratender Hauptversammlungsbeschlüsse. Vielmehr ist dem Gesetzgeber im Hinblick auf die Ausgestaltung der Unternehmensform der Aktiengesellschaft ein relativ weites Handlungsspektrum zuzugestehen. Dieses hat er insofern genutzt, als er eine klare Kompetenzzuweisung zu den einzelnen Organen der Aktiengesellschaft geschaffen hat, die abschließenden Charakter hat.

8. Für beratende Hauptversammlungsbeschlüsse besteht im System der Aktiengesellschaft kein Erfordernis.

9. Mit Vergütungssystem im Sinne des § 120 Abs. 4 AktG ist das abstrakte und generelle Gesamtkonzept gemeint, von dem sich der Aufsichtsrat bei Festlegung der konkreten und individuellen Vergütung der Vorstandsmitglieder leiten lässt. Dazu sind zu zählen: Vergütungspolitik des Aufsichts-

rats; das allgemeine Konzept der Anstellungsverträge; Form der Vergütung (Geldleistungen, Sachbezüge) und Struktur (fest und variabel); die Gewichtung der verschiedenen Vergütungsbestandteile und die damit verbundene Inzentivierung der Vorstandsmitglieder; Parameter zur Beachtung der Üblichkeit der Vorstandsvergütung; Erläuterung zu den anreizorientierten Vergütungszusagen, ihrer mehrjährigen Bemessungsgrundlage und ihren Auswirkungen auf die nachhaltige Unternehmensentwicklung; Voraussetzungen und Struktur der Altersversorgung; Grundzüge der Sondervergütung bei vorzeitiger Beendigung der Vorstandstätigkeit.

10. Der Aufsichtsrat einer börsennotierten Aktiengesellschaft ist verpflichtet, für den Vorstand ein Vergütungssystem einzurichten.

11. Der Vergütungsbeschluss stellt eine systemfremde und höchst problematische Vermengung in den Kompetenzen der drei Organe der Aktiengesellschaft dar.

12. Der Beschlussantrag kann sowohl von Seiten der Verwaltung als auch auf Initiative der Aktionäre gestellt werden. Er kann positiv oder negativ gefasst sein. Inhaltlich ist er so zu stellen, dass auf die Darstellung im (Konzern-)Lagebericht konkret Bezug genommen wird. Der Hauptversammlung steht nur das Gesamtkonstrukt des Vorstandsvergütungssystems zur Billigung offen. Einzelne Elemente können nicht herausgelöst werden. Eine Teil-Billigung ist weder möglich noch zulässig.

13. Als Informationsgrundlage dienen den Aktionären der (Konzern-)Lagebericht, der Vergütungsbericht nach dem Deutschen Corporate Governance Kodex, die Hauptversammlungsunterlagen, die Informationen durch den Aufsichtsratsvorsitzenden sowie das Auskunftsrecht nach § 131 AktG. De lege ferenda sollten die bereits bestehenden Ansatzpunkte erweitert werden. Namentlich sollten die Regelungen zum (Konzern-)Lage-bericht in dem Sinne ergänzt werden, dass in Zukunft nicht nur auf die Grundzüge, sondern auf das Vorstandsvergütungssystem insgesamt eingegangen werden sollte. In Anlehnung an die in der Empfehlung der EU-Kommission vom 29. Dezember 2004 aufgeführte Vergütungserklärung würde in diese Vorschrift eine Aufzählung derjenigen Punkte aufgenommen, die beschrieben werden sollen. Eventuellen Besonderheiten einzelner Systeme wäre dabei Rechnung zu tragen. Der Vergütungsbericht im Sinne des Deutschen Corporate Governance Kodex würde dadurch ersetzt.

14. Die Hauptversammlung trifft eine eingeschränkte Ermessensentscheidung. Mit der Billigung bringt sie zum Ausdruck, dass sie mit dem bestehenden System zur Vergütung der Vorstandsmitglieder inhaltlich einverstanden ist, da sie es für zweckmäßig hält und darin keine schwerwiegenden Gesetzesverstöße sieht.

15. Das Stimmrecht von Organmitgliedern, die zugleich Aktionäre der Gesellschaft sind, ist in analoger Anwendung des § 136 Abs. 1 AktG bei der Beschlussfassung über das Vorstandsvergütungssystem ausgeschlossen.

16. Mangels hinreichender fachlicher Eignung zur Beurteilung der Einzelheiten zur Gestaltung eines gesetzeskongruenten Vorstandsvergütungssystems ist die Eignung der Hauptversammlung als beurteilendes Organ in Zweifel zu ziehen.

17. Der Beschluss über das System zur Vergütung der Vorstandsmitglieder nach § 120 Abs. 4 AktG ist als korporative rechtsgeschäftsähnliche Handlung zu qualifizieren.

18. Der Billigungsbeschluss nach § 120 Abs. 4 AktG hat keinerlei Auswirkungen auf die Haftungssituation des Aufsichtsrats. Er ist darüber hinaus grundsätzlich nicht geeignet, einen Vertrauenstatbestand zu schaffen, weder beim Vorstand noch beim Aufsichtsrat. Nur im Ausnahmefall ist die Hauptversammlung an die eigene Entscheidung aus dem Vorjahr bzw. aus den Vorjahren gebunden. Eine Verknüpfung zwischen Vergütungsvotum und Vergütungsvereinbarung im Vorstandsanstellungsvertrag ist im Wege einer auflösenden Bedingung oder einer Neufestsetzungsklausel möglich.

19. Der Billigungsbeschluss stellt einen extrahierten Teilbereich des Entlastungsbeschlusses dar. Zwischen beiden besteht ein Exklusivitätsverhältnis. Gesichtspunkte des Vergütungssystems dürfen daher im Rahmen der Entlastung nicht berücksichtigt werden. Fehlt ein Beschluss über das Vergütungssystem, kann dieser nicht als im Entlastungsbeschluss inbegriffen betrachtet werden.

20. Der Ausschluss der Anfechtungsklage ist rechtlich zulässig, wenn auch rechtspolitisch bedenklich. Im Fall einer willkürlichen Verweigerung der Billigung und dadurch hervorgerufener negativer Folgen für die Gesellschaft ist es dem Vorstand aufgrund einer teleologischen Reduktion des § 120 Abs. 4 S. 3 AktG möglich, Anfechtungsklage zu erheben.

21. Eine Anfechtungsklage gegen das Vergütungsvotum ist nicht unzulässig, sondern unbegründet, da gemäß § 120 Abs. 4 S. 3 AktG die Anfechtungsbefugnis für die Klage fehlt. Gegen den Billigungsbeschluss kann die Nichtigkeitsklage erhoben werden. Weitere Klagemöglichkeiten stehen jedoch nicht offen.

22. Ein Erfordernis für die Regelung des § 120 Abs. 4 AktG lässt sich insgesamt nicht erkennen.

23. Weder ist de lege lata eine weitergehende verbindliche Befassung der Hauptversammlung mit dem Thema der Vorstandsvergütung zulässig, noch ist ein solcher Vorstoß de lege ferenda erforderlich oder gar wünschenswert.

Schriftenreihe zum Gesellschafts- und Kapitalmarktrecht

Herausgegeben von Lutz Michalski,
Axel Jäger und Klaus-Rudolf Wagner

Band 1 Volker Schulenburg: Bankenhaftung bei geschlossenen Immobilienfonds. Zugleich eine Untersuchung der Wissenszurechnung im Konzern. 2002.

Band 2 Jan Wittenberg: Der Bestandsschutz von Arbeitsverhältnissen im Umwandlungsrecht. 2002.

Band 3 Christian A. Eichner: Management-Buy-Out-Gestaltungen beim Konzern-Spin-Off. Unter besonderer Berücksichtigung der Unternehmenssteuerreform. 2002.

Band 4 Thomas Wunsch: Tracking Stocks – Geschäftsbereichsbezogene Gewinnbeteiligungen bei Aktiengesellschaften. Eine systematische gesellschafts- und steuerrechtliche Betrachtung. 2002.

Band 5 Jan Blumentritt: Die privatrechtlich organisierte Börse. Ein Beitrag zur Diskussion um die Neuordnung des Börsenwesens. 2003.

Band 6 Michael Grüner: Die Beendigung von Gewinnabführungs- und Beherrschungsverträgen. 2003.

Band 7 Holger Pittroff: Die Zurechnung von Stimmrechten gemäß § 30 WpÜG. 2004.

Band 8 Wolfgang Höhn: Ausgewählte Probleme bei Lock-up Agreements. 2004.

Band 9 Gunter Reiff: Gesellschaftsrechtliche Aspekte des regulären Delistings. 2004.

Band 10 Christoph Radke: Die Entsprechenserklärung zum Deutschen Corporate Governance Kodex nach § 161 AktG. Grundlagen und Haftungsfragen. 2004.

Band 11 Gordon Geiser: Gesellschaftsorganisation und Gesellschaftsinnenrecht virtueller Unternehmen. 2004.

Band 12 Gero F. Pfeiffer: Die Kommanditgesellschaft auf Aktien als Beteiligte eines Beherrschungsvertrags und einer Eingliederung. Ein Beitrag zum Konzernrecht einer hybriden Rechtsform. 2005.

Band 13 Markus Rasner: Die Pflichten der Zielgesellschaft bei unfreundlichen Übernahmeangeboten nach dem neuen deutschen WpÜG. Unter besonderer Berücksichtigung europäischer und US-amerikanischer Übernahmeregelungen sowie der Konzeption des Gemeinsamen Entwurfs einer EU-Übernahmerichtlinie. 2005.

Band 14 Julia Kraft: Die Europäisierung der deutschen Mitbestimmung durch das SE-Beteiligungsgesetz. Eine europa- und verfassungsrechtliche Analyse der Richtlinienumsetzung 2001/86/EG zur Ergänzung des Statuts der Europäischen Gesellschaft hinsichtlich der Beteiligung der Arbeitnehmer. 2005.

Band 15 Tobias A. Heinrich: Kapitalmarktrechtliche Transparenzbestimmungen und die Offenlegung von Beteiligungsverhältnissen. Eine rechtsvergleichende Untersuchung des europäischen, deutschen, englischen und US-amerikanischen Rechts. 2006.

Band 16 Hendrik Mielke: Die Rechtsstellung der Verfahrensbeteiligten im gesellschaftsrechtlichen Spruchverfahren. 2006.

Band 17 Florian Mahler: Rechtsgeschäftliche Verfügungen über sonder- und sammelverwahrte Wertpapiere des Kapitalmarktes. 2006.

Band 18 Ines Tauscher: Der Anwendungsbereich der §§ 293a–293g Abs. 1, 2 S. 1, Abs. 3 AktG. In einstufigen vertraglichen Unternehmensverbindungen. 2007.

Band 19 Wolfgang Böh: Die Aufklärungspflicht einer Bank bei der Finanzierung einer Beteiligung an einem geschlossenen Immobilienfonds. 2007.

Band 20 Angela Koch: Die Abkehr von der „bilanziellen Betrachtungsweise" und ihre Auswirkungen auf die Existenzvernichtungshaftung. 2007.

Band 21 Markus Käppler: Die Rücknahme von Erwerbs- und Übernahmeangeboten nach dem WpÜG. 2008.

Band 22 Lars M. Laeger: Deutsch-amerikanisches Internationales Gesellschaftsrecht. Festschreibung der Gründungstheorie durch den deutsch-amerikanischen Freundschaftsvertrag? 2008.

Band 23 Wolf Rainer Bussian: Due Diligence bei Pakettransaktionen. Zur Rechtsstellung des Vorstands zwischen Auskunftsanspruch der Aktionäre, Insiderverboten und Datenschutz. 2008.

Band 24 Arne Kießling: Der übernahmerechtliche Squeeze-out gemäß §§ 39a, 39b WpÜG. Analyse eines neuen Instituts zum Ausschluss von Minderheitsaktionären. 2008.

Band 25 Uwe Trafkowski: Kreditderivate und Versicherungsderivate als Risikotransferverträge. 2009.

Band 26 Jörg Christoph Bussian: Die Verantwortung der Organe einer Aktiengesellschaft bei Fehlinformation des Sekundärmarkts. 2009.

Band 27 Dennis A. Lepczyk: Rechtliche Aspekte internationaler Börsenfusionen. Gesellschaftsrecht – Organisationsrecht – Aufsichtsrecht. 2009.

Band 28 Anna Lucia Izzo-Wagner: Kollisionsrecht und Gesellschaftsrecht nach der EuGH-Rechtsprechung und europäischen Normgebung. Konsequenzen für grenzüberschreitende Sitzverlegungen nach Inspire Art und Restrukturierungen von Kapitalgesellschaften nach Sevic, der Verschmelzungsrichtlinie und SEStEG unter Berücksichtigung steuerrechtlicher Aspekte. 2009.

Band 29 Hans-Georg Schulze: Geschäfte der Kapitalgesellschaft mit ihren Organmitgliedern. Ein Rechtsvergleich zwischen Deutschland, England und Frankreich. 2010.

Band 30 Annette Christoph: Insiderhandel unter besonderer Berücksichtigung von M&A-Transaktionen. 2010.

Band 31 Magdalena Boguslawska: Das Verbot des Handels in eigenen Aktien und seine Ausnahmen. 2010.

Band 32 Philipp Storm: Alternative Freiverkehrssegemente im Kapitalmarktrecht. Zugleich ein Beitrag zur rechtsökonomischen Analyse emittentenbezogener Regulierung durch einen Marktveranstalter und zum System der Segmentierung. 2010.

Band 33 Manuel M. Meder: Die persönliche Unabhängigkeit der Aufsichtsratsmitglieder und Directors in börsennotierten Aktiengesellschaften. Eine vergleichende Untersuchung zum deutschen und US-amerikanischen Aktienrecht. 2010.

Band 34 Niko Oertel: Fungibilität von Anteilen an Publikumskommanditgesellschaften. Der Entscheidungsspielraum unter Vinkulierungs- und Erwerbsvorrechtsklauseln. 2010.

Band 35 Henning Blaufuß: Rechtsfähige Wohnungseigentümergemeinschaft und nicht rechtsfähige Gemeinschaft der Wohnungseigentümer. Entstehung der rechtsfähigen Wohnungseigentümergemeinschaft als Folge richterlicher Rechtsumgestaltung und ausgewählte Folgeprobleme. 2010.

Band 36 Christoph R. Wolter: Der Gläubigerschutz bei der grenzüberschreitenden Verschmelzung von Kapitalgesellschaften unter Beteiligung einer GmbH. 2012.

Band 37 Andreas Voth: Beratende Hauptversammlungsbeschlüsse – zugleich eine kritische Betrachtung des § 120 Abs. 4 AktG. 2012.

www.peterlang.de